见识城邦

更新知识地图　拓展认知边界

MARK MAZOWER

DARK CONTINENT

Europe's Twentieth Century

黑暗大陆

20 世纪的欧洲

［英］马克 · 马佐尔 著
赵博文 译

中信出版集团 | 北京

图书在版编目（CIP）数据

黑暗大陆：20 世纪的欧洲 /（英）马克・马佐尔著；赵博文译 . --2 版 . -- 北京：中信出版社，2019.3

书名原文：Dark Continent:Europe's Twentieth Century

ISBN 978-7-5086-8876-3

Ⅰ . ①黑… Ⅱ . ①马… ②赵… Ⅲ . ①欧洲—现代史—20 世纪 Ⅳ . ① K505

中国版本图书馆 CIP 数据核字（2018）第 086258 号

黑暗大陆：20 世纪的欧洲

著　　者：[英] 马克・马佐尔
译　　者：赵博文
出版发行：中信出版集团股份有限公司
（北京市朝阳区惠新东街甲 4 号富盛大厦 2 座　邮编　100029）
承 印 者：北京通州皇家印刷厂

开　　本：787mm × 1092mm 1/16　　印　　张：33　　字　　数：380 千字
版　　次：2019 年 3 月第 2 版　　印　　次：2019 年 3 月第 1 次印刷
京权图字：01-2013-4192　　广告经营许可证：京朝工商广字第 8087 号
审 图 号：GS（2018）5205 号
书　　号：ISBN 978-7-5086-8876-3
定　　价：98.00 元

目 录

前言

为什么当时宣称有权向其他大陆传播文明和行为规范的是欧洲各国，而非欧洲大陆整体？

——约瑟夫·罗特，1937* [1]

欧洲似乎是一个由旧式的国家和传统民众所构成的大陆，但它在很多方面又是崭新的。在震撼的政治变革中，欧洲大陆不断地构造和重塑着自身。诸如普鲁士这样的邦国仅存在于历史记忆的版图中，奥地利、马其顿工国历时不过三代。我的祖母在华沙出生时，那里还是沙皇俄国的领地，奥地利属于哈布斯堡家族，萨洛尼卡则由奥斯曼帝国掌管。曾经，德国的领土直达北极圈，英国统治着爱尔兰，法国则占据着阿尔及利亚；在欧洲范围内，最接近今天民主政体的民族国家是巴尔干半岛的君主国；在欧洲任何国家的成年人，无论男女，都没有普选权；只有少数几个国家的议会权力超越君主。简而言之，现代意义上的民主，比如民族国家这种观念的出现，与1914年欧洲大陆旧秩序的坍塌紧密相关。从本质上讲，这种观念是

---

* 约瑟夫·罗特（Joseph Roth），奥地利籍犹太裔小说家。——译者注

旧秩序崩溃后，欧洲各国一系列内政外交尝试基础上的产物。

第一次世界大战动员了 6 500 万人，其中 800 万人死亡，2 100 万人受伤。这次战争席卷了欧洲大陆 4 个古老的帝国。捷克历史学家托马斯·马萨里克（Thomas Masaryk）描绘道，第一次世界大战将欧洲变成了一个“巨大墓地上的实验室”。俄罗斯艺术家伊尔·李斯特斯基（El Lissitsky）写道，世界大战迫使我们审视所有的价值观。德国皇帝遭到流放，俄国沙皇及其家属被处决，陈旧的政治制度成为废墟。在这些废墟的基础上，政治家们向民众许诺：赋予大众权利，动员大众参与，创造更加公平的社会和人民的国家，这些都是前所未有的。开明的威尔逊描述了一个“因为民主而安全”的世界；列宁希望建立一个从贫困中解放出来的公有社会，消除过去的等级制和剥削制度；希特勒则构想着一个排除异族元素的好战种族，通过纯正的血统和统一的目的，将其驶入帝国主义的命运轨迹中。自由民主主义、共产主义和法西斯主义，这三种意识形态都视重塑社会、为欧洲大陆和世界创造新秩序为己任。关于现代欧洲走向的意识形态间的斗争，贯穿了 20 世纪绝大部分时间。[2]

从短期来看，无论是威尔逊，还是列宁，都没能按照他们的理想建立一个“更好的世界”。遍布欧洲的共产主义革命并没有成功，社会主义制度的建立仅限于苏联；自由民主的危机随着另外一个独裁政府的出现而加剧。20 世纪 30 年代末期，国际联盟的崩溃使得德国的权力扩大，希特勒的政权看起来像是欧洲未来的代表。纳粹政权在全体公民中施行的种族福利政策违背了保护个人自由的民主理念；其宣扬的达尔文的优秀种族统治世界的理念则背离了民主观念中平等的原则；其建立一个在德国领导下的经济体的建议，打破了欧洲国家间平等协作、贸易自由的信条。然而，在斗争的过程中，各种意识形态命运变化的速度令人吃惊。20 世纪 40 年代是一个分水岭，纳粹主义的乌托邦达到了顶点，其后则迅速陨落。在其妄图主宰的历史面前，法西斯主义成为第一个被定性为失败的意识形态。

从长期看，其他的原因也佐证着 20 世纪 40 年代的重要性。在近一个世纪的时间内，各帝国、国家之间的战争在欧洲大陆内外达到了顶点，残酷的战争带来的残忍记忆，使欧洲大陆的人们对基于意识形态的政治感到厌烦。在战争年代，群众运动、军国主义和集体主义的热潮就已经开始衰退。这些意识形态的信奉者因为愤世嫉俗而消极避世，抑或因为感到厌倦而回归现实。人们开始重新发掘民主的价值——它为个人、家庭留有的私人空间。在 1945 年结束与希特勒的战争后，民主重新在西方世界焕发了生机，社会责任中的公共意识开始萌发。此时，民主面临的竞争来自东方的苏联，而非西方世界内部。苏联红军在摧毁了纳粹德国的帝国梦之后，将共产主义的苏维埃政权带到了东欧。

在欧洲未来走向的问题上，尽管冷战是意识形态层面斗争的最后阶段，但是至少在欧洲大陆上，冷战避免了真正的战争，这与之前意识形态之间的斗争截然不同。尽管危机一直存在，但是总体上讲，两个超级大国之间能够做到和平共存。尽管双方都以对方的最终灭亡为目标，但在维持欧洲大陆的和平稳定这一前提下，两种意识形态都接受了对方存在的权利。这两种体系都在为一场不可能真正爆发的战争而武装着自己，并且在公民福利、经济增长和物质繁荣这些问题上相互竞争着。两种体系最初都取得了惊人的成就，但是只有一种体系证明了其能够适应资本全球化带来的压力。1991 年苏联解体，不仅宣告了冷战的结束，也为从 1917 年开始的意识形态斗争的纪元画上了句号。

所有的意识形态都习惯于将自己勾勒的乌托邦作为历史的终结，无论是共产主义、全球民主化还是希特勒梦想的千年帝国，都拥有这一共性。它们同时印证着伊尼亚齐奥·西洛内（Ignazio Silone）所描绘的“历史只认同胜利一方的价值观”。人们从过去找寻现实，例如他们认为民主深深地根植于欧洲土壤，因为冷战的结果印证了他们的这一假设。今天我们需要另外一种历史，相比于政治需要，这种历史更贴近现实，它将现实视为前人在各种不确定因素中进行斗争而产生的一种结果。尽管在第一次世界大战（以下简称“一战”）结束时，民主在欧洲国家占据了主导地位，但是20年后却名存实亡。尽管1989年被视为民主对社会主义胜利的标志，但是之前如果没有共产主义在战争中打败国家社会主义，这种胜利也是无法实现的。因此民主对法西斯主义和社会主义的胜利并非是一种必然，即便在今天，欧洲到底能够建立何种民主的范式依旧没有确定。简言之，我将要讲述的故事是从主流史学的夹缝入手，探求未被关注的线索，而非论述民主胜利的必然性和历史的前进性。[3]

意识形态并不能引领历史的发展，它仅仅是信仰和政治行为的一种载体。如果历史没有按照我们预期的规律发展，并不代表它从一开始就欺骗了我们。受挫的共产主义曾经被描述为“短暂的幻象”，但是在“葬礼”上的演讲并不是历史性的分析。1945年之后，法西斯主义也被辩解为一种异常的政治状态：疯狂的独裁者蛊惑他的民众，进而将他们引向厄运。但是，战争给欧洲大陆带来的创伤并不能简单地归咎于几个疯狂的独裁者，欧洲在精神层面的创伤也不能仅仅从希特勒和斯大林的精神状态上溯源。无论效果如何，法西斯主义和社会主义都为解决大众政治、工业化和社会秩序等问题付出了切实的努力；而自由、民主也并非一个万能的答案。汉娜·阿伦特（Hannah Arendt）写道：过去被证明是正确的东西，我们并不能简单地把它们称为人类的遗产，进而不加选择地加以采纳，也不能简单地将其视为将被时间淹没的已死的负担，诚如此，其带来的后果是我们无法承受的。[4]

尽管大部分人不愿意承认，但是国家社会主义不仅符合德国，也符合整个欧洲历史的主流。苏维埃政权在改造这个欧洲大陆上因饱受战乱而异常贫穷的国家的过程中，尝试着建立起一个新型的低资产的社会，将这个因战乱而四分五裂的国家整合起来，并且由国家主导，在几年之内加速其工业化进程，这些尝试是一种全盘否定过去的改造方式。纳粹主义则没有显得如此激进，其国内形势更为稳定，并由此走向了对外扩张的道路。纳粹主义带有革命感修辞的宣传下，掩饰的是德国一脉相承的理念和制度。这种以种族制度为基础的社会福利体系的建立，在欧洲大陆上掀起了一股潮流，这种体系仅仅受到了来自欧洲最为发达的经济体微不足道的挑战。但是这个拥有坚实社会基础的国家却选择用武力推翻凡尔赛体系，即便是苏联也未曾采用这种方式。这不仅成了第三帝国在 20 世纪被视为对民主最大挑战的原因，也是欧洲民主观念内容发生变化的原因。20 世纪 30 年代，民主的观念按照纳粹宣扬的方式进行了实践。

我们也需要用另一种视角来审视 20 世纪，即相较于法西斯主义，我们应该给予共产主义更多的关注。马克思史学，以艾瑞克·霍布斯鲍姆（Eric Hobsbawm）的《极端的年代》（*Age of Extremes*）为代表，弱化了法西斯主义的地位，认为共产主义和资本主义之间的斗争才是主线。如果我不选择这种史学观念，那么很大程度上是因为共产主义对民主的重要影响，希特勒的法西斯主义对民主的威胁更大，因此这种影响是直接体现的。从一个更为本质的角度讲，20 世纪告诉我们这样一个真理，即政治并非经济的附庸，我们应该从一个严谨的视角去审视价值观和意识形态上的分歧，而非将这种分歧简单地视为不同阶级利益斗争的产物。换言之，法西斯主义不仅仅是另一种形式的资本主义。

确切地讲，纳粹宣扬的是一个充满活力的世界，因此经过种族净化的德意志帝国需要进行一场战争来证明这个假设；同时这个虚构的世界对欧洲民主也是一个潜在的噩梦：纳粹为自身冠以帝国主义的头衔，而将欧洲其他地区视为非洲。纳粹宣扬的这种新秩序在 1945 年之后被人们迅速遗忘。博洛尼亚的城市议会熔化掉了墨索里尼骑在马背上的青铜塑像，将其重铸为两位贵族出身的游击队员雕像；法国盛赞反抗维希政府的经历，而奥地利则无中生有地将自己宣传为纳粹德国的第一个受害者，并建立了“为奥地利自由而奋斗”的反纳粹纪念碑。这些都是欧洲各国从历史中发掘出来的故事，它们选择性地忽略了不美好的记忆，而将民主自由的胜利视为一种必然。

保证欧洲文明优势地位不受损害的代价，就是要不停地重新勾画思想上的边界。所谓的欧洲共同体完全忽视了欧洲大陆一半的领土，第二次世界大战（以下简称“二战”）前欧洲的概念相当于今天的西欧，东欧只能绝望地宣称自己位于欧洲的中心，来宣示自己脱离了野蛮。这种地域划分的习惯直到今天还存在于西欧人的观念中。一流的英国历史学家认为波斯尼亚战争是“只有人类学家才能理解的原始的部落战争”，他们更倾向于将南斯拉夫划入野蛮的第三世界国家的范畴，而耻于与之并列于当代欧洲。即便是 20 世纪战争带来的惨痛经历，也没能改变欧洲人自欺欺人的心理。[5]

我将个人对欧洲的地理观念定义为实用主义。本书的重心，是欧洲内部的事件和斗争，而非欧洲的国际地位。当然我们不能脱离欧洲海外帝国主义这一背景来研究希特勒在欧洲大陆的野心，也不能在冷战研究中忽视美国的存在。苏联这一欧亚大陆上最大的国家，在不同的历史时期同欧洲的关系若即若离。因此欧洲在实际边界的划分上具有弹性。东欧的历史不是西欧的分支，巴尔干半岛的地位亦不亚于斯堪的纳维亚。

像往常一样，我对欧洲地理划分持不可知论的态度，将令关注政治、宗教和文化地理边界的争论者以及那些组建欧洲共同体的信徒感到失望。但这与围绕着“欧洲”这一不明确概念的现状相吻合。法西斯主义，相比于自由民主和共产主义，是一种更为欧化的意识形态，其信条不仅明确地反对美国所倡导的民主自由，也反对布尔什维克主义所引领的共产主义。随着冷战的结束，“欧洲”概念含糊不清的状况也未得到解决，它究竟是西方世界的一部分，还是苏联西部的领地？这两种定义都难以反驳，亦难以令人信服。欧盟可能是欧洲未来的发展趋势，抑或是欧洲自欺欺人的延续，但是目前这还无法证实。考虑到欧洲分化的历史及其不确定的现状，我们应该抛弃形而上的观念，放弃寻找一个不可知的欧洲的努力，相反，我们应该找寻欧洲本来的样子。

最终需要回答的，也是这段历史的核心问题，即整个欧洲的价值观。这种价值观指引人们的行动，引领机制的变革，指导政策的制定以及巩固社区、家庭及个人之间的联系。雷蒙·阿隆（Raymond Aron）在 1954 年写道：“每一种社会秩序都是一种潜在解决问题的方式，这种问题并非涉及科学，而是关乎人类共同的生活。民主所需要的微妙艺术，是否还适用于欧洲大陆？人们是否仍旧保留固有的价值观？”阿隆提及的“关乎人类共同生活”的问题，将是本书的主题。当然，面对阿隆所提出的问题，我们也必须自省，什么才是欧洲固有的价值观？民主只是其中的一点，而其他的价值观也是客观存在的。20 世纪的欧洲历史就是这些价值观相互斗争的历史。[6]

在此我由衷感谢那些对本书提供帮助的学者。我同时感谢在英国大学的艰难岁月中，帮助过我的那些机构和个人。这本书是在苏塞克斯大学独特的氛围中写作而成的，我也要感谢欧洲研究学院的学生与同事们，以及历史系和国际关系系的团队，感谢他们对我的帮助，尤其是克里斯托弗·索恩、阿拉斯代尔·史密斯、奈吉尔·卢埃林、罗德·凯德温、约翰·劳尔和帕特·塞恩。

同样感谢鲍勃·康纳、肯特·马利金和北卡罗来纳大学国家人文中心（National Humanities Center）给予我开展这项研究的机会，以及伯格基金会（Annenberg Foundation）为我提供的资金支持。我非常感激普林斯顿大学希腊研究项目和迪米特里，他们为我提供持续的帮助；感谢维也纳人文学科研究所（Institut für die Wissenschaften vom Menschen in Vienna）让我在安静的环境下完成这本书的撰写；感谢芭芭拉·波利蒂和瓦尔特的热情帮助。这本书的部分材料出自《代达罗斯、外交和治国方略》（*Daedalus and Diplomacy and Statecraft*），我在此感谢编辑们允许我在这本书中使用这些材料。

德布在这本书的写作之外给予了我信心。她、尼科斯、戴维·莫泽尔、迈克尔·平诺克、吉安、帕特·塞恩、约翰·汤普森和约翰娜·韦伯给予了我鼓励和支持，对我的工作提出了很多修改建议。我父亲的回忆录也给了我很大的帮助。彼得·曼德勒给予我珍贵的友谊，不仅限于学术方面。史蒂夫·科特金给我提供了很多前期的成果，并且让我利用它们。我衷心感谢这些人。这本书献给我最了不起的祖母鲁斯·谢弗以及我深深怀念的爷爷，弗鲁玛和马克斯。20 世纪欧洲的故事，也是他们的故事。

第一章

荒芜的天堂：民主的兴衰

……这个时期，人们能够听到关于民主危机的各种言论，甚至有人称之为民主的灾难。

——汉斯·凯尔森 *，1932[1]

自由？很多人对此一笑置之。民主？议会？几乎所有人都在诟病议会制度……

——弗朗西斯科·尼蒂 **，1927[2]

20 世纪 20 年代的某一年，一个旨在废黜欧洲一切君主的会议在日内瓦召开，被剥夺王冠的君主们试图重新寻求昔日支持者的帮助，他们宣称只有君主制能让欧洲文明在野蛮的布尔什维主义、缺乏信仰的美国工业化以及亚洲觉醒的民族主义的猛烈冲击下，保持完整。欧洲需要在灭亡和君主制之间做出选择。然而，君主们煽动

* 汉斯·凯尔森（Hans Kelsen），奥地利著名的法理学家、政治哲学家，被认为是 20 世纪最重要的法学家之一。——译者注

** 弗朗西斯科·尼蒂（Francesco Nitti），意大利激进主义经济学家、政治家，1919 年至 1920 年担任意大利第 36 任首相。——译者注

性的言论并未激起波澜。迫于时代趋势，他们最终在印度洋的一个小岛上建立了自己的王国。出乎君主们意料的是，他们很快就消失在曾经臣民的视线中。君主制的衰亡由此拉开了序幕。[3]

这是波兰作家亚历山大·瓦特（Alexander Wat）在 1927 年出版的小说《被流放的君主们》（*Kings in Exile*）中的情节。然而，由“一战”所造成的体制上的变化同样充满戏剧性。在这个“资产阶级胜利”的时刻，旧制度被最终推翻——苏丹（奥斯曼帝国君主的称谓）、帕夏（奥斯曼帝国高级文武官的称号）、君主和公爵的地位大大降低。在“一战”之前，欧洲只有 3 个共和国，而到了 1918 年年末，已经有 13 个国家成立了共和政体。一位法国评论员写道：“在伍德罗·威尔逊（Woodrow Wilson）、劳合·乔治（Lloyd George）、克里孟梭（Clemenceau）、马萨里克（Masarky）、贝奈斯（Beneš）和韦尼泽洛斯（Venizelos）看来，威廉二世（Kaiser Wilhelm）的下野和卡尔一世（Emperor Charles）的罢黜让他们想起了路易十六（Louis XVI），在这种意义上，1918 年的欧洲是 1792 年的翻版。”[4]

伴随着沙皇俄国、奥匈帝国、德意志帝国（霍亨索伦王朝）和奥斯曼土耳其帝国始料未及的崩溃，在欧洲范围内，议会制度对君主制的胜利已经在巴黎和会上显现无疑。从波罗的海向下经过德国、波兰，南至巴尔干半岛的地带都成了民主政治的版图。这个范围内的国家都按照最新式的民主自由思想，成立了新的政府组织。英国学者詹姆斯·布莱斯（James Bryce）在其 1921 年出版的《现代民主》（*Modern Democracies*）一书中写道：“以民主为原则而建立的政府已经被广泛接受。”[5]

然而自由主义的胜利是短暂的。俄国革命和“共产主义颠覆”

的幽灵，将它们的阴影投向欧洲大陆的西端。民主价值观的逐渐消失、政治的两极分化，将大多数欧洲国家推向内战的边缘。许多国家的统治阶层首先把自己标榜为反共产主义者，而后才宣称自己是民主的支持者。这一点在 1919 年匈牙利镇压贝拉·库恩（Béla Kun）领导的革命政府，扶植海军上将霍尔蒂·米克洛什 * 政权的事件上体现得尤为明显。1922 年，意大利自由主义的精英们选择支持一个法西斯形式的政权；普里莫·德·里维拉（Primo de Rivera）在西班牙掌权；葡萄牙共和国则屈从于萨拉查教授 ** 的独裁统治。波兰在 1926 年迅速脱离了议会制政府，进而经历了一段极度通货膨胀和政治混乱时期。随着 1929 年大萧条的来袭，欧洲大陆的政府接连将政权交给右翼政府。这一趋势似乎不可阻挡，正如一位西班牙的评论员写道的："审视当代欧洲大陆独裁政府的弊端，独裁者们如此轻易地取得权力，并平稳保有权力的状况令人感到震惊。"[6]

到了 20 世纪 30 年代，议会制似乎重蹈着君主制的覆辙。苏联以西欧洲国家的左翼政党抑或被迫下野，抑或处于守势，所有重要的政治争论都围绕着右翼政党展开。议会制只残存在欧洲北部的边缘地带。1934 年一篇对欧洲反民主状况的分析中这样写道："我们生活的这个时代，需要勇敢地面对最黑暗的时刻，从世界大战的废墟中获得社会和国际的安宁是一种幻想。"早在 1925 年，德国法学家莫里茨·波恩（Moritz Bonn）就论述了"欧洲民主的危机"，尤斯塔斯·珀西（Eustace Percy）在 1931 年论述道"民主正在经历着

---

* 霍尔蒂·米克洛什（Horthy Miklòs），1920 年成为匈牙利的摄政王，开始了长达 24 年的统治，此时匈牙利是一个由政变产生、军人执政的政府，并非按照民主原则建立起来的国家。——译者注

** 萨拉查教授，安东尼奥·德·奥利维拉·萨拉查（António de Oliveira Salazar），科英布拉大学教授，1932 年成为葡萄牙总理。——译者注

困境”，而 H. G. 韦尔斯（H. G. Wells）则展望着“后民主”时代。西班牙外交官萨尔瓦多·德·马达里亚加（Salvador de Madariaga）在西班牙内战时期曾疑惑道：“这是自由的终结吗？”威廉·拉培德（William Rappard）教授在日内瓦写道：“民主在现代世界取得胜利之后，又在不知不觉中爆发了危机。”[7]

1940 年夏天，当德国不断向欧洲进军的时候，曾经在 1918 年“资产阶级取得胜利之后”提议组建一个“大议会”的反自由主义者伯纳德·德·茹弗内尔（Bertrand de Jouvenel）抛弃了流行的对议会制的法理学分析，他进一步指出，人们已经认识到 1919—1920 年间资产阶级议会制的潮流已经衰退，现在取而代之的，是一个似乎不可阻挡的强力政权。在茹弗内尔看来，议会制政府在欧洲面临着全面崩溃，总统制共和国、参议院这样的宪法概念，仅仅像是法律系勾勒出来的幻象。[8]

今天，我们很难考察，民主作为一种新生事物在战争年代是如何被实践的，因此我们不能想当然地假定民主适用于欧洲。尽管冷战的胜利可能会使我们认为民主深植于欧洲的土壤，但是历史却告诉了我们相反的事实。尽管民主在 1918 年取得胜利，但是在 20 多年后实际上已经灭亡，因为它数量有限的信仰者过于理想化，过于雄心勃勃，使得民主的失败同这一时期的政治危机和经济萧条紧密地联系在了一起。民主重宪法权利而轻社会责任，民主似乎更适合 19 世纪的欧洲而非 20 世纪的。民主衰退这一趋势在 20 世纪 30 年代表现为，大多数的欧洲国家不愿意再为了民主这一信条而奋斗，充满生机的非民主的政治选择，能够更好地应对现代化所带来的挑战。欧洲各国发现独裁统治——一种相较于民主更符合欧洲传统的政治秩序——在整合社会、加速工业化、促进技术进步等方面更具效率。

制定宪法

1908 年一位居住在奥斯曼帝国萨洛尼卡的居民这样论述宪法："宪法是一件如此美妙的事物，它让不懂它的人显得像一头驴一样愚蠢。"19 世纪时，立宪政体是中产阶级对政治改革的核心诉求，这一诉求在"一战"爆发前的时间内发展极快：其不仅在欧洲各帝国迅速蔓延，同时向沙皇俄国、奥斯曼帝国和巴尔干半岛上的各君主国渗透。

随着协约国和美国在 1918 年取得了"一战"的胜利，要求立宪政体的呼声席卷了中欧和东欧。在德国战败、重新承认了被占领土的主权后，波兰和波罗的海各国立即进行了政治改革，并且借鉴了合乎本国国情的民主宪法。从奥匈帝国中独立出来的领土也经历了类似的变革。1918 年 11 月，一部临时宪法宣称奥地利是一个"民主共和国"。1918 年 10 月，捷克的民族主义领袖在巴黎宣布了捷克斯洛伐克的独立，他们宣称："我们接受并将遵循现代民主的原则，因为民主是未来几个世纪国家的目标。我们遵从威尔逊总统创造的美国式民主的准则，即人类自由的原则——国家间的平等，以及政府应建立在统治者们协商一致的前提下。"1920 年年初，捷克斯洛伐克国民议会通过了民主共和国宪法。[9]

当然，德国决定着民主在欧洲的未来，这个世纪 * 发生的事情也证明了这一点。在威廉二世被流放后，社会民主党领袖弗里德里希·艾伯特（Friedrich Ebert）成为德国的领袖。其任期内，在立宪主义者马克斯·巴登王子（Prince Max of Baden）的领导下，德国的

* 指 20 世纪，本书首次出版于 1998 年。——编者注

政治体系迅速进行了一场彻底的民主化改革。1919 年 1 月，德国国民议会在大选中产生；6 个月后获得通过的宪法 * 宣称“德意志联邦采用共和政体，共和国所有的权力源自人民”。受到布尔什维克案例的启发，同时设立工人委员会和士兵委员会。这些委员会必须接受议会制的基本原则。

在这个框架下，有民族主义倾向的准军事人员、土匪、激进的农民以及布尔什维主义的支持者们希望恢复已经崩溃的旧秩序；中产阶级的律师和政治家们希望在民主宪法的基础上建立新的政治秩序，这样的状况在这个战后欧洲中部的国家造成了混乱。瑞士籍法国学者米尔金–葛泽维奇（Mirkine-Guetzevitch）在其 1929 年出版的《新欧洲宪法》（*Les Constitutions de l'Europe nouvelle*）中，讨论了包括但泽自由市以及梵蒂冈、普鲁士和巴伐利亚等国宪法在内的 20 余个独立的案例。“一战”后的 10 年中，法理学家是方兴未艾的民主世界的“统治者”。大学的法学教授，以及诸如德国的胡戈·普罗伊斯 **、奥地利的汉斯·凯尔森这样知名的法学专家，运用他们不同寻常的影响力，在各自国家的宪法制定中实践着自己的理论。

他们从法国、美国、英国和瑞士这些民主政治已经成形的国家中寻找灵感，甚至经常照搬这些国家的模式。他们对这些模式的热衷程度，远远超过了对建立一个广泛有代表性的民主模式的程度。法学家们的做法反映了公共法的最新准则以及公共法与政治、社会间的关系。用当时一位著名评论家的话说，法学家的根本目的是把政治变成法律的附庸，将权力合法化，并且剔除权力中与法律不一致的、旧秩序下残存的不合理因素，将政治和社会生活中的每一个

---

* 即《魏玛宪法》。——译者注

** 胡戈·普罗伊斯（Hugo Preuss），《魏玛宪法》的起草者。——译者注

部分都从专业的宪法角度去考量。[10]

除了法理学家，律师是另外一个需要对民主宪法崩溃负责的群体。他们曾经天真地、不切实际地追求“完美的法制”，而非政治的合理性。在战后的 1918 年，中欧呈现出一种极端的政治氛围。在这种氛围下，用法律取代政治的做法，更像是一种堂·吉诃德式的幻想。批评言论指责这个宏大甚至有些乌托邦式的计划根本不可能在现实中运作。这些批评声忽视了影响“一战”和“二战”之间的那段时间政治稳定的其他因素：经济危机、社会动乱以及巴黎和会上不平等的政治安排。但是这些批评意识到了政治的重要性，以及战后的宪法安排是作为新生事物而存在的。[11]

新的宪法过于强调民主性、国民性及共和政体。因此，1920 年奥地利的宪法宣布“奥地利是一个民主共和国，国家主权属于人民”。立陶宛宪法在开篇就宣布“立陶宛是一个独立的民主共和国，主权永驻于人民”。而诸如波兰、爱尔兰自由邦和希腊的宪法则宣称主权属于国家。塞尔维亚王国、克罗地亚王国和斯洛文尼亚王国 1921 年的宪法规定“王国内所有的臣民只能拥有一个国籍”，捷克斯洛伐克也采取了几乎相同的措辞。魏玛政府通过“国家的自我意识存在于自我组织的民众”来宣扬类似的主张。

因为在 19 世纪，以贵族君主为代表的专制政体，是资产阶级革命的对象。资产阶级的政治命运则在和这种政体的斗争中循环往复。因此新宪法对行政权力表现出一种天然的不信任，权力都被集中在立法机构。新的宪法赋予新组建的议院委员会权力，来监督行政的运行；同时阐明政府需要在选举中产生，这是政府执政的基础。一些宪法明确规定，大臣的人选由议会提名，总理或总统没有提名候选人的权力。议会的这种突出的地位，将会像我们看到的那样，成为反对者们批评的主要对象。这些反对者根据新的民主思想提出了新的主张。[12]

要达到一个高度现代化和开放性民主的要求，采取比例代表制成为一种必然。这种选举制度产生了立法机构，是表达民主现代性诉求的最贴切的方式；这种诉求也成为全民公投的重要依据。为了使庞杂的地方性法令和规约“合理化”，形成一个国家的法律主体，几部宪法明确界定和制约了地方权力，并借此加强中央政府的权力。波兰和克罗地亚法学家们关于地方政府自治的提案草案被否决。然而，威尔逊留下的政治遗产，不仅仅围绕着民主展开，也包括民族自决。民族自决使得权力高度集中于中央政府的捷克斯洛伐克，必须要面对国内强有力的德意志少数民族的自决诉求；波兰境内的乌克兰民族、前南斯拉夫境内的塞尔维亚民族也拥有同样的政治诉求。只有德国和奥地利的新政府是建立在联邦制，而非统一政治体的基础上的。捷克斯洛伐克等地要求民族自治的地区，在不久之后都经历了长期的斗争。实际上在希特勒和恩格尔伯特・陶尔斐斯*建立明确的集权政治范式之前，德国和奥地利的中央政府就开始运用它们在财政和社会福利立法方面的特殊权力了。

在新宪法迅速签署实施后，新的法规在政治权力以及涉及公民自由的健康、福利、家庭和社会安全方面，与 19 世纪盛行的自由主义价值产生了矛盾。正如新宪法规划和许诺的，新制定的社会政策，不仅要在德国、奥地利这类社会民主党在“一战”后掌权的国家施行，甚至要在宣称“公民社会权利”的罗马尼亚以及涉及土地改革和社会、经济立法的塞尔维亚、克罗地亚和斯洛文尼亚等王国实现。

---

* 恩格尔伯特・陶尔斐斯（Engelbert Dollfuss），1932 年起任奥地利总理兼外交部部长，其在位时的奥地利被认为处于法西斯统治时期。——译者注

西班牙宪法宣称本国是一个“代表所有阶级利益的工人民主共和国”，并且规定为了“社会用途”，可以籍没私人财产。[13]

这些事例中，以及在其他的社会领域，新宪法显示出其制定者不同的政治侧重点。新宪法一方面体现着19世纪古典自由主义的诉求，另一方面需要迎合“一战”之后盛行的“真正社会民主”的政治诉求。这种社会民主的提法是应对苏联十月革命而提出的，并且体现了从布尔什维主义和议会制度的竞争中赢得大众支持的愿望。起草《魏玛宪法》的胡戈·普罗伊斯说，“要么是威尔逊，要么是列宁”，他将社会民主视为对抗德国布尔什维主义的堡垒。因此新宪法试图调和旧式议会制度与由战争产生的当代大众社会压力之间的矛盾。这种混合着对前景乐观和对现实忧虑的氛围，体现着战后民主的捍卫者——资产阶级的模糊现状。[14]

欧洲内战

1917年3月，俄国临时政府总理利沃夫王子（Prince Lvov）宣布道：“俄国人民的灵魂，基于自身的天性，转变成为普世的民主价值。它不仅将和全世界的民主相融合，并且将在自由、平等、友爱原则的指导下，引领全人类文明的发展进程，并屹立于民主世界的顶峰。”[15]

1917年俄国似乎成为欧洲民主革命胜利的第一个节点。由于米哈伊尔大公拒绝接受王位，所有推翻旧贵族的政党都联合致力于保护革命的成果：1917年年初，自由民主成为俄国社会的全部诉求，而全社会共同的敌人是罗曼诺夫王朝的拥护者们，而非布尔什维主义。包括列宁在内的左翼政党，都呼吁召开立宪会议（Constituent

Assembly），以此引领“资产阶级执政”的时代，验证马克思主义理论的正确性。当布尔什维克党人在 10 月末取得政权的时候，立宪会议已经无法定性由其引领的革命到底是“资产阶级民主革命”还是“无产阶级社会主义革命”。

随着沙俄帝国在此次革命中解体，1917—1918 年乌克兰的分裂以及芬兰的独立，为立宪会议二次掌权提供了可能。与之相比，更重要的是立宪会议的选举结果，尽管它代表着左翼政党的胜利，但是却意味着布尔什维克党的失败。它只赢得了不到 1/4 的选票，其议席数量也不到社会革命党的一半。面对选举的失利，列宁改变了他的态度。正如他在《关于立宪会议的讨论》（*Theses on the Constituent Assembly*）中所写的那样，“在一个资产阶级共和国政权下，立宪会议是民主原则的最高表现形式”，而现在“随着社会民主革命的发展，苏维埃是民主原则的更高表现形式”。立宪会议成为反动的“资产阶级反革命”行为的标志；立宪会议的成员们被诋毁为“来自另外一个世界的人”。列宁并未阻止 1918 年 1 月立宪会议的召开，但是立宪会议在仅仅召开一天后，就被列宁动用武力强制解散。持温和态度的社会民主党认为，列宁的行为是一种恶劣的马克思主义，显然列宁并不介意这种论调。[16]

像墨索里尼稍后从右翼政党手中赢得胜利一样，列宁的成功宣告着自由主义的失败。俄国自由主义者的失败，被证明仅仅是一个开端，而远非终点；也同时证明了“在宪法上赋予人民自由，就可以解决根深蒂固的社会危机”这种假设的失败。这种自由并不是人民需要的，尤其对于俄国 1 500 万农民出身的士兵而言。他们更在意土地与和平，但是他们从自由中一无所获；这种情况同样适用于俄国城市中的工人阶级。在工厂、乡村和军队中，社会秩序已经崩塌，俄国政治的中间地带已经消失了。早在托洛茨基的红军在彼得格勒取得胜利之前，克伦斯基的临时政府就已经成为一具空壳。

然而俄国立宪主义者的希望一直在延续着，1918 年 6 月，立宪主义者们在萨马拉组建了一个短命的立宪会议成员委员会（Committee of Members of the Constituent Assembly）。俄国内战结束后，"资产阶级反革命分子"在巴黎成立了一个立宪会议成员委员会的残缺会议，但是这个残缺会议的宗旨并非制衡彼时称为苏联的国家的政治力量；相较于在宪法中赋予人民自由，会议更关心通过国家的力量引领社会经济改革、稳定国家秩序，以及为缺失法律的无序社会画上一个句号。因此在俄国，自由主义在战时取得的第一次胜利，以悲惨的结局而收尾。

在布尔什维克手中，即便是立宪主义也成为对抗资产阶级的工具：为什么他们（资产阶级）制定的宪法被认为是最终范本？可能那是过时的，并且充斥着阶级压迫，是否需要一部更为现代的宪法取代它？列宁在 1917 年 12 月说道："我们将会告诉人民，新宪法的利益高于民主宪法。"在解散了立宪会议之后，列宁很快就将"垂死的资产阶级议会制"的立宪会议，与"尽管不十分完善，但是充满生机的无产阶级专政的苏维埃政治组织"做出比照。在此基础上，列宁发表了《被剥削的劳苦大众权利宣言》（Declaration of Rights of the Toiling and Exploited People），并且在苏维埃第五次代表大会上通过了俄罗斯联邦共和国的宪法。该文件强调了没有剥削压迫，代表大会因此将其视为提出社会主义概念的纲领性文件，并像苏维埃提出的那样，"完全打倒"资产阶级，赋予工人阶级权力。[17]

至少在理论上，这个国度的公民是不受限制的，无论他们的性别和籍贯，所以妇女和一部分外国人也被赋予了选举权。但是，本着有利于“城市和农村的无产阶级”以及“最贫苦的农民”的原则，根据社会背景而进行的限制是存在的：包括租赁者、修士和商人在内的至少 7 种人被剥夺了选举权。不仅如此，所有的公民权利得到实现都是有前提条件的：如果人们的活动被断定为不利于社会主义革命，那么他们将被政府驱逐出境。1919 年 12 月，孟什维克的代表人物马尔托夫（Martov）指责社会主义革命，批评其一再违背宪法所制定的内容。列宁回答，马尔托夫的主张“无非是重走资产阶级民主的旧路”，坚持“恐怖政策和契卡 * 是政权不可分割的部分”。一年之后，列宁的主张更加明晰。他写道，“科学的专政，就意味着权力和法律平等，应直接建立在暴力的基础上，完全不受任何法律的限制”。因此，在斯大林执政以前，共产党执政的绝对主义特点显露无遗；就像在沙俄时代，沙皇也只是保持行政意义上的法律概念，而非允许资产阶级分权。当然，苏维埃政权既不同于沙俄时代，也不同于欧洲其他国家宪法上的革新。相较于古典的个人自由主义，它优先考虑民众社会经济上的利益：公共住房、医疗保障和教育方面的福利以及出台法律保障婚姻自由。但是苏维埃政权将内战定义为政治革命，在国家范围内，恐怖政策被当作处理阶级斗争的特殊工具。[18]

然而，尽管苏维埃政权体系在该国发展迅速，但是在 1918 年，它似乎对欧洲其他地区没有直接影响。虽然西方国家介入了俄国的内战，但是并未成功阻止共产党政权的建立。与此同时，在欧洲其他地区，这种令人生畏的革命或从未实现，或被轻易镇压。除了共产主义的影响，这一时期，罢工、哗变和暴动在 1918—1919 年间席

---

* 契卡（Cheka），“（全俄）肃清反革命及怠工特设委员会”缩写的音译，克格勃的前身。——译者注

卷了从苏格兰到亚得里亚海的地区，并引发了德国的巷战以及芬兰的内战。这一时期只有匈牙利的布尔什维克党取得了政权。像苏联的情况一样，匈牙利也发生了内战，但是结果却大不相同。

1919 年年初，米哈利·卡罗利伯爵（Count Mihály Károlyi）所领导的自由党政权，被布尔什维主义的支持者贝拉·库恩推翻，后者直接宣布匈牙利为一个苏维埃共和国。但是库恩仅仅在布达佩斯掌权数月。协约国的军队掉头重回匈牙利，罗马尼亚的部队则直接入侵匈牙利领土，共产党人被迫逃离。1919 年秋，在霍尔蒂·米克洛什（Horthy Miklós）的摄政体制下，贵族阶层重新掌权。他们建立了恐怖政权，来镇压可疑的激进主义者，并且很快赢得了盟国的赞誉。

霍尔蒂的右翼政党，既反共产主义，也反民主，在民主迅速发展的时期，这个政权看上去像是一个怪胎，是封建主义在欧洲大陆最后的稻草。但是时间将会证明，这个政权形式不仅是历史遗留下来的“文物”，也代表了一种未来的视角：共产主义和法西斯主义将会迅速挤压民主的生存空间。凡尔赛体系所树立的自由主义的优势地位，将很快受到这些新权力模式强有力的挑战。

资产阶级的忧虑

农民和工人联手夺取政权，当这个令统治精英阶层生畏的场景出现在地平线上的时候，有效维持欧洲民主国家政治稳定的一个工具就是进行土地改革——在要求完全废除私有制的布尔什维主义威胁下，牺牲贵族的利益，以保全资产阶级社会。因此在东欧和中欧，大块的土地被分割成小块分配，从而出现了“小农”这一阶层。资产阶级总体上希望这个新兴的阶层展现出一种独立、民主的特点，同时又趋于保守，能够抵御共产主义的诱惑。

除非政府准备完全放弃地主阶级，否则这个政治计划便无法有效地施行。在大块土地掌握在少数民族手中的情况下，政治家非常乐于进行土地改革，这种状况在波罗的海诸国、捷克斯洛伐克以及巴尔干半岛的一些国家得到了印证；然而在匈牙利和意大利，情况却截然相反：前者的土地改革萌芽被权贵阶层扼杀在摇篮中；后者的政府与地主阶级联系紧密。在魏玛共和国，易北河以东地区的容克 * 阶层指责具有土地改革思想的总理布吕宁（Brüning）是“农业上的布尔什维主义者”。在西班牙，土地改革则成为激起内战的主因。

1918—1919 年的改革浪潮，实际上证明了拥有土地的农民阶层在政治上的保守性。在柏林、慕尼黑、维也纳和布达佩斯这些城市，支持布尔什维主义的团体试图染指权力。在 1920 年的都灵，布尔什维主义的支持者则用罢工、占领工厂和示威游行表达他们对权力的诉求。但是他们潜在的局限，体现在对农村人口缺乏吸引力，这点和战时的沙俄大不相同。沙俄农民的悲惨境遇，很难在欧洲其他国家得以印证。大多数农民对激进主义的政治兴趣寥寥，只有保加利亚的土地平均论者对此抱有一定的期望。只有在像波河谷地（Po Valley）、安达卢西亚的大庄园或者匈牙利大平原这种农业劳动力缺少土地的地区，俄国式的革命才能引起他们的共鸣。与此同时，奥地利的小农阶层公开指责红色维也纳 **，意大利的劳动者则结成了强大的社会主义联盟。由于不愿意用土地改革这个唯一民主的方式平

---

* 容克，Junker 的音译，意为“地主之子”或“小主人”，泛指普鲁士的贵族地主阶级。“二战”后，作为一个阶级已基本消失。——编者注

** 红色维也纳，1918—1934 年社会民主党在奥地利执政时期的别称。——译者注

息农民的不满，意大利的政治精英们决定诉诸武力。由土地引发的内战为墨索里尼的上台铺平了道路。

一些批评家指出，在欧洲范围内，新宪法是导致民主失败的诱因，但是1920年年初法西斯在意大利的崛起，则为这种批评提供了一个反例。毕竟当墨索里尼成为意大利总理的时候，查理·阿尔贝特（Charles Albert）在1848年制定的宪章依旧是这个国家宪法的蓝本。不确定性和脆弱性，是“一战”后意大利自由党的标签，因此当其面对国内的不满和政治动荡时，在一定程度上，是其自愿将权力交到右翼政党的手中。

1922年10月，当意大利国王邀请墨索里尼组建政府时，法西斯运动的影响力依旧相对弱小。而帮助法西斯迅速崛起的因素既不是弥漫在国内的悲观情绪，也不是荒唐的向罗马进军行动，而是1919年意大利成年男子获得普选权，从而引发国内对社会主义的恐惧。这种恐惧很好地诠释了从警察到行政人员，从宫廷到议会，广泛的社会阶层对法西斯持支持态度的原因。墨索里尼组阁的第一届政府，是法西斯党和其他三个政党的联合政府。没有这些政党的支持，尤其是自由党的支持，墨索里尼将无法组建政府。如果没有包括社会党在内的政党的支持，墨索里尼也无法在1923年控制下议院，并推行选举改革。

到了1925年，很多支持墨索里尼的激进主义者，对其对旧制度的妥协表达了失望之情。保守党的多尼采蒂·塞万提（Gaetano Serventi）在他的《欧洲民主的崛起与历史性的应对》（*The Ascent of European Democracy and the First Historical Reactions*）一书中，不仅将“一战”后的民主状况视为“欧洲价值的迅速倒退”的症状，而且略带预测性地批判墨索里尼所谓的“法西斯主义议会”的政体，即“自欺欺人地认为法西斯主义能够在民主的体系下成长”。无独有偶，西班牙评论家弗朗西斯科·坎博（Francisco Cambo）也警告说，墨索里尼对议会的妥协，意味着他放弃了同旧制度真正决裂的机会。法西斯运动本身也发出了类似批评的声音，其呼吁的革命性重建，直接导致了1925—1926年间所谓的“第二次浪潮”。此时通过的法律在各省发生效力，剥夺公民的言论自由、镇压反对党以及限制出版自由和公民权利。在20世纪20年代初期动荡的政治环境下，法西斯主义和民主一样，按照其自身的特点发展。[19]

在接下来的4年中，法西斯主义国家的雏形更加明显。一些旧制度的特征依旧存在：国王依旧是国家的最高首脑（尽管其权力已经明显减弱），议会继续着无休止的争论，而在自由党领导下迅速发展的警察势力，成为其在各省保持统治必不可少的部分。因此从某种程度上讲，法西斯主义与其自由党前任实现了无缝对接。在贵族统治的历史中，“一战”后的大众民主更像是一段插曲。

法西斯与自由党的最大区别，就是前者要求在国家实行独裁统治。墨索里尼将象征着罗马帝国最高权力的束棒作为自己政治运动的标志，他宣称“纪律必须被接受，当它不被接受的时候，就要强加”。在此信条的指导之下，个人和集体的权利遭到粗暴的剥夺。暴力的价值和作用受到赞美；议会则被贴上了无能、只会进行无意义的争论的标签，从而遭到解散。正如墨索里尼以其独一无二的语气宣布的那样——

> 法西斯主义抛弃了民主中政治平等这个约定俗成的谎言，抛弃了个人主义的思想，打破了民主关于实现幸福的神话……我们不能夸大自由主义在上个世纪的重要性，并把它作为人类

> 现在和未来的信仰；实际上在上个世纪，民主只是众多信条中的一个……现在自由主义就像一个即将废弃的荒芜天堂……这是当代一切政治实践都在以反对自由主义为前提的原因，将这些政治实践排除于历史之外是极其荒谬的：好像历史只是为自由主义所准备的一场狩猎，好像自由主义是人类文明的最高形式和无可比拟的概念……本世纪是权威的时代、权力的时代、法西斯的时代。[20]

在攻击个人自由主义的同时，法西斯主义提出了一个具有革命性意义的社会计划：资产阶级在公共领域和私人领域的区分将不复存在，取而代之的是政治上的集权主义。这种集权主义将公共领域和私人领域融为一体："一个人在政治上不能是一个法西斯主义者，但是在学校、家庭生活中以及工作场合，他不能是非法西斯主义者。"在墨索里尼漫长的执政时期，公共领域和私人领域之间相互交织、转变，这些因素保持了法西斯主义的基本特征。[21]

国外对此的反应则非常积极。外国观察员们对意大利政府议会的执政没有深刻的印象，他们对墨索里尼的支持，潜意识中就带有一种对议会效率不满的情感。像丘吉尔和奥斯汀·张伯伦这样傲慢的政治家，一直在质疑议会这种政治传统是否真正从英国传入其他国家，因此他们祝贺意大利人民，把自己从一个明显不适合自己的政府中解放出来。

对民主模式是否具有普遍性的相似质疑也广泛存在。一些人质疑"是否因为古罗马人的专制传统，才让民主显得像一出'喜剧'"？例如葡萄牙过去的15年中，在共和政体的思想指导下，这个国家经历了8任总统、十几任政府和数不清的未遂政变。也许存在于盎格鲁–撒克逊世界的特定历史传统，能够解释民主宪法的坚固性——这种依附于自由的传统，是在和君主长期的斗争中缓慢积累下来的，并且付出了惨痛的代价，最终取得了胜利。而在“一战”后的希腊、罗马尼亚、塞尔维亚和意大利，议会却很好地与腐败、官僚主义和不断的倒退相融合。

与此同时，“一战”后政府本质和国家角色的变化，使得议会并不像它的支持者们所乐于承认的那样，是一切决议的核心。现在它不得不和商业中心、贸易团体和其他利益集团分享权力。当我们近距离观察 20 世纪 20 年代议会的实际运作状况，会不禁发问：为什么要被它困扰？

对议会制的批判

一位法国批评家写道：“自由民主在政治和社会生活上的失败，是法西斯主义形成的原因。”《谁的法西斯主义》（*Fascism for Whom*）的作者更加直白地写道：“法西斯主义是民主腐烂的产物。”这种腐烂在议会本身的运行上体现得尤为明显。对于大多数欧洲人而言，“一战”后“议会内阁制的危机”滋生了“独裁的盛行”。[22]

正如一些批评指出的那样：由于众多政党的存在，比例代表制从根源上造成了立法机构的碎片化。这个为了迎合现代化诉求而设立的特殊制度，显露了其无法融合阶级、民族和宗教差异的弊端。例如，在 1930 年有 16 个政党在魏玛共和国国民议会中获得席位；1929 年捷克斯洛伐克大选有 19 个政党获得了席位；而在拉脱维亚、爱沙尼亚和波兰，有时会有数量更多的政党获得席位。像坎博论述的那样：“意大利议会的低效，很大程度上应该归咎于采用比例代表制。”他进而描述道，“比例代表制是法西斯取得政权最重要的因素之一”。[23]

新的选举法能够减缓这种碎片化的趋势。法国和希腊分别在1924年和1928年，用多数表决取代了比例代表制的选举制度。而针对这种改变的批评声也不绝于耳，这些批评以英国的议会为例，提出多数表决不利于民主稳定的观点。然而问题的症结不在于选举系统本身。这些高度组织化的政党在教育、文化、福利和军备等方面拥有自己的职能，通常被指责充当不同地区之间利益的调节者，而非代表整个国家的利益。一位德国的保守主义理论家分析了政党的“以自我为中心”的特性，并把其势力看作“病症”和“堕落”。比利时人对掌握权力的“政党制度”嗤之以鼻。农党、共产党和社会民主党代表工人阶级的利益，在捷克斯洛伐克甚至有一个代表“中产阶级、手工业者和商人的政党”。政党抑或按照地域组建，抑或根据阶级划分而成立。一个以宗教复兴为宗旨的政党，曾短暂出现在魏玛政府中。议会就像一个放大镜，只能无限放大社会、国家的阴暗面，放大紧张的经济状况，而不是解决这些弊端。代表们摔椅子、相互辱骂诋毁对方的场景并不罕见；一个更为极端的案例是，1928年贝尔格莱德联盟议会上，一名塞尔维亚裔的议员从正面枪杀了克罗地亚农党领袖，迫使国王亚历山大一世暂停了议会的一切事务，并废除宪法。联盟议会上有一项极具意义的法令，将涵盖塞尔维亚、克罗地亚和斯洛文尼亚的广袤土地统一为南斯拉夫王国。但是该法令收效甚微，1934年，亚历山大一世本人也被克罗地亚极端民族主义者暗杀。[24]

西格蒙德·纽曼（Sigmund Neumann）在对魏玛政党体系的分析中认为，德国的政党之间是相互对抗而非相互交流合作的关系。

这些不断军国主义化的政党组织，动员其支持者利用横幅和标语，以一种敌对的视角去审视社会的其他部分。政治对话和联合政府这样的举措越来越难操作，因为“早在政治协商之前，各党派的支持者们就已经确立了他们的立场，因此政治协商已经失去了意义。其结果就是，作为自由主义和议会制基础的理性，已经动摇”。纽曼预测“议会的崩溃，将会使其他政治权力因素的重要性得到提升，也许是德意志总统，或者德意志政府”。纽曼的同事莫里茨·波恩（Moritz Bonn）认为立法机构的瘫痪将会“放大能够贯彻国家意志的独裁者的呼声，但是独裁者并不隶属于任何经济团体，也不代表大众”。欧洲顶尖的法理学家汉斯·凯尔森讨论了“议会制系统的危机”，并讨论了相比于德国国民议会，政府所拥有的强化的权力。纽曼、波恩和凯尔森都是坚定的民主主义者，但是他们都清醒地认识到，自己生活在一个政治、经济都处于前所未有的极端状况的时代，在这个时代，社会被一分为二。民主通常被认为能够整合一个国家，但是它似乎起到的是分化国家的作用。[25]

代表不同利益的政党之间的相互竞争，导致了组建政府愈发困难。1918 年后的欧洲各国内阁，平均寿命不足一年；德国和奥地利的内阁平均寿命是 8 个月；意大利的是 5 个月；1913 年后的西班牙内阁则不足 4 个月。在法兰西第三共和国，这个大多数东欧国家在制定宪法过程中所效仿的低效的典型，其内阁的平均寿命从 1870—1914 年的 10 个月，降为 1914—1932 年的 8 个月，直至 1932—1940 年的 4 个月。这反映出多党制普遍缺乏两党制立法的稳定性，缺乏赢得大众绝对支持的能力。保罗-邦库尔 * 在 1932 年说道，“在民主

* 保罗-邦库尔（Paul-Boncour），1932—1933 年任法国总理。——译者注

中恢复国家的权威，将是我们组阁的首要以及最为重要的因素”；然而他所组阁的政府在一个月之后倒台。这样的政府，很难像其在宪法和党章中承诺的那样，进行社会经济改革。[26]

立法机构陷入绝境，政府的行政能力就需要提高。位于布鲁塞尔的政府改革研究中心，致力于推进议会程序的改革；“国家改革”成为比利时政治的一条流行标语。捷克斯洛伐克首相贝奈斯准确地预测了在欧洲危机得到解决后，“和过去强调民主宪法的阶段相比，新时期的行政权力将会得到巩固和加强”。1945 年之后，无论是在捷克斯洛伐克，还是在其他地方，这个论断都不应该被忘记。[27]

实际上，修正宪法来加强行政权力的情况在波兰、立陶宛（1926 年和 1935 年）、奥地利（1929 年）和爱沙尼亚（1933 年和 1937 年）皆发生过。1931 年西班牙宪法赋予行政机构大量的立法权，这部宪法也被认为是战时欧洲最为现代化的一部宪法。很多人担心这样的转变将会促进独裁的发展，而不是捍卫民主。这种担心随后得到了印证，例如毕苏斯基（Pilsudski）正是依靠这样的变化，在波兰取得了独裁的地位。法国自由党领袖维克多·巴希（Victor Basch）在 1934 年警告右翼政党联盟，“我们必须捍卫民主，我们既不接受议会被遣散，也不接受那些违背民主原则的法令”。[28]

一方面社会民主党面对着“永远不会被严重削弱的政敌”，另一方面奉行实用主义的立宪主义者强调，在危机中，应该赋予行政部门一切宪法中规定的权力，以此来保护民主的成果。这两者之间的冲突在魏玛共和国时期表现得尤为深刻。

20 世纪 20 年代末期，德国右翼法理学家卡尔·施密特（Carl Schmitt）已经深化了他对“例外状态”的分析：宪法中赋予政府处理紧急事务的权力，应该被用来捍卫宪法的权威，而不是助长独裁统治。随着德国议会的瘫痪，施密特进一步补充他的理论，他认为总统是宪法的捍卫者。1930 年 3 月到 1933 年 1 月间，魏玛共和国通过紧急法令，转变为一个总统制的政府。在 1930 年 9 月那次灾难性的选举中，纳粹党和共产党分别成为国会的第二和第三大党，这使得组建联合政府的想法成为泡影，这种状况为施密特的论点提供了支撑。德国当时的状况，使得《魏玛宪法》第 48 条法令规定非常必要，即政府不能把权力移交给致力于完全摧毁民主的政党。[29]

随着 48 号法令不断被重申和强调，如何界定民主和独裁变得愈发困难。在 1925—1933 年间，魏玛政府只通过了 16 个紧急法令；1931 年国民议会提出的 42 项法律，有 35 项获得通过；而到了 1932 年，国民议会提出的 59 项法令，只有 5 项获得通过。1932 年 7 月 20 日，德国总理弗朗茨·冯·帕彭（Franz von Papen）运用紧急法令，在普鲁士通过了一项军事法令，并且解散了社会民主党政府。法理学家们开始讨论"德国总统的独裁权力"，保守的反议会主义者提出以"民主独裁"替代议会制政府。因此像施密特这样的法学家，不出意料地被广泛质疑，为一个新的独裁国家提出理论基础——也许施莱谢尔明白，支持这样一个结果，就等于将希特勒排除于权力核心之外。1932 年，一篇自由党的文章以"宪政引领独裁"为副标题，来讨论施密特的观点。[30]

关于德国宪法的争论，同时也在欧洲其他地方发生。这样的状况折射出在两次世界大战期间，欧洲紧张氛围中独裁和民主之间错综复杂的关系。魏玛政府早在 20 世纪 20 年代无疑是一个民主政府；在布吕宁出任总理期间，其民主的特征已经褪色；而在巴本和施莱谢尔（希特勒的前一任总理）当政期间，德国已经非常接近一个独裁国家。很多人认为，自由主义框架下的民主议会需要改良。但问题是，首先，在多大程度上，把权力从立法机构让渡给政府部门；其次，一旦当政府部门占据统治地位，议会应该拥有何种权力。但是议会几乎从未被完全废除，也未被彻底否定；它在希特勒统治下的德国、法西斯化的意大利以及其他独裁国家苟延残喘。议会存在的价值也仅限于证明这些国家依旧是代表民意的合法政府。

民主的危机

不仅议会成了争论的焦点，自由民主也遭到了广泛的攻击。简而言之：在两次世界大战之间的欧洲，民主意识的状况如何？对民主失去幻想的法学家们提出，问题的症结不仅在于宪法中过多地强调民主主义，而且在于欧洲民众普遍缺乏民主价值观。莫里茨·波恩非常支持这种观点，认为在议会危机的背后，是“欧洲生命的危机”。[31]

在19世纪最后25年中，反自由主义和反民主主义的种子就已经种下。这些种子随着第一次世界大战而迅速传播，通过法西斯运动“暴力的福音”向大众传播，这些人被后来的历史学家称为“1914一代”。相比于理由、行为和修辞，在战争中成长起来的极端主义者更喜欢暴力。从马里内蒂（Marinetti）到恩斯特·荣格尔（Ernst Jünger），很多20世纪20年代的欧洲年轻人似乎准备证明甚至主张对抗政治。法国右翼青年德里厄·拉·罗歇尔（Drieu la Rochelle）在他的《年轻的欧洲》（*Le Jeune Europeen*）中写道：“流血事件伴随着发生过的每一件事，我希望看到一场大屠杀。”从表现主义艺术家，到超现实主义艺术家，都对暴力痴迷。很多人在“内战”的氛围中，看到战争使欧洲各国变得极端化，从列宁的内部战争定义和纳粹的“紧急状态”中，政治对抗也以司法的形式表现出来。[32]

在前线的老兵中，有像荣格尔这样的思想家，也有包括纳粹党冲锋队的首领罗姆（Rohm）、奥斯瓦尔德·莫斯利（Oswald Mosley）、佛兰德民族主义者约里斯·凡·泽维纶（Joris van Severen）、匈牙利的萨拉希·费伦茨*以及希特勒这样的右翼政治家。他们指责民主是“资产阶级”的：迟缓、贪图享乐、乏味，无法获得大众的支持，它反映了穿罩衫、戴高帽那批政治家的抱负。伯德纳·德·茹弗内尔宣称民主无法吸引年轻人；亨利·德·蒙泰朗（Henri de Montherlant）对比了暮气沉沉、“眼神憔悴”的资产阶级和严于自律、身体强壮的年轻独裁者，并强调受益于法西斯主义的“身体革命”。像萧沆（Emil Cioran）、米恰尔·伊利亚德（Mircea Eliade）这样年轻的罗马尼亚作家，对希特勒抨击“民主理性主义”、救世主般的能量以及精神集权主义，表达了敬意。与自由主义强调的个人主义和利己主义不同，他们宣扬自我牺牲、服从和公共责任这样的精神。[33]

认为民主已经衰落，并且走向末路的人，并不是唯一的反民主主义者。《没有个性的人》（*The Man Without Qualities*）的作者罗伯特·穆齐尔（Robert Musil）断言道：“我不反对法西斯主义，但是身处民主的我，为了民主的未来，我反对民主。”H. G. 韦尔斯要求牛津大学暑期学校的同学们以狂热和自我牺牲来支持独裁统治，并转变成为“自由的法西斯主义者”和“开明的纳粹主义者”。除非民主能够将这些独裁的拥护者动员起来，否则他将看不到民主的未来。在一个倡导集体主义的时代，强调个人主义的自由主义无法满

* 萨拉希·费伦茨（Szálasi Ferenc），匈牙利极右组织“箭十字党”主要领导人。——译者注

足时代的需求。[34]

1930 年，魏玛政府的总理赫尔曼·穆勒（Hermann Muller）警告说："没有民主党的民主，无论从内部还是外部来讲，都是一个危险的信号。"但是"二战"后立宪主义的奠基者们，并没有对此言论进行足够的思考。例如，凯尔森明确地提出了"法律理论能够净化一切政治观念"，但是这个强调与政治分离，以此来体现其价值的理论，缺乏支持者。凯尔森批评奥地利的基督社会党和社会民主党奉行不同的法律传统，他们已经被天主教政治和马克思主义政治污染。但是这两个党至少拥有大量"信徒"，凯尔森却没有。凯尔森在理论上是无懈可击的，但在政治上，他依旧生活在 19 世纪舒适的资产阶级文化的幻影中。1918 年之后，民主在欧洲大陆内外合力之下，获得短暂的繁荣。但是这股不稳定的合力早已在欧洲大陆上分崩离析。忠实的民主主义者在欧洲大陆上日渐稀少。

首先，民主在国际上的支持者，随着时间的流逝，已经不像之前那样拥护民主。伍德罗·威尔逊 * 救世主般的自由主义遗产，被美国奉行的孤立主义政策不断侵蚀；相比于独裁，英国和法国这两个"一战"的胜利者，更加担心共产主义的威胁；中东欧新兴国家也在防止共产主义的渗透，只要能达此目标，它们就不会关注民主政治。它们致力于确保被流放的君主和国王不会再次在这片土地上掌权，从而忽视了其他方面的威胁。它们没有意识到，如果民主被定义为是巴黎和会强加给它们的和平，那么民主的废止则意味着这种和平的崩溃。20 世纪 30 年代末期，因为意识形态斗争失败而被迫从加泰罗尼亚前线返回英国的作家乔治·奥威尔（George Orwell）

---

* 伍德罗·威尔逊（Woodrow Wilson），美国第 28 任总统。——编者注

对“沉睡的英国”表达了愤慨。

在欧洲大陆上，明确拥护民主的力量非常薄弱。古列尔莫·费雷罗（Guglielmo Ferrero）在 1925 年评论道，缺少一个强有力的民主党，是民主在意大利失败的主因。但是这种状况不仅发生在意大利。传统的自由党核心成员，是在反对君主和贵族的斗争中成长起来的，然而在两次世界大战之间的年代，他们已经被边缘化。根据凯恩斯在 1925 年的评论，“积极要求成为自由党员的声音已经非常微弱”。在英国，自由党力量的衰退无碍于政治体系的稳定。但是魏玛共和国民主党，以及其他传统民主党力量的衰退，则会对政治稳定产生巨大的影响。大选中，在左翼政党、保守党、民主主义政党甚至是天主教政党的威胁下，自由党在政治上已经被边缘化。并且很多国家的自由党，都采取了独裁政府的形式，应对来自共产主义的威胁。包括社会工程师、商业经理、技术专家在内的新式精英阶层聚集在一起，要求以科学的、非政治的方案解决社会矛盾，他们对既不稳定又不称职的议会统治失去了信心。[35]

欧洲的左翼政党的势力，在社会民主党和共产党分裂之后，被严重削弱，并且永远无法恢复到 1918—1919 年那样强大。在 1934 年之前，尽管共产党力图摧毁他们认为是“资产阶级形式主义”的民主议会，但是没有成功。尽管在 20 世纪 30 年代的法国大选中，共产党曾经看到过一丝曙光，但是总体而言，他们仍旧处于政治的边缘，当代的历史学家称其为“在战争间歇年代大选的失败者”。唐纳德·萨松（Donald Sassoon）总结道：“无论从何种角度判断，‘二战’之前共产主义在欧洲范围内的履历都是失败的。”社会民主党并不想摧毁民主，只要民主最后能够转变成为社会主义。一首总结社会民主党对魏玛共和国态度的歌谣这样唱道：“共和政体并不意味着太多，社会主义才是我们的目标。”但是《魏玛宪法》第二部分中规定的许多社会权利，只是一纸空文；这在马克思主义理论的假定中，是一种暂时的倒退。敏锐的批评家赫尔曼·黑勒（Hermann Heller）预见到了结果，他警告说在大萧条的背景下，魏玛政府抑或像宪法中承诺的那样，实现建立法治社会的目标，抑或滑入独裁的深渊。想要民主得到保全，除非社会民主党像斯堪的纳维亚国家那样，同农村人口结成同盟；或者像英国和比利时那样，同保守党结成联盟。否则，宪法中许诺的社会经济权利和福利，将会被大萧条和高失业率侵蚀。左翼政党企图通过人民阵线来整合已经分化的力量，这一策略已经无法阻止德国和奥地利滑入独裁的深渊；它同样未能挽救西班牙共和国；最后在该策略的核心地带——法国，也遭到了彻底的失败。[36]

很多保守主义者对休战期间的民主并不热衷，相反，他们希望回归精英化、贵族化，甚至可以偶尔出现君主制的政府。他们对民主的诟病在于，民主把权力赋予大众，在他们看来，民主和权力是不能共存的。他们还从道德的角度抨击民主。民主过多地强调权利，却很少规定相应的义务。20 世纪 20 年代，很多天主教徒、东正教徒和民族主义者批评民主，认为它滋生了以自我为中心的价值观和利己主义；由于无法唤起公民意识和集体意识，才导致了自身的失败。西班牙德马达里亚加（de Madariaga）要求以“有机组织的民主”取代自由民主；法国的社会主义天主教徒穆尼埃（Mounier）以“反抗个人主义，恢复领导体系，树立责任意识和集体意识，从精神和肉体上重塑人的观念”来庆祝法兰西第三共和国的失败。穆尼埃早在数年之前就已经呼吁，摒除“自由主义和大众民主”中消极的个人主义。[37]

这些批评的声音意味着，民主并没有像其宣传的那样：代表整个国家，代表整个国家的心声。1920 年捷克斯洛伐克宪法的序言中写道："我们捷克斯洛伐克人，为了更好地实现民族团结……"这个宣言曾经听起来如此有信心，然而没有人能够肯定，这个国家的斯洛伐克人、犹太人、匈牙利人和德国人是否把自己包含在"捷克斯洛伐克人"这个范畴内。普罗伊斯在起草《魏玛宪法》时强调："这里不存在普鲁士王国或巴伐利亚王国，在德国范围内，只存在一个名为德意志共和国的政治组织。"但是事实却远非如此：奥地利被禁止加入德意志共和国，而想要脱离魏玛政府的巴伐利亚王国则被制止；《魏玛宪法》本身就是在内战的气氛下起草的。自信的资产阶级宣称，这个到处都被少数民族和阶级分化掩盖的国家，将会承认这部宪法，并在这部宪法下成长。结果那些把民族团结作为最高目标的人，逐渐被更加完善的独裁政府吸引。自由民主在这个国家遭到了失败，只要国家能够延续，民主是可以被牺牲的。1931 年希特勒写给布吕宁总理的信中写道："当一部宪法被证明无用时，并不代表着国家的死亡——我们只需要修改宪法。"[38]

因此当 20 世纪 30 年代很多人质疑为何人们要期待欧洲民主繁荣的时候，并没有太多人感到意外。这种态度非常符合英国的绥靖政策。《泰晤士报》在支持政府不介入西班牙内战的评论中，以略带鄙夷的口吻写道："适合英国的议会制政府体系，并不适用于其他国家。最近西班牙政府想要迎合这种议会制的共和民主，却只取得有限的成功。"从这个角度讲，民主在欧洲的危机，仅仅证明了英国的优越性。[39]

但是不仅只有英国持这种观点。当时很多人认为，只有少数欧洲国家拥有一脉相承的民主传统。卡尔·鲁文斯坦（Karl

Loewenstein）指出，只有少数几个国家有为争取大众自由而斗争的传统。东欧的历史能够证明民主是一种自发的大众运动，而非巴黎和会的胜利者们所强加给他们的礼物吗？民众默许失去他们从未争取过的东西，我们需要为此感到惊讶吗？民主在欧洲政治传统中肤浅的根基，能够帮助我们理解为什么反对自由主义的政权能够如此顺利无阻地建立。[40]

右翼的形成

贝奈戴托·克罗齐（Benedetto Croce）曾经把法西斯主义描写成“意大利历史上的一段插曲”，这种描述暗示着自由民主才是这个国家的天然形态。很多对于法西斯主义的批评，都乐于将欧洲的右倾化，视为集体精神失常的集中爆发。这种观点非常流行。时至今日，很多人更容易把休战期欧洲的状况，归咎为被疯狂的独裁者们引入歧途，而未意识到是因为独裁者们废止了民主。我们已经习惯性地将墨索里尼塑造成为一个小丑，将希特勒塑造成一个没有章法的疯子，将斯大林视为一个偏执的精神病患者。但是墨索里尼的经历是否能够告诉我们法西斯主义的真正诉求？迈克尔·奥克肖特（Micheal Oakeshott）在 1940 年注意到，如果仅仅把自由的敌人视为“一个暴君，一个专制者”——无论是君主，还是独裁者——而忽视了民主真正的威胁源自哪里，那么这就是自由主义的典型失败。[41]

奥克肖特强调，我们需要谨慎对待左翼和右翼这样的政治概念和政治实践，因为“这两种趋势的传统，都源自我们的文明”。自由主义没能像法西斯主义、共产主义、泛政治天主教主义（Political Catholicism）和国家社会主义那样，“把握现今世界的走势”，并且没能从这些意识形态中汲取经验。墨索里尼在意大利的一位拥护者说道："民主应该学习法西斯主义如何统一个人自由和规章，学习其如何控制和大众福利相关的社会事务。从法西斯主义的实践中，我们将会发现，利用19世纪的标准来衡量当今世界，是根本无效的。"乔治·凯南（George Kennan）总结道，"相比民主，仁慈的专制主义更有可能利于国家的发展"，他进而建议，美国应该"从遵循宪政指导的发展道路上，转向一个独裁国家"。[42]

考虑到右翼明显的非理性主义特征，以及他们更喜欢以行动和直觉取代理由和逻辑的特点，因此对独裁国家下一个严格的理论上的定义显得很奇怪。像卡尔·施密特、马丁·海德格尔（Martin Heidgger）这样的右翼学者，总是对右翼的现状感到失望；他们的观点先是被希特勒和墨索里尼这样的人采纳，进而又被毫不犹豫地抛弃。相反，右翼的非理性主义特征，很容易被夸大。右翼也拥有自己的政治理论和法律体系，这种政治理论和法律体系不仅被百万计的人接受，而且比自由主义更有说服力，更有前瞻性。1934年，葡萄牙的独裁者萨拉查说道，"在当今世界这个大实验室中"——

> 在19世纪的政治体系普遍失败的状况下，要求调整宪法，以适应新的社会、经济状况需求的诉求，变得愈发迫切。我们应该为此感到自豪，因为我们的思想和成就，帮助我们更加深刻地理解困扰各国的困难和难题。我断言在20年之内，如果没有政治倒退发生，那么议院在欧洲将不复存在。[43]

实际上，在20世纪30年代中期，很多欧洲国家自由党都显得很疲软，左翼受到猛烈的抨击，并且独自和右翼——独裁主义者、传统保守主义者、技术统治论者和激进的极端右翼分子——在意识形态和统治方式上抗争。在 20 世纪 30 年代，只有法国还在延续左翼和右翼的争论，直到维希终结了这种斗争。但是奥地利的内战在 1934 年突然爆发，西班牙的内战也在右翼政党取得胜利之前延续了很长时间。右翼还统治着意大利、中欧和巴尔干半岛。右翼政权的形式也不尽相同，从罗马尼亚卡罗国王（King Carol）的皇权专政，到西班牙、希腊和匈牙利的军人统治，再到德国和意大利的一党制政府。这些并非都是法西斯主义政权，实际上，一些政权甚至将法西斯主义政权当成最具威胁的敌人。

旧式的右翼政权希望将时间回拨到民主之前的贵族时代，而新右翼希望以大众政治为工具，来攫取并维持政权。前者包括佛朗哥将军（General Franco）和希腊的独裁者梅塔克萨斯（Metaxas），这些人惧怕大众政治，并且和君主、教会这种固有的政治势力结成联盟。在巴尔干半岛，右翼政党恢复了 19 世纪的政治形势。一个强势的贵族君主，伙同大臣和由君主管理的政党，严格地控制大选。

与之相反，德国和意大利出现新的激进的右翼，是从大选和议会中产生的。新的右翼以政党为工具，在一个全民普选的时代，政党不仅赋予了他们合法地位和政治权利，而且允许他们不断削弱保守主义的旧势力，尽管不如大众政治行之有效，但是一样成为新右翼的重要工具。当希特勒成为国会第一大党的党魁后，他对布吕宁总理说：“民主最根本的论点，就是一切权利源自人民。”像国家社会主义德国工人党（NSDAP）这样的全民运动，实际上是 20 世纪 20 年代民粹主义运动的继承者。这种全民运动被认为是推动代议制政府的主要力量。新旧右翼之间的冲突在奥地利、匈牙利和罗马尼亚表现得尤为明显。20 世纪 30 年代，在罗马尼亚的保守党和激进的民族主义者之间，爆发了残酷的政治冲突。[44]

当然，除了使大众政治成为自身行使权力的工具，新右翼还坚持放弃议会体系。为了迎合 1918 年之后参与性政治的需求，新右翼提出了议会体系的替代方案。第一个，也是最被过分吹捧的一个方案，就是墨索里尼在 20 世纪 20 年代在国内外注视和吹捧下设计出来的合作主义国家。意大利的社团主义是一种典型的法西斯主义形式团体，因为它只通过和生产者的合作，而不是同阶级的联合，来体现其对社会的代表性。《财富》杂志在 1934 年宣称："墨索里尼设计的合作主义国家，就像罗斯福在美国施行的新政。"

实际上，合作主义只是一个幌子，用以掩盖法西斯主义联合精英统治阶层，共同压制工人阶级的行为。但是其从现实中衍生出来的政治诉求，为这个国家指明了一种更加有组织的政治代表形式。合作主义的阶级特性甚至证明了它必要的现代性。20 世纪 30 年代，一位研究法西斯主义政策的学生写道："意大利的状况告诉我们，这个中央政权本身就是工会组织的源泉——被自由选择的精英们，受到社会权利和社会公平新观念的启发，随时准备在附属的机构中，为了个人利益限制大众的自由。"[45]

相似的体系也在其他地方被采用。1933 年，萨拉查在葡萄牙引入了一部新的宪法，该宪法宣称葡萄牙是一个社团主义共和国。"为了共同的利益"，政府的权力高于个人权利。在纳粹德国，尽管残存议会依旧存在，但是政党已经被禁止，总理也只能按照法令行使权力。上院成为社团的内廷，根据国家劳动法规，工业和企业之间的关系，按照天主教的整体思想进行重塑，规定罢工和停工是违法的。该法令摧毁了独立的工会，以新成立的国家行会加以取代。这种方式至少在理论上，以和谐和合作，取代了阶级斗争与资本家之间的斗争。而在意大利，这种理论是单边的——由于基督教更加惧怕共产主义，使得他们对资产阶级的敌视减轻，这让意大利的商人们依旧保有自治权。[46]

在被大萧条严重破坏的奥地利，凯尔森的民主宪法受到了奥地利马克思主义者的质疑，被大德意志人民党敌视；基督社会党对其也并不热心，它对基督教社团更感兴趣。陶尔斐斯总理首先通过暂停议会（1933 年 3 月 4 日，8 天之后希特勒在德国也如法炮制），化解了马克思主义者掌权的维也纳和天主教控制的省份之间的矛盾；接下来的一年，陶尔斐斯命令军队攻击社会党在首都的房产。随着红色维也纳的倒台，陶尔斐斯建立了一个天主教的独裁政权，以“基督教-德国社团国家”取代了自由主义和民主，红色维也纳的倒台也标志着左翼势力在欧洲的进一步削弱。[47]

奥地利由此紧跟葡萄牙的步伐，开辟了一条基督教民族主义的道路。这种模式的政权随后遍布斯洛文尼亚、西班牙、希腊、克罗地亚和维希政府治下的法国，以及右翼政党掌权的波兰、匈牙利和罗马尼亚。由此，反犹太主义暴力成为一种必然的结果。当哲学家莫里茨·施利克（Moritz Schlick）在维也纳大学的大厅被一名狂热的学生暗杀后，一家基督教民族主义报纸回应如下：

> 我们想要提醒所有人，我们是居住在基督教德国的基督徒。由我们决定什么样的哲学是好的，是合适的。应该允许犹太人在犹太文化盛行的机构中，教授犹太人的哲学。但是在基督教德国的奥地利，维也纳大学的哲学系属于基督教的哲学家们。

> 最近反复被强调的，以和平的方式解决奥地利境内的犹太人问题的论调，也是从犹太人利益出发的。因此暴力的解决方案不可避免。令人欣慰的是，发生在维也纳大学的谋杀案，能够给解决犹太人问题提供一个真正满意的解决方案。[48]

实际上施利克并不是犹太人，但是与他研究当代哲学的犹太化运动相比，这个身份并不重要。在纳粹入侵之前，奥地利的法西斯主义分子就以建立一个去犹太化的共同体为目标。1938 年，奥地利被吞并，尽管破坏了奥地利的独立，但是并没有严重破坏民主，因为早在德国入侵之前，民主就已经崩溃了。

尽管奥地利的法西斯主义和国家社会主义非常相似，但是也存在着差异。奥地利的法西斯主义，在陶尔斐斯和继任的许士尼格（Schuschnigg）的领导下，旨在建立一个基督教的独裁政权。尽管它和纳粹一样，敌视民主和议会，但是它认同基督教在社会中的领导角色。很快在政权的支持者和激进主义的支持者之间出现了分裂，在左翼政党不断被削弱，主要矛盾集中在右翼政党内部的前提下，这种分裂就需要严肃对待。

休战时期，将德意志民族主义和基督教结合起来的奥地利保守主义的思想家们，依旧困惑于社团主义国家是否有广泛的基础，或者这种形式的政权是否符合天主教的意志。相反，国家社会主义政党不仅反宗教，而且是明确的民族主义者。奥地利哲学家斐迪南·魏因汉德（Ferdinand Weinhandl）在 1940 年说道："根据国际通行的自由主义准则，所有的人类都是平等的。但是国家社会主义却以种族为标准，来反对这种准则。"[49]

所有的右翼政党都攻击自由主义框架下的议会，其中，国家社会主义政党是最极端、最强硬的一个：议会和教会不再具有合法的地位，当然还包括君主。这就是陶尔斐斯的奥地利、佛朗哥的西班牙、安东尼斯库（Antonescu）的罗马尼亚和德意志第三帝国不同的地方。一种右翼是保卫旧秩序，来对抗大众政治；另一种则希望借助大众政治的力量，革命性地重塑社会。甚至在法西斯当政的意大利，也允许国王和教会的存在。在纳粹德国，合法性只存在于民意中，就像在元首法令中表现出来的那样。[50]

法律和国家社会主义国家

如果说 20 世纪 20 年代的自由主义宪法旨在把政治变为法律的附庸，那么对希特勒而言，法律则是政治的附属品。当然第三帝国不是一个缺少法度的国家。相反，纳粹政权坚持宣称自己捍卫法律和秩序，以对抗无政府的混乱状态。这对纳粹的名望和形象极为重要。在第三帝国建立的前 3 年，仅政府官方颁布的法令、法规和条例就超过 4 000 条。在 1934 年的“长剑之夜”*，希特勒处决了他的同僚罗姆，进而颁布一条反动的法令，宣布“6 月 30 日、7 月 1 日和 2 日镇压叛乱的流血事件是合法的”。第三帝国拥有丰富的法律规定，但是法律的施行，以及和政治之间的关系，与民主框架下的模式完全不同。[51]

德国的法律传统是高度保守的。威廉二世时期的独裁行政体系是以实证主义为根基的。在这种司法体系下，法律被视为保护国家的工具，而非为保卫个人而存在。在魏玛时期，法律的保守性和对

---

* 长剑之夜，Night the Long Knives，1934 年 6 月 30 日，希特勒飞抵慕尼黑，以冲锋队头目企图政变为由，将恩斯特·罗姆等人逮捕并处决。此次事件被称为“长剑之夜”。——编者注

民族主义的支持，表现在其对极右翼政党的宽容。1933 年之后，为了适应新形势，魏玛政府宣布社会民主党是之前合法政权的延续。但是在合法性的背后，这个政权所隐藏的革命性的野心愈发明显。[52]

纳粹政权从一开始就明确地否认《魏玛宪法》中所体现的自由主义法学的价值。例如，汉堡的一个地方法庭宣布，“摧毁这部宪法，是国家社会主义这些年来最杰出的目标之一”，因为“德国人的观念讨厌这种资产阶级立宪主义的堕落形式”。纳粹政权并没有像布尔什维克党那样重新制定一部宪法，它的法律基于领导原则——即按照希特勒的意愿，成为建立“健康的种族共同体”的工具。领导原则使“正式的法律准则”从属于希特勒政权下的专制行为。“保护全民团体，意味着法律不再保护犹太人和吉卜赛人的权利，也不保护‘堕落的’雅利安种族：自私的、同性恋的、生理和精神有残疾的人。警察镇压愈演愈烈，医疗暴力则取代了体现魏玛政府国家福利的医疗方案。臭名昭著的罗兰·弗赖斯勒（Roland Freisler）强调‘国家无权干涉个人基本权利的诉求，与新国家的集权主义原则是无法调和的’。”[53]

对于那些被定义为保守的民族主义者而非纳粹主义者的人而言，这些言论的含义对他们来说具有争议性。他们坚持虚构出来的“国家社会主义宪法秩序”，或者徒劳地宣称暂停议会只是暂时的。在纳粹政权元年，法庭试图以法律诉讼程序来对抗盖世太保的劫掠行径。但是，例如没有连贯的法律保障，商业应该如何运作？马克斯·韦伯提出，资本主义经济的顺利运行，需要以合理的法律体系作为保障。纳粹的做法证明了韦伯的观点：个人和商业方面的法律大都未做修改，只是附加了条款——德裔犹太人被迅速排除在这些条款之外。

总体而言，激进的国家社会主义，完全压倒了法制的一致性和独立性。从法律角度讲，德国呈现出一种“双重状态”，源源不断的专制法令，经政治领袖签署加以施行，这种行为不断地侵蚀着习惯法。对警察势力的限制已经被废除，盖世太保经常抓捕被法庭宣布无罪的人，并把他们直接投入集中营。一些法官对这种行径感到愤慨，因为它亵渎了法庭的尊严；法官们同盖世太保达成了一系列的约定，法官们将会注意审判那些盖世太保想要逮捕但却无罪的人；作为回报，盖世太保同意更加谨慎地逮捕那些无罪的被告。[54]

法学家们经常能够预见到领袖的政治意图。在禁止同犹太人通婚的《德意志血统和荣耀保护法》颁布前一年，很多法官和公职人员都拒绝同犹太人通婚。1934 年 1 月，第三帝国内政部长弗里克被迫向公职人员宣布，根据当时存在的法律，他们可以同犹太人通婚，并且婚姻生效，这是他们“没有完全理解国家社会主义的观点”的地方。[55]

然而，纳粹的观点是，“健康的种族观念”应该凌驾于“正式的法律规范”之上。根据柏林地方法院一位法官的观点：“每一条反对犹太人的法令，都应该由政府单独加以施行的观点是不正确的。如果是这样，法律将不被允许阐述犹太人的缺点，犹太人也应该享受法律的保护。显然这毫无意义。”[56]

通过建立一个健康的种族共同体来取代自由主义的意图，不仅体现在观念高于法律上，也体现在政治延伸到生活的各个领域之中。纳粹的法律，甚至高于法西斯国家的法律，要求每一个人都服从于这个专制国家，就像希特勒强调的那样，“这种权力具有广泛性，它将摧毁所有自由主义形式的自治”。旧式资产阶级对公共领域和私人领域的划分，被纳粹的做法挑战，他们宣称“在争取自卫权的斗争中，德国人生活的每一部分都具有政治性”。一位纳粹的法理学家说道：“所谓的‘私人领域’只是相对私人的，同时它具有潜在的政治性。”[57]

一方面，纳粹继承了 20 世纪 20 年代社会民主党提出的干涉主义福利政策，在这个激进的国家提供公共住房、为儿童抚养提出建议、发行食谱、提供自由假期，并提供现代化的医疗，使得民族共同体的成员们得到了利益，并且强化了公民的理想主义。另一方面，集体的健康意味着种族隔离；对国家内患有精神、肉体、种族疾病的人采取绝育，甚至是处死的措施；控制结婚和生育并严厉制裁对这些政策提出异议的人。传统的家庭单位因此得到了强化，并且被赋予更高的权力。

对谴责和监视的恐惧，不仅渗透到家庭，甚至出现在潜意识中。一位 45 岁的德国医生在 1934 年写道——

> 现在大概是晚上 9 点，我的出诊已经结束，我躺在沙发上阅读马蒂亚斯·格吕内瓦尔德（Matthias Grunewald）的书放松。忽然间，我房间的墙消失了，然后是我公寓的墙。我四处张望，令我高兴的是，在我能看到的地方，所有的公寓的墙都不复存在了。然后我听到扬声器在喊“根据本月 17 日的拆墙法令……”[58]

在写下了他的梦想后，这个医生梦见，他们指控写下梦想。睡眠也不再属于个人了。

由于自由和良知不被认可，一名耶和华见证人仅因为将“希特勒万岁”简化为“万岁”（因为对他们而言，这种尊称应该是对上帝讲的），就被依法从工作岗位上解雇。如果对儿童的教育，不符合希特勒青年团认为正确的标准，那么孩子将会被寄养到其他家庭。例如，在1938年，一位父亲因为拒绝让他的儿子加入希特勒青年团，而导致这个家庭被强制拆散。根据地方法庭的判决，这位父亲“滥用自己的监护权”。[59]

这种消除公共领域和私人领域的做法，对于大众对纳粹党的评价非常重要。在民主的体系下，市民可以选择自己支持哪个政党，并在何种程度上支持这个政党。而在第三帝国，不对政权付诸全部热情的人，都会被视为有潜在颠覆政权的倾向，并因此遭到惩处。由于没有表达的途径，公共舆论不复存在；那么接下来，该如何衡量这个政权的支持度呢？

例如，在讨论公民是否有在节日升起纳粹标志的义务时，一位评论员认为，尽管没有法律义务，但没有升起纳粹党旗暗示着缺乏对国家社会主义的热情：其结局很可能是被投入集中营。在另外一个案例中，一位公职人员因为拒绝向“冬季救助基金”捐款而被提起诉讼。被告辩解说，自己慷慨地向其他基金会捐款，自己应该有权决定支持哪种慈善事业，尤其是向“冬季救助基金”的捐献是“自愿的”。然而，他的言论未能说服法官们，法庭宣布“被告的自由观念是一种极端的特征…… 对他而言，自由就是忽视法律要求的一切义务”；这导致了他“卑鄙地滥用了领袖赋予的、其他德国人绝对不会滥用的自由权利”。[60]

在这种环境下，由于个人不能自由地表达自己的判断，观察者们很难评价公众对政权的态度，即便是秘密警察，抑或地下反抗势力，也都无法做到。在特殊问题上——食品价格、对犹太人的态度、外交政策以及宗教事务，民众可以较为真实地表达观点；但是由于显而易见的原因，对政权本身的评价几乎看不到。

然而我们能够发现一些总体趋势。在纳粹德国这个一党制的国家，人们通常将领袖和政党组织区分开来，就像在意大利和苏联一样。在对领袖表达尊敬甚至是崇拜的时候，同时也充斥着对地方政府行为公开的不满和抱怨。意大利史学家埃米利奥·金泰尔（Emilio Gentile）讨论了墨索里尼统治下的“神圣化政治”。领袖崇拜有利于整合人群，调和民众对其他不受欢迎政党的不满情绪，无论领袖是墨索里尼、希特勒还是斯大林，情况都是如此。[61]“神圣化政治”需要花费大量的金钱建造纪念性建筑物、广场，进行宣传展览以及发行宣传性的出版物。大规模的游行、庆典和阅兵不仅是制度化的仪式，更体现着领袖的权力，以及领袖个人的重要性。在“充满敌人”的世界中，领袖鼓舞着大众，并保证大众的安全。而且领袖崇拜也在现代化的日常生活中传播——大致包括广播宣传、文学作品塑造和学校教育，以及军事化的公共生活。

但是在这个过程之中，政权并不是通过审查和操纵来蒙蔽群众。相反，这是一个在领袖和人民之间相互认同、共享价值观的过程。在苏联建立社会主义、在德国建立一个民族共同体以及建立一个意大利帝国——这种乌托邦式的设想投射出一种新的形象，一个统一的国家，因此在民众中大受欢迎。关于政策问题的争论，已经不存在于政党之间，而存在于唯一合法的政党内部、大臣之间，以及公共和私人机构之间。反对意见只能针对政权的一些方面，而不能全盘否定这个体系：在党内斗争中，抑或和“普通人”一起反对狂热分子，抑或和党内的“理想主义者”反对那些旧制度的卫道士。

在和平时期对第三帝国的高度支持，也是从其他方面获得的。

纳粹政权以法律和警察力量，作为获得民众服从的主要工具。在1939年之前，数以千计的犯人被处以死刑，而意大利只有29名罪犯被判死刑，日本也仅有少量的死刑审判；相比之下德国法律的严厉程度可见一斑。另一方面，和平时期纳粹运用国家强制力量的程度，远不如斯大林统治下的苏联：20世纪30年代，纳粹的集中营关押了25 000～50 000名犯人，而苏联在古拉格集中营就关押了上百万人。20世纪50年代的集权主义理论，把国家事务看成是一小部分精英阶层以恐怖手段控制广大群众。这种理论在今天看来，更像是一种幻想，在理解休战期存在于欧洲的这种稳定的、不民主政权的时候，这些理论足以蒙蔽我们。大部分德国人并没有投票支持希特勒，但是也没有反对他。人们接受了这种新形式的国家，这个政权也成为他们日常生活中的一部分。[62]

纳粹德国和苏联这两个欧洲最大的一党制国家之间的差别，远大于他们之间的相似处。纳粹党通过选举上台，而布尔什维克则通过武装斗争取得政权。第三帝国是由一个大的政党执政，其领袖不仅在党内，甚至在国内都拥有绝对的权威。苏联的人口两倍于德国，居住在广袤的土地上；苏联共产党的党员数量是纳粹的两倍，在内部和外部不安的局势下执政，尤其是在列宁死后，由谁继续担任领袖导致了危机；最后由一位始终对自己同侪之首身份感到紧张的人担任领袖。希特勒非常重视追随他的旧部，这些旧部则尊称希特勒为领袖；而斯大林则为了树立个人的权威而疯狂清洗曾经的战友。长剑之夜尽管非常血腥，但是大部分纳粹党员并未涉及其中；相反，20世纪30年代的苏联共产党，已经和列宁创立的布尔什维克党大不相同。[63]

这种差异反映出，两个政党的指导思想是不同的。希特勒统治下的德国是欧洲最大的工业力量，拥有受过良好教育的劳动力；纳粹党在国内的目的是创造一个种族福利的国家——民族共同体，这种体系无论是架构还是核心方面，都建立在之前福利传统的基础上。在纳粹德国受到迫害的是一小部分人，而在苏联，数以百万计的农民都是受害者。苏联共产党的目的已经不能用激进来形容：他们企图消灭私有财产，以苏联的身份来同化所有加盟共和国的人民，并企图以大量落后的农民为基础，在 10 年内完成工业革命，而 19 世纪末的欧洲国家完成这一目标花费了数十年。因此苏联共产党推行这个计划，面临着超乎寻常的限制和困难。这种差别能够帮助我们理解，在 20 世纪 30 年代两国国内的暴力程度为何会如此悬殊。纳粹的国内政策推行顺利，激进的纳粹党支持者们一直担心自己会被传统的行业、银行家、中产阶级和保守的民族主义者取代，这些传统势力希望恢复秩序和稳定。纳粹党对革命的恐惧已经成为一种常态，因为这将拖累他们乌托邦式的构想，同时德国民众易于接受新政权的特征，也使得希特勒担心自己会被新的革命颠覆。有两件事非常突出地反映了这种特性：一是 1934 年清除了罗姆的冲锋队，并将其纳入纳粹党的管辖之下；二是向资产阶级妥协。“政治冷漠”令元首感到惊愕，尤其是 1935—1936 年持续蔓延的公众冷漠。[64]

激进的纳粹分子看到了意大利法西斯党并不辉煌的命运，尤其是当法西斯党攫取政权之后，他们不得不放弃发动一场激进的法西斯主义革命的想法。而希特勒则拥有不同的想法。当墨索里尼在意大利被神化后，希特勒强调需要以政党的活力来抑制这种趋势。他在 1934 年纳粹党代表大会上强调“不是国家需要我们，而是我们需要国家”；纳粹党的政治使命“必须渗透到广大群众的心中，因为他们是我们最坚定和强有力的信仰载体”。那么结局是什么呢？20世纪30年代，纳粹德国庞大的重整军备计划提供了线索。对希特勒而言，答案只有一个，他的目光关注着第三帝国边界外数以百万计的德意志民族群众。只有通过战争，才能使纳粹的德意志民族拯救计划得以实现。[65]

第二章

帝国，国家，少数民族

> 为了使国家和民族在理论上相称，各民族应该在实际中减少沦为疆域内其他民族附属地位的可能性。相应的，高度人性化和文明化的优势民族可以要求一切权利；而劣等的种族则应该被消除；或者应该被奴役、放逐，令他们处于从属地位。
>
> **——阿克顿勋爵 ***，1862[1]

“一战”导致欧洲大陆上旧帝国崩溃，不仅标志着民主的胜利，而且也标志着民族主义的胜利。民族自决的原则，从西欧一直传播到了中欧和东欧。《凡尔赛和约》所规定的边界和疆土，基本上延续到现在。然而民族主义的胜利，伴随着屠杀、战争和内战，单一民族国家的观念，传到东欧少数民族杂居地区，导致了少数民族政治问题的产生。在民族自决原则的框架下，那些推翻了君主的地区，建立了新的国家。在这些新国家的领土内，少数民族被视为耻辱、威胁、挑战。

---

* 阿克顿勋爵（Lord Acton），英国历史学家。——译者注

19 世纪的旧帝国则以一种不同的方式运行。它们的合法性是建立在对王朝忠诚的基础上，而非建立在种族的基础上，所以在沙皇俄国的行政体系内，德意志少数民族也能够拥有较高地位，而奥斯曼帝国在国际大会上的外交官是希腊人。但是“一战”将这些国家摧毁了。根据纳粹党 1920 年的第四点计划，“除了本民族的人，其他人没有资格成为这个国家的公民”，这个说法符合大多数欧洲国家的状况。关于把土耳其和斯洛文尼亚的地名改为希腊地名的争论，战后希腊学者坎布罗格卢（Kambouroglou）写道：“在希腊的土地上，希腊代表着一切。”[2]

但是建立一个单一民族国家的梦想并不现实。无论是希腊，还是德国，抑或是中东欧的其他国家，尽管宣称自己是单一民族国家，但实际上在其疆域内，均匀地分布着少数民族。巴黎和会为 600 万人口划分了属于他们自己的国家，但是其中有 250 万人成为少数民族。他们包括犹太人、吉卜赛人、乌克兰人和马其顿人，也包括之前作为统治团体的德意志人、匈牙利人和穆斯林。因为后者将自己视为文明程度更高的人，而现在却被在他们看来较为低下的农民“暴发户”统治，他们认为没有必要像自由主义宣传的那样，融入新的国家文化中。实际上，在休战期的欧洲，无论是少数民族还是主体民族，都不相信同化；因此新民主原则在民族关系问题上被贴上了排外和对立的标签。

由单一民族国家的设想而引发的冲突，成为休战期欧洲政治的核心问题。土耳其人和亚美尼亚人尝试消灭少数民族，但是这样的做法并不被国际社会所接受；像希腊和土耳其在 1922—1923 年互换少数民族的做法，对情况的改观也没有明显的帮助。“一战”的获胜势力尝试了不同的方法：在少数民族的原居住地安置他们，以国际法保护他们，确保他们像主体民族一样被正常对待；久而久之，他们将会获得这个国家的归属感。但是保护少数民族权利的条约并未得以很好贯彻，并没有减少敌意和歧视。

实际上，因为民族自决原则会引起这样的问题，所以很多人在1914—1918 年都在质疑，单一的民族国家是否是一个众望所归的产物。然而对英法两国而言，它们的全球帝国比以往更大，在中东欧的领土安排，符合它们的帝国利益。这个和约创立了一系列等级国家，允许这些国家统治边远的聚居区；并以这些国家作为对抗苏联和德国的缓冲地带，提升英法两国在欧洲大陆的优势地位。

另一方面，德国和俄国的帝国野心，与它们新成立的民族国家的疆界相契合。两国在 1918 年短暂的疲软，使得它们被迫接受了英国、法国和美国创立的新秩序。但是当这两个国家重新获得权力、恢复欲望之后，它们进入了超出其边界的地区。以苏联为例，以联邦制为解决方案，进入了原沙俄少数民族聚居且情况复杂的地区，也就是在“一战”中失去的领土；又通过共产党来集中全力，并允许乌克兰和白俄罗斯的精英进入行政体系，融入主流文化。

由于在与波兰的战争中失败，苏联放弃了向西扩张的企图，因此苏联能与凡尔赛体系共存，并在 1934 年进入国际联盟。但是到了20 世纪 30 年代，在更具自决性的挑战面前，英法两国在自由主义框架下所构建的单一民族国家和少数民族权力条约开始崩溃。随着纳粹德国的崛起，一股激进民族主义潮流席卷欧洲，对少数民族开始了新一轮的攻击，并引发了迅速扩大的难民潮。随着法西斯宣布将和旧帝国开展对抗，一批新的帝国成立了。墨索里尼入侵埃塞俄比亚，希特勒从 1938 年开始在欧洲范围内建立他的帝国。

古典帝国的崩溃

《维也纳森林的故事》（*Tales from the Vienna Woods*）的作者，剧作家奥顿·冯·霍尔瓦特（Odon von Horvath）写道："如果你问我，哪里是我的祖国，我将这样回答你：我在阜姆出生，在贝尔格莱德、布达佩斯、普莱斯堡、维也纳和慕尼黑长大，我拥有匈牙利的护照，但是我没有祖国。我是一个典型的奥匈帝国人：阜姆曾经分别属于匈牙利、克罗地亚、德国和捷克，我的国籍是匈牙利，但是我的母语是德语。"

霍尔瓦特是正确的：他的背景并没有什么特殊之处。在世纪之交的时候，哈布斯堡王国的切尔诺夫策是匈牙利人、乌克兰人、罗马尼亚人、波兰人、犹太人和德国人的聚居地。在切尔诺夫策南部奥斯曼帝国萨罗尼加的码头上，工人们有六七种通用语言：这个城市除了7万名犹太人外，还有希腊人、亚美尼亚人、土耳其人、阿拉伯人和保加利亚人。这种多语言环境在东欧非常普遍，这些地方的城镇和城市，充满了不同的宗教团体和少数民族。随着民族主义理论的流行，关于如何划分这些地方，政治家和政治理论进行了激烈的争论：宪法和行政安排，应该如何对待这些多民族、多宗教信仰的地区，以期符合不断增强的国家观念，因为这种观念正在不断向东欧扩张。[3]

19世纪，民族主义就已经开始侵蚀旧帝国的王朝情感和宗教情感，而这些情感正是帝国忠诚的基础。奥斯曼帝国巴尔干地区的起义，形成了希腊、塞尔维亚和保加利亚三个国家；1848年的革命显示了德国、意大利和匈牙利的民族主义在中欧的力量，而波兰1863年的起义则投射出其对沙俄统治的仇恨。奥匈帝国在19世纪50年代施行的新专制主义的失败，宣告了时间的指针永远不能回拨到 18 世纪。

对帝国的统治者们而言，他们有两种策略来应对不断高涨的民族主义。一种是建立新型的帝国民族主义——土耳其化的奥斯曼帝国，俄罗斯化的沙俄，在二元君主制的奥匈帝国的匈牙利领地内，施行匈牙利化。这些策略旨在建立一个更加现代化、中央集权化的帝国。像匈牙利人尝试的那样，他们可以通过把少数民族同化到统治阶层中来赢得认同，但是他们干涉少数民族的传统社会、标准化语言以及立即向少数民族征税的做法，激起了少数民族的不满，并引发了反民族主义。因此在 20 世纪前 10 年中，土耳其青年党（Young Turks）无意间助长了阿拉伯人和马其顿人的民族主义运动；匈牙利则笨拙地助长了罗马尼亚人和克罗地亚人的抵抗；而沙俄则面临着芬兰、波罗的海国家和波兰越来越多的反对。

另外一种策略是运用“分而治之”来应对民族主义。因此奥斯曼帝国的统治者通过单独设立保加利亚东正教会，来区别保加利亚人和希腊人；而哈布斯堡王朝却无法建立自己的帝国民族主义，因为奥地利人无法挑动德意志民族主义者和捷克民族主义者斗争。这种策略能够让民族主义者得到承认，相应的，在“一战”之前的 10 年时间中，帝国的统治者们需要满足他们改革宪法、普及选举权，并且赋予他们语言和教育上特权的需要，以确保这种策略的施行。这种诉求是通过群众性政党实现的。尽管这些政党在现行的帝国架构内，对民主和更大程度自由的要求获得了一定程度的成功，但是他们从未设想过真正的民族独立。

奥地利的社会民主党深化了关于如何改变帝国来迎合民族主义诉求的讨论。在世纪之交的时候，奥匈帝国这个“历史的实验”，拥有 5 100 万居民、两个国家、10 个“历史上存在的国家”以及超过 20 个少数民族团体。对大多数哈布斯堡王朝的政治思想家而言，有两件事是非常清楚的：一是民族主义是一股不容忽视的政治力量；二是单一民族国家不符合当代世界的发展要求，因为经济的发展，国家需要由不同的团体构成。现代生活也需要一些类型的政治组织，这些政治组织既不能否认国民性，也不能完全妥协于民族性。大英帝国的“共和主义”思想理论，也是按照这个思路发展的。

从哈布斯堡王朝的角度来说，“一战”之前，它可以通过赋予少数民族文化自治和扩大帝国内少数民族的选举权，来解决这个难题。从这个角度来说，很多民族可以在一个国家内共存。意第绪语作家 I. L. 佩雷茨（I. L. Peretz）在 1908 年写道：“独特的文化，比边境巡逻更能保证一个国家独立存在。”[4] 很多犹太人支持佩雷茨的观点，因为奥匈帝国赋予他们除犹太复国主义和完全被同化之外的第三种方式。但是其他民族的领袖也有同样的要求；尽管民族意识觉醒得比较晚，但是少数捷克和南斯拉夫的民族主义者要求彻底独立。1918 年，奥地利社会党员卡尔·伦纳（Karl Renner）提议把哈布斯堡帝国变为“各民族的国家”，为“未来人类的民族秩序提供范例”。[5]

如果这个温和的计划在中欧和东欧遭到失败，相比于出自民族主义者的压力，由种族主义者刺杀王储而引发的“一战”负有不可推卸的责任。约翰·巴肯（John Buchan）的畅销书《绿斗篷》（*Greenmantle*）反映了英国的担忧，即担心土耳其的民族政策会导致印度的穆斯林革命。但是正是英法两国煽动犹太人和穆斯林进行分裂活动，鼓励他们在中东反对奥斯曼帝国的统治。德国人和俄国人也实行了相同的把戏，他们一起瓜分波兰。在 1914 年 8 月，罗曼诺夫大公爵尼古拉（Romanov Grand Duke Nikolai）以向波兰人承诺他们的自治而换取俄国的胜利；两年之后，他被沙皇罢黜，沙皇的军队夺取了波兰残存的独立地位。还是两年之后，协约国不情愿地又一次承诺波兰自治，但是却并没有给波兰出海口。随着巴黎和会的推进，为波兰自由而奋斗的人们转向不同的势力寻求帮助。

在“一战”时的柏林，波兰受德国人帮助。乌克兰人和犹太人也经历了同样的结局。在德国人的鼓励下，他们建立了一个“受俄国压迫民族联盟”，从而使他们脱离了沙皇的统治，并打击了沙皇多民族军队的士气：他们向芬兰和乌克兰民族主义者做出了担保，并且支持波兰的犹太人宗教自治，保证意第绪语成为波兰国会的一种官方语言。德国的犹太复国主义者们成立了一个委员会，旨在解放沙俄的犹太人，并且在沙俄的领土上成立了一个少数民族联邦。如果德国赢得了“一战”，毫无疑问犹太人的命运将会被改写，而我们毫无疑问将会读到关于描写俄国和波兰悲惨命运的专著，而不是后来德国的反犹太主义的悲剧。

与此同时，协约国对波兰的中央政府也玩弄了同样的把戏：反哈布斯堡压迫的民族主义者们——捷克人、克罗地亚人、斯洛文尼亚人和波兰人，在罗马集会。在伦敦的杂志《新欧洲》（*New Europe*）上，他们满腔热情地宣扬在哈布斯堡领地上“受压迫的民族主义者”所领导的战争。但是，并不是所有的英法政客们都承认这是一个明智的主意。例如，罗伯特·塞西尔勋爵（Lord Robert Cecil）就批评和警告那些“把民族性当成宗教”的人，“在没有任何条约的约束下，我本人不相信欧洲的和平仅仅是基于民族性，而不通过其他的规范加以约束，这种单纯以民族性保证和平的观点并不可取，也不可能有利于所有的方面”。[6]

中央政权也不真正相信民族自决。尤其是德国，对解决东欧种族混乱的问题有自己的想法。在德国人中间，最为流行的想法就是建立一个经济上密切联系的中欧。这是贝特曼·霍尔维格（Bethmann Hollweg）首相的政治目标，这个目标通过弗里德里希·瑙曼（Friedrich Naumann）的畅销书《中欧》（*Mitteleuropa*）而为世人所熟知，它勾画出德国作为中欧领导地位的益处。但是非德意志的民族很难接受这种强调在德国领导下所获得的经济和文化利益。而哈布斯堡王朝也不习惯于被当作二等德意志民族，因此二者在战争中的结盟并不稳固。

然而对更加极端的德意志民族主义者而言，中欧这个概念过分地考虑了中东欧地区人们的敏感度。像兴登堡（Hindenburg）、鲁登道夫（Ludendorff）这类德军总参谋部的将军，更加关注德国在东部地区军事和政治的优势地位。他们的观点本质上是建立独裁主义政权，剥夺帝国内民族主义联盟的自由。

在临近战争结束的时候，他们的计划实现了。在1918年春天，他们和苏维埃政权缔结了《布列斯特–利托夫斯克和约》，俄国人绝望地和德国人讲和，并愿意给予德国人在东部最想要的东西，这似乎也成为1941年的先兆。这个和约深刻影响了德国人宏大的泛德主义联盟梦想，德国同时控制了东欧的大部分地区：沙皇之前在波兰领土上建立的附属国、乌克兰和波罗的海地区。奥匈帝国被边缘化，乌克兰在“面包和平”的计划中，每年向德国提供100万吨小麦，以保证本国的独立地位。德国的军队开进了芬兰、乌克兰，进而向南进入了罗斯托夫和高加索地区。由于接管了俄国的领土，德国巩固了与土耳其的联盟。东线的战争似乎结束了。《布列斯特和约》给东欧带来了德国的领导地位。今天《布列斯特和约》几乎被完全遗忘，或被视为“一个短暂的幻影”，并在几个月后随着德国的战败而废除，它看起来并不像当时英国外交部所惧怕的那样，德国能够“对抗整个世界，并永远无法被征服”。德国和土耳其的联合可以威胁印度，并可以无限期地控制欧亚大陆：这场战争还会持续数年。协约国在西线战场的胜利，将这种恐惧变为记忆。[7]

“一战”后，德国右翼把《布列斯特和约》这个插曲，视为德意志建立东部帝国的第一次冒险。几乎没有德国人注意到，他们过于关注自己的利益，而忽视了其他民族的愿望。极端的民族主义者阿尔弗雷德·罗森贝格（Alfred Rosenberg）在 1921 年写道，“德国实际上过于关注波兰和其他民族团体的利益”。20 年之后，当希特勒在另一场帝国扩张的战争中占领东部领土后，他可以很好地避免前任们的错误。德国右翼继承了民族主义的思想，以武力统治了“野蛮的”斯拉夫人，而忽视了更为优良的合作方式。而俄国人在东欧的民族问题更为复杂，他们也在这个过程中获益。[8]

人们一定会问，为什么哈布斯堡王朝走向了解体，而沙俄却以苏联的形式继续存在？毫无疑问，部分是因为它们之间的差异，最为明显的是德意志人和匈牙利人的总和也不及哈布斯堡王朝总人口的一半，而俄罗斯人从未低于苏联总人口的一半，他们和白俄罗斯人、乌克兰人一起，占总人口的 2/3。在一个二元君主制的国家内，占据人口数量优势的民族并不足以保证帝国的延续；但是在沙俄及斯大林统治下的苏联，占据优势数量的民族则能够发扬中央集权的传统。[9]

但这不是问题的全部答案。另一个原因就是俄国的马克思主义者从哈布斯堡王朝关于民族和帝国的争论中汲取了经验。从某种角度讲，希特勒的新秩序彻底终结了哈布斯堡王朝，而苏联则真正地延续了奥匈帝国。犹太联盟，主要是哈布斯堡王朝码头的犹太工人运动，使得奥地利的马克思主义者将关于民族主义的争论传入沙俄以及传给了布尔什维克党。他们希望把沙俄变成一个各民族在居住地文化自治的联邦，这种设想同奥地利社会民主党的想法一样，他们同时攻讦沙俄同化民族性的做法。一位犹太联盟运动的领袖在1902 年预见性地批判了列宁和其他俄国社会民主人士不允许犹太民族自治的做法，并警告说如果被“泛俄主义”“泛波兰主义”“泛德主义”蒙蔽，而忽视其他民族的权利，那么国际工人运动将会变成一种“民族运动”。[10]

10 年之后，列宁逐渐放弃了对犹太联盟极端仇视的态度，承认民族性是不能回避的。“一战”之前列宁反对犹太联盟的联邦主义，认为这会削弱俄国的工人运动；他也在传统的马克思主义理论背景下，反对民族主义，坚称反对民族同化，称“资本主义的民族同化是历史最大的进步，尤其是在沙俄这个落后的国家”。但是在战争期间，他的观点开始变化。在反对党内关于“清算欧洲民族国家”的过程中，列宁逐渐转向承认民族自决原则。但是这种承认是以保证无产阶级利益为前提的。对列宁而言，为了革命，他必须和民族团体结成新的联盟。但是这种联盟在何时失去效用？这个无解的问题能够帮助解释 1917—1920 年布尔什维克党民族政策的不确定性。[11]

在 20 世纪 20 年代，布尔什维克党在苏联执政初期面临的问题和哈布斯堡王朝覆灭时面临的问题相同——“如何管理雄心勃勃民族的政治意识”。对这个问题，布尔什维克党人想出了一个巧妙的、开创性的、持久的解决方案。他们创立了一个联邦系统，这个系统实际上结合了奥地利马克思主义者和苏联共产党的观点。这个在 20

世纪 20 年代创立的系统，尽管拥有矛盾，但是它被证明比哈布斯堡王朝的做法更有效地管理了民族政治。这个系统叫作“苏联”。[12]

一方面，布尔什维克党赢得了非俄罗斯民族的支持，并通过选举赋予他们在政府和行政体系内实际的政治权利；由社会革命赋予他们切实的经济权利，以前占据主导地位的民族资产阶级和地主阶级被剥夺财产，农民占据了城市；随着大众知识和义务教育的普及，布尔什维克党通过教育赋予他们文化方面的权利。例如 1929 年的乌克兰，97% 的乌克兰儿童在学校接受的是乌克兰语的教育；而同时期的波兰则在忙于关闭乌克兰语学校，在休战期的欧洲，这一数量从 3 662 所下降到 144 所。[13]

基于这样的事实，布尔什维克政党的民族政策在休战期对中东欧的少数民族产生了巨大的吸引力，尽管这些政策在制定初期被认为是压迫和专制的体现。20 世纪 20 年代，在《凡尔赛和约》关于民族国家的安排中，作为主要受害者的马其顿人、白俄罗斯人、犹太人和其他民族，都高度支持共产党。波兰境内的乌克兰民族一直参照苏联的民族政策，反抗波兰对他们的文化压迫；这种反抗一直持续到 20 世纪 30 年代的大饥荒，甚至更久。在这种反抗的背景下，我们能够理解为何在 1939 年秋天，当苏联红军进入西乌克兰时，有如此多的乌克兰人和犹太人庆祝波兰共和国垮台。[14]

另一方面，苏维埃社会主义共和国联盟的联邦形式，掩盖了其从 20 世纪 20 年代就开始出现的集权趋势。加盟共和国比所谓的自治地区拥有更大的权力，但是它们仍隶属于莫斯科；而这些加盟共和国宪法中退出联盟的权利，也仅仅停留在纸面上，这种权利的存在仅仅为了证明这个联盟是平等的。

实际上，布尔什维克党希望联邦的领导权依旧掌握在共产党的手中，尽管这种意愿并未在 1923 年苏联宪法中写明。尽管列宁在 1922 年责备了斯大林的“大俄罗斯沙文主义”，并强调要避免“以帝国主义的方式压迫我们的少数民族”，但是这种分歧无碍于他们在另外的观点上达成共识，即这个新的帝国需要在共产党的领导下运行。这个共识使得俄国成为欧洲大陆上最后一个帝国。共产主义也许是帝国主义的最高，抑或最终形式。[15]

自由主义的变体：关于少数民族的权利

像布尔什维克党一样，巴黎和会的胜利者们也在探索能够整合民族自决与欧洲地区稳定的政策。实际上，在 1918 年 1 月，华盛顿和伦敦的政治制定者们依旧相信，解决东欧问题最好的方案是邦联：如果在这个地区按照民族设立国家，那么民族国家的规模将会非常小而不切实际，并且难以维持这个地区的稳定。美国人对欧洲未来的规划，一直在波兰独立和把波兰变成苏联式的联邦之间摇摆；而英国外交部仅仅勉强地放弃了重建哈布斯堡帝国的想法。[16]

但是旧帝国的忽然崩溃，使这样的想法显得多余，并且这些帝国的崩溃，第一次把波兰的少数民族问题公开化。在这种情况下，波兰的民族主义者德曼·德莫夫斯基（Roman Dmowski）说道，“这次战争的目的，就是为了削弱德国的力量，这种力量已经足以打破欧洲的平衡”，在战后欧洲的安排中，波兰的地位非常重要。但是无论从边界还是种族上，都很难定义波兰，因为在超过一个世纪的时间内，波兰都不是作为一个独立的国家存在；与此同时，它还是德意志人、立陶宛人、白俄罗斯人、乌克兰人、犹太人和波兰人的聚居地。而波兰的民族主义者也因为这个国家过去的荣耀而持两派观点：一方认为应该建立一个纯波兰人的民族国家，另一方则认为应该在波兰的领导下建立一个多民族的共和国。[17]

德莫夫斯基支持第一种观点。在他看来，“如果把波兰作为对抗德国的堡垒，那么这里没有弱小国家的空间，其他的民族都应该被一个高度集中的民族国家同化；联邦会导致解体。我从来就不是人道主义者的使者，也不属于任何一个旨在为人类带来幸福的机构”，随后，他又继续贬低了保护少数民族的观点。[18]

他的对手，同时也是乌克兰人和犹太人在华盛顿和伦敦游说团体的代表毕苏斯基则持反对意见。尤其是犹太团体，他们在影响英美两国“近乎疯狂的民族主义”政策制定者，争取少数民族权利方面，发挥了重要的作用。1912—1913 年的巴尔干战争中，当奥斯曼帝国在欧洲的部分解体为希腊、塞尔维亚和保加利亚的时候，就已经显示出强加给少数民族一个民族国家的危险性。现在他们希望在波兰境内赋予少数民族一些形式的自治权。波兰军队在 1918 年冬天的大屠杀，则强化了他们的观点。[19]

在巴黎和会上，关于波兰设想的分歧，最终演变成制定国际通用的保护少数民族权利的政策。法国作为波兰的支持者，以及德国和布尔什维克主义的反对者，强烈反对保护少数民族的政策。他们的观点是“巴黎和会的目的，是为了在波兰建立一个主权国家，而不是为了犹太人”。但是英国并未持如此轻蔑的态度。贝尔福（Balfour）则担心一个独立波兰的存在，“迄今为止，为推进欧洲和平的努力将会把欧洲推向一个永久争端的境地”。劳合·乔治也担心一个“帝国主义波兰”的存在。波兰在东加利西亚和西乌克兰侵占土地的行为则加重了这种担忧。到了 1919 年年中，波兰人只占总人口的 2/3，此外还有 400 万乌克兰人、300 万犹太人和 100 万德意志人；这种状况非常像一个“反动的帝国主义军事国家”。英国记者H. N. 布雷尔斯福德（H. N. Brailsford）预测，波兰将会是一个“摇摇欲坠的帝国”。[20]

巴黎和会上的政策制定者明白，少数民族问题不能仅仅在地图上解决：东欧人口中的民族分布十分复杂，无论多么精确的边界，也无法解决这个问题。在英国外交部，E. H. 卡尔（E. H. Carr）建议诱导少数民族迁移到自己的国家。但是对于那些想要留下来的人，他们更想得到什么？以及像犹太人和吉卜赛人那样没有自己国家的人口怎么办？这是由波兰的少数民族问题引发的新难题。[21]

在威尔逊总统的关心和提议下，在巴黎成立的新国家委员会（New States Committee）决定着手解决这个问题。委员会驳回了犹太人关于在波兰民族自治的请求，在委员会看来，在一个国家中建立另外一个国家并不可取，因为这加剧了国家的不稳定性；或者说这个做法实际上预设了民族同化的过程，民族同化当时仍被认为是一个理想的长期结果。另一方面，委员会坚持赋予波兰境内少数民族一定形式的权利，这样将避免波兰的民族内战，并进而避免东欧的动乱；尽管波兰不宽容的民族主义者不同意这样做。[22]

结果就是，作为波兰政府被承认的前提，是波兰政府必须签署条约以保证境内少数民族的权利，尽管波兰人对此严重抗议。这些权利包括公民权、法律平等权、宗教自由以及保护少数民族财产，也就是说，保证他们在集体组织中的权利，例如受教育的权利。这个条约由国际联盟加以保障，这意味着一旦产生指控，则可以直接送达国际联盟。在特定的环境下，国际联盟委员会可以直接反对波兰政府的行为。

在20世纪，大国经常根据宗教自由度和宗教宽容度来识别新的国家：例如在 1830 年承认比利时和 1870 年承认罗马尼亚作为独立国家而存在。但是波兰少数民族权利条约将国际法引入了一个未知的领域。1919 年，相比于独立的宗教权利和个人自由，民族性和集体权利成为更新的概念，并且决议是通过一个超国家概念的机构协商，而非通过大国的秘密会议决定的。

在调解人看来，波兰的少数民族权利条约已经成为一个范例，可以用来指导东欧国家处理本国的少数民族事务。相似的义务也被施加给新成立的国家，还有包括匈牙利这样的交战国，以及罗马尼亚和希腊这种在战争中获得领土的国家。因此国际联盟代表的是一种体系：一方面它接受民族国家作为国际关系中的规范；另一方面，尽力解决由成立民族国家而引起的少数民族权利问题。

但是国际联盟在这个体系中扮演的角色是模糊的。民族事务很难引起国际联盟的注意，而通过国际联盟委员会解决这些问题更是天方夜谭。尽管国际联盟拥有在海牙国际法庭处理这类诉讼的权力，但是几乎从不这么做；另一方面国际联盟努力保护这种权力，阻止关于少数民族问题的诉讼直接送达。国际联盟的秘书处并不把自己视为“少数民族的胜利者”，而是把自己视为帮助少数民族与政府沟通的对话者，帮助政府履行义务。国际联盟也很少对罪恶严重的犯人实施制裁。因此南斯拉夫在马其顿施行的臭名昭著的镇压行为从未被追究，同样免予追究的还有 1930 年波兰政府针对乌克兰人而展开的血腥的“和平运动”。法国更关心其东欧盟友的稳定，而不是少数民族问题，因此并不在意波兰或者塞尔维亚不宽容的少数民族政策。而英国也并不在意，因为英国人相信，少数民族权利条约的本质还是民族同化的过程。1922 年，英国外交部的一位官员写道：“让少数民族定居在他们现在居住的地方，尽管会在地方产生一定的风险，但是不必要的干预将会造成更大的伤害。只要这些少数民族幻想他们的诉求能够直达国际联盟，那么他们就会拒绝在目前的居住地定居，目前这种不稳定也会无限期地持续下去。”[23]

面对国际联盟主要掌控者们漠不关心的态度，很多少数民族团体及其保护者采取了一种更为积极的姿态。在古斯塔夫·施特雷泽曼（Gustav Stresemann）的外交努力下，魏玛政府进入了国际联盟，扮演起“少数民族保护者”的角色，并开始关注散布于东欧数以百万计的德意志少数民族。德意志人和犹太人在欧洲民族议会上掀起了备受瞩目的游说活动，而施特雷泽曼通过设立一个永久的少数民族权利委员会，作为改变日内瓦机制的开端。但是他的努力收效甚微，部分是因为他试图改变凡尔赛体系的安排，让其他国家感到不安。德国国内的民族主义者确信，国际联盟不会充分保护境外德意志民族的权利。1918 年，奥地利德语区的居民想要根据民族自决原则与德国合并，但是这个意愿被巴黎和会扼杀在摇篮中，而在 20 世纪 20 年代，巴黎和会的胜利者也无视了其他地区德意志民族类似的诉求。数以万计的德意志人移民到德国，而另外几百万德意志人则统一在拥有两百万人的德意志国外联盟周围，以及纳粹党的政治运动之下。[24]

与此同时，被强制执行少数民族权利的国家不仅对其感到愤怒，更视之为耻辱。它们对没有一个通行的少数民族权利保障制度感到愤怒，并且质问国际联盟为何德国没有被强加这种义务，为什么法西斯意大利在南蒂罗尔迫害说德语的少数民族却免于被处罚。在休战期的欧洲，大约有 3 500 万少数民族居民，只有 860 万生活在西欧（大概占西欧总人口的 1/20），而有 2 500 万人居住在中欧和东欧（大概占东欧总人口的 1/4）。因此从数量上看，少数民族问题在东欧显得更为重要。即便这样，没有一个通行的保护少数民族权利的准则也令大国感到汗颜。[25]

这样的观念在 1919 年的巴黎和会上已经被注意到，但是仍然被抛弃。英国主要的政策制定者詹姆斯·黑德兰-莫利（James Headlam-Morley）在那时关注到，主权国家的根本问题如下：

> 据我回忆，国际联盟成立之初有一项提案规定，国际联盟应该保护成员国内少数民族的权利。对此我强烈反对，因为这项提案涉及干预各国的宪法。正如我指出的那样，如果这项提案通过，那么国际联盟就有义务保护在利物浦的中国人，保护在法国的罗马天主教徒，保护在加拿大的法国人，除了这些还会引起更为严重的问题，比如爱尔兰问题。我认为，这个观点的支持者，是那些非官方的团体，他们希望国际联盟成为一种超国家形式的组织，来保证世界范围内的民主与自由。而我的观点是，国际联盟拥有的任何权力都应该是明确的、特定的，根据意外的情况而制定的条约中规定的权力，只适用于东欧和西亚的新国家。即便这种权力的限定范围会在其他地区引起反抗，但是这种情况也要好过国际联盟处理的任何事情都要涉及国家主权的情况。[26]

因此，大国乐于见到国际联盟能够干预新兴国家的内部事务，而不是国际联盟干涉本国的事务。根据它们的想法，西欧的“文明”国家拥有新兴国家所不具备的同化少数民族的能力。这种观点在一定程度上是正确的，对威尔士和加泰罗尼亚的儿童而言，相比于波兰的乌克兰儿童和罗马尼亚的匈牙利儿童，他们更容易在专业领域开始职业生涯，以及当上国家的公务员；对后者而言，民族矛盾在当时体现得尤为明显。尽管布列塔尼的儿童会在学校遭到歧视，但是他们的家园和村庄却未被焚毁。因此从世界范围来看，少数民族条约是为了教育那些文明程度较低的国家而制定的。

但是这种彻底的自由主义所强调的前提是，将少数民族同化到民族国家的文明生活中的过程，不仅可操作性很强，而且是众望所归的。米尔在 10 年前就提出“在一个多民族组成的国家中，签订一部自由宪法是不现实的事情”：因为民主就需要同化。像 1925 年一位巴西代表在日内瓦提出的那样，少数民族条约的目的，是为了创造一个“完整的国家统一体”，而不是延续少数民族“持续异类”的状态。这个观点和卡尔·施密特的观点非常接近，后者认为现代大众民主的“第一个前提是一致性，而第二个前提就是在必要的时候，减少和根除异质性”。他继续写道：“民主强调的是政治力量，并知晓如何通过这种力量，拒绝和防止威胁一致性的不平等因素的干预。”[27]

在这个核心问题上，自由主义的伪善是显而易见的，它宣传的是一回事，而实际上做的又是另一回事。那么，自由主义是如何假定种族自由和普世价值的？ 1919 年，正是自由主义的力量断然拒绝了日本的提议，日本认为应该在国际联盟缔结的盟约中，设定保护种族平等的规约。美国的自由主义和种族隔离也共存了多年，而英法两国也没有赋予殖民地不同肤色的种族平等的公民权利。施密特尖锐地指出：“尽管英国宣扬自己是一个民主国家，但是大英帝国是否给了它所有居民普选权和平等的选举权？如果赋予所有居民这种权利，那么不到一个星期的时间，大英帝国将不复存在，因为其他肤色的种族占据了人口的大部分。”一些自由主义者也在质疑这种双重标准。阿尔贝·萨罗（Albert Sarraut），这位杰出的殖民地评论家写道："法国不能总是保持两张面孔，对大城市的人表现出自由的一面，而对殖民地表现出暴虐的一面。"但是实际上法国是这样做的，英法两国所信仰的民族同化的观念，只在他们本国境内有效。[28]

在殖民地，自由主义让位于对不同种族和团体实行分化的政策。完整的公民权更像一种特权，而非一种权利。法国殖民地法律专家写道："公民权对于本土公民是一种权利，但是对于殖民地的人而言，只有那些殖民部门认为值得授予的人，才能获得法国的公民权。能够入籍的殖民地居民数量，少得令人惊奇。"欧洲人所拥有的教导开化少数民族的使命感已经非常微弱，例如葡萄牙把其殖民地的居民分为可以同化的文明人和不可同化的原住民。在北非，他们以联合取代了同化，这非常类似英国的间接统治原则。与此同时，1929 年，希特勒的青年委员会将一部代表性的宪法是否适合非洲，视为一个开放性的问题。这个做法破坏了 1919 年巴黎和会关于以国际联盟控制德国殖民地的假定，这个假定规定，应该教导当地居民以一种民主的方式生活。[29]

因此，当民族同化的观念在欧洲逐渐消退的时候，没有人感到惊讶，因为他们从未相信过这个准则。在休战期，少数民族都被视为具有民族统一野心的第五纵队*，或者是布尔什维克，他们从未被视为公民，却被视为对安定的威胁。因此很多少数民族条约中的承诺，在现实中多被违背，而非遵循。当试图打破敏感边界地区人口平衡的时候，少数民族的语言学校随着移民安置而关闭，这种情况

---

* 第五纵队，源自海明威的小说《第五纵队》，小说以马德里保卫战为背景。当时西班牙一个叛军将领扬言有四个纵队围攻马德里，同时城内有一批同情者将配合部队里应外合，他名之为第五纵队。因此第五纵队有时也成为内奸的代名词。——译者注

发生在东加利西亚和马其顿。而旧帝国在处理这些问题的时候，则显示出更强的包容性。1914 年之前，维也纳的行政官员有很多是捷克人；但是在 1918 年，捷克成为一个独立的民族国家之后，很少有德意志少数民族能充当行政官员，尽管德意志民族是捷克斯洛伐克的第五大民族；而彼时的捷克斯洛伐克号称是中欧最自由的国家。

歧视少数民族的权利，不仅是反动分子和保守主义分子的专利。相反，在东欧，歧视少数民族是现代自由主义者为建立一个民族共同体而采用的措施。对他们而言，国家必须显示出高于“一切人和一切事物”的权力，并且能够打倒反对者们，无论反对者是教会、强盗、共产党还是少数民族。这种观念和时任罗马尼亚教育部长的康斯坦丁·安杰利斯库（Constantin Angelescu）的言论完全一致，他批评在建立集中化的教育体系中少数民族、教会和省级行政官员的阻碍作用，因为“罗马尼亚国家利益和人民利益，高于任何个人利益以及他们所在团体的利益。罗马尼亚是我们大家的，为了强化国家的利益我们必须统一一切公民的灵魂”。[30]

因为民主强调的是建立一个民族共同体，因此它通常有反犹太主义倾向，或者按照反犹太主义制定政策，例如利用独立的选举团来规定犹太人在大学和公务员中的限额，而不是根据旧式的效忠程度来决定限额。1920 年，一部匈牙利法律规定，犹太人是一个独立的种族，他们不同于“信仰摩西戒律的匈牙利人”；即便一个国家的民主程度提高了，反犹太主义依旧存在。1935 年，波兰农民党宣布“所有的波兰公民，无论信仰和民族，都拥有平等的权利”，但是随之增加了附加条款“然而，像历史所证明的那样，犹太民族不能够被同化，在波兰境内，他们是异族”。相似的观点在斯洛伐克和罗马尼亚也非常明显。并且这不仅仅是东欧存在的问题：这种论调在法国的极端同化论者中间也迅速蔓延，并且最终导致臭名昭著的维希政府宪法将犹太人歧视为“一个自我管理的种族，他们把自己视为一个特殊的团体，来抵制民族同化”。[31]

正是在这种固有的、迅速传播的反犹太主义传统的背景下，反犹太主义从普遍观点逐渐转化成为流行的趋势，这种趋势使得中欧和东欧很多独裁国家和民主国家的民族主义精英们掌权，其实希特勒只是一个典型的代表。尽管纳粹德国采取新的极端方式对待犹太人，并且为“同化理论”敲响了丧钟，但是它既不是一个特例，也不是“种族清洗”政治的先驱。当民族主义者在华沙或者布加勒斯特实践有限范围内犹太民族同化的时候，20 世纪 30 年代在中欧和东欧迅速传播的生物种族主义，则不允许任何的同化行为。在纳粹德国，制度化的反犹太主义破坏了国际联盟保护少数民族政策的基础，它强调在一个“文明”的国家中，不允许流行的同化观念存在。1933 年 10 月，纳粹德国退出国际联盟。一年之后，波兰总理贝克宣布，国际联盟规定的波兰保护少数民族权利的义务，“使得波兰建议一个通行的少数民族保护政策无法执行”，他的言论也加速了国际联盟的覆灭。日内瓦收到的少数民族的诉讼，从 1930 年的 204 件，迅速下降到 1936 年的 15 件，这种数量的变化也能反映出欧洲少数民族对国际联盟的信心逐渐丧失。[32]

但是我们不能轻率地全盘否定国际联盟的少数民族政策保障体系。首先，它取得了一定的成就，为未来提供了宝贵的经验，并且展示了想要成为一个敏锐的、有远见的政府，应该必备怎样的素质。如果这些成就在今天被忘记，那么是因为它在历史书上显得过于平静。例如，位于瑞典和芬兰之间的奥兰群岛（Aland Islands）的纠纷，在 1921 年被和平地解决了：这些群岛仍旧属于芬兰，但是岛上的瑞典籍居民拥有很高程度的行政自治权。这一条约的签订，为解决领土纠纷提供了新的思路——耗费大量资源的对峙并不是解决领土纠纷的唯一途径。爱沙尼亚政府在赋予“少数民族”文化自治的道路上，迈出了重要的一步；拉脱维亚政府尽管不及爱沙尼亚开明，但是仍旧在教育方面做出了一定的让步。

谴责国际联盟少数民族系统的人，也需要考虑一下替代品。民族国家是一种现实，不是大国在战争时期外交的产物。例如奥斯曼帝国转变成土耳其，不应该过多地归咎于外力，是穆斯塔法·凯末尔（Mustapha Kemal）引领了这场转变，而不是劳合·乔治。像这个例子所显示出来的那样，还有其他的方式处理少数民族问题。

1915 年 7 月，随着战争的深入，奥斯曼帝国的土耳其化进程加速，一位土耳其宪兵告诉一位丹麦籍的红十字会护士：“我们首先杀死亚美尼亚人，其次是希腊人，然后是库尔德人。”由所谓的特殊机构执行的暗杀亚美尼亚人的计划，是伊斯坦布尔政府民族主义计划的延伸。即使是温和的德国观察家们也认为，土耳其的行为除了为保障边界地区的军事安全，还在于“消灭亚美尼亚人”。关于死亡的数字具有争议，但是有 80 万 ~ 130 万人在大屠杀和死亡计划中死亡。其后，这种行径被定义为“种族灭绝”或者“种族清洗”。大屠杀成为其后民族国家处理少数民族问题的“有效手段”。很多土耳其西部的人对这种行为感到荣耀，但是他们忘记了，正是从西方国家引入的民族国家概念，导致了在这个民族构成复杂的近东国家的大屠杀。[33]

几年之后，随着奥斯曼帝国的解体，一种新的解决少数民族问题的方案浮出水面——人口交换。1922 年，随着希腊在小亚细亚的战败，土耳其和希腊持续了 10 年的战争画上了句号。两国政府根据卡尔自愿“遣返”的理念进行人口交换。1919 年，这种模式曾在希腊和保加利亚之间进行了小规模的实践。但是这次的数量非常巨大，大概有 120 万希腊人和 50 万土耳其人。因为宗教是区分这两个种族的标志，因此在小亚细亚范围内，有上千个讲土耳其语的东正教村庄被划给希腊，尽管这些村庄里的人不会说希腊语；而很多皈依伊斯兰教的希腊人，则归属土耳其。在一个多教派的帝国中，这种做法符合欧洲民族主义者的逻辑。但是这种人口交换带来的伤害是巨大的：家园和财产被抛弃，朋友离散。只有在民族主义者看来，这种交换属于一种回归。

如果这种行为不能称为回归，那么至少建立了祖国。尽管人口交换的代价是巨大的，但是对于政府而言，人口的交换有助于民族一致性的目的实现，无论是希腊政府还是土耳其政府，都欢迎这种做法。例如在希腊的马其顿地区，希腊化的难民涌向了该省及其港口城市萨洛尼卡；而其他少数民族——西班牙裔的犹太人、阿尔巴尼亚人、讲斯拉夫语的马其顿人，忽然间发现自己在数量上成了少数。

个别民族的发展趋势非常明显，尤其是德意志人和匈牙利人，成为领土收复主义的核心，因而人口交换更适用于其他民族。当然，希腊和土耳其政府之间的人口交换没有深入下去，具有其他方面的原因。一个是成本：希腊的人口增长了 1/4，安置这些难民给国家的社会和经济增加了可怕的负担——这种情况可以参考英国刚刚拒绝承认 300 万中国香港的移民是英国公民的状况。另外，两个政府之间关于补偿和财产评估方面相互欺骗，因此双边关系能否因为人口交换而得到改善值得怀疑。第三，很明显，这种计划的前提是有领土安置这些少数民族。例如，如何安置犹太人、马其顿人以及乌克兰人，成为难题。最后，强制的人口迁徙违背了个人权利中的自由理念。1923 年的强制人口移动，直到国际联盟崩溃、纳粹新秩序建立，都无法找到可以与之相比的案例。[34]

人口交换的意向刚刚达成的时候，数以十万计的希腊人就逃离了小亚细亚，以躲避土耳其的进占，而此时两国的外交官还未开始对话。实际上，他们是战争引发的难民潮的一部分；其他的难民还包括 100 万逃离本国革命的俄国人、波兰人、斯拉夫人、被驱逐出东欧的德意志人、35 万亚美尼亚人和其他少数民族。1914 年之前，难民们可以穿越大西洋去避难，但是 1921 年之后，这扇大门关闭了。因此欧洲转移人口的传统策略——跨洋转移，不再奏效。同时民族国家开始制定国籍法，来排除数以百万计的移民者。这导致了“无国籍”人口的激增，他们不愿意或者没有能力回到故土，只能住在避难所和收容站中，这也成为休战期自由主义的一个特点。1924 年，罗马尼亚国籍法的出台，使得 10 万犹太人成为无国籍人口，而一部分波兰的犹太人则被关在监狱中。魏玛政府和法兰西第三共和国，则将数千犹太人投入拘留所。此时，自由主义的地位被撼动了。红十字国际委员会主席写道：“难以置信，20 世纪的欧洲竟然有 80 万人不被任何国籍法认可的法律机构保护。”而作为一种国际行为，所谓的“南森护照”应运而生，并希望借助国籍法的力量给难民提供保护。[35]

但是，问题依旧存在，而大萧条则令状况越来越糟。俄国内战后 20 年，一半以上的俄国流亡者被定义为难民。西班牙内战致使 40 万难民向北流入法国，而与此同时，西班牙还驱逐了数以十万计的外国工人，主要是阿尔及利亚人和波兰人。希特勒掌权后，大量的犹太人被逐出德国、奥地利和捷克斯洛伐克，他们前往其他地区寻求避难。尤其是最后一个难民潮，直接映射出少数民族权利制度的价值和弊端。如果欧洲想要彻底摆脱难民潮的危机，根本上是要以国际法保护少数民族的权利，使他们免于受到民族国家的迫害。从这个角度讲，1919 年引入的少数民族保障机制，是非常有想法、有见地的，并且按照正确的方向处理这一问题。但是，即便这样，该机制也未曾奏效，因为 1933 年德国摧毁了国际联盟，并拒绝承认其权威。少数民族条约是国际联盟主导建立的秩序的一部分，它的兴衰是同国际联盟的命运紧密联系在一起的。

理想主义者和现实主义者

那么，什么是国际联盟？一个保证和平的联盟体系？一个仲裁的工具？还是一个最大的联邦？斯姆茨将军在 1918 年的回答简短而激进："欧洲即将被清算，而国际联盟必须继承欧洲这笔财富。"根据这个观点（反映了重视领土分配的旧观念），国际联盟是一个联合体，它既是国际财产的管理者和守护者，还承担着在国家框架下，在欧洲内外照顾不成熟的社会的任务。这意味着，文明的大国具有指导国际事务的义务。

这个具有帝国主义色彩的自由主义观点，逐渐从政治光谱（political spectrum）的一端，变为了白厅*一种秘密的想法，它们希望国际联盟是一种新式的大国之间的协定。1815 年维也纳会议之后，这种范式保持了欧洲近一百年的稳定。而政治光谱的另一端，国际联盟符合威尔逊总统的梦想：在国际法的框架之下，在民族平等的基

* 白厅，Whitehall，英国伦敦市街名，此街及附近设有一些英国政府机关，因此这一街名常作为英国政府的代称。——译者注

础上建立国际新秩序。早在日本代表团参加巴黎和会，提出国际联盟应该签订规约，重视民族平等的时候，威尔逊总统的崇高观念就已经被实践了。这种平等对白人意义重大。威尔逊的顾问豪斯上校（Colonel House）很担忧地记录道："这将引发全球性的种族问题。"当然这个民族平等的提议被粗鲁地拒绝了。[36]

对理想主义者而言，国际联盟确实为建立新的法律秩序提供了机会，一方面是由于法国人精明的设计，另一方面是由于国际联盟的主要价值，不是为了维护国际上的道义，具体而言，它是为了确保维系凡尔赛体系的原貌，抵御修正主义的挑战。法国的利益，使其要求国际联盟成为一个有执行力的机构。法国曾数次尝试建立一个超国家层面的军队来处理国际事务，但是都因为英国的反对而作罢。由于威尔逊没能为美国在国际联盟委员会中谋得席位，国际联盟大部分的威慑力量已经流失。

英国学者阿尔弗雷德·齐默恩（Alfred Zimmern）将20世纪20年代的国际联盟视为"合作的工具"的观点也许是正确的。尽管它令理想主义者和现实主义者都感到失望，但是这并不重要：它为国际对话提供了平台，也是一种潮流，帮助解决难民危机以及经济、社会、法律的问题，这些问题都需要国家之间的协调。尽管国际联盟没能很好地介入各成员国的国内事务，但是它能够宣传各国对少数民族的恶行，并且向当局施加国际舆论的压力。

然而，国际联盟的影响力基于成员合作的意愿。它们并不是被强制绑定在一起，可以通过其他途径进行外交对话。因此，国际联盟所强调的重视国际法的准则，最终还需要立足于成员国的政治意愿。英国和法国民众中迅速增长的和平主义观念，使得英法在国际事务中显得被动；而威尔逊总统和其他国家都视英国为国际联盟最强有力的基础。随着欧洲均势的失衡，国际联盟逐渐被边缘化，外交事务都避开日内瓦机制；关于欧洲的秩序和国际联盟竞争的政治理念在德国出现了。

1919 年，关于欧洲大陆均势精确化的特点，同时挤压了俄国和德国的空间。这对当时的观察者们而言，非常明显，尽管他们从这种现象中看到了不同的内容。对于英国而言，恢复德国的大国地位非常重要，即便只为了阻止柏林和莫斯科之间达成政治上的谅解，因为这样就不会危害欧洲原有的政治安排。少数民族条约能够保证德国境外的德意志民族得到公正的对待，同时也为新成立的民族国家提供一个宽容政府的典型。[37]

而另一方面，法国认为德国必须维持现状。中欧和东欧的新兴国家不仅将成为抵御布尔什维克革命的缓冲地带，也将成为防范德国的缓冲地带。当民族自决原则违背法国利益的时候，这个原则就失去了效应。这就能够很好地解释法国为何对少数民族条约兴趣索然——这将削弱法国在东欧的盟友们，而在 1918—1919 年，法国违背了大多数奥地利人的意愿，阻止了德国和奥地利的合并。

尽管建立了国际联盟，但是 1918 年之后大国政治从未停止。传统的外交形式依旧非常有影响力。例如，在解决 1923 年希腊和墨索里尼统治下的意大利之间关于科孚地区的领土纠纷以及波兰和立陶宛之间关于维尔纳的领土纠纷这两次危机中，都使用了传统的、代表大国之间政治对话的大使会议形式。随着法国对集体安全失去信心，它采用了更为传统的方式来保证自己的利益。

1921 年，法国提议由南斯拉夫、捷克斯洛伐克和罗马尼亚组成小协约国，这个集团直接针对匈牙利，间接针对德国。在接下来的几年，法国分别同这些国家缔盟；而法国抑制德国的意图，在其占领莱茵地区的事例上表现得尤为明显。法国和比利时联军在 1923 年入侵鲁尔区，强迫德国缴纳战争赔款的行为，看起来像法国未来的规划：确保德国彻底失败。然而，战争赔款问题不仅仅是阻碍法国意图的临时性问题。入侵鲁尔区的行为，使得法国在伦敦失去了信誉，并且突显出如果没有美国的帮助，欧洲无法解决内部问题。[38]

20 世纪 20 年代中期，法国的政策出现了缓和，德国重新以大国的形象出现在国际舞台上。1925 年，洛迦诺（Locarno）会议重申了西欧的和平；但是德国东部边境问题依旧是开放性的："洛迦诺精神"比《凡尔赛和约》更加强调大国外交。1928—1930 年发生的一系列事情，是法国企图通过国际联盟实现欧洲稳定而做出的最后努力。首先是毫无意义的公告，即我们熟知的《白里安-凯洛格公约》（Briand-Kellogg Pact），宣布"战争是不合法的"，尽管很多国家参与签署文件，但是美国并没有像法国所希望的那样，提供坚实的保障。接下来是白里安命运多舛的欧洲联合计划书。最后是 1932 年召开的裁军会议，这是 1919 年以来最大规模的国际会议。会议是在不利的环境下召开的：满洲危机（"九一八"事变）暴露了国际联盟在应对重大国际危机时的弱点；法国否决德国和奥地利合并的提案，使得法国和德国的关系处于低谷；经济危机使得世界的经济陷入萧条。法国又一次提出了组建多国部队，这个提案也再次被否决。希特勒的当选，宣告了这次会议的失败；德国代表走出了会场，德国也于 1933 年 10 月退出了国际联盟。

1934—1936 年，英法两国已经无法再次控制欧洲的平衡。1934 年 1 月，波兰和德国签订《互不侵犯条约》，法国的盟友体系遭到了破坏。法国进而将目光投向了苏联，但是西欧和东欧的反共产主义浪潮，使得苏联无法完全承担起法国曾经希望波兰和捷克斯洛伐克所承担的责任。更糟糕的是，1935—1936 年的阿比尼西亚 * 危机，又将意大利推向了国际联盟的对立面。尤其是法国，无法再和其他地中海地区的盟友保持密切的联系；国际联盟的制裁打破了这种希望，并将墨索里尼推向了希特勒一方。1934 年，墨索里尼曾经站在希特勒的对立面，阻止了德国和奥地利的合并；但是 4 年之后，意大利没有表示反对，德奥合并的情形最终发生。

英国以旁观者的角度目睹了这一切的发生。由于猜忌法国，英国在远东过度扩张，以至于其海军无法在欧洲承担更多的责任。和平主义、自由主义者对于德意志民族在中欧生活状况同情的舆情，过分地夸大了意大利在地中海地区的地位，而低估了东欧价值的糟糕战略定位，都影响着英国政策的制定。

而法国的防御策略充分地体现在修建马其诺防线上：法国的将军们不知道德国将会从何处进攻。国防开支维持在一个较低的水准，国家在政治上严重分化。自 1937 年以来，这些因素导致了法国同德国和解的意向不断增强。1938 年冬天，《慕尼黑协定》签订之后，德法签订了友好宣言，法国的政治家们暗示法国和东欧的关系将"彻底地转变"。

毫无疑问，这些变化宣告了国际联盟的崩溃。1936 年，裁军会议可耻地收尾，少数民族体系垂死挣扎，几乎没人相信国际联盟还能处理欧洲的事务。随着 1936 年西班牙内战的爆发，它同伪满洲国、阿比西尼亚和莱茵危机一道宣告了国际联盟的失败。甚至连西班牙内战中意义不大的国际非干预委员会，也不是国际联盟组织的。西班牙外务大臣在 1938 年强烈谴责了国际联盟，"国际联盟强调，服

* 阿比尼西亚（Abyssinia），埃塞俄比亚的旧称，首都亚的斯亚贝巴。——译者注

务国际联盟最好的方法就是移除各国在安全事务上的权限，由条约加以解决。但是这种理论是非常荒谬的”。法国的国际联盟支持者加斯顿·里乌（Gaston Riou）在1936年目睹了国际联盟的终结：这个体系最终被打败了。卡尔在1936年11月警告说：“如果民主把其充满活力的躯体，同1919年凡尔赛体系腐烂的尸体捆绑在一起，那么这将是一种非常不愉快的自杀方式。”[39]

国际联盟并没有强调成立之初它所设想的国际新秩序，相反，它把这种设想压缩到一个温和的限度内，仅仅要求建立一个志同道合的、没有垄断格局的联盟。1937年，一位纳粹的政治科学家尖锐地指出，“日内瓦体系存在有效的垄断”。他提出，实际上不仅国际联盟，其他一些存在的或者潜在的集体行动的体系，都存在垄断。他是正确的。[40]

20世纪20年代有很多尝试性的国际合作方案。例如匈牙利支持的反共产主义的白色国际康德霍夫·卡利吉（Coudenhove-Kalergi）伯爵的泛欧联盟计划。但是它们的规模有限。然而在希特勒的领导下，第三帝国衍生出一种完全不同于日内瓦体系的欧洲秩序。这种新秩序在政治观念上控制了欧洲的政治氛围，并打破了欧洲的平衡，从政治和精神两个层面挑战国际联盟体系。自由主义普世性的观点遭到了全面的攻讦。

对抗自由主义新秩序

希特勒在泛德民族主义的氛围中崛起，这种氛围是在哈布斯堡王朝末期形成的，具有邪恶的反斯拉夫主义和反犹太主义倾向。1923年“啤酒馆暴动”期间，希特勒和著名的鲁登道夫一起走在慕尼黑的街道上。鲁登道夫曾经作为兴登堡的副手，在“一战”期间带领德军在东线取得胜利。因此，国家社会党企图以旧德意志民族主义传统来解释其外交政策。毫无疑问，这种氛围不仅影响了希特勒本人，也影响了他所领导的运动。然而，忽视希特勒和其前任之间的诸多不同，将是一个非常严重的错误。如果将希特勒设想为紧随俾斯麦的脚步，那么我们将误读希特勒，以及他对世界的看法。俾斯麦考虑的是大国政治，而希特勒关注的是种族的胜利。

希特勒并不反对国际联盟，仅仅因为国际联盟是保证《凡尔赛和约》的安排。这意味着如果《凡尔赛和约》的规定能够被改变，那么德国就可以加入日内瓦机制。很多德国的民族主义者持此种观点，这种状况也成了英国绥靖政策的制定的潜在因素。但是希特勒在《我的奋斗》（*Mein Kampf*）中明确表示，恢复 1914 年的边界线并不是他的目标。他提出，接下来要扩大德意志民族的生存空间。这个帝国主义性质的计划，源自希特勒将政治视为种族斗争的观念。按照达尔文的理论，这种斗争是一种生存斗争，暗示着国际关系中的等级观念。[41]

然而，国际联盟是一个联合国家的机构。那么什么是国家？根据希特勒政治生物学的观点，国家就是一个“生命有机体”。在德意志地缘政治学中，他提出边界是不能被固定的，而是“当前政治斗争所划定的临时边界”，人类所划定的边界，“任由不断增强的自然力所摆布，并且未来将被强大的力量重新划定”。[42] 希特勒的全球政治观取决于种族：民族国家仅仅是种族的表现方式，这种观点和其他的地缘政治学家不同。一位杰出的泛德主义者在 1937 年写道：“血统比护照更可靠。”德国境外的德意志民族是第三帝国的“种族同胞”；第三帝国对全体德意志民族负有责任，而不仅仅是那些目前生活在德国境内的德意志民族。[43]

在纳粹的眼中，国际联盟最根本的问题，并不是它旨在维护《凡尔赛和约》，而是在国际事务中，它强调了一种完全错误的政治哲学。这种错误的哲学可以解读为国家间的不平等，因为一些国家“没有存在的价值”；也可以解读为没有通行的法律和道德准则。甚至国际联盟所强调的家长式的自由主义，在纳粹看来，也暴露了人道主义的弱点。优秀的种族必须凌驾于弱小的种族之上；优秀的种族将会赢得权力，并将自己的意愿强加给弱小的民族。纳粹还强调，法律安排仅仅是遵循了便利的原则，但是否定了民族的利益。[44]

20世纪30年代，德国的政治理论家们在无休止地争论：支持还是反对欧洲的联邦主义；是否应该建立德国主导的经济区；是否应该与俄国合作，还是反对布尔什维克的改革运动。然而，希特勒对种族痴迷的逻辑，使得这种争论局限在很小的范围内，并且发展了国家社会党关于国际法的声明，他们希望在国际上重新定位德国。国际关系中的平等并不是绝对的，在“代表种族具体利益的国家”面前，这种平等是相对的，换言之，就是“种族天然的优越和劣等”。这在一些民族对另一些民族施行“霸权”的事例中可以看出。因此，德国的法学理论家们提出，国际法在国际关系中的规范性作用有限，而国际联盟所倡导的以“法制化”来引领国际事务的做法，也受到他们的批评。从这个角度讲，人权的自由主义哲学，不过是“1919年凡尔赛命令”的一块遮羞布，其所倡导的“犹太精神”严重违背了德意志民族的生活方式，并且其民族性也令德意志民族感到厌烦。因为没有“通行的法规”，所以例如国际联盟、常设国际法庭这些国际机构，其存在的价值非常有限。[45]

像很多人希望看到的那样，纳粹对国际联盟的挑衅，不仅仅局限于要求重新修订边界，这一点在当时已经非常清楚。例如英国的中欧专家 C. A. 麦卡特尼（C. A. Macartney）写道："希特勒主义与国际联盟体系，及其政治哲学完全不相容。"人们只能"屈服于另一个"。1938 年，在一篇忧郁但却引人注目的文章中，一位流亡的律师自问，对于通行的国际法信仰的崩溃，是否意味着"欧洲文明的解体"。传统意义上的具有凝聚力的价值体系，或者国际性的社会已经不复存在了，欧洲的政治、社会分化，使得谈论"通行的有效性法则"成为一种"幻想"。[46]

法西斯帝国

在一个生物圈的比喻被广泛应用于国际关系的时代，当对人口减少的恐惧迅速蔓延时，民族被视为团体——如果他们不能够"维持生活"，就面临着数量减少、窒息甚至灭绝。因此寻求"生存空间"是政治光谱中的共同关注点。例如康拉德·阿登纳（Konrad Adenauer）——科隆的市长，在 1928 年举办了一场名为"没有空间的人和没有人的空间"的殖民展览。在这个焦虑的时代，各国都在争论它们稀少的人口，以及缺乏土地的现状，而从未达成一致。[47]

对纳粹德国和法西斯意大利而言，无论它们宣称自己是大国，还是宣扬自己的种族充满活力，帝国的概念对其而言都非常重要。帝国就是土地，土地就意味着居住、粮食、原材料和健康的殖民体系的空间。而比起获得土地，知道人口向土地迁徙则显得更为困难：19 世纪的欧洲人更愿意向美洲移民，而不是向非洲移民，这是法西斯政权需要解决的难题。法西斯帝国的建立，证明了从 19 世纪 70 年代开始的欧洲帝国主义扩张达到了顶点。希特勒和墨索里尼抛弃了自由主义，转而接受了 19 世纪帝国主义地缘政治学的基本宗旨。

紧随着意大利在 1935 年的入侵，法西斯帝国首先从埃塞俄比亚开始。意大利人采取了前所未有的残酷战争方式，为了迅速取得胜利，意大利人不仅使用了毒气和化学武器，而且采用了密集轰炸，死伤惨重；同时他们也效仿了几年前在对抗游牧的塞努西教团*的“和平运动”时所采用的方法：设立了拘留所和集中营。大概有 3 000 名意大利士兵在战争中阵亡，而有数万乃至数十万的埃塞俄比亚人在战争中死亡。无论是在当时，还是战争之后，这种屠杀的行为都没有受到强烈的谴责；在意大利国内，战争的胜利标志着墨索里尼的政权达到了新的高峰，是“法西斯帝国”的“黄金时代”。[48]

随之而来的和平具有启发性。格拉齐亚尼总督（Viceroy Graziani）的残暴行径，导致了一起针对他的谋杀案件。在这起案件后，法西斯的警察团体继续在亚的斯亚贝巴疯狂地镇压，残暴地屠杀了 1 000 余人。其余的人在大型的报复活动中被处决，其中包括几百名僧侣。这种状况几年之后出现在了欧洲，只不过施暴者变为德国。与此同时，齐亚诺（Ciano）在国际联盟大会上演讲，提及了意大利所关注的“文明进程的神圣目标”，并且宣布意大利将视“促进埃塞俄比亚的文明化进程为无上的荣耀”。[49]

对意大利法西斯占领的新地区而言，帝国的建立和种族法令是紧密相关的。从种族“威望”方面考虑，使得意大利人在和埃塞俄比亚人通婚，以及规范其他方面的接触中，占据主导地位；而在管理利比亚和罗德岛的过程中，意大利却未重视这方面的考虑。1914 年之前，德国的殖民政策就勾画了《纽伦堡法令》中种族隔离的

---

* 塞努西教团（Senussi），近代伊斯兰教派别。——译者注

框架，而意大利在非洲的种族主义倾向，则为 1938 年意大利的种族法令奠定了基础。声名狼藉的《种族科学家宣言》（Manifesto of Racial Scientists），以及与之相伴的《反犹太法令》，不仅仅是模仿国家社会主义的模式，更显示出法西斯政权为了构建一个与其帝国权力相符的形象所做出的努力。[50]

法西斯政权在国外的拥护者们因之感到振奋。64 位法国学者炮制了一份宣言，抨击“司法的普遍性”，他们认为这种普遍性“将优秀的种族和劣等的种族、将文明和野蛮等同起来”。一位法国记者写道：“为什么要继续自欺欺人？在人类中存在不同的等级，人类是一个等级的社会。否认这个等级社会是极其荒谬的，并且无视这个等级社会会造成严重的混乱。除了埃塞俄比亚，还会有两个甚至更多个埃塞俄比亚……当文明将自身的荣耀强加于野蛮的时候，这种等级划分就是人类的绝对权利。”仅仅几年之后，贝当（Pétain）公然将维希政府描述成“一个摒弃了人生而平等错误观念的等级社会”。[51]

意大利的很多种族政策让人联想起纳粹德国的种族和帝国观念。但是希特勒和墨索里尼建立起来的帝国模式，有两点显著的差异。一是与意大利相比，德国更加严格地执行了种族隔离政策：与意大利 1938 年的种族法令相比，德国的《纽伦堡法令》更加行之有效。二是当意大利法西斯像过去的老牌帝国一样，将欧洲之外的领土视为文明的负担时，纳粹德国在反对欧洲稳定的过程中，将欧洲各国变为自身治下的奴隶。

纳粹德国在欧洲的领导模式，可以概括为占领和“同化”相结合，这种模式在 1938—1940 年发生的事件中体现得尤为明显。军事占领抑或导致了像奥地利那样的合并状况的发生；抑或导致像 1939

年春天德军占领了波希米亚–摩拉维亚，这个事例被解释为强调“在国际事务中主导地位”的重要性。[52]1940 年 8 月的第二次维也纳仲裁裁决，希特勒作为中间人来调停中欧的领土争端，现实了同化的可能：德国获得了罗马尼亚石油的开采权，在匈牙利、斯洛伐克和罗马尼亚地区充当仲裁者，并且在这些地区的德意志少数民族中间设立“委托权”（trustee rights）。

德国的评论家们赞扬德国的这种行为，认为这是对国际联盟少数民族保护体系的一个巨大提升：当德意志少数民族和当地政府发生纠纷的时候，这些“保护少数民族的法律，赋予了德国介入纠纷的权力”，这些法律同时把少数民族彻底转变为一个法律意义上的共同体。但是对于德国而言，这种法律在 1940 年产生的效应远大于 1944 年，因为这些法律将当地的德意志民族捆绑在希特勒的战车上。[53]

近些年，一部分强调“小英格兰”的修正主义历史学家再次提出，英国和德国之间的战争是可以避免的。在随之而来的危机背景下，英国究竟应该更加绥靖，还是像丘吉尔强调的那样坚持抵抗？如果英国在 1939 年没有保障波兰的利益会怎样？如果 1940 年夏天希特勒的和平尝试未被拒绝会怎样？白厅是否应该和德国签订一个协议，以德国控制东欧为代价，换取大英帝国的存在？如果不签订这种协议，是否可以签署一种类似于几年后英国和苏联之间的协议？

A. J. P. 泰勒（A. J. P. Taylor）曾经论述道，如果希特勒是另外一个政治家，这些假设或许会发生。但是泰勒对于意识形态的忽视，使得他对于战争起源的分析略显单薄。“二战”的起源并非外交的误解和混乱，也不是希特勒的欺诈，而是临近“二战”的时候，希特勒的对手们意识到，他们正在面临“两个世界的冲突”。柏林和伦敦代表着两个世界，尽管它们各自阵营的一些支持者希望它们属于同一个世界。[54]

与希特勒的战争导致了大英帝国的解体，这一点已经为人们所接受。但是，如果英国加入德国的阵营，是否可以保全大英帝国？这一点至今还没有定论。德国的殖民策略一直令英国感到棘手，尽管英国勉强接受了德国在欧洲和非洲的一些殖民要求。但是两个国家意识形态上的鸿沟是显而易见的，德国的殖民政策制定者们，猛烈地抨击英国过分宽松的种族政策。因此两个国家无论结成何种形式的联盟，势必要求英国放弃自由主义帝国的信仰，转而迎合强硬的种族主义路线。这种形式的联盟，实际上已经被阿尔弗雷德·罗森贝格展望过，这位著名的纳粹意识形态的拥护者曾经设计了英德之间合作，从陆地和海洋上保障白种人的权利和地位。然而，这个计划强调了英国无法改变的价值观：英国信仰的是自由主义，而非独裁；英国的种族主义更多的是基于文化，而非生物学上强调的弱肉强食。[55]

1938 年 11 月，德国“水晶之夜”* 发生后英国的强烈反应，显示了英德之间意识形态上的巨大差异。这个事件最严重的后果，就是迫使英国放弃了绥靖政策。[56] 尽管在《慕尼黑协定》签订之后，英法联合的倾向非常微弱，但是在“水晶之夜”之后的几个月中，英法重新评估了这个策略。1938 年 12 月，时任法国驻德国大使罗伯特·库隆德尔（Robert Coulondre）写道：“希特勒先生计划的第一步是将德国变为一个帝国，这个目标现在已然达成。现在到了要求生存空间的时候了。”[57]

---

* “水晶之夜”，指 1938 年 11 月 9 日到 10 日凌晨，希特勒青年团和盖世太保袭击德国和奥地利的犹太人事件。这一事件标志着德国迫害犹太人的开端，亦称帝国水晶之夜、碎玻璃之夜。——译者注

绥靖政策的前提，就是预计德国的目的仅仅是为了寻求修正凡尔赛体系。然而，1939 年德军入侵波希米亚-摩拉维亚，标志着德国的目的已经超越了吞并德意志民族聚居地的初衷；这个事件同时显示了希特勒对于国际协定的蔑视态度。作为回应，英法允诺给予波兰和罗马尼亚安全保障，试图重新激活凡尔赛体系中规定的东欧安全地带。但是，这并不是一个令人信服的信号。

1919 年以来，国际形势已经发生根本性的改变。德国控制了捷克斯洛伐克，这使得英法的东欧联盟失去了意义，并且使德国收获了捷克斯洛伐克源源不断的武器和黄金资源。一方面，英法之间没有一个严密的军事合作计划；另一方面，华沙和布加勒斯特*之间也没有精确的合作规划。更糟糕的是，俄国恢复了力量，为未来东部的苏德协定奠定了基础。像哈利法克斯（Halifax）爵士将德国视为“对抗布尔什维克的堡垒”一样，英法两国对共产主义的偏见，使得它们没有尝试和斯大林达成协定。这些状况导致了东欧新兴独立国家的覆灭，并且将欧洲大陆变成了纳粹帝国（随后是社会主义阵营）的实验室。暴力在欧洲之外的地区非常容易处理，但是在欧洲内部却难以适应。

* 布加勒斯特（Bucharest），罗马尼亚首都。——译者注

第三章

健康的躯体，生病的躯体

关于选择配偶的10条建议。

1. 记住你是德意志人。

2. 如果你身体健全，一定要结婚。

3. 保持身体的纯洁。

4. 保持精神的纯洁。

5. 作为一个德意志人，你要选择一个德意志人或者北欧人作为你的配偶。

6. 当选择配偶时，注意他（她）的血统。

7. 健康是外在美的先决条件。

8. 只为爱而结婚。

9. 在婚姻中，不要寻找一个玩伴，而是要寻找一个伴侣。

10. 尽可能多地生育。

——《德国家庭手册》

这些对于家庭和睦的建议，出自《德国家庭手册》（*Handbook for the German Family*），该书是德国统治者分发给每一对年轻夫妇的手册。这本书收录了很多秘诀，包括育儿建议、家庭经营方法、食谱和种族健康等。该书有一个特殊的章节，总结了《纽伦堡法令》的主要内容，并且借助图表厘清家庭的血缘关系，调查因和犹太民族通婚而受到污染的家族。该书提醒读者，家庭的健康和幸福不仅仅是个人的选择和喜好。魏玛共和国倡导的以个人为中心的自由主义，已经被国家社会主义所提倡的整体观念取代。在这本书的序言中，元首的忠告非常醒目：如果一个人失去了争取个人健康的力量，那么这个人就没有权利生活在这个弱肉强食的世界中。

这本书的内容不仅向我们展示了德国家庭的价值观，同时在一个更为广泛的领域讨论了休战期欧洲国家的民族和家庭健康。第三帝国从一个极端的角度讨论这个问题，强调了种族在这个问题中的地位。但是家庭健康关乎社会发展的观念则具有普遍性，一个民族的繁荣需要健康的后代，因此国家应该介入个人生活，教导他们如何正确地生活：这非常符合休战期欧洲的政治光谱，反映了民族国家之间激烈竞争背景下的紧张和压力。这些国家的人口在"一战"中大量死亡，并且受到另外一场潜在战争的威胁。

始于"一战"之前的持续下降的出生率，引发了对民族力量的担忧。一位意大利记者在1937年写道："过去10年中，白人持续下降的出生率引起了大多数欧洲政府的关注。大多数的生物学家、经济学家和政治家都认为，人口数量代表着一个国家的力量。"1918年之后，为了扭转这种趋势，各国都设立了卫生部，并且重视家庭的价值。政府劝说和鼓励人们更多地生育，反对流产和避孕，甚至将其定性为犯罪。大量城市设施的建立，使得人们的生活和居住条件得到广泛提高。在露天游泳、在乡间漫步、在带薪假期骑行等活动，使得人们的身体素质得到了提高。

但是社会政策的发展有其弊端：在医生、科学家和政策制定者的建议下，在保证国家人口数量的同时，还要提高其质量，这就意味着减少对公共健康产生危害的因素。为了构建一个更好的社会，国家内的贫民、贫困者和营养不良者，以及身体和精神方面有疾病的人被关押、绝育，甚至在极端的状况下被处死。青少年犯罪及滥交，也被视为危害家庭安定和社会秩序的行为。有时整个社会阶层也会被定性为危害国家稳定，例如在休战期的英国，或者在德国的种族问题方面，存在着所谓的“社会问题群体”。第三帝国不仅从生物层面上反犹太主义，而且在欧洲范围内，以强大的国家机器构建着一个种族福利国家。

像我们熟知的那样，直到近些年，瑞典、瑞士及欧洲一些其他国家一直采取绝育，以及一些其他强制性的社会政策。这些政策使得希特勒的第三帝国看起来并不像我们想象的那样离经叛道，相反，它看起来更加贴近欧洲的主流。然而，这种相似性不应该被过分地夸大。一位评论家写道，纳粹的民族共同体源自一种“保障生活的状态”，在这种状态下，人们认为，统治其他民族的生活，剥削他们的财富，并将其分配给国家内本民族的人的做法是非常必要的。这种模式的出现，不仅引起了一些国家的效仿，也遭到了批评，尤其是英国对此嗤之以鼻。英国抨击德国人的观念，认为他们所提倡的种族主义具有科学依据的观念非常荒谬，同时英国还攻击德国以强制性的手段制定社会政策。从这个角度讲，“二战”是定义团体之间、定义公民和社会政策之间的关系的斗争，并且为 1945 年之后不同形式福利国家的出现开辟了道路。法西斯建立的福利国家给民主人士上了深刻的一课，教会他们在一个大众政治的时代，赋予他们个人自由并不能保证人民的忠诚。希特勒的失败使得民主获得新生，通过社会团结和民族凝聚力的观念，使之再次根植于欧洲人的生活中。

战争和残破的躯体

“一战”中，有 800 万人失去了生命——平均每天有 6 000 人在战争中丧生。而 20 世纪 20 年代发生的俄国革命、流感、斑疹伤寒和其他冲突，使得其余的 1 300 万人丧生。法国失去了 1/10 的青年劳动力，这个比例在塞尔维亚和罗马尼亚更高。

大多数的死亡人口是年轻男性，这些人口的缺失，对于幸存的人口产生了深刻的、毁灭性的影响。马格努斯·赫希菲尔德（Magnus Hirschfeld），这位关于两性研究的开创者这样描述“一战”：“人类文明以来，最大的两性灾难。”在战争期间，性别的作用发生了根本性的转变，女人和孩子不得不在失去丈夫和父亲的前提下谋生。尤其是 1918 年之后，传统形式的家庭面临更大的压力：仅在德国就有 50 万名寡妇，她们中的大多数此生不会再婚。[1]

对于其他数以百万计的妇女而言，她们的丈夫带着身体和精神的创伤从战场上归来。他们是“被摧毁的人”（destroyed men）和“受到创伤的家长”（wounded patriarchs）。他们被战争的记忆困扰，无法再次融入普通人的生活，很多人选择了自杀——这个比例在战争末期上升得非常迅速；其余人则选择酗酒逃避现实，抑或通过打骂妻子和孩子来重塑自己在家庭中的权威。尽管政府树立宏伟的纪念碑来祭奠在战争中死去的人，但是很多残疾的老兵还在街边乞讨，或者处于失业的状态。鉴于战争给所有欧洲国家的传统家庭造成的严重危害，我们不难理解，在一个“缺少父亲的群体”中，“年轻人变得愈发野蛮”。1918—1919 年，由于起义、革命和哗变加重了欧洲的危机氛围，越来越多的人相信欧洲的社会秩序已经完全崩塌了。一位葡萄牙的公职人员写道：“革命及其影响，极大地伤害了人们的心理，尤其是年轻人的心理。社会的基础已经破碎，就像教会一样，国家政府机构也失去了权威。家长对于孩子教育方面的影响几乎为零。”[2]

“二战”之后，这种担忧使国家不得不越来越多地代理父母的角色，并且作为道德权威的源泉。随着离婚率的快速上涨，我们需要重新评估家庭凝聚力的价值，用墨索里尼的话说，“社会的秩序”从“道德的秩序”中产生，并借此展示女人和孩子的地位。1919 年，法国激进政治家爱德华·赫里欧（Edouard Herriot）强调：“国家并不是个人的集合，而是相互联系的家庭的集合。因此国家的有机细胞是家庭，而非个人。”换言之，右翼不仅注意到了重塑家庭的重要性，且在国家利益的前提下，必要时可以抑制个人主义。[3]

在战争期间，驱散这种恐惧的方法就已经出现——妇女的解放和独立，她们在社会工作方面拥有独立的地位，赚取工资。例如，阿加莎·克里斯蒂（Agatha Christie）的悬疑小说《暗藏杀机》（*The Secret Adversary*）中的女主角杜本丝·考利，她在战时曾经是一名护士，带着平等就业、性别平等、积极生活的诉求，进入战后的世界。尽管现实中女性的雇佣率越来越高，但是杜本丝这样的角色被指责为“性别上的布尔什维克”，挑战着传统社会中男性的权威。20 世纪 20 年代的“女男孩儿”*，短发和纤细的腰肢是这些聪明年轻

---

* 战争后，由于劳动力缺乏，女性不再是家庭的附属品，她们将头发剪短，穿着男性化的衣服，在当时成为“女男孩儿”（Garconnes），她们具有男性的特点，为了具备这个特点，甚至不惜束缚女性特征。——译者注

人的标志。在当时，人们指责她们的行为是自私地追求时尚，而不顾国家的未来。一位对此深感忧虑的法国人写道："她们吸烟，梳短发，穿着宽松的裤子和运动装，女人在模仿她们的配偶。"这样中性的女性，如何能够成为一位合格的母亲？[4]

与这种怀疑紧密联系的，是一种严肃的政治论调。苏联率先打破了两性之间的传统关系，迅速解放了妇女，其妇女的地位在欧洲绝无仅有——抑制教会的权力，消除传统中男性的特权，允许妇女提出离婚。一些苏联政策的制定者甚至提出，彻底地废除婚姻，允许男女之间的自由结合；毫无疑问，批评人士认为，被战争破坏的苏联家庭，将会和其他资产阶级制度一起枯萎。[5]

20世纪20年代，反布尔什维克主义的氛围不利于欧洲其他地区的妇女解放。尽管在新宪法的框架下欧洲一些国家的妇女赢得了选举权，但是大多数的妇女依旧没有这种权利——例如法国、意大利和希腊，而1930年之前的英国，仅有很少一部分妇女拥有选举权。而且，妇女运动中出现了分裂：追求选举平等的老式女权主义者，无法满足新女权主义者的诉求，后者要求更加实际的权利。一位希腊的共产主义者提出："对于工作的女性而言，选举权并不代表她们获得了解放。尽管这件事情非常重要，但是她们关注的是整个的社会问题。"[6]

对新式家庭的狂热，以及在家庭中男性不变的主导地位，中和了平等选举权所带来的效应。1937年爱尔兰宪法第41条规定，"国家意识到，尽管女性将主要的精力投入家庭，但如果没有她们的支持，国家的公共利益是无法实现的"，但是它规定了女性应该在哪里工作。保守主义者、男权主义群体和退伍军人机构阻碍了很多提高女性工作地位的尝试，女性被强制辞去她们战时的工作，具有专业技能的女性在结婚后必须离职，例如英国的行政系统内部就奉行这样的原则。[7]

与自私的、信仰享乐主义的单身女性不同，妻子和母亲被描述成为“日常生活中的英雄主义”；或者像法西斯宣传的那样，“怀孕是妇女爱国主义的具体体现形式”。即便斯大林也持有类似的观点，随着农村妇女涌入城市，离婚率和堕胎率激增，这种现象引起了斯大林的警觉，因此在 20 世纪 30 年代中期，苏联重新支持传统形式的家庭模式，以取代早期布尔什维克的自由主义法律。[8]

在休战期的欧洲，关于母亲的观念深植于人们心中。长时间的低出生率从 19 世纪末就出现了，此时帝国和国家间的竞争正值白热化阶段。此时征兵的重要性逐渐上升，这就使得国家人口的数量和质量，同国家的军事力量和国家安全紧密相关，尤其是所有的欧洲国家都信奉达尔文所倡导的“弱肉强食”。法国担心德国迅速增长的人口最终会导致本国的灭亡。德国并不是非常担心法国的人口增长，而是担心东部“密布的斯拉夫人”。匈牙利的民族主义者们认为，在斯拉夫人、德意志人和罗马尼亚人的包围下，他们面临着一场“毫无胜算的战争”。在布尔战争之后，英国人担心一个持续衰退的种族如何能够统治如此庞大的帝国。意大利杰出的优生论者朱塞佩·塞吉（Giuseppe Sergi）在 1916 年意大利社会科学会议上讲道，所有的欧洲国家，即便是现在处于被奴役地位的国家，都担心自身的“优秀种族”的数量减少。[9]

“一战”使得这种前景更加糟糕，以至于很多国家的领导人都认为“怀孕是女性的服役”。在各国鼓励生育的过程中，法国继续使用战时的明信片，鼓励士兵“为了生育而努力”，并且劝导年轻女性“为了法国而生育”。英国主张提高生育率的人通过发行诸如

《摇篮空空的威胁》（*The Menace of the Empty Cradle*）、《1916，摇篮还是棺材》（*1916 Cradles or Coffins*）、《伟大国家的需求》（*Our Greatest National Need*）这些充满危机感的书来告诫同胞应该如何面对未来。在德国，纳粹政权将避孕视为违法行为，并且严格限制堕胎。反堕胎法令的序言中这样写道："国家的利益高于妇女的情绪。"[10]

对于人口数量下降的担忧，并未随着战争的结束而消散。相反，居高不下的离婚率，以及人口统计部门悲观的预测，将这种担忧推向公众的视野。一份人口统计报告声称，英国和威尔士的人口在1975年将会减少到3 100万人，在20世纪末将会减少到1 770万人，《每日邮报》（*Daily Mail*）随后发出了这样的声音："新生儿减少，快速的人口增长已经不存在。如果人口数量下降的趋势持续下去，英国的人口总量将会静止不变。"法国主要的人口统计学家估计，截至1980年，法国的人口数量将会萎缩到2 900万人。一本名为《出生下降》（*Birth Decline*）的小册子令魏玛政府感到惊恐。1932年出版的《没有青年的人口》（*People Without Youth*）一书迅速售罄，并且再版了三次。在人口问题上，全球性的焦虑和各国自身的焦虑交织在一起。一位意大利社会政策的评论员评价道："当下欧洲人口出生率的下降，对于西方文明而言是一种罪恶。西方文明的优势地位正在被其他肤色的人种蚕食。"[11]

墨索里尼告诉法西斯妇女机构的领导者们，"回去告诉妇女们，我需要新生儿，很多的新生儿"。但无论是墨索里尼，还是希特勒，都不是第一个沿着这个方向制定政策的领袖。他们宣传的很多政策都是在模仿法国。法国在这一时期设立了"法国家庭奖章"，授予生育孩子最多的母亲——生育5个孩子的母亲将会获得铜质奖章，生育 10 个孩子的将会获得金质奖章；在战后人口数量严重下降的背景下，她们完成了爱国任务。像比利时大家庭（Belgium’s League of Numerous Families）这样的游说团体，呼吁暂停征税，享受会员制。提高雇用者的收入，以便让他们更好地补贴家用，这使得工人们能够抚养更多的孩子；与此同时，工人们也能够忠于他们的公司，这样就能够降低罢工发生的概率。20 世纪 20 年代，由花卉商和文具商创造的母亲节，从另一个方面展示了资本主义根深蒂固的“母亲文化”。[12]

年轻女性在进入学校的时候，就被灌输母性主义观念。英国的学校开设“幼儿管理”“家庭科学”和“家政学”这样的课程，以期培养出“拥有技能、艺术的专业母亲”。法国的在校女生学习“育儿课程”，该课程训练她们如何喂养婴儿、如何给婴儿换尿布。随后，年轻的母亲们开始关注像“国家婴儿周”这样的健康竞赛。该竞赛于 1923 年在伦敦举办，宣传年轻母亲们关注的健康话题；或者邀请弗雷德里克爵士特鲁比育儿研究中心（Sir Frederick Truby King’s Mothercraft Training Center）的专家们进行讲座。《德国家庭主妇》在德国的适龄女性中非常流行，该杂志由德国著名的中产阶级家庭妇女机构创办；德国的妇女还参加德累斯顿卫生博物馆举办的健康展览，以保证“德国未来一代人的身体和精神健康”。600 多万人参观了“健康、锻炼和社会福利”展览，该展览最初是为了教育第三帝国的儿童而举办的。对于大多数的德国妇女而言，魏玛政府的倒台，标志着“远离自由主义，肩负社会责任；远离职业女性，回归家庭主妇”的运动达到顶点。[13]

此时，由于妇女们被要求尽量多生育，因此国家严格限制堕胎行为。一位苏联的医生写道：“对于国家而言，堕胎是一个沉重的负担，因为它减少了妇女对于国家人口增长的贡献。”1936 年，苏联宣布堕胎是违法行为，这样的法令在欧洲其他地区已经非常普遍。迫于人口减少的压力，苏联不得不重新评估传统家庭的价值和性别的地位，这与共产主义宣传的自由相去甚远。[14]

天主教国家历来反对堕胎行为，而且梵蒂冈主教庇护十一世（Pope Pius XI）在 1930 年颁布关于婚姻神圣性的通告，使得这一时期天主教国家关于堕胎的政策更加具有压迫性。意大利对于非法堕胎处以高额的罚款，而且规定医生有义务向政府报告。在某个阶段，法西斯政府非常严肃地考虑过让每个孕妇进行登记；其公共安全法将“阻碍意大利人繁殖”的行为视为犯罪。意大利政府 1930 年颁布的刑法典中专门有一章名为“反种族健康和延续”的法令。法国在 1920 年就宣布堕胎违法，并且强调“在战争年代，150 万法国男性牺牲他们的性命，以保卫法国的独立和荣耀。因此我们无法忍受在幸存的人之中存在普遍的堕胎现象”。这种趋势已经超出了天主教国家的范畴：1929 年，英国的《保障生命法令》规定，堕胎是一种罪行，该罪行将被处以监禁。[15]

然而，在整个欧洲，国家的期望和妇女的期望相去甚远。20 世纪关于堕胎的立法，执行起来依旧如拿破仑时代那样困难。关于堕胎的诉讼少之又少，并且没有对实际情况产生巨大的影响，堕胎行为依旧存在于各个阶层的妇女中间。20 世纪 30 年代，专家预计法国每年约有 50 万起堕胎，比利时每年有 15 万起。在魏玛政府统治期间，在反堕胎法的框架下，关于堕胎的诉讼数量甚至高于第三帝国元年，达到了 80 万起。堕胎行为，简而言之就是控制人口数量的常规方法。反对堕胎的法令对于出生率并没有显著的影响，它仅仅令堕胎行为变得更加危险和隐蔽。由于政府同时采取了多种方式控制人口出生率，因此妇女在堕胎行为上有着更好的选择。1920 年，法国禁止公开推销和销售避孕工具，比利时和意大利也分别在 1923 年和 1926 年采取了此措施。在佛朗哥统治下的西班牙，以宗教为背景的医学专业化，拒绝施行控制人口的措施。一位西班牙的医生在 1941 年警告说："所有限制繁殖的政策，都会对妇女的健康产生影响。这种限制将会对她们的精神产生巨大的影响。"[16]

在欧洲的天主教世界之外，控制人口出生的运动声势更加浩大。20 世纪 20 年代，一些强大的游说团体已经能够有效地同倡导多生育人口的人士抗衡。他们抑或从女性权利的角度提倡使用避孕工具；抑或从优生的角度考虑，提高国家的健康水平。在英国，玛丽·斯托普斯（Marie Stopes）告诫公众，控制生育是婚姻幸福的重要因素。她创立的社团，旨在建立指导性的生育控制，并且致力于种族的优化。这个社团同其他的团体一起创立了控制生育诊所，向全英国分发小册子，并且实行宣传出生人口控制的"篷车计划"。[17]

因为面临着更深刻的国家危机，以及更大的阻力，德国的生育控制运动更加猛烈，且具有政治色彩。德国左翼学者、理性主义者、保护母亲协会的创立者海伦·施托克尔（Helene Stöcker）认为，将避孕措施视为违法这一规定，违背了人类的天性。在她看来，控制出生率有着优生角度的考虑，因为"人类总是以理性的角度看待其他的问题，所以我们需要深思熟虑地看待关于人类的重要问题：创造新人类。人们必须采取有效的方式避免患有不可治愈疾病的新生儿和退化的后代出生"。从这个言论中我们发现，左翼和右翼在一些问题上的观点并不是针锋相对的。他们都希望建立一个以优生为基础的乌托邦，并且对实现这个目标满怀信心。第三帝国从优生的角度出发，废除了魏玛时期的一些堕胎法令；与此同时，纳粹政权关闭了出生控制中心，并且禁止为避孕工具做广告。[18]

然而欧洲的政府发现，不仅提高出生率是一个难题，如何令女性放弃工作，转而回归家庭，承担母亲的角色这个问题也非常棘手。从总体上看，欧洲劳动妇女的数量并未减少，而在休战期，一些欧洲国家的女性劳动力数量还出现了增长。出生率没有显著增长，这一时期欧洲各国的人口政策制定者们承认，他们制定的政策没能达到预期的目标。20 世纪 30 年代，德国的人口出生率没有任何提高，但是这个现象并非因为纳粹政权的政策失当。第三帝国的人口统计学家提出，纳粹政权提倡的“身体革命”提高了德国人的身体素质，使德国人的繁殖能力有所增强。但是这个论点并不符合现实，例如，党卫军的成员被认为能够在意识形态领域和两性领域为德国的国民做出表率；实际上他们却起到了相反的作用：到 1939 年，仅有 61% 的党卫军成员拥有学士学位，而已婚的男性成员平均只拥有 1.1 个孩子。[19]

休战期间，多生论调支持者的失败是由多方面因素造成的。也许最重要的因素是，欧洲各国经常从经济角度制定政策。家庭补助、退税、住房补贴都有利于家庭生育更多的孩子，但是欧洲各国糟糕的经济状况，使其无法设置高标准的补助，也就无法对出生率产生影响。一些人求助于被法西斯政权操控的税收学士。大多数的学士都建议施行低成本的，同时也是无效的政策，例如通过警察镇压，或者向生育数量多的母亲授予奖章。

官方含混不清的宣传，给家庭造成了困扰。母亲们不认为抚养孩子是爱国义务的体现，也不认为她们的儿子会成为炮灰。国家所强调的“义务”和“责任”，听起来更像是亲子关系的负担。更糟糕的是，过多的生育从经济上讲也是一种负担。当时，社会的工作前景具有不确定性，人们对于失业的担忧一直存在。因此国家不能够给他们提供合适的工作机会，孩子们只好在学校学习更长的时间，而在此期间，需要家庭资助孩子的学业。对熟练工和技术工人的需求，已经取代了传统的体力劳动为主的经济模式，家庭的经济模式也迅速改变。在传统的农业和劳工世界，家庭意味着生产；而现在，家庭却意味着消费。

因此我们可以断言，在休战期的欧洲，国家对于人口的发展趋势几乎没有产生有效的影响，他们也无法控制个人的生育决定。影响人们生育决定的因素至今仍是一个谜——欧洲人口长期下降的原因，和 20 世纪 50 年代新生儿激增的原因一样令人无法预测，这也能够解释为什么人口发展的趋势能够引起世界末日般的恐慌。人们对当下全球性的人口拥挤、欧洲严重的老龄化趋势、被迅速繁衍的第三世界国家人口淹没的恐惧，和当时人们担心人口不足的惊慌是一样的。另外，尽管这一时期欧洲国家并没有实现增加出生率的目标，但是它们很大程度上介入了私人生活领域。在鼓励政策和强制手段并行的前提下，欧洲各国政府制定了新的家庭政策，以期提高人口质量。尽管随后人口数量下降的趋势逐渐消失，但是这些政策依旧存在。

作为家长的国家

尽管被关押在法西斯的监狱内，但是意大利共产主义理论家安东尼奥·葛兰西（Antonio Gramsci）发现：“国家扮演着教育性和指导性的角色。国家的目标是为了创造新的、更高程度的文明，甚至包括提高国民的身体素质。”休战期国家在社会领域的积极干预，证实了他的观点。抚养孩子不仅仅是父母的责任；对于人口数量下降的恐惧，使得在私人宗教和福利机构的基础上，出现了一系列国家主导的福利政策；国家的公共干涉，催生了一批熟练的社会工作者、管家、学校健康顾问和教育心理学家。国家干涉到个人最私密的领域，并且为他们提供新的福利；与此同时，这种福利要求以规范化的性行为作为回报。[20]

在战争末期，抑或战争刚结束的时期，国家设立诊所来治疗性病、肺结核，并规范酒精的摄入量。英国在1919年设立了卫生部，并出台法律以期降低母婴的死亡率。对育儿利益的有限考虑，使得极端的优生主义者罗伯特·哈钦森（Robert Hutchinson）爵士感到忧虑。他怀疑“现今保护新生儿的措施是否现实，因为从生物角度讲，保证大众生育集体健康的方式，在上个世纪就已经落伍了”。但是持有这种观点的人只占少数；生育的过程已经愈发医疗化和专业化，在医院出生婴儿的比例从1927年的15%上升到1937年的25%，到1946年则达到了54%。除了英国，欧洲其他国家的角色正在不断延展，并且具有决定性的作用。在法国，战时的军队健康服务机构在1920年变为法国卫生部。1925年设立的意大利国家母婴健康机构，则为产妇提供最先进的生育方法指导，并且尽可能提高生育过程的医疗化程度，因为93%的新生儿依旧在家里出生；孕婴中心设立在现代化的建筑内部；同时为工作的妇女设立海滨疗养院、夏令营和医疗中心，这些措施直至1975年才被停止。[21]

由于受到苏联布尔什维克主义的影响，左翼政党经常从市政角度出发，在20世纪20年代制定完善的福利政策。在德国，由社会民主党主导的城镇里，父亲们组建了“家庭事务”办公室，目的是在资本主义分化的力量下，“整合所有的家庭成员”。1919—1934

年存在的红色维也纳政权，建立了当时欧洲最具生命力的社会主义城市议会。信仰马克思主义的议员同普通的父母建立了“社会联系”，他们将衣服赠送给贫困夫妇的新生儿。作为回报，这些夫妇应该按照他们应尽的义务抚养孩子。而不需要接受这种资助的社会工作者，则把自己的子女送入幼儿看护中心。所有的这些行为都出自“婚姻和人口政策”，这些政策旨在“改善儿童在家庭中的成长环境”。无论左翼还是右翼都相信，像 1937 年爱尔兰宪法写的那样，“家庭是社会天然的、基础的单位”，人们更倾向于按照传统的保守主义，以公共权力来恢复家庭的地位。反过来，现代性的激进主义和“创造新人类”的抱负，导致了法西斯右翼政党在 20 世纪 30 年代的介入行为。

家庭的健康和居住条件紧密相关。住宅、建筑和城市本身，都成为改善健康形式的实验室。19 世纪的老式贫民窟被取缔，这些贫民窟的土地上开始建造家庭住宅。社会工作者和房地产经理按标准检查卫生和烹饪方式。红色维也纳在 15 年之内建设了超过 6 万幢家庭住宅，包括公共的浴室和盥洗室：与传统的建筑方式不同，这些新式建筑拥有充裕的内部空间，以保证采光和空气流通。每一套住宅都拥有套间和独立的卫生间、煤气和电灯。地下室住宅被彻底禁止。休战期的欧洲，在大量城市法令的帮助下，城市愈发合理化：建设了一批公园、海水浴场和体育场，居民增加了户外活动，增强了身体素质。20 世纪 20 年代，柏林的市长古斯塔夫·伯斯（Gustav Boess）称赞本市的市政建设时，特别指出了“新建的人民公园、运动场、体育馆和免费的浴室”。[22]

关于现代生活的规划，从城市一直延伸到家庭内部，在公共领域和私人领域产生了系统化运动。受国际潮流的影响，左翼政党通过设定家庭任务，使日常生活步入现代化的轨迹；同时这些任务将家庭变成工业时代的重要因素。一位捷克斯洛伐克设计师在完成设计新式的“生产线”厨房后写道：“厨房的布局应该参考厨房的功能、作用和发展趋势。厨房中供人们使用的设备被紧密排列在一起。厨房中的传送带是循环的，以避免交叉和混乱。”由于这种厨房拥有内置的橱柜和宽阔的工作空间，这款装修完善的厨房在20世纪20年代受到家庭妇女的广泛欢迎。不仅是烹饪，其他的日常生活也被纳入工业生产线的模式。实际上，直到20世纪60年代廉价家庭劳动力消失，机械化的家庭生活才真正开始。休战期的欧洲，大多数的欧洲中产阶级家庭，仍雇用女佣来清扫房间。[23]

20世纪20年代的新世界将理性主义和高度的道德标准结合起来。法律控制过剩的人口，通过消除贫民带来潜在的道德和健康威胁，以保证“社会卫生”。女性房地产社团的经理，经常访问那些拥有伦敦都市住宅公司财产的家庭，并且报道“住宅的洁净程度稳步提高，租户的健康水平也在不断上升”。该公司通过设立“模板公寓”来邀请租户参观，希望为他们打造一个“理想化的住宅，并引导他们朝着这个标准发展”。在荷兰，公共住宅改变平民生活习惯的现象更加明显，通过设立特殊的公寓来隔离“自私的家庭”。当局如是说——

> 被选中的家庭被暂时安置在这种公寓中，借此希望他们能够重新恢复生育，以一种更加清洁、可靠、和谐的方式生活。为了指导居民如何正确使用设施，并且展示他们的错误使用方式，我们投入了大量的精力。当一个家庭被证明是正常的家庭，他们就会搬到正常的城市公寓中。如果一个家庭被证明是不可

治愈的，那么他们将会被驱逐。[24]

“不可治愈的家庭”这个词是医学专有名词，仿效纳粹德国的做法，被引用到社会领域和道德领域。实际上，第三帝国的这种思想被广泛用于欧洲其他国家关于社会政策的讨论。休战期的欧洲，各国都借助专业的名词、科学名词以及无关政治的概念来粉饰介入私人领域的做法。中产阶级的专家、公职人员和公共事务的管理者们，将自己塑造成为管理社会的工具，同时视自己为医治社会疾病、维护社会健康的医生。

例如，1918 年之后，在欧洲工作的美国救灾官员认为自己在欧洲的工作超越了政治范畴：他们向波兰和乌克兰的饥荒农民分配食物；在维也纳建立儿童诊所，发放免费牛奶；帮助安置希腊数以百万计的难民。洛克菲勒基金会通过赞助“艺术地将科学知识进行普及”运动，希望借此根除结核病。欧洲人自己也不希望将社会问题政治化，而倾向于将其归为“社会卫生”的问题的范畴。例如在英国，英国社会卫生委员会（British Social Hygiene Council）的委员们要求将学校中的精神疾病教育、健康教育和性教育“制度化”，并且要求改善住房环境和卫生条件，提高儿童的营养水平。法国卫生部则在社会高等卫生理事会（Conceil Supérieur d’Hygiène Sociale）的建议下制定政策。社会被视为社会工程的一个目标，在这个完成目标的过程中，开明公正的政策是遵循理性的精神制定的，而非政治热情。[25]

这种含混不清的方式在优生主义者之间体现得尤为明显。换句话说，无论是左翼还是右翼的优生主义者，都认为正确的社会政策能够产生“更加优秀”的人种。这种观念在“一战”之前被社会科学家和社会管理者广泛接受。在 1921 年召开的第二届国际优生大会上，美国自然历史博物馆的亨利·费尔菲尔德·奥斯本（Henry Fairfield Osborn）发现："在世界历史上，没有任何一个时刻可以和今天相比。我们召开了国际会议，来讨论种族和改良的新篇章。在世界大战期间，交战的双方在爱国主义的驱使下，牺牲了大量的生命，并且失去了几个世纪的文明传承，这种损失无可挽回。在欧洲的一些地区，最坏的人种取得了优势地位，并且威胁摧毁最好的人种。"[26]

在这种恐惧的驱使下，各国都致力于优生，或者像德国那样专注于"种族卫生"，这种做法遍布从西欧到斯堪的纳维亚，从西班牙到苏联的广泛地区。在匈牙利和捷克斯洛伐克，人们热衷于提高整体的国民身体素质，并且建立爱国体育协会。1921 年建立的苏联优生部门，要求"对所有专业领域的科学工作者和社会工作者进行优生比较研究"，并且将数据分享给美国的优生记录办公室、德国的种族和社会生物协会，以及英国的优生教育协会。这种运动不仅像原纳粹主义的鼻祖，更像各国展示自己科学水平的集会。这种论调的支持者，包括诸如凯恩斯（Keynes）、贝弗里奇（Beveridge）这样的英国民主社会党和自由主义的改革家，还包括保守主义者和右翼的独裁统治者。一些人是反犹太主义的坚定支持者，但是一些德国"种族卫生"运动的领导者恰恰是犹太裔。一些人强调采用绝育这样的"消极"措施；也有人主张采取积极的措施：提高人口的身体素质，提高营养水平和公共健康水平，以新鲜空气、体育锻炼和日光浴抵御种族衰退的威胁。他们之间的共同点就是，相信国家和公共权力能够主导社会变革，将其引向一条更好的道路。

但是，对于优生主义者而言，如何在政治光谱中定义他们口中的“新人类”和更加宽广的社会环境，是一个非常棘手的问题。社会民主党关注城镇，尤其是城市的工人阶级的状况。另外，大多数保守主义者认为，在机械工业化时代，人类在劳动过程中的参与度降低这个要素，并不足以解释现代社会的危机。勒·柯布西耶（Le Corbusier）认为，“现代城市应该只拥有 300 万人口”，但是“城镇辐射式的发展”，令他的观点毫无价值。优生主义者定义的社会健康，不仅集中于城市人口，同时也关注乡村的人口；他们不关心机器和工业，而关心土地和手工劳动。对于很多优生主义者而言，城市对于繁殖起到的作用，和他们预期的大相径庭：在城市中产阶级中，不孕不育的情况经常发生；而乡村的人口却以惊人的速度发展。实际上，由优生主义者的关注所引发的矛盾情绪在欧洲大陆迅速蔓延：在城镇化的背景下，社会发展和生物发展之间的关系是此消彼长的。

1914 年之前，欧洲的过剩人口通过大西洋向外转移，或者迁往遥远的殖民地。但是 1918 年之后，美国关闭了移民的大门，以往向大洋彼岸的大规模移民已经变得不可能了。帝国的统治者鼓励人们去坦噶尼喀*、利比亚和东印度群岛开垦，但是响应者寥寥；这种号召在 20 世纪 20 年代更加缺乏吸引力。寻找工作的农民和被迫害的难民都迁往城市，在战争期间，拥有百万以上人口的城市数量增加了一倍。尽管和 1950 年之后的大城市数量相比，这个数字并不显著，但是考虑到 20 年代到 30 年代大萧条的背景，这种变化则非常不易。

迅速增长的“大城市”令德国住房改革委员会的成员们感到惊恐，他们认为这种趋势正在威胁他们“生存的根本，从生物角度来

* 坦噶尼喀（Tanganykia），今天坦桑尼亚的一部分。——译者注

讲，出生率正在持续降低；从政治角度来讲，健康的民主需要建立在协商的基础上；从军事角度来讲，大城市在战时非常容易遭受攻击；从道德层面讲，大城市为重塑道德体系设置了种种障碍”。生物学家康拉德·劳伦兹（Konrad Lorenz）提出了相似的观点：被现代生活“驯化”的人类，导致了种族质量的恶化，因此现代生活的本质是反对进化。过去的乡村生活不仅鼓励生育，而且形成了一种社区意识；而现代城市充满了诱惑与安逸，这影响了家庭的稳定，并且导致了个人的自私以及人与人之间的冷漠。由此形成了早期的“自私”和“精神疾病”，并由于临时伴侣和出生控制的普遍性，导致了两性方面的享乐主义。战后出现的电影院，在教会领袖、保守主义政治家和社会科学家看来具有有害影响。[27]

解决这个问题的一个有效方法，就是提供公共住房，并且给予居民安家费和私人花园，同时不再专注于城市中心的建设，而将建设的中心转向城郊的农场和卫星城。波兰、北欧国家和德国为城市中的农民提供住房。在英国，私人建筑商应顾客的要求，建筑都铎时期和其他“前城镇化”时代的建筑。[28]但是欧洲的政治前景依旧非常暗淡，这种公共的倾向加剧了乡村的理想化。在欧洲大陆，更加有序的民族主义和亲近自然的生活方式，取代了国际主义和机械化的地位，主导了20世纪20年代的现代主义潮流；在集体生活和公共生活中，本能的个人主义取代了过去的理性主义；身体取代了大脑，成为人们关注的重点。希特勒为雅利安人勾画的田园生活，取代了魏玛政府的新理性主义，就像在法国，杜诺耶·德·塞贡扎克（Dunoyer de Segonzac）和奥占芳（Ozenfant）引领的法国乡村艺术，公然地挑战巴黎大都会艺术的地位。法西斯统治下的意大利开始崇拜机器、未来主义和消逝的过去，到了20世纪30年代，意大利崇尚古典主义、历史和土地。

然而，欧洲国家再一次发现，他们为增加人口数量所做出的努力收效甚微。墨索里尼禁止乡村的无业游民在城镇居住，将失业人口遣返回原籍。其他国家试图通过向农民提供贷款、在乡村修筑新的住房等措施，来增强乡村生活的吸引力。在爱尔兰，政府向遥远的盖尔语村落提供补贴。在城镇化比任何国家都开始得早的英国，城市贫民迁往乡村变得愈发容易。因此像霍德勋爵 * 这样杰出的优生主义者认为，强身健体、童子军（Boy Scouts）和国家公园运动（National Park Movement）应该更加关注精神健康。

实际上没有什么方式能够阻止居民向城市迁移。无论是在就业方面，还是在文化自由方面，城市都非常有吸引力。更重要的是，国家对于自身的说辞也并非全力支持：在一个以工作作为支柱的国家，乡村生活永远无法替代城市生活。1925 年，一位意大利记者写道："我们需要改变对城镇化和大城市的迷信。田园生活能够创造旺盛的生命力，并且能够使人长寿，具有诗情画意；但是无论从哪个角度来讲，这种生活方式都不适合工业的发展。尽管在民族国家争取国际地位的过程中，城市对国家的健康程度和实力似乎有害，但却是不可或缺的。"[29]

数量和质量

在休战期的欧洲，展示身体成为一个非常流行的趋势，而这些人的穿着在上一代人看来，更像是穿着内衣在街上行走，或者是非

---

* 霍德勋爵（Lord Horder），英国皇家医师，优生协会主席。——译者注

常可耻的裸露行为。足球运动员的短裤露出了膝盖，苏联摄影师罗琴科（Rodchenko）用裸体模特来拍摄人形金字塔 * 主题的照片。户外的公共泳池供人们消遣娱乐；温布利、维也纳和柏林建造了大量的体育场，用于举办大型体育赛事。人们集中在这里，成为一个团结的集体，并且拥有了政治方面的可能性。1931 年，在普拉特（Prater）公园的体育场内，约由 4 000 名演员表演了一场主题为推翻资产阶级的演出。在演出开始前，有 10 万名社会主义者向这个维也纳圆顶建筑游行。这次游行非常壮观，包括横幅游行、大型团体操、咏唱和宣誓仪式。在 20 世纪 20 年代布尔什维克无产阶级文化节的影响下，这是一场有组织、有武装倾向的工人运动。反过来，这场运动也像是纳粹党的纽伦堡党代会（Nuremberg Party Rallies）。即便在政治氛围相对宁静的英国，也出现了像 1924 年帝国节日（Empire Festival），以及妇女健康与美丽联盟（Women's League of Health and Beauty）在阿尔伯特音乐厅组织的盛大集会这样的群众游行。在大多数欧洲国家，保持健康并不像 20 世纪 50 年代之后那样成为一种消费选择，而是一种民族和阶级的责任。一张苏联的海报这样写道："工人阶级的身体文化，是社会主义建设的核心。"无论是相对保守的童子军运动，还是罗马尼亚法西斯的铁卫军（Iron Guard），右翼政党的运动也持和苏联相似的观点。国民的身体健康，甚至可以上升到军事斗争和民族存亡的政治高度。

但是各国不仅仅将目光局限于身体的健康，它们采用一切方法避免民众的身体被不健康的因素污染。正如优生主义者所想的那样，

---

* 人形金字塔，一种娱乐活动，第一队参与者跪在地上排成一派，形成金字塔的底座；第二队参与者跪在第一队参与者的肩上，形成中间部分；最后一名参与者跪在最顶端，成为金字塔的塔尖。——译者注

对于国家的人口总量，不仅要注重数量，还要兼顾质量。

持社会退化观念的消极优生主义者尤其专注于精神疾病带来的威胁。自从达尔文的侄子弗朗西斯·高尔顿（Francis Galton）提出“严格审查不健康新生儿”的观点后，优生主义者们曾向国家建议取消种族内部的繁衍。在英国，自由党政府在 1914 年之前专门研究“意志薄弱”的问题时，囊括了所有的情况，包括聋哑人在内的“无法养活自己”或者“不能正确管理自己及自身事务”的人群。年轻的丘吉尔在私下向阿斯奎斯（Asquith）首相谈论高出生率的“智力缺陷”人群时说道：“限制节俭的、精力旺盛的、优秀人群的后代，对于我们的种族而言是一个巨大的危险。”1913 年英国出台了一项法令，规定将有“智力缺陷”的人群拘禁在特殊的机构中，以防止他们繁衍后代。[30]

年轻的贫困妇女发现，在她们的父亲、丈夫、医生和雇主的要求下，她们可以因为各种违背盛行的社会规范的借口而被逮捕，尽管这些借口都是微不足道的。她们被和有真正精神问题的人关押在一起。例如，在布里斯托，一位名叫阿奇博尔德·里奇（Archiebald Leach）的男孩——也就是我们后来所熟知的加里·格兰特（Gary Grant），直到他父亲去世，才发现父亲口中抛弃家庭的母亲被拘禁在一个关押精神病人的机构中。他的父亲为了和女仆生活在一起，亲自把格兰特的母亲送到这里。

英国设立精神病院以防止精神病人繁衍的方法，其代价是昂贵的。在 19 世纪末期，德国、北欧国家，乃至一些美洲国家，都在广泛讨论一个廉价的替代方式——绝育，这种方式对身体产生了实际的伤害。美国是当时消极的优生主义者中心，截至 1921 年，已经有 2 233 人被合法地绝育，其中大多数在加利福尼亚。而在魏玛统治下的德国，一些医生未经许可，也私下实施违法的绝育手术。[31]

对于优生主义者所担忧的“优秀”人群和“劣等”人群之间出生率差异的问题，绝育是一个完美的答案。这个方法将目标对准快速繁衍的“劣等”人群，并且为“优等”人群补充积极的福利措施，以保障他们提高“宝贵的”出生率。1929 年的大萧条，使得更为廉价的绝育变得更加有吸引力。1928—1936 年，瑞士、丹麦、德国、瑞典、芬兰、挪威和爱沙尼亚分别出台法令允许自愿绝育。即便在相对自由的英国，这个争论在 1921 年也重新被提及。一份关于智力缺陷的报告说，在过去 20 年，英国智力缺陷的人口数量在快速上涨，并且警告说英国存在一个“社会问题群体”，这个群体的数量不少于 400 万人，大约占人口总量的 1/10，这已经对国家的健康造成了严重的威胁。而现在，穷人因为贫穷而被冠以“社会缺陷”：贫民是“贫民窟”的主要建筑师。[32]

在带有民族特有阶级情结的英国，优生主义者们遭到了强烈的反对。教会领袖、医学界领袖和劳动阶级领袖一同反对绝育立法以及相关法律的通过。和欧洲大陆相比，英国的情况反映了国家危机背景下相对温和的一面。然而，虽然优生主义者们在英国遭遇了失败，但是在德国却大受欢迎——德国希望重塑国家力量的欲望比任何国家都要强烈。国家社会主义通过引领义务绝育法而迅速扩大实力：这部法律的对象首先包括精神疾病患者，其次是“危险的惯犯”，最后是年轻的犯人。到 1937 年，有超过 2 万人被绝育，而此时美国仅有 3 000 人。在被绝育的人群中，包括吉卜赛人、莱茵混血儿（德国妇女和法国黑人士兵所生）、“道德意识薄弱者”、妨碍治安的流浪者、“懒惰者”和“自私者”。[33]

从这一点来讲，希特勒统治下的德国实现了以强制的手段在民众中推行政策，而在瑞典和其他地区，这种政策波及的范围则非常有限。但是纳粹的野心还在扩张。1939 年，德国的绝育政策演变为大屠杀。在希特勒的独裁统治下，被毒气毒杀的精神病院和诊所关押的犯人数量为 7 万 ~ 9.3 万人。而在教会领袖公开反对，并要求以安乐死处理这些犯人后，这个数字才有所下降。1914 年之后，被处死的精神病人数量更少，大多数是通过注射的方式。而德国的安乐死专家受雇于波兰的死亡集中营，安装移动的毒气装置。

这些措施为旨在提高“民族共同体”健康水平的社会政策提供了新的选择；与此同时，镇压了德意志民族在国内生物意义上的敌人（Biological Enemies）。一方面，政府为新婚夫妇提供婚姻贷款（此种贷款的前提是新娘放弃工作，且夫妻双方的父母都有种族主义倾向），并且为儿童提供福利、自由的假期和幼托设施。另一方面，政府拘捕乞丐，抑或将他们投入集中营，抑或分配他们进行义务劳动。德国学校的一本教科书上写道：“建立一座疯人院需要花费 600 万马克（RM），那么这些预算能够建造多少造价仅为 1.5 万马克的房子？”令我们感到震撼的不仅是德国极端的政治哲学，还有很多欧洲温和的国家也实践这样的政治哲学。

即便在 1933 年之前，德国就展示了它在制定镇压性社会政策时不寻常的效率。针对吉卜赛人制定的特殊政策（参考了 1926 年巴伐利亚州关于对抗吉卜赛人、流浪者和懒惰者的法律），将失业的人群定义为“反社会的懒惰者”，并强制他们进入军事化的“伙伴群体”，防止他们出现在大街上。1933 年之后，在种族主义科学家的倡议下，这种措施被集中实施，并且被强化。例如厄恩斯特·鲁丁（Ernst Rudin）博士，他“30 年研究精神谱系的成果”，为绝育法提供了科学的验证。在由国家资助的威廉二世人类学、遗传、优生研究所（Kaiser Wilhelm Institute for Anthropology, Heredity and Eugenics）内，一位名叫约瑟夫·门格勒（Josef Mengele）的年轻研究员，将人眼和内脏器官运回他位于奥斯维辛的实验室进行研究。

人口学家和统计学家也在帮助组织大型的犯罪和医疗调查，而医生、医学研究者和心理学家则坐在遗传健康法庭（Hereditary Health Courts）来裁决绝育的案例。犯罪生物学家调查“犯罪类型”，追寻他们的研究谱系，并且建立数据库。这些行为远非野蛮和伪科学的行为，这类研究足够引起其他国家警察和法律制定者的兴趣。直到1939年战争爆发，才打消了苏格兰场*首领诺曼·肯德尔（Norman Kendal）前往德国达豪集中营的想法，这位警察希望在集中营学习当代的管理办法，并且听取阿图尔·奈比（Arthur Nebe）关于管理罪犯的新方法的演讲。

纳粹种族福利的目标，针对境内的一切犹太人。他们被逐步、系统地排除在“民族共同体”之外。首先将他们驱离公共职位，进而施行经济制裁，并且犹太人不在法律的保护范围内。1935年的《纽伦堡法令》第一次明确地界定了犹太人的定义，并且将犹太人排除出公民范畴；随之而来的是，将犹太民族和其他民族之间的性行为定位为犯罪，并且禁止和犹太人通婚。在1938年合并法案实施后，系统地将犹太人的财产雅利安化的趋势非常明显，这个措施也可以被视为强制性、排他性的种族福利计划的一部分。20世纪20年代社会民主党在维也纳建造的住宅，还不及合并之后3年内从其他种族手中剥夺的住宅数量多。

排斥、迫害乃至灭绝犹太人的做法，将纳粹的社会哲学体现得

---

* 苏格兰场（Scotland Yard），指英国首都伦敦警察厅总部所在地。——译者注

淋漓尽致；这种社会哲学的基础，源自对“民族共同体”的保护。1944 年，一位慕尼黑的法学教授这样写道：“（魏玛政府）并没有成功建立其他种族的社区，他们没有普及优生学和生物犯罪方面的知识，这些知识是健全的福利政策和刑事政策的基础。自由主义思潮只看到个人的‘权利’，他们只考虑人与人之间的权利，而忽视了共同体的福利。在国家社会主义的框架下，个人在社会中的价值并没有如此明显。”[34]

德国忽然建立起来的种族福利国家，不可避免地在欧洲其他地区引发了激烈的讨论。因为从很多方面来讲，纳粹的做法是当时欧洲流行的社会思潮的典范。将当时欧洲流行的整个群体排除在“民族共同体”所享受的福利之外；根据生物学上的种族定义来界定共同体的范畴；采用警察镇压和医疗暴力的方法处理种族事务——这些现象都凸显了休战期间欧洲对于种族问题的模糊态度。

在社会达尔文主义盛行的时代，种族等级观念是无处不在的；无论当时的左翼还是右翼，都相信一个种族优于另一个种族而存在，抑或认同与之相关的殖民政策。所谓的“学科的种族主义”被严格执行，并且左右着公众的态度。例如，一位名叫哈里·约翰斯顿（Harry Johnston）的英国殖民评论员，在 1908 年就向公众普及人类学的新科学，他认为这种科学将帮助帝国的统治者们决定一个种族是否应该受到保护、种族间的繁衍是否应该被允许，或者是否应该被灭绝。

在“二战”期间，左右纳粹党卫军在欧洲种族政策的德国人类学家们，在 1914 年之前就通过在非洲和亚洲的殖民地实验，撰写以“种族混合”为主题的学术论文；他们的成果还被英国和法国的同行借鉴。[35]

另外，欧洲的民族构成非常复杂，因此在欧洲内部实践这样的理念，又是另外一回事。概括地讲，种族是一个具有不确定性的概念，每个国家的情况都大不相同。希特勒的政策使得政府免于面对和应付这种不确定性，这种政策配合着遗传学、血清学和精神问题起因上的新发现。这些新发现为早先科学的种族观念画上了大大的问号。

少数几个欧洲国家也效仿德国的做法，以生物种族主义来定义本民族。在讨论历史上的共同体时，无论是意大利的种族理念，还是英国的“种族健康”观念，都是一种相对模糊的概念，仅对政策产生有限的影响。意大利的优生主义者们支持种族混合，认为这将实现“通婚的优势”，而英国则更加关心不同阶级之间出生率的差异。在法国，划分民族的标准是语言和文化；在巴尔干国家，划分民族的标准是语言和宗教。尽管种族歧视和反犹太主义无处不在，但是它们在制定政策的过程中却不起决定性影响。可以确定的是，第三帝国的政策为一些国家所效仿，强硬的种族主义运动在波兰和匈牙利迅速蔓延。在梅塔克萨斯将军统治下的希腊，犹太人被禁止参加本国的青年运动。在法西斯统治下的意大利，1938 年的种族法令导致了数以百计的人被驱逐出大学和公共部门。但即便在法西斯统治下的意大利，其做法也不能够与纳粹德国的行为相比。

在法国，左翼和右翼之间呈现出激烈对抗的情形。20 世纪 30 年代，种族主义和反种族主义的力量都得到了加强。在 20 世纪 20 年代，大量的波兰、阿尔及利亚和其他地方的移民，增加了法国的出生率；但是到了 20 世纪 30 年代，民众中反移民的情绪加重，包括年轻的弗朗索瓦·密特朗 * 在内的一批民众都要求遣返新的移民

---

* 弗朗索瓦·密特朗（François Mitterrand），1981 年当选法国总统，以反对戴高乐著称，法国历史上第一位社会党人总统。——译者注

者。像之前的美国和英国一样，种族问题和控制移民的诉求紧密相关，借此来控制“外国人”的数量。与此同时，勒内·马夏尔（René Martial）1934 年所写的名为《法国种族》（*La Race francaise*）的小册子，也遭到了《种族和种族主义》（*Race et racism*）这类杂志的反驳。实际上，这个时候“种族主义”这个概念就已经过时了。路德维格·希尔斯菲尔德（Ludwig Hirszfeld）和他的妻子汉娜成为“一战”之后血型研究的先驱。他通过写作，希望“将血型因素从种族的奥秘中剥离出来”。[36]

尽管在降低移民的程度、弱化民族主义传统、彻底反对纳粹德国的政策方面，没有人能够确定科学种族主义是否能够帮助人们更好地理解这些问题，但是在英国，反对科学种族主义的呼声依旧非常强烈。杰出的研究者们在研究精神疾病的起因时，终结了人们对于“社会问题群体”的诟病，这也成为英国强硬派优生主义者的理论依据之一。与此同时，一些左翼的科学家和知识分子也在反对科学种族主义。[37]

在这种思想的指导下，一批英文论著面世，比较典型的有雅克·巴尔赞（Jacques Barzun）的《种族：现代迷信研究》（*Race: a Study in Modern Superstition*）和阿什利·蒙塔古（Ashley Montagu）的《人类最危险的秘密：种族的谬论》（*Man's Most Dangerous Myth: the Fallacy of Race*）。但是最猛烈的攻击，来自一本名为《我们欧洲人：“种族”问题调查研究》（*We Europeans: a Survey of 'Racial' Problems*）的书，该书在 1936 年成为英国最为畅销的读物之一。由生物学家朱利安·赫胥黎（Julian Huxley）和年迈的人类学家 A. C. 哈登（A. C. Haddon）所撰写的《我们欧洲人》（*We Europeans*），猛烈地攻击作者口中“‘生物种族’的伪科学性”。

赫胥黎本身是一位优生主义的坚定支持者，但是他也认为纳粹的所作所为伤害太大。他强调了“种族”的概念，并且质疑了“种族情绪”这个概念［此概念不仅受到纳粹的欢迎，还受到英国种族人类学家阿瑟·基思（Arthur Keith）的追捧］。赫胥黎讽刺地说道：

> 我们的德国邻居将自己归为精明、高大、精力充沛的日耳曼人人种。那么让我们用日耳曼人种最突出的参数来勾画一幅图片。让他拥有希特勒那样的金发、罗森贝格那样的长脸型、戈培尔那样的身高、戈林那样纤细的身材，施莱谢尔那样的男人气概。那么这个形象和德国人理想中的形象有多少相似度呢？[38]

赫胥黎和哈登认为，从生物学角度来看，欧洲没有“纯正的种族”，这一点在英国当时的研究者中得到了广泛的认可。他们提出，相较于遗传，环境更能改变一个人的社会身份，因此他们提出用“少数民族群体”的概念来替代“种族”，因为前者不像后者那样，在生物学上具有误导性。但是在书的结尾，他们略带忧郁地警告如下。

> 欧洲现今出现的暴力种族主义，是欧洲人过分夸大民族主义的一种表象：它试图在非民族主义的基础上，证明民族主义；它试图在客观的科学领域寻找一个坚实的论点，并且以这个论点为基础，在国内建立一套特殊的经济和政治体系，并且能在这个体系内找到论点和论据之间真正的联系。现在的欧洲，人们都在提升自我地位，迫害其他民族；为了纠正种族的偏执，

> 我们需要重新定位民族主义的理想。在现实中，各民族应该放弃绝对的主权。与此同时，科学应该指出少数民族生物学上的事实，并且拒绝将自己的神圣性赋予谬论，防止这些谬论以科学的名誉为自己正名。种族主义就是这种危险的偏执性。[39]

在“二战”期间，威廉·贝弗里奇（William Beveridge）以“福利国家”的概念来对抗纳粹德国的“战争国家”。但是在两次世界大战期间，福利和战争是紧密相关的，提高人口数量和人口健康的社会政策，反映了在激烈的国际竞争中各国捍卫自己地位或者重塑自身地位的愿望。第二次世界大战促成了反种族主义的共识，遗传学上的新发现加速了这种共识。该共识是在赫胥黎等致力于科学研究的科学家们的联手下达成的，并且纳粹的极端最终导致了这种共识。休战期欧洲流行的种族观念，在他们的努力下已经变得支离破碎。在欧洲，信奉科学种族主义的人群仅仅存在于中欧的一些人类学家和社会科学家中。直到今天，他们仍然将自己视为“长颅”和“高大”人种的后裔。但他们已经是边缘化的群体，对社会政策的影响几乎可以忽略不计。总体而言，在现今更加个人化的世界中，我们很难理解，在对民族和种族人群下降、退化乃至灭绝恐惧的背景下，在“一战”后的几十年中所制定的福利政策。[40]

第四章

资本主义的危机

爸爸曾经非常喜欢和我们开玩笑。但是两年之后，一切都变了。有一天，爸爸沮丧地回到家。妈妈看着他，知道发生了什么事情。他失业了……爸爸已经失业三年多了。我们曾经相信，他会重新找到一份工作。但是现在，即便是作为孩子的我们，也已经不再抱有这种希望了。

——汉娜，14 岁，1932 年 12 月[1]

一家公司设立在莫斯科，会比设立在底特律得到更好的发展。

——剑桥联合会讨论的新动向，1932 年

小说家肖洛姆·阿施（Sholem Asch）写道："好像有人举起了世界，并把它投向彻底混乱的境况。没有永久的价值。文章是什么？钻石、黄金、房地产和工厂又是什么？一种短暂的错觉、一瞬间的闪亮、一个破灭的幻想。"[2]"一战"之后，欧洲的经济生活陷入混乱；波兰同时流通 4 种货币；"饥饿的维也纳"变成了矮人国中的

“巨型城市”，大街上充斥着难民和之前帝国的公职人员。1922 年夏天，就连奥地利前国王也仅剩 83 600 美元的存款。相比“一战”之前，物价上涨了数百乃至数千倍。希腊政府采用了一种新的征税办法：召回所有的货币，但是只将半数的货币返还给原来的持有者。西欧的状况也不容乐观，战后的经济泡沫迅速破灭，仅在英国一地就产生了 200 万失业人口。1923 年，魏玛政府遭遇了恶性通货膨胀，在这一年，希特勒和德国共产党都企图通过暴力夺取政权。重建欧洲资本主义的前景，显得非常暗淡。

彰显 19 世纪资产阶级自信以及欧洲经济稳定的货币基础，在 4 年的世界大战中损失殆尽。战争使得各国开始质疑货币的自由兑换原则，并且逐渐放弃了维多利亚时代资本主义的基本原则：金本位和自由贸易。为了维持战争，各国政府积累了大量的债务，美国成为欧洲各国最大的债权人。战争同时促进了有组织的工人运动的发展，这使得降低工资标准变得越来越困难。战争还摧毁了欧洲大陆的贸易网络，促进了欧洲外部工业和农业中心的形成。随着战争的结束，欧洲的生产商们发现，他们面临着日益激烈的全球化竞争。

同时，布尔什维克革命的胜利和苏维埃政权的建立，使得欧洲的资本主义面临着前所未有的挑战。一位俄国艺术家在 1922 年强调：“俄国不是非洲，也不是墨西哥和爪哇。我们和西欧处于同一时代，并且相距不远。苏联将向世界上其他国家示范，它的未来在哪里，以及如何有一个‘新的开始’。”尤其是在 20 世纪 20 年代早期，这种展望令欧洲的政治家们感到恐惧，并促使他们着手重建欧洲的经济秩序。

在重建经济秩序的过程中却遇到了一些悖论。像许多人希望的那样，将欧洲带回 1914 年之前的“常态”，就意味着回归自由贸易、固定汇率和最小化的国家参与度。这种模式要求国家置身于经济事务之外，由商人们做出投资决定，并作为个人债权的持有者。但是在战争中，国家被迫卷入经济事务，以便“组织”战时的经济生活；作为引领战后欧洲经济重建的主要力量，英国和法国都不希望在和平时期延续这种战时的国家激进主义。因此希望借助国家力量来干预私人领域经济事务的复兴方案，不出意料地销声匿迹。

在20世纪20年代初期，劳合·乔治和阿里斯蒂德·白里安（Aristide Briand）——两人在性格上都是激进主义者，认为东欧和西欧的问题是相似的，因此需要一个全面的解决方案——在一份备忘录中写道：

> 对于欧洲的工业而言，中欧和东欧的市场是一个必要的补充。如果这些市场不能被重建，东欧和东南欧将会失去数以百万计的人口；重建将会变得愈发困难。如果东欧和中欧出现这种状况，将会使得西欧的工业人口处于长时间的失业状态，它们不得不在一个需求小于产出的市场内相互竞争。在这种情况下，欧洲的经济复兴简直就是天方夜谭。通货膨胀将会继续，生活成本将进一步上升，生活质量则会持续下降；东欧和西欧的食物短缺与饥饿人口将会损害工薪阶层和专业人士的特性。[3]

英国和法国提议建立一个国际性的投资财团，将私人的资本投向中欧和东欧。无须赘言，这个作为欧洲复兴开发银行（European Bank of Reconstruction and Development）前身的机构，并未取得成功。直到东欧恢复了一定的经济秩序，西欧的银行家们才将资本投向那里；他们遵循稳定，但是并不能创造稳定。欧洲大陆的资本主义平衡被打破，而欧洲资本主义本身仅仅给出了一个缺乏热情的回应。

劳合·乔治-白里安计划的失败，显示了战后欧洲市场的脆弱性和不确定性，并且启示我们，欧洲的资本主义想要重建，一定程度上的政府参与是必要的。为了实现这个目标，英国和法国创造了国际联盟这个国际性的政府组织。在 20 世纪 20 年代中期的重建过程中，国际联盟扮演了重要的角色。它不仅仅作为一个外交论坛而存在，而且它在安排欧洲贫困国家和西欧债权人之间金融交易的过程中发挥了积极的作用。在稳定预算、恪守中央银行独立的原则下，奥地利、匈牙利、爱沙尼亚、希腊和其他国家都获得了贷款。就像 70 年后，随着欧洲社会主义政权解体，哈佛的经济学家们迅速涌入东欧的情况一样，此时西欧的银行家和金融学家们在自由主义的框架下，帮助东欧饱受战争摧残的贫困国家恢复经济秩序。西欧不仅作为中央银行和税收的检查者，还组织了强力的委员会来安置数以百万计的难民。

尽管国际联盟的财务委员会是从各个国家中抽调成员组成的，但是该委员会最主要的部分是由英国代表主导的，这个结构引发了广泛的评论和质疑。考虑到伦敦在国际资本主义市场上的传统优势地位，当英格兰银行被指责为金融帝国主义以及“欧洲中央银行的独裁者”时，并没有多少人感到意外。奥托·尼迈耶（Otto Niemeyer）在 1922—1937 年担任英国在国际联盟财务委员会的代表，这位最具权势的代表同时也是英格兰银行的主管。因此国际联盟很容易被视为这个城市财阀的爪牙，在这个毫无抵抗能力的大陆上攫取财富。[4]

实际上，英格兰银行的管理者蒙塔古·诺曼（Montagu Norman）曾经有一个模糊的、长期的梦想，就是以英镑为基础，在中央银行的主导下，建立一个自由贸易的欧洲。例如，他希望在“建立包括多瑙河沿岸国家在内的经济联邦”的思想下，维持伦敦作为国际金融中心的地位。然而，这是一个带有自由主义色彩的梦想，由于英国政府并不愿意介入经济事务，这个计划失败了。从长远角度看，英国经济外交中自由放任的传统，使得尼迈耶和诺曼的计划都不可能实现，同时英国变成了欧洲资本主义复兴过程中言不由衷的设计者。在伦敦，市场的神圣性高于其他任何地方。除了劳合·乔治以外，英国政府中没有人相信中欧和东欧对英国具有很大的价值，英国在这个地区的贸易总量无法与美国、西欧和德国相比。因为国际联盟财务委员会的工作并不突出，从而遭到了英国外交部门的质疑。因此，白厅对建立欧洲经济新秩序的意向非常有限。[5]

另一方面，协约国的力量试图限制德国的复兴，两者之间的矛盾也加剧了资本主义重建的难度；而这个问题经常被放在修复国际关系的层面被讨论。法国的反德主义，以及对魏玛政府索要高昂修复关系代价的做法，并不能引起英国的兴趣。而法国也对英国的做法感到失望。1923 年年初，莱茵河地区的混乱程度达到了顶点，由于德国无力偿还战争赔款，激起了法国的不满，法国和比利时的军队占领了鲁尔区。实际上，占领鲁尔区是一场耻辱性的失败，它证明了法国力量有限。在德国，通货膨胀已经无法控制，到 1923 年 12 月，物价已经是战前的 126 万亿（126 trillion）倍。法国的财政和预算危机也显示出这个国家的脆弱。这也能够帮助我们理解，为什么这些事件被视为“法国失去在欧洲大陆优势地位”的标志。

鲁尔危机的教训告诉我们，《凡尔赛和约》的胜利者们并不能通过联合行动来获取和平。更重要的是，它证明了欧洲资本主义的重建，并不能仅仅依靠欧洲自身。几个主要的经济体——德国、英国和法国之间的关系充满了敌意，而美国这个战后最大的债权国也被卷入这种关系中。从战争末期开始，美国的私人贷款就已经流向西欧，美国的救济机构帮助应对乌克兰饥荒和巴尔干国家的难民安置，因此美国政府已经放弃了孤立主义。鲁尔危机及其带来的外交僵局，成为美国重新介入欧洲事务的催化剂。在短短的 5 年中，一个由美国作为中间人的赔偿协议就达成了，美国的资本开始涌入欧洲，帮助欧洲复兴。

然而，美国重新介入欧洲事务的举动，使得欧洲大陆的各个国家加剧了对于美国控制欧洲的恐惧。同时，各国也非常担心由战争引起的欧洲地位的下降。美国的经济霸权第一次挑战了欧洲的经济和文化。J. B. 普里斯特利（J. B. Priestley）在《英格兰之旅》（*English Journey*）中警告说："英国的道路现在已经极具美国特色，沿途销售牙膏、香皂和留声机，这样的场景同时出现在电影院正在热播的影片中。"安德烈·西格弗里德（Andre Siegfried）的畅销书《美国时代的来临》（*America Comes of Ages*）也警示了欧洲未来所面临的挑战。[6]

实际上，美国的跨国公司于 1924—1929 年在国外迅速扩张，这一扩张速度甚至超越了"二战"之后的时期。无论持何种论调的政治家、工会会员还是商人，都担心欧洲无法对抗这些跨国公司，以及它们奉行的准则。英国工党领袖拉姆齐·麦克唐纳（Ramsay MacDonald）警告说："美国已经发展了跨国力量。而欧洲无法做到这一点，因为欧洲明确的经济主张决定了它的命运。这些事实告诉欧洲，这个目标依旧非常遥远。但是欧洲发展跨国力量的一些迹象已经出现，这些将是 20 世纪的决定性问题。"[7]

在 20 世纪中期，泛欧经济体的支持者们在法国的号召下聚集在一起。1925年签署的《洛迦诺公约》开启了德法合作的新纪元，白里安将这个公约描述为“在国际联盟的框架下，签署了欧洲大家庭的新宪法……这是一个伟大工程的开端，标志着欧洲的新纪元”。1927年，在法国的提议下，日内瓦召开了国际经济会议。这次会议的主席称，会议的宗旨是“建立国家间的经济联盟……从长远的角度来讲，是建立欧洲的联邦”，他同时展望道，“这个经济联盟能够有效地对抗美国”。英国杰出的工业家们也相信，一个“有组织的欧洲集团”将会出现。但是，一个缺乏足够力量的法国，以及一个缺乏足够热情的英国，使得这个计划无法真正实现，这一点在未来也得到了印证。英国在欧洲和英联邦之间摇摆不定，并最终倒向了后者。欧洲联盟的第一次尝试最终流产了。这种联盟需要美国的介入，而一个倒向西欧的德国和冷战促成了这种联盟的形成。[8]

在一些人看来，20世纪20年代中期是一个繁荣、稳定和成功的时期。各国的货币陆续得到控制；英国、意大利、德国和法国固定了本国货币和黄金之间的兑换率。温和的通货膨胀取代了剧烈波动的汇率和恶性通货膨胀，加速了商业和经济的发展。新的中央银行开始有效运行；投机行为得到了有效抑制；投资者们恢复了信心，大量的贷款开始在欧洲范围内的货币市场上出现。这些现象暗示着，资本主义恢复了吸引力，这个体系下的所有国家都获得了一定的发展，南斯拉夫也于1931年6月重新确立了金本位的标准。

然而这种复兴显得非常脆弱，而且在华尔街危机发生之前，就有诸多的现象预示着即将到来的危机。英国和德国的贸易数据依旧低于1913年的水平，没有国家利用20世纪20年代中期的相对繁荣来降低本国的关税。它们都希望在国际市场的压力下保护本国的产业，而20年代中期很多基本品的价格已经开始下跌。奥斯瓦尔德·施本格勒（Oswald Spengler）有所警觉："现在，无论是远东、印度、南美还是北非的工业区，无论是已经形成的，还是在建的，都是以大规模的低廉工资为基础的，这种状况让我们面临着激烈的竞争。白人与生俱来的特权正在被抛弃、压缩，甚至背叛……这片被开发的土地，正在向其宗主国复仇。"[9]

除了这种全球化竞争带来的通货紧缩的影响，欧洲自身的经济政策和经济理论，同时限制了欧洲在 20 世纪 20 年代的复兴。现行的规则不仅仅是为了刺激生产和提供就业；重返金本位是和通货紧缩紧密相关的，其目的是为了降低工资和物价水平，并且野蛮地削减福利。这种政策的政治影响在英国体现得尤为明显。这些政策在英国运行得较为普遍：1925 年，英国在首相丘吉尔的引领下重返金本位，这也导致了 1926 年的大罢工；如果说 1929—1931 年的经济危机对英国造成的影响较小，那么主要是因为 20 世纪 20 年代英国的失业率仍旧居高不下。

欧洲大陆的根本问题，是战后的资产阶级希望恢复到战前的稳定状态，同时他们要求政府承诺为工人和农民创造更好的生活标准。在重返金本位的前提下，"适合英雄的家庭"并不容易实现，并且对民主造成了极大的伤害。战时，劳动阶级和资产阶级的矛盾曾经简单地被修复，但是战后二者之间的矛盾重新暴露出来，而解除这种紧张态势的唯一方法，就是放弃 1932 年之后自由放任的经济政策。一些实业家和经济团体要求施行类似美国的产业政策：高工资标准、大批量生产以及高效的生产率。但是由于担心通货膨胀，这种政策受到排斥；直到 20 世纪 50 年代西欧开始效仿美国，这种政策才被重新提及。

对 20 世纪 20 年代资本主义复兴脆弱性的批判，主要集中在这种复兴过于依赖国际性的流动资本，而这种资本天生就带有一种不稳定性。1914 年之前，英国曾经是世界的银行，但是现在其借款额无法同战前相比。德国向战胜国赔款，而战胜国需要向美国偿还战争借款，这一切都取决于美国向欧洲的贷款额度。因为1924年之后，美国向德国提供的接近半数的贷款都是短期的，因此国际资本的稳定性取决于数以千计的小投资商的决定。1945 年之后，美国吸取了教训，通过向欧洲各国政府贷款来实现欧洲的重建。但是这种方式不符合 20 世纪 20 年代欧洲盛行的观念，这种观念认为在国际金融领域，国家的作用应该是担保人，而非直接提供资金。1928 年，股票交易的繁荣促使资本重回美国本土，并且促进了这种繁荣；而转年的经济危机，则促使美国的投资者们清算他们在欧洲的财产。这种资本流动的结果，造成了国际金融领域史无前例的灾难。

1929 年的华尔街危机，造成了银行停业、货币贬值和货币混乱。反过来，经济危机导致了破产、低产出、工期萎缩以及不断增长的失业率等问题。国际贸易的崩溃，导致了农业危机。农产品价格的迅速下降使农民们处于负债状态，这也导致了生产过剩，降低了国内对于手工业制品的需求量，并且加速了失业率，使失业浪潮从乡村蔓延到城市。由于粮食库存被人为地破坏，饥饿和贫穷的人口数量迅速上涨，由市场驱动的资本主义看起来愈发不合理。

而政府的应对措施充满了争议性。政府采取缩减开支、降低公共支出以及等待投资者恢复信心等传统的应对措施。由于害怕会增加政府开支，乃至加重政府债务，各国都没有制定直接干预失业的措施。在经济衰退的背景下，这种行为只会使投资者们进一步丧失对政府管理经济能力的信心。一位高级公职人员向首相麦克唐纳建议道，英国政府就像“一艘因为落潮而搁浅的船只上的船长，任何人力都无法帮助其改变目前的境遇，直到自然界再次让潮水回来，这艘船才能继续航行”。[10]

与此同时，黄金仍是非常神圣的。一份报纸问道：“工业是否被钉在了黄金的十字架上？”当英格兰银行在 1929 年宣布利率上升的时候，新闻报道将其视为“对通货紧缩所带来福音的完全否定，高利贷的盛行和英镑账面价值的上升，超过了英国工业的实际需求量”。在英国的政策制定者中，我们所熟知的财政部观点（the Treasury View）占据主流，他们认为应该降低工资，削减失业福利。[11]

相似的宿命论观点在德国也非常明显。如果布吕宁政府抑制希特勒的崛起，通过遵循 1930—1932 年的通货膨胀政策来保护魏玛政府，那么历史会是怎样的？一些凯恩斯主义经济学家曾经这样设想过。其他人则指出，这种批评声音忽视了当时知识界的氛围：干涉主义者的数量已经非常稀少，并且同时被他们提倡计划的成本困扰。在德国、波兰、奥地利和其他地方，几年前恶性通货膨胀的经历，使得政府不敢贸然采取干预措施，因为这些措施可能会危害货币稳定。即便这样，1929—1931 年的通货紧缩政策，在今天看来，恶化了大萧条所带来的危害。欧洲政府偶然发现了替代品，并且在危机中放弃了金本位。

危机具有多重性，因此很难被准确地预测。尽管全球性的商品价格在 1926 年开始下降，年出口量也在这一年降低，但是我们通常还是将 1929 年作为经济危机的起点。一些国家开始放弃黄金，而随后的一年，很多国家开始效仿：截至 1932 年夏天，只有少数几个国家没有使黄金贬值，或者冻结黄金交易。法国就是其中之一：法国政府大量囤积黄金，且直到 1934 年才被大萧条困扰，而此时其他国家的经济已经开始复苏。法国不顾一切地坚守旧秩序，降低了经济的稳定性，从而无法抑制第三帝国的崛起。

而经济危机在各国的表现方式也不尽相同。放弃固定汇率的做法非常普遍：国家抑或让本国货币贬值，抑或允许货币升值。欧洲国家的贸易也面临严重的下降，这种状况随着关税上涨和其他保护性政策的施行而愈发恶化。德国作为受到大萧条影响最严重的国家之一，其工业产出下降了 46%，有 600 万人失业；而一直维持高失业率的英国，在 1929 年之后的失业规模并未明显上涨。但是在 1929—1932 年，法国、意大利和捷克斯洛伐克的工业产出分别下降了 28%、33% 和 36%。在农业经济占主导的中欧和东欧，经济危机表现为螺旋式上升的农场债务，尽管中欧和东欧的失业率持续增长，但是却不如西欧工业国家的失业率那样明显。法国通过驱逐国外的劳动力来缓和这种影响，并且将城市的劳动人口遣送回他们的农场和村庄。

而各国人民恶化的身体和心理健康也在消耗隐形的成本。在雅典难民广场长大的迪米特里·卡扎米亚斯（Dimitri Kazamias）回忆道："休战期间的失业浪潮引发了贫民的恐惧，他们害怕被边缘化。你会发现这些'流浪者'害怕失去价值，害怕成为法律和司法上的'伤疤'。"经济下滑改变了社会和家庭生活的节奏。失业的男性步履蹒跚、漫无目的，他们的精神状态甚至不如有家务要做的妇女。德国城镇的一位失业者观察道，"没有什么事情变得很迫切，他们已经忘记了如何匆忙。对于这些失业的男人而言，时间因为失去意义而显得漫长。在 100 个男人中，只有 12 个还佩戴手表，而拥有手表的人数也不过 31 个。起床、午餐和就寝，是唯一能够证明他们存在的时间节点。在这些节点之间，时间在慢慢消逝，没有人知道发生了什么”。[12]

“消除母亲和孩子的饥饿！”是英国国家工人失业运动（National Unemployment Workers' Movement）的一条标语。它所描述的失业家庭中存在的饥饿现象并不是夸大事实。尽管英国审查部门的人员剪切了新闻影片中大量国家工人失业运动的照片，并且限制反映英国失业工人贫困生活的电影《爱的救济金》（*Love on the Dole*）上映，但是他们无法掩盖大量失业带来的影响：强迫失业的男性劳动力进入劳工排，或者强制施行效果有限的福利计划。在《巴黎伦敦落魄记》（*Down and Out in Paris and London*）和《通往维根码头之路》（*The Road to Wigan Pier*）中，乔治·奥威尔描述了流动厨房、旅社，以及由资本主义的失败所带来的绝望感。[13]

然而，政府官员做出回应的速度非常缓慢，政策的施行也是时断时续，而且他们不愿意放弃过去的市场准则。无论是 1932 年召开的斯特雷萨会议（Stresa Conference），还是 1933 年在伦敦举行的世界经济会议，都无法让欧洲国家协同行动；相反，他们展示了一种混乱的状态，与会者之间的民族主义情绪也不断高涨。由于各国之间无法达成一致，金本位最终崩溃；而来自伦敦和纽约的借款也暂停了。实际上，货币市场的日渐干涸，意味着通过自有资本主义来重建欧洲经济的努力失败了。法国依旧将目光集中在黄金市场，而英国则把注意力转向大英帝国的内部贸易。英法两国都开始认真考虑殖民地的发展，以及它们在非洲和亚洲殖民地的经济开发。而欧洲的其他国家只能从内部寻找解决经济危机的途径。

因此 20 世纪 30 年代的经济现状迫使欧洲出现了经济国家主义。这种模式与英法两国引领的自由主义模式格格不入，后者强调自由贸易和国际资本流动。但是这种模式却和苏联非常契合；另外由意大利发端，在第三帝国得到迅速发展的国家资本主义，也和这种模式相适应。无论是左翼还是右翼，都提供了一种解决方式，这两种方式脱离了英美两国“财阀统治”的束缚；两种方式都将经济发展置于财务纪律之上、国家经济高于全球经济、生产高于稳定的物价和食利阶层的利益。总之，这两种模式提供了就业机会，并且解决了大量失业的问题。资本主义的危机使得这两种模式具有政治含义：除了共产主义和法西斯主义，还有其他模式能够应对 20 世纪 30 年代的经济危机吗？

共产主义的成就

伦敦东北部郊区的通勤族，在通过简士山（Gants Hill）地铁站的时候，一定会被富丽堂皇的地下大厅震撼，尤其是其拱形的圆顶和铬黄色的镶边。这个地铁站建于 1937 年，目的是向 1936 年建成的莫斯科地铁致敬。在 1989 年苏联解体之后，我们更加难以理解休战期“苏联的奥秘”。然而，共产主义的痕迹遍布欧洲，它曾经成功地防止了资本主义的崩溃，并且为如何处理现代社会的经济难题提供了范例。它将在“一战”中支离破碎的沙俄帝国整合起来，并且在几年之中将其变为主要的工业生产力量。它的体系使得这一切变为现实。

在欧洲，没有任何一个国家的战后经济重建难度大于俄国，因为它在战争中的损失比其他国家更加严重，遭受困境的时间也更加持久。直到 1921 年，俄国的斗争才逐渐平息，而内战的伤亡人数甚至高于“一战”。据统计，1914—1926 年，有 1 400 万人因为非自然因素死亡；1921—1922 年，席卷俄国南部的大饥荒使得 500 万人受灾。在一位英国救济官员看来，这种规模的饥荒是“所有事物的匮乏”，它迫使人们吃马，以及马身上的马具、磨碎的骨头、橡子、木屑，甚至是死尸。由奥斯曼帝国和奥匈帝国的崩溃而产生的悲剧，在俄国民众的遭遇面前显得微不足道，而且也使战后西欧问题显得更加发人深省。[14]

数以百万计的难民在流动：1921 年的一天，有 2 万名难民从东部涌入鄂木斯克。大约有 700 万孤儿从乡村涌入城市，土匪和其他武装组织威胁着乡村和铁路线。农业的收成已经降至战前的水平，农民被红军大量征用；白军*和绿军**也采取了同样的措施。在这种混乱的状态下，苏维埃政权试图以社会主义来解决这些社会问题。由于布尔什维主义者在中欧煽动的革命以失败告终，他们最终将目光集中于已经解体的沙俄帝国。共产主义政权开始成为一个激进的替代方案，以取代国际上通行的资本主义体制。

布尔什维主义者第一次建立了社会主义，他们同时创立了真正统一的国家经济体。实际上这个国家非常落后。春天来临的时候，解冻的道路无法通行；1923 年，商业火车的平均时速低于 10 英里***；乘坐火车的人数已经降至 1913 年的一半以下。由于没有清雪机，邮局在冬天处于歇业状态；乡村地区的电报线经常不通。落后的教育水平同薄弱的交通基础设施一样，阻碍着国家的发展：文盲非常普遍，即便是一位经常阅读电报的 27 岁的资深红军干部，也无法理解“阶级敌人”和“苏联”这样的词语。[15]

---

* 白军，1918—1921 年反对布尔什维克政权的军队，主要由支持沙皇的保皇党、失地农民、自由民主主义者和温和的社会主义者组成。——译者注

** 绿军，俄国内战时期，以无党派者、无政府主义者和无君主主义者组成的组织。他们被视为除红军和白军之外的第三股势力。——译者注

*** 英里（mile），英制长度单位，1 英里≈1.609 千米。——编者注

列宁曾经评价布尔什维克政权是一个对外部世界无所不知的政权，但是实际上，任何一件事情对它而言都是一种极大的挑战，而且这不仅仅是领导阶层需要关心的问题。从政权建立之初，以何种速度和程度废除资本主义以及私有财产的问题尚不明确。一开始，布尔什维克政权采取激进的方式，将大部分生产的物品国有化，这也是计划经济的前身。这种方式帮助它赢得了俄国内战，但是这种方式同样对政权产生了严重的威胁，因为取消了生产和分配的自由化，农村的抵触情绪愈发强烈。1921 年，当布尔什维克政权面对国际上的强烈反对时，列宁选择了实用主义：他推行的新经济政策，将生产从中央的控制中解放出来，这是对强硬的战时共产主义政策的一种修正，重新启动了被摧残的经济。它展示出这个政权为重新赢得农民的信任而做出的努力，展示了 10 年困难时期后政治重组，以及俄国企图在国际贸易、商业和技术的发展中分得一杯羹的愿望。在这几年之中，民营企业在小范围内被允许。作为苏维埃政权经济基础的农业也开始复苏。苏维埃政权赢得了喘息的空间，这不仅帮助它巩固了政治地位，苏联还在这一时期签署了联邦宪法。

然而，新经济政策只是短暂的权宜之计。一方面，尽管在理论上允许私人部分的存在，但是在实际中这种空间经常被限制。另一方面，很多共产党员干部在新经济政策中看不到他们为之奋斗的社会主义的出路；相反，他们看到了革命之前的技术精英、行政阶层和知识分子阶层重新掌握权力，并且发挥着影响。很难将新经济政策和“建立新世界”的构想结合起来。促进市场繁荣的措施，为不同社会阶层之间的经济不平等提供了可能性。富裕农民、商人同贫穷的城市劳动阶级之间的差异，威胁着本就非常脆弱的经济体系。实际上，新经济政策使得俄国的经济增长依赖于农民和工人的市场行为，而不是依靠党和国家。而最糟糕的是，莫斯科的统治阶层发现他们已经越来越难以控制地方了。[16]

列宁逝世后，共产党内部掀起了一场激烈的争论，而争论的中心则围绕着经济政策的方向。最初斯大林赞同继续实行温和的经济政策，反对围绕在托洛茨基周围的左翼反对派的意见：他们提出加大对工业的投入，对农民则实行严格的控制措施。但是在托洛茨基遭受政治上的失败而被边缘化之后，斯大林逐渐向他的观点靠拢。1927—1929 年的粮食危机，成为压垮骆驼的最后一根稻草，并且直接导致了斯大林主义的产生。这个事件展现了国家的脆弱性。由于缺乏可靠的经济信息，斯大林在信息有限的基础上，将粮食危机称为农民的“罢工”。在粮食储备不足、城市需要定量供应粮食、食品价格不断攀升的情况下，布尔什维克政权重启了战时共产主义政策，并且采用紧急措施强制征收粮食。

到了 1929 年，斯大林已经平息了左翼和右翼的批评声音：共产主义被强加给农村地区，施行农业集体化和机械化的方针。在 1929 年年末，斯大林将目标对准了富裕农民，将他们称为“富农”，并且宣布他个人支持“清算富农阶级”。根据莫斯科下达的指令，富农阶层被分为三种：第一种是最为危险的，“积极反对革命的富农阶级”，他们将被交给国家安全警察（OGPU）处理；第二种被流放到苏联的边远地区；第三种则被迫迁离故土，择地安置。大约有 100 万家庭受到牵连，受影响的人数为 500 万～700 万；而实际上最终有 1 000 万甚至更多的人被流放，至少有 3 万人被枪决。[17]

实施“布尔什维克争取粮食”运动，包括派遣工人突击队、党员干部和秘密警察，惩戒不力的地方政府；审判“投机者”，即试图保有粮食的农民。这种行为不亚于一场内战。一位党的积极分子说道："如果你遭到攻击，没有人会怜悯你。不要去想富农阶级正在挨饿的孩子，博爱在阶级斗争中是罪恶的。"需要上缴的粮食数量被确定，而这个标准并未考虑生产者的交付能力。地方机构官员在中央规定的上缴标准面前面临着巨大的压力；如果不能完成征收工作，他们会被冠以"腐朽的资产阶级"罪名而遭到惩罚。

当然，有很少一部分农民拥有财富，而有能力雇用有偿劳动力的农场则少之又少。一个农村的干部被质问道："你们为什么不断地呼吁富农阶级？""我们这里没有富农阶级。"受政权唆使去攻击富裕村民的人们预见了他们的明天："他们今天从富农手中没收面包，明天他们就会变成富农而遭到批斗。"1930 年春天，农民杀掉了他们最后一头奶牛，而非将它们上缴；即便是 11 年后的苏德战争，也未对苏联的牲畜储备产生如此恶劣的影响。[18]

根据苏联的统计数字，20 世纪 30 年代的粮食产量下降，这清晰地反映了集体化和高压政治带给农村的灾难性后果；另一方面，国家征集粮食的数量从 1928 年的 1 070 万吨，稳步增长为 1937 年的 3 670 万吨；征集的粮食在 1928 年只占粮食总量的 14.7%，这一数字在 1937 年上升为 36.7%。如果这些数字不可靠，那么这一时期的概貌则更为清晰。在工业化进程方面，布尔什维克政权拒绝了那些对农民采取更有耐心、更具有合作性的建议，转而支持短期的暴力。这在短时期内获得了政权所需的粮食，但是在更长的时期内，对苏联的农业造成了危害，历史证明这种结果对苏联而言是致命的。[19]

这些政策导致了 1932—1933 年的饥荒，以及数以百万计的灾民出现；这一时期，警察确保外国人远离受灾地区，通过颁发内部护照系统，将灾民固定在灾区，这种做法非常像已经被列宁废除的旧沙俄的政策。

但是很多人都知道即将发生的一切。一位党内工作人员回忆道："第聂伯罗彼得罗夫斯克的灾民数量已经失控。他们中的大多数都无精打采，由于过于虚弱，他们已经无力在火车站周围乞讨。他们的孩子仅剩下皮包骨以及一个肿胀的肚子。"他对发生的一切感到恐惧，但是他的上级却不这么认为："农民正在和政权进行一场无情的斗争，这是一场生死较量。今年检验了我们的力量和他们的忍耐力。正在发生的饥荒证明了谁才是这个国家的主人。尽管牺牲了数以百万计的生命，但是农业集体化的体系依旧存在。我们才是这场战争的胜利者。"[20]

一开始，很多党内和党外的人士都对这种规模的混乱感到困惑，既有对流放的抗议，也有对"富农"的同情。甚至连工人也对这种混乱持"消极的态度"。一位注视着列宁雕像的人说道："如果列宁还活着，他将会允许自由贸易的存在，并且减轻我们的负担；进而他将会对集体化进行变革——通过协商和劝导，而不是通过暴力手段实现这一目标。"但是不断累积的被动性，以及对政权的恐惧，掩盖了这种不满。"从前的逮捕行动，需要两个武装人员来抓捕一个犯人，而现在一个武装人员可以抓捕一群人。后者的抓捕过程非常安静，没有一个人会逃跑。"[21]

20 世纪 30 年代的粮食征集，成为锻炼新一代党员的平台，他们习惯了这种程度的暴力和镇压；几年之后，这种暴力行为演变成蔓延到苏联其他社会阶层的恐怖政策。他们以阶级斗争的视角审视这个世界，将一切不同意见者视为反对革命的破坏者、白军、恐怖分子和怠工者。1927 年在革命中出现的这种趋势已经愈发明显，并且在粮食征集的过程中得到了加强。由这种强硬手段激起的反对，使他们的论点看上去更加可靠；国家的政策制造了麻烦，但是苦难和浪费都不能归咎于麻烦的始作俑者。大量被流放的农民导致强迫劳动的聚居地数量迅速增长。对人口控制技术的良好运用，使得斯大林在20世纪30年代到40年代之间，采取这种措施对付其他阶层和少数民族地区——波兰人、车臣人，以及混居在他们中间的德意志人。更重要的是，农业集体化为第一个工业五年计划开辟了道路。

强制工业化是斯大林的政策。他赢得了关于农业集体化的争论，现在他强调希望实行快速工业化的愿望，并借此将本国推向工业时代。在全世界都敌视苏联的状况下，苏联需要加快工业化进程来保卫社会主义。1931年2月，斯大林做出了一个著名的预言。他问道："你们希望我们的社会主义祖国被打败，并且失去独立地位吗？如果你们不希望这种情况发生，就必须在最短的时间内结束这种不利的局面，并且建立真正的布尔什维主义经济……我们现在已经落后先进国家50年甚至100年，我们必须在10年内弥补这种差距。我们要么实现这个目标，要么被这个目标击败。"而巴巴罗萨计划（Operation Barbarssa）的施行，正好是10年之后。[22]

斯大林的这一计划，不仅要求对国内食物供应进行严格控制，而且需要保持对工业的高度投入；这就给农村的生活造成了巨大的压力。理论上，这个进程是通过计划来完成的，但是实际上，这个五年计划是这个过程的刺激物和目标来源；该计划并没有什么高明之处，仅仅是通过高度宣传"突击战术"和"超额完成"来实现的。这就不难理解为什么在大清洗运动中苏联的工业增长率呈现出一个混乱的状态，在这一时期各经济机构遭到破坏，各地的党组织都在激烈地竞争建设资金。

更加引人注目的是，这个疯狂的、不完善的计划在何种程度上得到了实现。实际的产出经常无法达到计划中荒唐的目标，但是这种不足却被实际的产出掩盖了。例如，马格尼托哥尔斯克（Magnitogorsk），这个世界上最大的钢铁厂的所在地，是在零基础上建立起来的；已有的冶金厂产量被推向极限。拖拉机厂和机床厂的快速发展，降低了国家对进口的依赖。而这一切都建立在燃料和交通无法保证、故障和损耗经常发生的基础上，尽管资金被大量投向重工业领域。

在创造就业方面，苏联取得了无与伦比的成就。在 1927—1928 年及 1932 年，城市的劳动力从 1 130 万增长为 2 280 万；截至 1939 年，已经增长为 3 900 万。此时的资本主义欧洲正处于极度萎靡的状态，而苏联已经消除了失业，大量的妇女都在工作岗位上奋战，实际上苏联此时甚至出现了用工荒。1934 年斯大林夸耀道："这不是偶然，这个马克思主义取得胜利的国度，是世界上唯一已知的没有经济危机、没有失业的国家；包括法西斯主义的其他国家，经济危机和失业已经困扰了它们 4 年之久。"[23]

斯大林的政策创造了一个新的劳动阶层，从农村流向城市的农民构成了这个阶层的主体，他们中的大多数人都是为了逃避农业集体化而涌向城市的。1929—1933 年，工业企业中领班的数量从 18 700 人上升到 83 800 人——其中大多数都是从没有受过教育的工人阶层中提拔起来的，而管理和技术人员的数量从 82 700 人上升到 312 100 人。这是一个新文明的出现，尽管西德尼（Sidney）和比阿特丽斯 · 韦伯（Beatrice Webber）并不这么认为。大部分的农民阶层实现了电气化、机械化，并且被一个现代化的政权统治，但是他们也在被改变：农民开始变为工人、管理者和党的干部。到了 20 世纪 30 年代末期，国家、政党和经济都从这场社会革命中受益。[24]

然而，在这个党领导的全能国家机器中，那些被认为是革命英雄的人，发现自己并不比其他普通人拥有更多的自由。当一个能力最差、文化水平最低的工人调换工作的时候，他被指责为“小资产阶级的自发性”。在粮食配给和消费品短缺的背景下，强制劳动的准则成为这个政权的当务之急，工会从一个最初保护工人的机构，转变成了强迫工人劳动，反对“怠工”和“缺勤”的组织，而且工会也被要求“正视生产”。这就意味着忽视工作环境的原始状态和危险性。

如果说建设社会主义听起来能够引起前来参观的西方知识分子的兴趣，那么实际上这个过程是非常严酷、非常具有伤害性的。除了对机器的崇拜，苏联的工业化建立在高度的劳动密集型和低水平的技术经验的基础上，这就意味着很多机器是空闲的，机器的工作由手工完成，尤其是在最初的几年，卡车和拖拉机的地位甚至不如马匹和手推车。但是劳动密集型是一个抽象的概念：10% 的被发配去建设马格尼托哥尔斯克的富农，在第一年冬天就死在了那里。在第聂伯罗彼得罗夫斯克建设大型水电站的工人们的境遇也好不到哪儿去：“营房的工人们抱怨雪从房顶漏下来，住在帐篷里的工人在冬天需要忍受零下 13 摄氏度的低温，而在 1929 年夏天，猛烈的龙卷风又将帐篷吹走。”在“社会主义劳动竞赛”，或者由“工人突击队”引领的竞赛以及令人讨厌的斯达汉诺夫运动 * 大行其道的同时，这种本就恶劣的生存状况更加恶化。[25]

所有的这些努力，都对私人储蓄造成了巨大的压力——国家通过政府债券和消费行为募集资金。个人的需求从属于集体的需要，

---

* 斯达汉诺夫运动，是苏联早期以斯达汉诺夫命名的社会主义群众竞赛运动。采煤工人斯达汉诺夫在 1935 年 8 月 30 日创造了一班工作时间内用风镐采煤 102 吨的纪录，超过定额 13 倍。这一事迹在苏联第二个五年计划时期得到广泛传播，形成了斯达汉诺夫运动。——译者注

这种趋势不仅引起了公众的不满，也弱化了民众的存在感。1929 年，实行面包配给制，肉类和奶制品的消费量下降。这种状况只在 1935 年得到了些许改善。城市一直在发展，城市人口数量在 1926—1939 年翻倍，这使得多年的住房短缺问题更加严重。1929—1931 年，莫斯科的人均居住面积减少了 1/3。20 世纪 30 年代中期的“大清洗”运动之前，对于住房的渴求成为人们入党的主要动力之一。

但是斯大林主义工业化的压力，不仅局限于狭小的宿舍：第一个五年计划也见证了集中营体系的迅速发展。从历史角度看，强制劳动是美洲和沙皇俄国经济发展的重要组成部分。斯大林发展了沙皇的措施。1929 年，国家安全警察的集中营更名为“劳改营”，并且被赋予明确的经济职能。这些集中营是在农业集体化时期逮捕大量农民而兴起的，在 20 世纪 30 年代的“大清洗”运动中经历了剧烈的波动。通过复杂的监狱网络、“劳改营”、劳动殖民地和特殊安置等形式，这个安全机构控制了数以百万计的犯人。根据最近的估算，关押的犯人数量从 1933 年的 250 万人，上升到 1941 年的 330 万人。[26]

强制劳动在苏联的工业化进程中扮演着重要的角色：“二战”前夕，内务人民委员部（NKVD）* 承担了苏联 25% 的建筑任务，尤其是乌拉尔地区、西伯利亚和远东地区的建筑任务；秘密警察机构公开赞扬其集中营是“本国边远地区文化发展的志愿者”。这些地区生产着具有特殊价值的物品——黄金和其他金属、木材以及弹药，这些物品的生产都依靠奴役性的劳动。这些强制劳动力同时负责修建白海-波罗的海运河（White Sea-Baltic Canal），这条运河

---

* 内务人民委员部，前身为国家安全警察机构（OGPU），是苏联武装力量的一部分，其使命是保卫国家设施和完成苏联内务部担负的其他战勤任务。——译者注

是布尔什维克政权宣传其在20世纪30年代取得胜利的一个标志。这些特殊的移民被分配到马格尼托哥尔斯克这样的新工业区。截至1939年，仅内务人民委员部集中营和劳动殖民地的看守，就多达10.7万人。[27]

资本主义世界通常将世界视为一个和谐、良性的整体，但是，与其观点不同，共产主义视自己被资本主义世界围攻，时刻处于斗争之中。外部的敌人试图将革命的火种扼杀在摇篮中，内部的敌人试图通过党派斗争和“背叛行为”将党带入歧途。苏联的工业化伴随着镇压的高压环境，以及在20世纪30年代开始的恐怖政策，因此苏联的工业化是在被“破坏分子”和“反革命分子”包围的环境下开始的。从1928年苏联开始尝试招募外国工程师开始，技术专家、管理者和党的领导人都在恐怖中度过，他们随时可能被任意施加罪名并遭到处罚：失败、个人竞争，或者仅仅是因为领导阶层的人事变动，都可能导致他们的厄运。数以万计受过教育的专业人员被投向集中营。训练新一代的管理人员成为这个政权的当务之急，同时这也是年轻一代在社会上获得进步的好机会。斯大林主义不仅意味着恐怖和镇压，同时也意味着向上层社会的流动和令人兴奋的机遇，这一点和沙皇俄国时期静态的等级社会形成了鲜明的对比。1928—1933年，77万党员从劳动阶层上升为白领阶层和管理人员。[28]

现在，当我们批判诸如H. G. 韦尔斯、萧伯纳和韦伯这样的西方学者一笔带过斯大林主义令人生厌，甚至更为残忍的做法时，这一切显得理所应当，同时被指责的还有他们笔下混乱的苏联宣传运动和现实。然而在那个时期，当资本主义显得行将就木时，斯大林统治下的苏联同西方世界形成了巨大的反差：一幅充满了能量、奉献、集体成就与现代化的图景——尽管不被外界理解，但是却充满了诱惑。只有少数坦率博学的人批评这种模式，例如克罗地亚共产党人安特·奇利加（Ante Ciliga）在 1938 年出版的《充满谎言的土地》（*In the Land Of the Great Lie*）一书中，发现苏联极大地忽视了这种模式的弊端。[29]

这种轻信的现象，印证了一位历史学家提出的“通过现象就相信乌托邦的存在”的观点，这种观点在休战期的欧洲得到了很好的实证。但是这也反映了西方人逐渐远离苏联的真实生活。20 世纪 20 年代，苏联和其他国家进行了大量的交流。即便没在经济和贸易方面进行大量合作，也在技术、科技和文化方面取得了突破。美国、德国和英国的工程师团队向苏联提供技术咨询，而包括柯布西耶（Corbusier）和恩斯特·梅（Ernst May）在内的欧洲最杰出建筑师和城市设计师，都争相为莫斯科和其他苏联城市做城市规划。但是这种交流遇到了困难：30 年代的“大清洗”运动将西方工程师和商人视为敌人，这使得这种交流变得尤为困难，外国人进出苏联旅游的审批也变得愈发严格。即便是苏联的“经济奇迹”仍在继续，苏联仍旧远离了西方的视野，进入一种自我封闭的状态。

更为重要的是，希特勒的崛起使得客观看待苏联变得更加困难。因为纳粹德国成为欧洲民主最大的威胁，中欧和西欧的大部分国家联合起来支持苏联，反对法西斯。1937 年，英国出版商维克多·格兰茨（Victor Gollancz）警告作家 H. N. 布雷斯福德（H. N. Brailsford）说：“在现在这个关键时期，支援苏联是最重要的事情。任何可以被地方援引的话都不要说。”对很多欧洲的知识分子而言，苏联成为一面镜子，反映了他们自身的困扰以及他们对于纳粹主义的希望和潜在恐惧。[30]

国家的复苏

深受经济危机困扰的东欧和中欧，比其他任何地方都关注苏联令世人瞩目的成就。1931 年年初，一位英国大使说道："在柏林的商界和银行界，争论的主要话题是苏联的五年计划带来的威胁，以及在苏联的经济压力变得愈发难以应付之前，欧洲各国应该采取保卫本国财产的有效措施。"[31]

英国无法提供必要的领导。自由资本主义仿佛是 19 世纪的事，而自由贸易也无法对欧洲当时的现状做出有效的回应。南斯拉夫在日内瓦会议上被告知要削减贸易壁垒，从加拿大和阿根廷进口廉价的小麦。南斯拉夫的外交官员苦涩地回应道："如果能够牺牲 4/5 的人口，那么这种状况可以实现。"他继续说道，英国提出的自由贸易和斯大林的五年计划唯一不同的地方是，"你不用射杀人们，而是让他们饱受饥饿"。[32]

尽管非常偶然，但是自由贸易的崩溃为欧洲国家摆脱大萧条提供了一些意想不到的方案。20 世纪 30 年代的国家经济主义获得的成就，往往被历史学家们低估。很多国家发现，以内部需求为目标的生产所带来的收益，远比重返金本位、紧跟 20 世纪 20 年代的国际竞争要好。当然，自给自足也需要成本。价格高昂的本国产品给消费者增加了沉重的负担，但是它同时鼓励了生产者。这种模式使国家债务不再处于停滞的状态，这就解放了农民和实业家，刺激了国内的需求。而生产者为这种发展所付出的代价，则在国家的控制之中。

由于抛弃了自由放任的经济政策，政府忽然发现，它们需要确定哪些领域需要汇率。它们被卷入了贸易政策，以及对外贸易的分配；在国内，它们开始计划产出，促进生产领域卡特尔*的出现，干预发展和新问题的定位。作为一种非常独立的思想，自给自足改变了国家和个人主动性之间的关系。资本主义国家从苏联那里学会了计划和国家控制的做法，并且在苏联模式的基础上，弱化了这种控制。经济的萧条状态，促进了由国家主导的国家资本主义的出现。

从短期来讲，国内经济的恢复和工业的发展是引人瞩目的。在高关税和不可兑换货币的保护下，价格停止下跌，促进了就业。以国内市场为目标的工业，例如纺织业、化工业和发电业，都获得了快速发展；以国内市场为导向，获得国家价格保护的农业也得到了恢复。1932—1937 年，瑞典的工业产值猛增 67%，英国也激增 48%；而固守金本位的波兰、比利时和法国的工业产值则停滞不前。在义务劳动、严格控制工资、创造就业计划和反对妇女工作等一系列措施的帮助下，纳粹德国 5 年之内的失业人数从 560 万人下降到 90 万人，在 1939 年已经实现了全民就业。

国内新的融资来源取代了西方市场。外债违约，或者叫作“经济重组”，对很多中欧和东欧的国家来说非常有价值，例如，这些债务的数额相当于希腊、罗马尼亚和保加利亚 1931—1935 年 10% 的政府支出。在 20 世纪 20 年代向国外巨额借款，在 30 年代拒绝还款，还有比这更划算的事情吗？英美两国的债权持有者们对此感到非常愤怒，却又无可奈何。[33]

在国内，消费者的支出可以被压缩，同样可以被压缩的还有工资，尤其是在警察国家**，情况更是如此，因为国内独立的工会已经

---

* 卡特尔（Cartel），是指由一系列生产类似产品的独立企业所构成的组织，目的是提高该类产品价格和控制其产量。——译者注

** 警察国家，政治学术语，欧洲绝对专制国家的别称，指不受法律约束，直接凭借警察力量维持政治统治的国家。——编者注

被摧毁。通货膨胀、高额的税率、被严格控制的工资水平，以及其他被强制的形式，使得实际的工资水平非常低，而这些资金实际上则进入了国家的金库。纳粹政权修建了高速公路和公共建筑，英国则在地方营建简易的住宅；各国都在补贴农民，进而向军备投资。由此产生了介于两种发展模式之间的第三种发展方式，第一种模式是依靠国外借款，第二种模式是苏联强制性的工业化。相较于苏联，这种模式允许较低的发展速度，但是牺牲更少的生命，以此稳定政治阶层。

然而，总体而言，自给自足只是欧洲资本主义的一个短期选择。尽管它促进了工业的恢复，但是这种恢复是在一种被庇护的、没有竞争的环境下实现的。在国家的主导下成立了一批卡特尔企业，这些成立的公司不仅免于和国外的竞争者争夺市场份额，甚至本国新成立的企业也被列为竞争对手，从而遭到打压。幸运的商人们获得了高额的利润，但是他们无法将这些资金重新投入设备和机器中，尤其是大部分的机器需要从国外进口。以第三帝国为代表的民族国家成了例外，这些民族国家明确表示它们希望看到贸易保护的效果。在纳粹德国，无论是大众（Volkswagen）这样的公共企业，还是戴姆勒–奔驰（Daimlev-Benz）这样的私人企业，都在20世纪30年代开始建造工厂、更新设备，并以此提高利润，这些也成为战后德国经济发展的基础。但这些是例外，大部分国家抑或在经济上无法实现国家主义（例如英国），抑或经济组织混乱（例如法国和意大利），从而不能实现完全的自给自足。20世纪30年代提出的关于“效率”和“协调”的论调，相比于20年代的“合理化”理论没有任何飞跃，甚至在一些方面出现了倒退。直到50年代，欧洲的工业才实现了现代化；更具讽刺意味的是，战后的苏联成为长期自给自足国家如何转型的典范。[34]

在农业领域情况也同样复杂，尤其是在落后的东欧。尽管农业领域出现了一些现代化的迹象——选择更好的品种、密集地使用化肥、大量种植棉花及其他进口作物，但是饥饿人口的大量存在，使农村无法实现繁荣。农民们从市场经济回到了自然经济。从长期来看，自给自足的经济模式无法满足欧洲过分拥挤的村庄。直到 20 世纪 50 年代共产主义和国际资本进入村庄，将农村的人口推向城镇，在工业领域创造了就业机会，这个问题才得以解决。

20 世纪 30 年代的国家资本主义也有诸多落后的方面。尽管劳动阶层的就业率上升，但是工资始终维持在一个较低的水平线上，尤其在独裁国家更是如此。纳粹劳工阵线（Nazi Labour Front）组织游行，并且向工厂主施压，要求提高工人待遇，这些做法有效缓解了工人的不满，但是实际上却未能真正提高工人的工资。这时，由消费拉动的复兴，主要体现在轻工业领域的就业增长，但是这种复兴同纳粹德国和法西斯意大利的复兴方式不可同日而语。更重要的是，保证这两个国家经济复苏的主要动力不是消费，而是军事。对埃塞俄比亚的战争，有效地将意大利拉出了经济衰退的泥沼。截至 1939 年，德国的军备投入占国民生产总值的比例大约是英国投入比例的一倍、美国的 10 倍。当然，对希特勒而言，将巨额资金投向军备领域不是为了拉动经济复苏，而是为与苏联那场“不可避免的新冲突”做准备。然而，这种方式极大地刺激了德国经济的发展，使其在 20 世纪 30 年代末期发生了严重的用工荒，并产生了通货膨胀。

1932 年之后，国际贸易并未完全终止，但是始终维持在一个较低的水平，无法像 20 世纪 50 年代那样刺激经济发展。1929 年之后，国际贸易的水平直线下降，并由此一蹶不振。即便到了 1937 年，国际贸易的总额也低于1929年，尽管全球总产量处于上升趋势。欧洲分成了不同的贸易集团，英国在欧洲大陆之外建立了帝国特惠贸易区，而法国则勉强维持了小范围的黄金区（包括荷兰、比利时、瑞士、波兰和捷克斯洛伐克）。德国为适应自给自足的经济模式，建立一个新的贸易体系而付出的努力是巨大的，它在1934年之后提出了一个新计划——在东欧和东南欧国家实行双边结算体系。

一些纳粹地缘政治学家预测，这是一个新秩序的开端；而反法西斯主义者则抨击这个体系是法西斯的扩张，但实际上新计划的影响比计划本身更为温和。东欧贫穷、落后的经济形势，使得它们很难替代德国传统的出口市场。希特勒真正想要的是东欧的商品，而非东欧的消费群体。因此在和穷邻居们贸易往来的过程中，德国一直保持了巨大的财政赤字。保加利亚、南斯拉夫和希腊为德国的经济复苏做出了巨大的贡献。这些国家不会从德国进口商品，但是却必须迎合德国，因为德国对于这些国家改善本国农民的境况非常重要。因为没有从烟草销售中获得丰厚的回报，希腊曾经以终止同德国的烟草贸易相威胁。但是希腊本国烟草种植者的抗议，使希腊政府不得不重新考虑其决定。尽管德国在同这些国家开展贸易的过程中占据主导地位，但是这些巴尔干国家永远无法成为德国重要的贸易伙伴。这些国家的价值主要在于其各自生产的特殊商品：南斯拉夫的铝土矿、希腊的烟草，尤其是罗马尼亚的石油，这种资源对于德国的军备热潮尤为重要。然而，这种开发仅仅能为德国带来短期的利益。从1938年开始，一种更为直接的经济开发为这种易货贸易的前景蒙上了一层阴影：德奥合并，使德国获得了贵重金属、外汇额的逆转和额外生产钢铁的能力；1939年占领捷克斯洛伐克，使德国获得了更多的黄金和斯柯达兵工厂（Škoda Works）——中欧最重要的军工企业。纳粹经济政策的目的——占领邻国的目标开始实现。[35]

法西斯资本主义

墨索里尼在 1933 年宣布："我们正在埋葬自由主义经济。"彼时，彻底终结自由放任的经济模式已经被人们普遍接受。积极的国家管理取代了自由的市场，自由主义中的利己主义也已经被集体原则取代。这些方面使得法西斯主义看起来更能代表资本主义经济的未来。但是法西斯存在一套特殊的经济体系吗？如果说此时自由主义经济已经寿终正寝，那么法西斯主义能解决所有的问题吗？[36]

法西斯确实在以自己的节奏管理经济——激进主义、英雄主义和军国主义。在墨索里尼提出"小麦战役"（Battle of Wheat）后，意大利又出现了"里拉战役"（Battle of Lira），这是一场"国家生产的战斗"，随后希特勒又在德国开展了"工作战役"（Battle for Work）。法西斯主义政权习惯将"经济问题"转变为"意愿问题"，这种方式的潜台词就是，政权对如何解决问题也束手无策。实际上，法西斯主义者的意识形态经常用意识来混淆经济问题，一定程度上是因为他们必须同时协调好左翼和右翼的情绪，也部分归因于他们对于经济问题兴趣寡然，把经济问题视为达到目的的手段。希特勒希望利用"国家控制共同利益的观念，来支配私人企业的技术"，这是一个看起来可以让任何人满意，实则无人受益的方案。法西斯主义不仅具有强烈的反对共产主义倾向，而且反对财阀。它反对国际金融，后者当时被诟病为具有"全球寄生性"，而转向支持国家"生产"。这种方式会把德国变成一个社会主义国家吗？也许在一个特定的、非阶级的环境下是这样的。来自左翼政党的戈培尔（Goebbels）宣称："我们的社会主义是英雄社会主义，具有刚毅品质的社会主义。"[37]

"英雄社会主义"意味着对工人无休止的赞美。欧洲的每一个独裁者都会不时提出，在他们的国家内，农民或者工人是第一位的。但是法西斯政权强调的是手工劳动，不像苏联和美国那样，崇尚机器生产。法西斯国家的人们挥舞着镰刀，而不是开着拖拉机进行收割。希特勒宣布："我是一个社会主义者，因为对我而言，如何照顾和保管机器显得难以理解；如果不能让劳动代表最为高贵的品质，那么人们将会逐渐衰退。"海报用以突出工人和手工业者的地位，现在看来这种方式带有弱化工人阶层属性的色彩。纳粹的宣传册为高速公路工人们配词为"我们在建造永恒的陆地"。[38]

然而，实际上法西斯主义政权从来就不是工人的朋友。无论是墨索里尼还是希特勒，在掌权之前都对工人阶级使用一种说辞，掌权之后又是另外一种说辞。意大利法西斯左翼政党非常惧怕工人阶级，因此他们要求墨索里尼不要屈服于这些雇佣者；像戈培尔这样的"红色纳粹"对工人阶级也有相似的恐惧。法西斯政党中一位支持工人的领袖向墨索里尼警告道："所有的厌恶感都是由代议制政府催生出来的，对社会主义和民主的批评，将会随着对代议制政府的失望和不满结束，最坏的情况是对议会制产生反对的错觉。如果法西斯政权不能拥有坚实、实际的基础和民众的拥护，那么当法西斯政权无法保障最低标准的福利时，共产主义的危险影响将再次显现。"但是这个呼吁不要出卖工人阶级利益的警告很快被忽视：法西斯意大利和纳粹德国左翼的提议被悄无声息地抑制，私有财产的原则从未遭受严重的挑战。左翼纳粹梦想着反对资本主义的"二次革命”，但是随着“长剑之夜”和格雷戈尔·施特拉瑟（Gregor Strasser）被暗杀，这种愿望落空了；而在意大利，这种论调在几年之前即遭废止。[39] 在和工厂的关系方面，法西斯政权更倾向于工厂的控制者们。在德国和意大利，独立的工会都已经被废除，但是却允许雇主之间的联盟存在；除非劳动市场恢复充分就业，否则国家不会审查这类联盟。法西斯政权依旧维系着低标准工资的经济，这一点和 1945 年之后的欧洲有着显著的不同。

当历代左翼历史学家研究工人阶级没能组织有效抗议的原因时，他们发现部分是由于纳粹工人阵线的成功，工人阵线在工厂中能够有效组织福利，改善工作环境。随着纳粹党不断壮大，德国工人阵线的影响力也逐渐上升。在意大利，康乐组织（Dopolavoro Organization）也在法西斯政权的授意下，关注工人的福利和休闲问题。与此同时，新的等级秩序被引入工作环境，这使得集体行动愈发难以实现。

更重要的是关于失业的痛苦记忆。德国的一位观察者在 1938 年说道：“尽管工人们知道目前存在用工荒的现象，但是他们都非常害怕失去现在的工作。几年的失业状态令他们终生难忘。”但是纳粹的成就可以以一种更为积极的方式表述出来；1938 年德国的失业率为 3%，而此时英国的失业率为 13%，比利时为 14%，荷兰为 25%。而失业率最高的国家是意大利，这也能够帮助我们理解，为什么意大利工人和政权之间的关系，比德国的状况要糟糕很多。纳粹提倡的“工作尊严”口号和“劳动光荣”的口号实际上产生了共鸣；一方面德国的工人们害怕“应急劳动营”（Emergency Labour Camp）的出现；另一方面政府组织音乐会、电影放映、运动和旅游，使大多数工人放弃了政治斗争的诉求。[40]

毕竟在意大利和德国，私有财产也已经不再占统治地位。正如希特勒所言，如果国家足够强大，那么它就不必向民众征收财物。而此时两国拥有了更高尚的价值观念，即意大利的“国家”观念和德国的“民族人民”观念，两国的经济正是在这种观念的框架下运行的。希特勒在1936年允许德国扩充军备的讲话中说道：“在不久的将来，个人的利益将无法在经济事务中发挥任何作用。我们只拥有一种利益，即国家的利益。”在一个表述极为精确的公式中，德国的一位高级公职人员建议德国的商人们：“归根结底，我们在经济领域所追求的不是物质上的民族化，而是精神上的民族化。”这既是对私人企业的一种警告，也是一种说明。与此相似，意大利的银行家们被告知，“银行将不再是国家经济领域的统治者，而仅仅是实现国家信用的一种工具”；意大利的商人们“有权享受国家分拨给用于处理生产事务中的一切信用资源”。[41]

除了不停地要求“效率”和“协作”，我们很难发现法西斯政权管理国家的独特之处。它们是国家现代化的推动者吗？恐怕不是。在意大利，为了挽救衰败的工业，国家成立了由公共部门控股的大公司。理论上，经济逐渐处于国家的控制之下；而实际上，工业管理者的数量与之前相比几乎没有变化。在1936年戈林（Goering）领导的以军备为目标的四年计划开始之前，德国就发展了一套完整的国家控制机制，20世纪30年代末期，戈林领导的委员会已经控制了德国一半的工业投资。受到苏联模式的启发，德国实行了一个庞大的资本投资计划，组建了欧洲最为强大的军工产业复合体。然而，诸如世界上最大的铝工业厂布伦瑞克（Brunswick）冶金厂，以及一批高质量的军工企业，掩盖了德国混乱的现实，这些企业也被官僚阶层的暗斗困扰，缺乏整体的规划和协作。这些企业的工艺水平非常高，但是它们缺乏最重要的东西——有效率的大众生产。因此当德国的战争经济被现实检验的时候，我们发现它根本无法与其竞争对手相提并论，无论是共产主义，还是资本主义，虽然纳粹政权给了这种经济模式最大限度的自由。[42]

民主资本主义的改革

1933 年 10 月，比利时社会党领袖亨德里克·德·曼（Hendrik de Man）说道："除了美国、苏联、德国和意大利，其余国家都可以归为一类，并在此基础上来理解国家计划经济不可抗拒的力量。" 20 世纪 30 年代，西欧面临的主要问题是，民主能否从这种新兴的经济形式中获得启示和经验。[43]

法西斯主义和共产主义强调意志和行动的做法，令那些整日被平庸和宿命论包围的西欧知识分子印象深刻。1933 年之后，德国社会民主党的迅速覆灭，使几乎所有年轻的社会党党员对他们领袖的谨慎感到不满。一位法国社会党党员在 1933 年的党代会上讽刺法国社会党的现状，他讽刺代表们被告知"谨慎、耐心是极其必要的，要正确地处理反对势力。我们并不想掌权，因为那样会非常危险，我们的空间将会被资本主义自身的抵抗挤压；我们也不倾向于革命，因为我们还没做好准备，因为时机还不成熟……我们已经准备好无所作为"。[44]

在英国，相似的感觉驱使工党议员奥斯瓦尔德·莫斯利（Oswald Mosley）倒向法西斯主义；他并不是唯一一个对工党领袖"乐于逃避决定"的行为感到愤怒的人。在 1930 年的工党会议上，莫斯利提出了一个激进的经济复兴计划；这个提案被工党领袖以成本过高为由否决了；这加速了莫斯利离开工党的步伐，并且开始向右翼倾斜，最终加入了英国法西斯联盟。[45]

观点和性格上的代沟加速了莫斯利这类参加过“一战”的年轻人和老一辈社会党领袖之间的决裂。后者对能够彰显资本主义规则的选举制度非常热衷，而“上过前线的一代”则认为这种制度本身就存在不合理性，他们的领导是被动的、失败的，甚至是迟暮的。莫斯利提出，“这是一个充满活力的时代，战前的时代是平静的，那时的人们比现在的人更加‘友好’，因为他们所处的时代比现今更加和谐。然而现实的问题是，那个时代的人解决当代问题的观念，是否比生长于这个时代人们的观念更好”。对于很多“上过前线的一代”人而言，无论是法西斯主义，还是共产主义的经济形式，都比自由主义和改革的社会主义更加“现代”，更加充满活力。[46]

他们的不满可以理解。在失业浪潮和经济危机的背景下，即便是社会党也偶尔重新思考其理论和实践。瑞典是最好的例子。由于1932 年社会民主党政府实行通货再膨胀政策，瑞典很早就施行了货币贬值，并且很快恢复起来。这是一种政府行为，借助财政政策来刺激经济回暖。1933 年，瑞典财政大臣强调：“只有加强国家对于经济的干预才能使经济好转，指望经济的自然修复是不现实的。”政府极大地提升了投资的额度，使瑞典的失业率在 1937—1938 年迅速下降，其手工业也开始繁荣。国家的政策都是提前制定并且得到了完善的规划。瑞典政府的政策使得瑞典在大萧条的背景下享受了一定的经济便利，而这种反周期的财政政策，以及雇主和工会之间制定准则来规范劳资关系的做法，非常像 1945 年“二战”后西欧国家采取的经济政策。[47]

在大萧条时期固守金本位而身陷泥淖的比利时，采取了另外一种回应方式——资本主义计划经济。1933 年，亨德里克·德·曼从德国返回，并施行自己的劳动计划。这个计划的创新之处就是，在资本主义和民族国家的框架下，实行社会主义的计划。这种创新在工人党内部的反对声中可见一斑——

> 10 月，当我在工党执行部门开展我的计划时，我遇到的反对超乎预期。有些人说："你用经济指导取代社会主义的做法过于温和。在以忠诚取代阶级斗争的计划中，你希望与中产阶级和农民结盟。"另一些人则说："你摆在我们面前的计划，是一个伪装好的法西斯主义计划。你赋予国家至高无上的权力，你的计划只有在独裁国家才能实现。总之，你的一切考虑都是以国家为出发点，而不是国际社会。"[48]

对于这些反对的声音，德·曼回答道，魏玛政府的教训告诉我们，如果社会民主拒绝与中产阶级合作，那么等待它的将会是什么样的结果：除非他们在政治上认同，否则制定的所有刺激就业的政策都是无用的；而当政党没有足够的能力，抑或没有强烈的意愿废除资本主义时，不要轻易提出这种论调。像莫斯利一样，德·曼针对经济危机背景下的新形势，提出了深刻的见解：社会党需要和民族主义相结合，挑战平衡预算的法则，并对市场做出一个决定性的选择。而实际上德·曼的计划远称不上成功。1935 年，当他在比利时政府担任公共事务大臣的时候，他使比利时的失业率稳步下降。但是这种下降的根本原因是政府实行了货币贬值，而不是因为德·曼提出的计划奏效了。尽管他的计划在一定程度上取得了成功，但是远没有达到他本人的预期。由于对现状感到失望，德·曼逐渐倾向于右翼；1940 年，他选择和德国合作，并宣称纳粹主义是“德国的社会主义”。但是他的构想在战后开花结果。1945 年之后，他提出的劳动计划成为西欧国家计划的蓝本。

在法国，德·曼的计划也被广泛地讨论，但是 1936 年一个类似于德·曼计划的提议，被完全从人民阵线计划（Popular Front programme）中剔除；更糟糕的是，勃鲁姆（Blum）政府试图通过满足工人阶级的诉求来维系一个强大的法国。勃鲁姆非常欣赏罗斯福主义，并且将自己标榜为法国资本主义的“忠实管家”。这样的政策直接导致了经济上的失败，无论是左翼还是右翼，都对勃鲁姆政府感到不满。民众对于人民阵线政府的希望破灭了，从更深远的角度来看，勃鲁姆政府的失败逐渐削弱了欧洲非共产主义左翼的声望和自信。而人民阵线引以为傲的带薪假期、每周 40 小时工作制、以仲裁解决劳资纠纷等成果，也早已在其他国家实现了。

德·曼、莫斯利和其他放弃民主的人相信，独裁国家以集体行动对抗失业的办法，是能够平息失业浪潮的唯一可行途径。30 年代的状况，以及民主在这一时期遇到的困境，也可以从另外一个角度解读。一些自由主义者极度排斥国家干预和经济国家主义，认为这些方式是问题的根源，并且视计划经济为独裁国家所固有的本质。这是自由市场对集权主义国家的批判。这种观点在英国和意大利非常盛行，同时受到奥地利流亡经济学家哈耶克（Hayek）和冯·米塞斯（Von Mises）的强烈拥护。然而，在 20 世纪 30 年代，他们的观点对于解决当时的问题没有帮助，直到 40 年之后，他们的理论才在历史上留下记号。

从短期来看，自由主义的民主批评家们算不上成功。很多人都信奉 20 世纪 30 年代的一份分析报告。这份报告由 H. W. 阿尔恩特

（H.W.Arndt）于 1944 年撰写完成，报告称“纳粹发展了很多经济技术——在政府财政领域、计划国家干预、控制汇率、操纵对外贸易，这些经济技术完全可以被应用在一个更有价值的案例中”。[49] 例如，凯恩斯试图发现经济国家主义的优势，尤其是经济自治，在统一的国际经济体系崩溃后，只有个别国家做到了这一点。他在 1933 年写道：“想法、知识、科学、热情、旅行——这是国家作为国际社会的一部分所应该具有的天性。但是无论何时，让货物保持低廉的价格都是合理的，并且能够为各国提供方便。最重要的是，让财政国家化。”[50]

与凯恩斯同时代的波兰人米哈乌·卡莱茨基（Michal Kalecki）也持相似的观点。在一篇论述勃鲁姆实验的文章中，卡莱茨基提出，在平衡工业产业和劳工优势地位的过程中，国家控制汇率是非常必要的，否则资本家随时可能使资本外逃，并因此降低国家的信誉度。卡莱茨基所在的经济院校提出，国家需要“促进经济腾飞”，以实现充分就业。1936 年，波兰的四年计划中强调了这个法则，这是除苏联以外，集中规划的一次积极尝试。在凯恩斯的论断中，我们能够发现他开始对资本主义进行反思，他的观点也为战后西欧的政策制定提供了指导；而卡莱茨基的论断则加速了东欧的国家社会主义进程。无论是在东欧还是西欧，20 世纪 30 年代古典自由主义经济的失败，都促使各国重新评估在现代经济中公共权力和私人权利的平衡，为战后的经济繁荣开辟了道路。因此，欧洲人并不需要苏联或者美国的新政人士来指导他们如何将国家融入经济中；欧洲在休战期的经验也能够得出相同的结论。[51]

第五章

希特勒的新秩序，1938—1945

在我的印象中，德国拥有一个特殊的计划，即按照德国的计划经济框架，建立一个持久的欧洲新秩序。现在的计划经济中存在自由主义中的利己主义因素，与之相比，德国的新计划将会拥有巨大的改善。在这里我暗示，我们应该冷静、主动地适应这个计划。

——丹麦首相托瓦尔·斯陶宁（Thorvald Stauning），

1941年3月8日[1]

在东欧的土地上，思想层面上无法弥合的观念正在斗争，这种趋势在今年夏天愈发明显：一方是德国的荣誉感、种族观念和几个世纪以来的军人传统，另一方是一种亚洲的思维方式和原始本能，而这个特点被一小部分犹太知识分子继承。对我们而言，新时代来临的感觉比以往任何时候都要强烈；在这个时代，德国人种族优越的力量和成就，确保他们能够成为欧洲的主人。我们清楚地认识到，我们的目标是在亚洲野蛮文化不断扩张的背景下，保全欧洲文化。我们现在不得不和一个被激怒的强硬对手斗争。这场斗争必须以另一方的瓦解而告终；达成和解是不可能的。

——陆军将军赫尔曼·霍特（Hermann Hoth），

第 17 集团军，1941 年 11 月 25 日[2]

1942 年春天，年轻的意大利外交官卢乔利（Luciolli），结束了为期一年半的柏林大使馆工作后返回家乡。他回到罗马后的第一项任务，就是实践他的理念。这个理念的主要内容是促使意大利和德国结盟，借助这个联盟避免意大利卷入战争事务。这个在欧洲范围内实践纳粹新秩序的理念，招致尖锐的批判；这一情况引起了墨索里尼的注意，他认为“很久以来都没有读到如此有意义、眼光如此深远的东西了”。卢乔利发现：

> 为了给死去的人们和大量被占领区的人们辩护，为了利用他们，为了组织欧洲的政治和经济生活，借此来增强纳粹权力的持久性，并且发展其自卫能力——这些都需要制定一个明确的目标，围绕着这个计划来吸纳追随者，增强认同感；即便这个计划与德国的现状并非密切契合，也是她（德国）要果断坚持的计划。
>
> 德国这个将欧洲社会变为类似金字塔结构的计划，已经为人们所熟知。但是这个计划本身并不足以帮助我们理解德国在面对重建欧洲过程中所遇到问题时的态度。在任何国家，即便是昨天还持明确反对德国态度的国家，都不缺少政治认同，他们都认同从法国大革命时就已经出现、在《凡尔赛和约》中达到顶峰的国际秩序的地位，他们在这个框架下承诺，民族国家

> 应该赋予这个更大的政治共同体以更大的空间……因此欧洲等级社会的观念并不被他们接受。但是一些人对于欧洲秩序机械的唯物主义观念，成为影响他们认同德国秩序的因素。按照他们的意愿组织欧洲，就意味着他们有权决定到底有多少矿井应该开工，有多少工人应该被组织起来劳动。他们没有意识到，如果没有政治秩序作为基础，那么任何经济秩序都无法有效运行；仅仅允诺给予工人固定的工资，并不足以让比利时和波希米亚的工人工作，必须同时须赋予他们服务整体的观念；使他们明白自己是这个整体的一部分，使得他们对这个整体拥有认同感。[3]

正如卢乔利注意到的那样，在20世纪30年代末期，欧洲人就已经准备好抛弃由英、法、美三国在1918年建立的自由民主的秩序，转而支持一个更为独裁的替代品。但是他们并未同残酷的纳粹帝国主义协商，纳粹将奴隶制重新引入欧洲，除了德国，他们藐视一切国家的诉求。

纳粹的统治和战时一样混乱。希特勒任命的总督们竞相向元首展示自己的成果，以期引起元首的青睐；他们之间达成了一系列的团体和盟友关系。但是在德国智囊团提出的不计其数的蓝图中，有一幅很好地勾画出1938—1945年所实现的新秩序。在20世纪，没有什么事情比欧洲的发展更为重要。无论是希特勒还是斯大林都注意到了这一点，从这个角度来讲，“二战”的意义远远超过简单意义上的军事行动和外交协定，而是一场为了欧洲未来社会和政治秩序的战争。这场历时8年、横跨大洋的战争无比残酷。在这场战争中，人们的社会和政治观念发生了变化，他们重新发掘了民主的美德。

但是军事上的胜利并没能赢得被希特勒统治的心灵和意识。卢乔利对于德国失败的评价，赢得了其他观察者的认同。一位任职于罗马尼亚的美国记者注意到，当她 1940 年到达罗马尼亚的时候，她认为“希特勒不仅能够赢得战争，而且能够赢得和平，重建欧洲”。当她“在 1941 年 1 月一个寒冷的冬天离开时”，已经被说服，“无论如何希特勒都无法赢得和平，重建欧洲”。接下来，我们将分析这个新秩序，而希特勒放弃了改良法西斯主义的机会，则是这个新秩序的基础。[4]

希特勒失去的机会

20 世纪 30 年代末，欧洲的观念绝不是反对在德国的独裁领导下重建欧洲。反对继承凡尔赛体系新秩序的观念，成为支持纳粹和法西斯主义的基础。对德国不信任的情绪，掺杂着对德国经济复苏的崇敬；而对于英国提倡的自由主义，则夹杂着关于“财阀”的怀疑——这些“财阀”提倡维持金本位和放任自由的经济政策，而这些政策直接导致了欧洲的大萧条，并且无力挽救经济上的颓势。瓦尔德克伯爵夫人（Countess Waldeck）观察到欧洲人已经对民主感到冷漠，民主仅仅在知识上和演讲中赋予人们自由，但是在日常生活中，却放任人们饿死。我注意到，在欧洲大陆上关注民主，将其视为主要价值并为之奋斗的人口比例不足 10%。[5]

在 1940 年夏天的比利时，民众因为德国的军事胜利的报道使情绪得到了“极大的缓解”，而与此同时，布鲁塞尔的民众则有一种真正的“反议会制的愤怒”情绪。比利时人对德国表现出好感，他们对于战争的最终结束感到欣慰，并且乐观地认为在一个统一的大陆，以及一个经过改革、整合的国内政治体系框架下，国家的经济会重新获得繁荣。比利时工人党领袖德·曼和利奥波德国王（King Leopold）的一位近臣在6月28日发表了一篇著名的演讲，认为民主的时代已经终结。此处借用他们的一句话："这个破旧世界的崩溃，对我们而言远非灾难，而是拯救。"1940年夏天，在国王的领导下，他们的主张形成了一个独裁政权的方案，它比任何一个民主框架下提出的方案都显得更加"现实"。对于那些迷信现实主义的政治家和外交官来说，1940年的夏天意味着一个警告。

在荷兰，随着亨德里克·科里京（Hendrik Colijn）攻击"民主的罪恶"，人民对政党政治的厌恶感随之蔓延；科里京曾经担任荷兰总理和保守的反革命党（Anti-Revolutionary Party）领袖，像德·曼一样，他展望了一个忠于王室、愿意和德国合作政权的前景。斯陶宁自1924年就担任丹麦首相，也是丹麦社会民主党领袖，他主张为了欧洲未来的经济福利，丹麦应该和德国合作，并且在丹麦和德国政府之间进行合作。[6]

在《奇怪的战败》（*Strange Defeat*）中，历史学家马克·布洛赫（Marc Bloch）探索了法国屈辱的起因——军队高级指挥部并不应该为此负全责，相反，它是由旧势力所统辖的议会制系统的弱点造成的。这个弱点被冷漠的文职人员放大，并且在1936年随着人民阵线的瓦解而崩溃。布洛赫在研究民主的复兴的时候，提出"绝望的资产阶级，改变自己来适应新时代的诉求"的观点，但是在战争初期，几乎没有人能够理解布洛赫这种前瞻性的观点。很多解决法国"堕落"的方案，都是以与纳粹德国联盟为基础的。安德烈·吉德（Andre Gide）认为，接受这种不可逆转的趋势是一个明智的选择。德日进＊安慰自己道："我们看到的是一个世界的新生，而非一个世界的死亡。"巴黎贝立兹（Berlitz）语言学校的德语班入学人数从 1939 年的 939 人，激增到 1940 年的 7 920 人；学习德语的人群取代了学习英语的人群，成为这个学校最大的群体。[7]

法国的沦陷在欧洲大陆引起强烈的反响。波兰的一位医生在 1940 年 6 月 14 日下午写道："这个下午的坏消息比以往的每一天都多，巴黎落到了德国人的手中。"两天之后他注意到，从法国传来的消息非常糟糕。人们在情感上被打败了，很多人的希望都破灭了。未来将会发生什么？在布加勒斯特，瓦尔德克伯爵夫人注意到一种更加积极，或者说更加谨慎的反应。她写道："法国的失败，意味着民主承诺的解决就业、通货膨胀、通货紧缩、劳工动乱、政党的利己主义等方面的问题无法兑现。欧洲现在已经对自己的生存环境感到厌倦，并且开始质疑自己曾经奉行的准则，对于一切事务感到气馁……现在欧洲各国认为希特勒是一个聪明人，尽管他们并不认同希特勒，但是却认为他很聪明。他让自己的祖国变得强大。为什么不试试这种方式呢？这是 1940 年夏天欧洲各国的普遍想法。"[8]

这种倾向德国的态度并未持续太久。例如在法国和比利时，这种情绪 2 ~ 3 个月就逆转了，主张合作的人被孤立。1941 荷兰联盟被德国贴上"不值得信任"的标签，随即被解散。这种转变在一定程度上是因为各国对于德国士兵的行为和德国的武力占领感到不满，也在一定程度上与变幻的国际形势相关。不列颠之战开始之后，情

＊ 德日进（Teilhard de Chardin），法国教士，地质学家，古生物学家，曾参与鉴定北京人化石。——编者注

况变得愈发明晰——战争将会比人们所预期的更加持久。我们将会看到，欧洲范围内对于边境变化和领土兼并的质疑，也在侵蚀着希特勒新政策的基础。

生活在历史性时代

对于德意志民族而言，他们的情绪是非常积极的。新秩序取代了“垂死时代的守护者”。与以往任何时候相比，他们都觉得自己生活在一个“历史性”的时代。在进军布拉格之后，希特勒宣称“德国千年的历史证明，德国自己就能够解决中欧秩序崩坏的问题”。西线战争开始之前，他宣称“即将开始的战争，将会决定德意志民族在未来一千年的命运”。戈培尔欢呼“一个史无前例的时代”，帝国历史上的天才们，将会建立一个“新欧洲”。当德国的国防军向东部的莫斯科进军时，元首的梦想变得越来越大——“我们将通过一条高速公路，去领略克里米亚的美景，那将是我们德意志民族的里维埃拉*。克里特岛炎热干燥。塞浦路斯很好，但是我们可以通过高速公路到达克里米亚。在这条公路的旁边坐落着基辅，还有克罗地亚，这些地方对于游客而言就是天堂。我希望战争结束之后，人们会对新欧洲的秩序欢呼不已”。[9]

1941 年，和加莱阿佐·齐亚诺**的对话中，德国外长约阿希

* 里维埃拉（Riviera），地中海沿岸区域，包括意大利的波嫩泰、勒万特和法国的蓝岸地区。——译者注

** 加莱阿佐·齐亚诺（Galeazzo Ciano），第二次世界大战时期意大利政坛的风云人物，卡布里伯爵的继承者，意大利法西斯领袖墨索里尼的女婿，受封为柯泰拉佐伯爵，曾任意大利新闻与宣传大臣，法西斯最高委员会委员和外交大臣等要职。——译者注

姆・冯・里宾特洛甫*预测，希特勒在欧洲的新秩序“将会保证欧洲一千年的和平”。但是这个见利忘义的意大利人，并没有认同德国人的新秩序。齐亚诺在他的日记中写道：“我预言的一千年是一个很长的时间，我们很难让几代人崇拜一个人的成就，即使他是一个天才。里宾特洛甫以让步结束了本次对话，他说让我们把这个时间定为一个世纪。”[10] 如果不是这个之前做过香槟酒推销员的人提出了疑问，那么希特勒根本不会对他们的梦想有所怀疑。在一次晚饭之后他宣布道：“只要国家社会主义统治的时间足够长，人们就不会接受异于这种范式的政治形式。”[11]

在柏林，没有任何一个人质疑第三帝国代表着一个历史性的时刻。然而问题依旧存在，即如何最好地利用这种机遇。政治家们现在必须考虑如何统治士兵们从战场上赢得的土地。截至 1941 年，第三帝国统治的土地范围相当广袤：从北冰洋到撒哈拉沙漠边缘，从大西洋和比利牛斯山到乌克兰的地带都由德国统治。闪电战带给德国广袤的帝国，一些地方甚至从未出现在希特勒的计划内。

从《我的奋斗》开始，希特勒构建一个更广大的德意志帝国的想法逐渐明晰，这个想法主要集中在东部，大致包括 1918 年《布列斯特和约》签订之后德国控制的地带。希特勒在《我的奋斗》中写道：“我们将会终止在南部和西部的扩张，而转向东部地区。”乌克兰将从德国的殖民地变为“世界上最令人向往的后花园”。党卫军的传单上这样写道：“被错误开发的黑土地将会成为一个天堂，成为欧洲的加利福尼亚。”[12]

---

* 约阿希姆・冯・里宾特洛甫（Rudolf von Ribbentrop），希特勒政府时曾任驻英国大使和外交部部长等职务，对促成德日意三国同盟起过重要的作用，此外，里宾特洛甫直接参与了闪击波兰、入侵捷克斯洛伐克和苏联的战争。“二战”后，被英军抓获，1946 年 10 月被纽伦堡国际军事法庭判处绞刑。——译者注

希特勒在入侵波兰后宣称，波兰是德国通往东部的通道，以及劳动力的来源——他们会成为供优等民族役使的劳动者。[13]1939 年 9 月，波兰被瓜分，波兰人遭到了残酷迫害，这预示了德国将要采取的措施。那么斯堪的纳维亚国家、低地国家、巴尔干国家，甚至法国的情况如何呢？这些地区并不是希特勒计划中的重点。1939 年之后，希特勒不得不对这些地区进行军事承诺。入侵这些原本可能成为盟友的国家会造成什么样的后果呢？外交的压力确保德国控制了罗马尼亚、匈牙利和瑞典的重要资源。1940 年年初，希特勒一直都不想入侵挪威，直到他被说服占领挪威能够规避英国对德国从斯堪的纳维亚半岛运送矿石的威胁。[14] 必须在战争中击败法国，但是它在新秩序中的地位始终不明确。如果意大利没有入侵希腊，并且要求德国对此做出回应，希腊很可能保持中立。如果不是贝尔格莱德发生的一次军事政变推翻了亲轴心国的政府，德国永远不会占领南斯拉夫。

德国对于很多战败国的政策一开始是临时性的，直到战争结束，战败国的命运才得以确定。1940 年 5 月，戈培尔在进攻法国之前强调，关于战争的目的并未经过媒体讨论；战争期间，这个目标被概括为“为了德国人民持久的和平，为德国人争取生存空间”。这个目标反映了纳粹的目的。希特勒关于战争目的的论述是切题的：我们将会按照自己的意愿进行扩张，我们的力量能够达成任何愿望。[15]

1940 年夏天，尽管德国的国防军和外交部都希望和法国达成和约，但是希特勒摒弃了这个想法。在荷兰的德国将军们预测，这个被占领的国家将被重新赋予独立的地位，并且赋予它的人民以平民的角色。然而，一方面德军被荷兰人的亲和力吸引，另一方面他们希望重塑神圣罗马帝国的辉煌，因此德国兼并了荷兰，而希特勒并没有明确地反对。[16]

德国兼并波兰和捷克斯洛伐克大片领土的行为，震惊了西方的评论家们。从兼并中寻求安慰，认为他们的国家在兼并后会得到尊重，国家的主权会得以归还。但是如果没有签订实实在在的和平条约，这些人并不相信德国频繁的声明。比利时的利奥波德国王曾经和希特勒有过一次不成功的对话。维德孔·吉斯林*曾三次向希特勒提及这一话题，在最后一次他被告知，元首不想再讨论这个问题。德国的外交部和国防军曾经向政府建议赋予占领区以自治权，但这一做法并未获得成功，就像在法国和 1941 年之后的爱沙尼亚那样。[17]

关于和平的安排遥遥无期，第三帝国的覆盖区更像是一个临时占领区。有一种极端的状况，即特定的国家被肢解，他们的国家认同被压制。波兰、南斯拉夫和捷克斯洛伐克就处于这种状况；这些国家的名称被从地图上抹去。1940 年夏天，戈培尔说："将来我们不会再沿用'波兰被占领土总督府'这个名称，而是简化为'总督府'，正如在波西米亚-摩拉维亚地区所出现的状况一样——这个地区现在被称为保护国，名称能够很好地体现出这个地区的状况。这些地区民众的义务，就是使得我们的工作更加简单。"卢森堡（Luxembourg）在被并入第三帝国之后，称为"大公国"（Grand Duchy），卢森堡作为一个国家的名称被取消了。这些国家的法律地位并不明确，就像它们不确定的命运一样。[18]

---

* 维德孔·吉斯林（Vidkun Quisling），挪威国家统一党元首，"二战"期间曾任挪威首相。因其与纳粹德国"积极合作"，吉斯林的名字已成为"卖国贼"或"叛国者"的代名词。——译者注

德国之前的惯例，是在这些地区任命军事或者文职官员，来统领现行的行政体系。但是，接踵而至的战争使得第三帝国的官僚系统非常混乱，这些被占领地区成为封地，各个部门都争相统辖占领区的民众，各地的统治成效也不尽相同。在这些占领区中，丹麦政府最大限度地维持了公共秩序，也许是因为这个国家并没有因为被占领而打乱原有的社会秩序。国王和议会仍旧可以行使权力，并且在国家被占领之初享受着主权，至少这种主权是理论上的：不到100个德国人控制着整个国家；在法国、希腊、保护国（波西米亚-摩拉维亚地区）、塞尔维亚和挪威，傀儡政府与占领者合作，以此作为主权问题的遮羞布。在荷兰，帝国文职委员会通过秘书处统治这个国家，而在比利时，则由军人对当地的事务负责。而克罗地亚和斯洛伐克在名义上拥有独立的政府，但这些政府实则是按照德国的意愿而设立的。轴心国的附庸——芬兰、罗马尼亚、保加利亚和匈牙利则拥有相对自由的空间。

英国对于印度的统治给了希特勒灵感。希特勒曾经承认，自己非常钦佩大英帝国的统治模式。在德国入侵苏联之后，希特勒不断思考的图景，是英国如何通过有限的人手统治印度次大陆的；于他而言，乌克兰就是那个“新的印度帝国”，它的东部边界将会成为德国的西北边界，德国的军官们将会在那里赢得至高无上的地位，将雅利安种族的尚武传统传递下去。但是元首却对英国的统治技巧知之甚少，他不断地批评英国在种族问题上模糊的态度，以及赋予地方一定程度自治权的做法。[19]

在德军到处进军之时，将乌克兰和德国的模式比作印度之于英国的言论却仅在公开场合出现过一次。1941年10月，著名的广播评论家汉斯·弗里切（Hans Fritzsche）按照希特勒的指示，播报一场看似已经到手的对苏联军队的胜利。他告诉国外的媒体，战争的结果已经确定，他进而描绘出德国的政治蓝图：在德国的领导下，欧洲将会成为一个自给自足的经济体。德意志民族必须持有“欧洲帝国的观念”，并且准备参照英国在印度解决问题的方法，在东部继续进行小规模的军事行动。他说，“我们作为这个帝国的主体，对于被占领区人们的话语不仅应该更加自由，而且应该更加冷酷。当然，一些卑劣的国家会根据他们自己特殊的诉求，来阻碍欧洲的和平——在这种状况下，我们更应该明晰我们在欧洲的任务”。[20]

这种尖锐的观点，反映了当时德国对于自由主义国际法的批判。例如卡尔·施密特就提出，被占领区形成了德国自己的空间。他写道，正如奉行不干预理念的门罗主义*在西半球取得了统治地位一样，德国赢得了统治欧洲的权力。总之，它获得了以新秩序统治这个地区的权力，旧的国际法体系和它的主张，连同它所强调的主权国家之间的关系，现在应该被国家社会主义的“民族法令”取代。按照施密特的想法，不是所有的人都能够承担现代宪政国家的重量。

施密特主张在现代世界中需要“一个高度组织的机构”和“自愿的原则”，而完全脱离了自由主义的观念——正如国际联盟曾经强调的主权和司法平等。纳粹在荷兰的统治者和督政府都公开地暗示，“完全独立”的时代已经结束了。[21]

实际上中立的态度也已经不被认可，一位评论员说道：

---

* 门罗主义，Monroe Doctrine，1823 年 12 月 2 日由美国总统门罗提出，宣布任何欧洲国家都不得干涉有南、北美洲的事务，否则就是对美国不友好的表现。——编者注

> 我们该如何看待对大国保持中立态度的独立小国呢？中立的危机，实际上就是欧洲大陆秩序的危机，它不仅标志着旧制度和旧帝国的崩溃，也预示着一个新时代的来临。小国成为牺牲品已经成了一种历史的必然，唯一的问题是他们应该带着希望屈服，还是彻底放弃希望而屈服。[22]

卢乔利进而正确地阐述了德国等级政治的概念。只有在第三帝国的统治之下，欧洲才能号称统治全世界。对于希特勒而言，绝对不允许将权力移交给“劣等”的种族，他们只能代表软弱，而非力量。德意志种族的优势地位必须在每一个领域得到保障，尽管有的时候会产生荒谬的结果。捷克斯洛伐克冰球队在布拉格以 5 ∶ 1 击败德国队之后，戈培尔暗示道：“和殖民地的劣等人比赛本身就是一种错误……赫尔安排的重赛是绝无可能的。”即便是意大利这个德国制定新秩序中的伙伴，也遭到同样的待遇；官方关于同国外劳工联系的法令明确表明，“与意大利人之间的关系不受欢迎”。[23]

在政治层面，重复这种态度意味着伤害德国的盟友。像卢乔利强调的那样，在 1939 年欧洲各国普遍对凡尔赛体系不满的情况下，很难想象合作作为一个政治计划会有失败的可能。而现在，在创立了这个概念的法国，我们很难记起这个概念的积极意义。赖伐尔（Laval）和贝当将合作视为两个帝国之间的合作关系，并以这种方式换取法国的主权。希特勒支持这种想法。

希特勒非常警惕那些自称国家社会主义者的人。如果他们不受欢迎，那么他们将会影响行政体系的效率；如果受欢迎，他们会成为一种威胁。吉斯林在德军入侵挪威的时候攫取了权力，但是一周之后，他就被踢出权力的核心。比利时的德格勒尔（Degrelle）和荷兰的穆塞特（Mussert）也遭到了冷遇。他们被授权招募无知的、绝望的年轻人，在东线替德军战斗；但是实际的权力却掌握在职业的公职人员手中。罗伯特·巴西拉齐（Robert Brasillach），这位纳粹在法国的合作者，对于现状感到失望，他在 1943 年 8 月绝望地总结道："这不再是法西斯的欧洲。"[24]

德格勒尔和穆塞特的民族，使得他们无法成为德国天然的合作人。吉斯林宣称："为了使挪威成为亲德的国家，挪威首先要显示更强的民族性。"穆塞特起草了一份德意志人民联盟（League of Germanic Peoples）计划，在这个计划中，希特勒是这个联盟的领袖，但是各成员国（德国、北欧国家、大尼德兰地区）拥有独立的国家社会主义政权和各自的军事力量。很难想象这个计划能够获得希特勒的青睐。1941 年 6 月 30 日，年轻的乌克兰民族主义者在柏林进行大规模的游行，宣扬他们在利沃夫提出的《乌克兰国家宣言》，两周之后，他们中的大多数被逮捕，这次运动也遭到了破坏。希特勒的帝国主义和威廉二世的大不相同。1918 年，德国占领乌克兰之后，威廉二世支持保罗·斯科罗帕德斯基（Paul Skoropadsky），他同时也支持独裁的政权。但是威廉支持一个当地的代理人来管理占领地区，尽管这种统治是在皇帝的名义之下。希特勒拒绝了这种方式，他坚持："任何可能在将来导致占领区独立、自治的方案，都是我所不能容忍的。"[25]

"新欧洲秩序"的基本特征，就是它必须反映德国的秩序。尽管大多数的德国侵略者依旧支持欧洲主义，但是对于希特勒而言，他相信只有德国，或者更准确地讲，只有德意志民族才能够充分地体现这种新秩序。在入侵苏联之后，德国公开宣扬这是一场"欧洲的圣战"：一曲新的"欧洲之歌"已经奏响，并且配上"反抗布尔什维克的欧洲阵线”这样的标语；1941 年 11 月底，德国进一步宣称“尽管会处于动乱、斗争和痛苦之中，但是欧洲联邦最终将会实现”。然而，被占领区人民的经历，与这种标语宣传的内容截然相反，而且在德国境外，没有任何迹象表明，元首的计划得到了严格的执行。[26] 斯大林格勒会战后，德国开始认真地寻找盟友，但是为时已晚。纳粹的法理学宣称反对帝国主义，但是实际上纳粹却是真正的帝国主义，这种言行不一的做法无法说服任何人，对于那些能够明辨政策是非的人更是如此。在东欧，苏联红军前进的地区，就会使得反共产主义成为潜在政治斗争的导火索，而在戈培尔所到之处，纳粹的种族主义也遭到了民众的反对。在西欧，超出苏联的势力范围，反共产主义似乎没有产生过多的影响。只有在希腊以及塞尔维亚和意大利北部，共产主义对于国内的民主是一种威胁，甚至可能导致内战。随着德国势力的后撤，它给占领地区留下的仅仅是自相残杀的痛苦回忆。1944 年，欧洲已经笼罩在冷战的阴影下，但是这种状况尚不足以拯救希特勒的帝国。

组建欧洲

到目前为止，我们论述的仅仅是纳粹的观点，它属于政治和经济的范畴。德国的区域共同体观念，能够很好地反映德国的门罗主义——它以德国作为这个区域经济体的中心。在一定程度上，这种观念不仅仅在于恢复战后的共同市场。“新秩序”被第三帝国经济部门中年轻的专家们推崇，其中包括和西欧的经济合并，以及建立一个自由贸易区。1940 年夏天，德国的经济部长瓦尔特·冯克（Walther Funk）提出了这样的计划。戈林，这位在纳粹建立过程之中举足轻重的人物，也讨论了在德国的主导下实现欧洲跨国投资的可能性。其他人则把目光投向了巴尔干半岛，德国在这一地区的经济渗透在 20 世纪 30 年代得到加强。1939 年和 1940 年同罗马尼亚和匈牙利的经济协定，使得这两个国家重要的原材料处于德国的控制之下。

赫尔曼·诺伊巴赫（Hermann Neubacher），这位随后成为希特勒在东南欧全权代表的人，在 1940 年夏天满怀信心地向美国记者阐述了战后欧洲的光明前景："德国在巴尔干半岛的经济机构，将成为欧洲大陆经济共同体的第一步，这个经济体将取代各国联合的经济联合体。一个相关的计划，将规范欧洲经济共同体的生产。"[27] 在这个欧洲大陆的经济共同体计划中，美国和英国被排除在外，欧洲将实现自给自足的模式。以 20 世纪 30 年代德国的经济政策为蓝本，易货贸易和计划经济将取代战后凡尔赛体系的金本位和自由贸易，成为欧洲的主要经济形式。

1939 年前后，将欧洲组建成为一个庞大大陆经济体的观念被广泛讨论，其热烈程度甚至超过了对欧洲政治前景的讨论。然而，在战争开始的前三年，这样的理念几乎对德国在占领区的经济政策没有任何实质影响。闪电战的指导思想，同在占领区攫取战略资源的提议大相径庭。直到全面战争爆发之后，经济合并的思想才在一定程度上显示出其积极性。

但是纳粹认为，国际贸易和自由主义原则没有任何相似性，尤其是自由主义强调的以市场为基础的互惠互利。纳粹有时会宣称德国的盟友能够通过和它的经济合作获得利益：在 20 世纪 30 年代的时代背景下，这种说法有一定的说服力，尤其是 20 年代资本主义世界发生了严重的经济危机。然而，随着时间的流逝，人们发现在这个体系下，欧洲经济的主要目的是为服务德国。只有在这个目标实现的前提下，欧洲经济的繁荣才能实现。正如希腊和罗马尼亚这两个国家发现的那样，摆脱了英国经济专制的同时，自己又陷入了德国的束缚中。

这种狭隘的经济观点，在战争中尤为盛行。绝望的戈林和施佩尔*促进了军工产量的增长，希特勒非常不愿意看到帝国内部生活标准的崩溃。他希望不惜一切代价地避免1918年的崩溃再度上演。他相信国内的崩溃会导致军事的失败。纳粹政权严格地将粮食消耗控制在战前水平，并且不鼓励妇女进入工厂工作。希特勒明白，民众并不希望战争被无休止地扩大，而且政党必须关注民众的不满情绪。他通过削减消费品的产量，来检验自己在民众中的支持度，而这种方法是非常冒险的。欧洲的经济资源能够帮助希特勒摆脱这种困境。[28]

随着纳粹的军队入侵一个又一个国家，一批经济专家、个体商人和特殊机构接管了占领区的企业，征用犹太人的财富，并且和当地主要的企业家们建立了联系。德国的国防军，以及其他独裁机构，向占领地区征收“占领开支”，并且籍没占领地区的战略物资，从黄麻到自行车，都是德军征收的目标。这些物资大部分被德军消耗，或者运送回国内，成为新兵的装备。在“一战”期间，德军在巴尔干的部队需要从国家获取粮食，而现在他们需要将食物运回国内。

这些政策的影响，随着地区的不同而有所差异。纳粹保护国以及西北欧地区的工业经济，使用现有的机器进行生产，进而供给德军，这一政策很快取代了实物征收。而雅利安化的犹太企业则处

---

* 施佩尔，全名为贝托尔德·康拉德·赫尔曼·阿尔伯特·施佩尔（Berthold Konrad Hermann Albert Speer），纳粹德国时期的装备部长以及帝国经济领导人，纽伦堡审判中的主要战犯。——译者注

于纳粹的直接控制之下，尤其是捷克斯洛伐克和奥地利境内的犹太企业。然而，非犹太的企业和国家控制的企业，也处于德国的控制之下。通过这种方式，中欧大多数的重工业和矿业通过一种“合法化偷窃”的方式，并入了“赫尔曼·戈林帝国船厂股份公司”（Reichswerke AG‘Hermann Goring’）。法国四分之三的铁矿石流入了德国，比利时半数以上的铁矿石是按照德国的需求生产的。捷克斯洛伐克的军工产量对于战争的进程至关重要。通过在这些国家的经济布局，德国获得了自己所需的资源。[29]

讽刺的是，纳粹的经济政策在这些地区的施行状况，远比在本国东部地区的施行效果要好。而在国家社会主义者的构想中，东部地区的经济具有极其重要的地位。然而戈林这位 1942 年之前德国经济的主导者，接受了西欧开发本地资源的状况，在东部推行“掠夺式”的经济政策，直到遇到了波兰和乌克兰政党与军事领袖的抵抗，因为这些人将收拾掠夺过后的残破局面。[30]

在农业经济占据主导地位的俄国和巴尔干半岛，德国的征用政策很快导致了相应的恶果。农民不再为了市场需求而生产，剩余的产品消失了，在这些地区的城市居民很快便遭遇了饥荒。1941 年 4 月，在德军入侵希腊仅仅一个月之后，那里的观察员们就遇到了饥荒。他们是正确的：在德军入侵的第一个冬天，大约有 10 万希腊人死于饥饿。而德国在东部已经准备好接受更坏的恶果了。德军在入侵苏联前一个月的一份报告中称：“这一地区有上千万的冗余人口，这些人抑或死亡，抑或迁往遥远的西伯利亚。这些计划用于对这些饥饿人口所在的黑土地区展开救援，将会满足欧洲的粮食需求。”随着反抗德国统治的游击战争招致德国残酷的镇压，乡村生活变得极不安定。因此有效利用乌克兰黑土地的计划，在战争中被无限期搁置了。[31]

然而戈林和纳粹党都主张直接利用当地的劳动人口。罗森贝格主要负责施行德国在东部的政策，他选择支持亲德反俄的民族主义团体。如果属于政治斗争的范畴，这种方法将会非常奏效，尽管这种方法遭到了罗森贝格副手的反对。普鲁士总理库贝（Kube）向白俄罗斯人允诺道："没有无意义的议会，没有虚伪的民主。"德国在乌克兰的代理人是埃里希·科赫（Erich Koch），他是希特勒的忠实信徒。科赫说道："我将从这个国家拿走最后一件东西。我来到这里不是为了传播幸福，而是为了帮助元首。"乌克兰人是一群"下等人"，他们的政治主张遭到了科赫的蔑视。

他的属下预见到了结果。一位管理者反对道："如果我们射杀犹太人、清理战俘、令大部分的人口处于饥饿状态，并且使一部分农民因饥荒而死亡……那么还有谁能在这里为我们从事经济生产呢？"占领之初，乌克兰的农民将德国人视为解放者。如果希特勒采纳了罗森贝格和其他人的建议，允许集体农场私有化，那么乌克兰的农业产量将会上升，而非下降。但是希特勒并未这样做，乌克兰这个欧洲的粮仓也从未完全体现它的价值。1941 年冬天，从乌克兰到加利西亚都爆发了严重的饥荒。在戈林改变想法之后，东部实现了工业的复兴，但是这已经不足以赢回失望的人们。1943 年，乌克兰的很多农民都开始心向苏联，他们提出"一个不好的生母，总好过一个继母，因为这个继母一直在向我们做出无法兑现的承诺"。罗森贝格认为他的属下科赫已经"毁灭了一个很好的政治机会"。德国人只在高加索地区的穆斯林聚居区施行了较为温和的政策，这暗示了战争存在另外一种结局的可能性。[32]

全面战争

1942 年 1 月，一位军事经济专家写道："闪电战已经结束了。从经济层面而言，在一场旷日持久的战争中，究竟应该优先重建哪个领域是一个重要大问题。" 1941 年冬天，德国领导下的经济必须满足全面战争的需要。正如米尔沃德（Milward）关注的那样，这宣告着纳粹党建立一个新欧洲计划的失败，同时也宣告着戈林主导的关于军工生产的四年计划的失败；为了挽救国家社会主义革命，需要一次经济关系上的深刻变革，并且完善自 1936 年以来庞大的军备计划。[33]

德国需要更加迅猛地开发附属国了。深得希特勒信赖的建筑师施佩尔开始管理军事生产。弗里茨·绍克尔（Fritz Sauckel）被要求征召数百万人为帝国服务。那个冬天，约 300 万苏联俘虏被杀害，而现在帝国统治者意识到他们缺乏大量的劳动力。正如一位官员在 1942 年 2 月观察到的那样，"目前困扰我们的劳动力部署问题不会持续下去，因为我们会在合适的时间制订大规模雇用苏联俘虏的计划。现在有 390 万苏联俘虏可供使用，劳动力缺口仅有 110 万"。[34]

实际上帝国早已开始依靠外国劳动力：1940 年夏天，70 万名波兰人被当作劳动力征用；第二年又增加了 210 万平民和 120 万战俘。然而，仍需要更多的劳动力来满足缺口。从 1942 年开始，绍克尔从欧洲大陆掳掠来的劳动力就达上百万。他惯用的暴力方式招致了大量针对德国统治的反抗和起义。1942 年 11 月的一份报告中绘制了一张图表，揭示了德国是如何从欧洲大陆掳掠劳动力的：

> 男人和女人，包括 15 岁以上的青年，在露天市场和村庄的

> 庆祝仪式中被拉到大街上，然后被运走。因此，居民都感到恐惧，他们都躲在屋子里，拒绝出门……鞭笞被用作掳掠劳动力过程中的一种补充，尤其是在10月之后，我们烧毁了整个村庄和全部的种子，以此来报复当地人不执行我们命令的行为。他们不愿意充当可供驱使的劳动力资源。[35]

1943年4月，绍克尔在华沙征用劳动力机构的官员在其办公室被枪杀，接下来一个月，迅速壮大的反抗力量使得德国在西欧强征劳动力的行为逐渐缓和下来。

即便是这样，对于德国的战争而言，外国劳动力依旧非常重要。1942年年初，戈林的帝国斯柯达工厂有60万员工，其中80%~90%是外国劳工和战俘；其他经济领域的状况也非常相似。截至1944年，帝国大约有800万外国劳工，其中大部分是平民劳工；而其他200万劳工则来自第三世界国家。这些工人在农场耕种，作为一种廉价的劳动力存在。1944年11月，他们已经占到德国军工产业劳动力的1/3，占机器制造业和化学工业劳动力比例的1/4。他们的存在为德国的人口提供了保护，使得帝国不必制定繁复的国内劳动政策，尤其是可能将德国的家庭主妇推向带薪工作的境地。一位研究纳粹劳工的学者写道："我们到底还需要多少其他种族的劳动力，来抵消将德国妇女推向工作岗位而带来的危害？"[36]

绍克尔在欧洲大陆掳掠劳动力的计划增强了德国的战争能力，但是却对其他地区造成了伤害。由于害怕随时可能到来的围捕以及被送到第三帝国充当劳工，很多占领区的男性劳动力都辞去工作，躲了起来。地方政府想尽一切办法保护他们的劳动力不被征用，警察也选择性失明。法国的反对纳粹游击队（Maquis）和希腊抵抗力量的增强，与绍克尔征用劳动力的行为有着密切的关系。政治家和公职人员尝试说服他们改变政策。他们中职位最高的是施佩尔，他是第三帝国的战时生产部部长。

和绍克尔不同，施佩尔相信与法国、比利时和荷兰的工业经济合作能够有效提高帝国的战争能力。但是如果因为掳掠劳动力而与外国政府及商人结怨的话，那么掳掠劳动力的行为将变得毫无意义，因为这将阻碍生产，使各国滋生对德国的抵触情绪。在法国，绍克尔的政策使法国的拉瓦勒陷入绝境，法国总理抱怨说："这不是联合，从法国的角度来说，这个政策是一种牺牲，而从德国的角度而言，这是强迫。"施佩尔提出，恢复各国之间合作的政策是基于经济上的合理性，而不能单纯从政治自豪感上进行考量。[37]

施佩尔设想了生产的合理化，将整个西北欧视为一个单一的经济体。这和之前靠警察力量进行强制征用的德国经济政策完全不同，而之前的德国经济政策随着绍克尔掳掠整个欧洲劳动力的行为而达到顶点。施佩尔提出的是一个冷静的、民族主义倾向不明显的计划，这个计划更倾向于经济的计划性，以及在国家社会主义意识形态下的商业发展，而非掠夺欧洲的人力和物力。对于施佩尔而言，要创造一个覆盖全欧洲的军工企业，保护帝国之外的工业经济是非常必要的；更进一步讲，要确保这些地区拥有充足的技术人员和态度积极的劳动力。

施佩尔在波兰和乌克兰建立军工产业的努力，改变了之前对这些地区的劫掠性的经济政策。但是在法国，施佩尔的观点产生了巨大的影响。他设法阻止了绍克尔掳掠劳动力的计划，并且与当地的技术专家们达成了谅解。他们允许由计划委员会安排工业产出，而非将工业产出作为掠夺的目标。在对绍克尔的批评声中，施佩尔坚称：“如果说我在法国调用了 100 万人，那是非常愚蠢的，我在那里的劳工减少了 200 万人，在德国增加了 5 万到 10 万人。”现在不仅是工业产品，甚至连消费品也涌入了帝国。1943 年秋天，法国 40% ~ 50% 的工业产出被用于满足德国的计划。基于这一点，施佩尔考虑建立煤炭、汽车、铝和其他产品的大型工业集团，这些集团可以在整个欧洲的免税区试行。[38]

这样的观点使施佩尔看起来更像是一个工业布局领域的先驱，他将引领欧洲的煤炭和钢铁共同体，进而形成共同市场。这种观点有一定的正确性，并且和战后那些反纳粹抵抗组织的机构同样具有合理性。但是实际情况是，纳粹的新秩序并不是一个以共同市场为第一目标的意识形态。从某种方面来说，施佩尔是一个现实主义者，他意识到希特勒在占领区所施行的原始经济方式是无法赢得一场现代化、高度工业化的战争的；从另外一个角度而言，他也受到了蒙蔽，他认为没有希特勒的政治，第三帝国将荡然无存。换言之，施佩尔的观点是视商业高于政治冲突的，这和 1945 年之后的状况惊人地相似；但是这样的理念无法在希特勒的欧洲实践。希特勒本人限制了施佩尔的计划，他从来没放弃过对绍克尔的支持：合理性战胜意识形态只是暂时的状态。

如果欧洲不是“有组织的”，那么这将归咎于“组织者”和“组织”的概念。哲学家维克托·克伦佩雷尔（Victor Klemperer）保持着足够的清醒，他暗中观察到，纳粹推行的制度，其本质是潜在的民族主义。纳粹的原则不是一种价值自由、管理有效的意识形态，相反，它视“劣等民族”的经济为日耳曼经济共同体的附属。因此，经济无法脱离意识形态而存在；最终，种族成为欧洲大陆真正的“组织”原则。[39]

作为种族整体的欧洲

希特勒在 1941 年 8 月评论道："欧洲不是一个地理上的整体，它是一个种族的整体。"国际联盟曾经试图将少数民族安置在他们的居住地，并且通过国际法保证他们的稳定；相反，希特勒没有法律信仰，他希望通过彻底迁徙人口来维持稳定。在实现种族目标的过程中，各民族被重新布局，数百万人被迫离开家乡，定居在几百英里外的陌生环境中；有的甚至被遗弃、投入集中营，甚至濒临死亡。因此，从这一点来讲，"二战"同"一战"存在着很大的不同。1918 年，威廉二世的帝国希望以德国文化同化其他国家，并遵循这个目标发动了战争；而德国于 1939 年发动的战争则是以人类种族主义为目标。[40]

这种由国家发起的大规模屠杀和文化灭绝催生了一个新的概念：种族灭绝。1944 年，一位波兰裔的犹太学者在其著作《轴心国在欧洲的占领》(*Axis Rule in Occupied Europe*)中首次引入这个概念。战争结束后的纽伦堡审判中，联合国的《惩治种族屠杀行为公约》、阿道夫·艾希曼 * 的审判和新媒体的兴趣点，以及人们熟知的大屠杀，使得人们逐渐明白"二战"在某种程度上是一次种族战争。然而，"二战"经常被视为专门"针对犹太人"的战争。实际上，犹太问题的最终解决方案出自一系列更为宽泛的种族问题。在这些问题中，纳粹政权寻求通过战争"解决"这些问题。

纳粹占领欧洲的一个后果就是，在欧洲大陆的范围内扩大种族福利的范畴，换言之，就是以警察力量镇压"不受欢迎的民族"，

---

* 阿道夫·艾希曼（Adolf Eichmann），纳粹德国的高官，也是在犹太人大屠杀中"最终方案"的主要负责人，被称为"死刑执行者"。1962 年 6 月 1 日艾希曼被处以绞刑。——译者注

以及通过政策保证民族共同体的利益。一方面，欧洲的新秩序包括遏制有威胁的民族，例如犹太人、波兰人、吉卜赛人、乌克兰人，以及存在于帝国内部的“劣等种族”；另一方面，新秩序包括保障德意志利益的宏大计划。这意味着，为1 000万所谓的民族共同体的民众——居住在第三帝国境外讲德语的人——提供安置和福利。驱逐和殖民化，灭绝和社会供应是纳粹帝国的两个极端。

但是战争不仅仅拓宽了纳粹种族政策的波及范围，并且同时使得这种政策更加激进化和复杂化。战争是一剂催化剂。对于希特勒而言，20世纪30年代末在蒂罗尔（Tyrol）南部地区首次重新安置德意志人的行为，最初是一个外交需要；而在1939年10月之后，这种行为在希姆莱（Himmler）的手中成为重塑东欧少数民族的序曲。随着第三帝国疆域的变化和前景的改变，帝国重新安置的人口目标经过了数次变化。同样变化的还有纳粹针对“不受欢迎种族”的政策。随着战争的推进，纳粹的政策进入了未知的水域。德国关于“犹太问题”的困境最初出现在波兰，然后是西欧，最后是德国占领下的大部分苏联领土。与“扭曲的奥斯维辛道路”一样罪恶的，是1940年的马达加斯加计划（在这个计划中欧洲的犹太人通过船被运送至此岛）、塞尔维亚使用的死亡货车，以及乌克兰和切姆诺在纳粹占领之前就在死亡集中营里大量屠杀犹太人。

与种族机构的扩张和激进化相伴随的，是纳粹党卫军的迅速发展。在合并了海德里希（Heydrich）的帝国保安总局（RSHA）之后，希姆莱在广大占领区扩大了其警察部门和情报部门的影响。于1934年创立的集中营帝国，人数从1939年的2.5万人扩展到1945年的71.4万人，并且设立了经济管理总局（WVHA）来管理这些集中营。1939年之前并不存在死亡集中营，但是在1942年，已经有上百万人在死亡集中营被屠杀。德国的殖民者们形成了一个新的阶层，倒霉的德意志裔人（Volksdeutsche）逐渐担负起“德意志自由联合帝国委员会”（RKFDV）的职责，后者在 1939 年 10 月建立。它将超过 100 万的德意志少数民族迁离他们的家，建立了数百个移民安置营。在东欧，这些安置营容纳了超过 40 万德意志人。战争将党卫军变成了和苏联国家机器类似的组织，它们都掌握着数百万人的生命和命运。[41]

以种族观念为核心是希特勒的帝国和斯大林帝国的根本区别。拥有改变整个大陆人口结构的权力的希姆莱和党卫军，不得不面对生物种族主义思想指导下，德国种族政策不断变化的两难境地。首先，德国的定位是什么？应该像 1941 年之前那样，将目光集中到国内？还是像其中世纪的祖先那样，向东部扩张？作为“优等民族”，他们应该通知斯拉夫-希洛人配备数以千计的农奴？还是应该像《血和土》（*Blutund Boden*）中提出的那样成为雅利安种族延续性的担保人？德意志少数民族以什么样的方式被确认，通过语言、外观还是谱系？在战争期间这些激烈的讨论在纳粹官僚机构内部一直存在。至于“劣等种族”，他们是必不可少的劳动力还是生物角度的威胁从而应该被灭绝？这是希特勒新秩序思想下，施行大规模种族隔离制度的困境。

种族战争（1）：波兰，1939—1941

《凡尔赛和约》解决东欧少数民族的方法在慕尼黑宣布破产，当时德国外长里宾特洛甫（Ribbentrop）秘密向意大利人承诺，南蒂罗尔的德意志少数民族可以被重新安置在帝国之内。随着兼并苏台德地区，这个承诺结束了少数民族合约的时代，同时开启了另外一个以残忍方式处理少数民族争端的时代。法律保障被强制的人口迁徙取代，就像15年前希腊和土耳其相互交换人口那样。

最开始，这样的政策意味着将大量的德意志少数民族迁往帝国的内部——就像希特勒在1938年为了获得意大利的支持而承诺将南蒂罗尔地区8万名德意志少数民族迁往帝国那样——以及为了在1939—1940年赢得苏联的支持，牺牲巴尔干国家和比萨拉比亚（Bessarabia）的德意志少数民族团体。1939年10月，党卫军被授予负责遣返拉脱维亚和爱沙尼亚大约7.5万名德意志少数民族人员；接下来一个月，一个德国和苏联的协定规定将12.8万名苏联新占领波兰领土上的德意志少数民族人员迁往德国。几周之内，这些人涌入了德国，并且占领了之前波兰的领土，德国面临着在哪里安置以及如何安置这些人的难题。

希特勒最初想要把移民安置问题视为纳粹党的任务，随后希姆莱成功劝说希特勒将这个任务交给党卫军。1940年年初，他组建了“德意志自由联合帝国委员会”来负责组织疏散、种族筛选和收容营的建立。委员会托管了巴尔干国家中德意志人留下的财产，并且承担起为这些安置人口寻找新财产的任务。后者包括通过占领当地波兰人和犹太人的财产，将其分给安置人口的行为。

1939年到1941年间，委员会的工作主要集中在波兰，之后其触角伸到了西部的瓦尔特高（Warthegau）和但泽，这些领土新并入帝国，波兰总督府（General Government）像殖民地一样被汉斯·弗兰克（Hans Frank）统治。希姆莱计划在德意志民主和“劣等民族”之间划分一条明显的界限。德意志少数民族被迁入新的西部领土，而当地的波兰人和犹太人则被驱赶至东部波兰总督府统治的区域，这些地区被视为专门为“劣等民族”而保留。

然而这样一个计划困扰着其他纳粹官员。首先，它很大程度上扰乱了当地的经济生活。在被兼并的领土内，驱赶波兰农民和犹太工匠可能会造成经济衰退；与此同时，波兰总督府也不情愿接收大量贫穷的、流离失所的波兰人和犹太人。这样的景象将德国的计划变得不再现实，德国原计划将波兰总督府变成经济活动的一个重要中心。对种族主义的执着和经济利益之间的矛盾将希姆莱、党卫军和纳粹党的意识形态置于汉斯·弗兰克和戈林的对立面，后者是德国经济利益的主要发言人。

在冲突悬而未决之际，德国与苏联的进一步协定达成了，“返回祖国”的呼唤导致约 5 万名立陶宛德意志人、13 万比萨拉比亚和北布科维纳德意志人迁入德国。1941 年夏天，在入侵苏联前夕，德意志自由联合帝国委员会在波兰安置了超过 20 万人口，大部分人被安置在了抢夺来的农庄。另外约 27.5 万名移民依旧在数以百计的移民安置营，他们等待被筛选，然后通往新的生活。大约 100 万波兰人和犹太人被驱逐。超过一半的商业机构被帝国接管。波兰总督府统治的地方，犹太人口迅速上升至 165 万，这些新迁入的人大多聚集在疾病横行的贫民区以及劳工营之内。弗兰克派遣了 60 万 ~ 70 万的波兰工人为第三帝国服务。

对于那些在德意志自由联合帝国委员会主导下迁入德国的德意志人，纳粹党和其他的机构进行了全面的照顾，并且由衷地欢迎他们——他们成为帝国福利计划的一部分。一位美国记者参观了罗马尼亚的加拉茨（Galatz）营地，这个营地建于 1940 年年末，旨在迎合遣返比萨拉比亚的德意志人的目标。这位美国记者描写道：

> 老年人安详地躺在阳光下的长椅上……妇女们的头上戴着写有德语的头巾，她们在河谷中一边洗衣服一边悠闲地聊天；而其他的妇女则在杂草丛生的地方做着别的事情。年轻人边走边唱，在党卫军和德意志人的注视下高呼万岁……这里的婴儿和儿童比加拿大法语区的更多，他们在幼儿园老师的照顾下自由地玩耍，这些老师主要是来自罗马尼亚和南斯拉夫的女孩儿，她们在这里进行志愿服务工作。不时地会有年轻的党卫军军官亲切地将孩子们扛在肩头，或者放在腿上……
>
> 对于那些被从祖先的土地上驱赶出来的难民而言，这样的传言令他们感到惊奇。他们不知道何时能重新安定，也不知道新的家园在哪里。他们的直接未来是被送往集中营，他们的最终目的地也没有确定。无论是老人还是年轻人，穷人还是富人，他们都没有后悔，相反，他们对元首统治下的德国充满了无限的信心。这些殖民者的后裔讲着席勒时代符腾堡（Wuerttemberg）地区过时的德语，重新回到希特勒统治的德国，前往那些允诺给他们的土地……不得不承认，激起他们如此狂热的信仰，是希特勒本人的巨大成功。人们会不由自主地对这种成功留下深刻的印象。这种保护性措施此刻正以一种宏大的方式展现自己。[42]

尽管对于这些难民而言，斯大林和希特勒的影响同等重要，但是第三帝国仍旧专注于种族福利，将理想主义、金钱和精力都花在了重新安置德意志人口的进程上。

不是所有人都喜欢背井离乡：有很多人并不愿意离开，而已经迁移的人则表示他们想要回家。不幸的洛兰人（Lorrainers）不愿意定居在加利西亚，不愿满足希姆莱的种族实验；拉脱维亚的德意志人希望回到家乡，但是此时巴尔干国家已经被德国国防军占领；在雅典之外的德意志人，其巴伐利亚祖先在一个世纪以前和奥托国王一起定居在那里，现在他们发现自己身处帕绍（Passua）的营地中，他们抱怨道："我们不喜欢待在德国，我们想要返回希腊。"但是德国少女联盟（BDM）的热情少女平复了他们不满的情绪，少女们整理好了农场迎接他们，并且照顾他们的孩子。几千名希特勒青年团的年轻人被"神秘的东部"吸引，而陆军的兵役制则帮助这些人在新的环境中安定下来。[43]

然而，德国人对待波兰人和犹太人的态度截然不同。在西部领土，在预先没有收到任何警告的前提下，不幸的"劣等民族"遭到了党卫军的驱逐。党卫军只允许他们携带少量的手提行李和金钱，禁止大量携带财物。他们被驱赶至最近的火车站，或者被遗弃在露天旷野上。没有任何措施来保障他们未来的福利。为了削弱甚至瓦解波兰的抵抗力量，希特勒展开了所谓的"整治清理"（political housing-cleaning）运动，知识分子和其他能够成为国家的领导力量的群体都成了党卫军警察队伍猎杀的目标。例如，克拉科夫大学的教员在 1939 年 11 月被大批流放到萨克森豪森集中营（Sachsenhausen Concentration Camp），在那里，他们中的大部分人都遭到了杀害。1940 年，作为对他们袭击德意志人的代价，大量村庄被焚毁，数以百计的平民被杀害，这种杀戮的模式很快延伸到整个东欧地区。1940 年夏天的"AB 行动"（AB Action）使得另外 3 000 名知名人士遭到逮捕和杀害。德国政府则保证这些行为免于被诉讼。7 月 12 日，一位波兰医生在他的日记中写道："卢布林地区又处决了 40 个人，这是一个坏消息……我甚至不敢相信这是真的。"两天之后，在获悉德国的林业部门杀害了一名波兰男孩儿仍逍遥法外后，他悲哀地写道："德国人枪杀波兰人和犹太人是合法的。"[44]

令波兰人感到绝望的是，在苏联红军于 1939—1941 年占领的波兰东部区域，苏联红军的行径比德国纳粹更加野蛮。他们也全面展开强制性的安置行动，死于苏联红军之手的波兰人也多达数十万。死亡人数甚至超过死于德国纳粹之手的数量。但是，纳粹的种族征服战争很快便取代了共产主义，并着手发动一场浩大的"灭绝战争"。用来处理波兰人的精神病院已经建立，并且投入使用。党卫军射杀了这些波兰犯人，来为军营清理空间。通过这种方式，德国的安乐死项目被引入占领区。波兰的犹太人境遇同样堪忧。西部领土的流放计划，对于波兰人和犹太人来说没有任何区别——所有人都驱离住所，因为这些区域是德国政府预留给德意志少数民族的。但是党卫军通过骷髅军团和帝国保安部的别动队集中处决上了年纪的犹太人、焚毁犹太教堂、掠夺犹太人的财产。卢布林地区成为被驱离西部的数十万犹太人的"流放地"。

19 世纪波兰的德意志化运动是一个渐进的过程，通过语言和文化将德意志的价值观逐渐传递给民众。但是相反，纳粹的政策则是通过驱逐、隔离，乃至灭绝来实现的。被占领的土地以最快的方式，通过暴力手段实现德意志化。希特勒告诉地方官员，将在 10 年之内完成德意志化的进程。德语取代波兰语出现在公共生活中，尤其是城市被重新命名：罗兹（Lodz）被重新命名为里兹曼斯塔特（Litzmannstadt），波兹南（Poznan）被改为波森（Posen）。即便在波兰总督府，相似的进程也在实施。克鲁科夫斯基（Klukowski）发现"比尔哥拉治（Bilgoraj）的德语标志越来越多。所有的新标志都是德语的"。[45]

德意志化包括一个完全成熟的文化否定政策。为了配合“精神绝育”政策，波兰的大学被强制关闭，只有基本的教育和职业教育被允许。在 1940 年 5 月解释德国的教育政策时，希姆莱说道：“学校唯一的目标应该是：最多能够计算 500 之内的算术，写自己的名字，服从德国，以及诚实、勤劳和优秀。我不认为阅读有必要。东部将仅拥有这样的学校。”[46]

除了在文化之间做出明显的比较，党卫军还希望从“没有价值”的人口中筛选“有价值”的种族。但是在东欧的民族混居社会，从斯拉夫人中筛选德意志人的过程中，非科学的生物种族主义提供的指导并不完善，筛选的程序既是严格的，也是随意的。一位纳粹的官员亲身经历了这一过程，他被错误地当作数百个被筛选掉的捷克人之一，在他证明自己身份之前他被划归为没有价值的种族。此时，数以千计的家庭为了保护有价值种族的目的而被拆散，数十万的妇女被认为具有德意志化的潜质而被送往帝国，她们通过为德国家庭服务来学习德国的家庭事务。最终，筛选的过程被扩展到集中营，用以选择具有德意志特色的蓝眼睛、黄头发的奴隶劳动力来充实日渐枯竭的德意志人口。[47]

对于犹太人口，就没有这样的减压阀。犹太文化是迎接“历史性的死亡”，其文化也仅存于回忆中。帝国的首要意识形态理论家罗森贝格，派遣了一批士兵、生物学家和艺术史学家，在整个欧洲范围内的犹太人社区搜寻犹太文化财富。这些文化财富的目的地是法兰克福，希特勒在那里建立了一个纳粹理论家研究中心。1943 年，一位纳粹管理人员夸耀道：“在欧洲的新秩序中，关于犹太问题的资料中心将主要集中在法兰克福，无论是在欧洲范围内，还是世界范围内。”[48]

种族战争（2）：灭绝战争，1941—1945

纳粹政策针对犹太人的残忍是在整个东欧种族重建的过程中出现的。希姆莱在之前波兰的领土上的种族隔离计划和其他纳粹官员的想法相冲突，因此将波兰总督府作为犹太“预留地”的想法被废弃了。希特勒本人在 1940 年 3 月意识到将数百万的犹太人迁移到卢布林地区并不容易。在政策的真空期，德国入侵法国给了希姆莱新的机会，在 1940 年 5 月他向希特勒提出了解决纳粹种族政策困境的新方法。

在《对待东部外来人口的几点思考》（*Some Thoughts On the Treatment of Alien Population In the East*）中，希姆莱建议整个波兰的人口应该进行筛选：“有价值”的种族应该被送往第三帝国，其余的则丢给波兰总督府，作为帝国廉价劳动力的储备力量。在谈到犹太人时，希姆莱发现：“通过可能的大量移民，将犹太人迁往非洲殖民地或是其他地方，以期完全清除犹太人这一概念。”整个备忘录为种族灭绝提供了理论基础，但是希姆莱仅仅这样反驳：“如果一个人拒绝布尔什维克的从肉体上灭绝的方法，那么无论每一个个案如何的残忍和悲惨，这依旧是最温和、最有效的方法。”[49]

在战胜法国之后，德国从其手中获得了马达加斯加，几个月之后“马达加斯加计划”被严格执行。然而，这个计划的先决条件是法国和英国相继战败，但是英国并未显现出失败的迹象，“马达加斯加计划”逐渐淡出了德国人的视线。汉斯·弗兰克拒绝接受大量犹太人的想法不得不屈从于希特勒的命令。但是就像克里斯托弗·布朗宁（Christopher Browning）提醒我们的那样，此时德国“最终方案”（Final Solution）的目的依旧是“将犹太人驱赶至德意志影响范围的最远端”。改变这一政策的主要诱因是入侵苏联，以及随之而来的战争的激化。1940 年德国大约屠杀了 10 万名犹太人；而转年屠杀的犹太人则超过了 100 万。随着“巴巴罗萨计划”的实施，战争发生了改变：它逐渐演变为一场灭绝战争，一场灭绝“犹太-布尔什维克”（Judaeo-Bolshevik）敌人的战争；作战计划和军事命令中都包含了前所未有的规模屠杀内容。[50]

在巴巴罗萨计划的最初阶段，德国军队和党卫军显示出了灭绝战争的恐怖特征。前线部队在新命令下枪杀被俘虏的苏军政委，借此挑衅国际法。德国国防军的高层对此并未表示反对。随着越来越多的苏联俘虏落入德军手中，苏联俘虏和前几年法军与比利时军的俘虏待遇大不相同。他们被饿死或者被驱赶至旷野，直到“他们看起来更像是动物的骨架”。6 个月之内，有超过 200 万的苏联俘虏被饿死。[51]

前线不断向东推进，这也导致了数百万平民的死亡。紧随前线作战部队的是海德里希的别动队，别动队队员受帝国保安部的指挥去搜寻犹太人、游击队员和共产主义分子。他们的受害者主要是各个年龄段的犹太人：之前在定居区内的 270 万犹太人以及 1941 年苏联境内的 500 万犹太人。在 1942 年 4 月中旬，4 个别动队杀害了 518 338 名受害者，其中大多数是犹太人。在转年进行了更大规模的杀戮，死亡的数字较上一年增长了 150 万；到战争结束，苏联仅存 230 万名犹太人。[52]

如此大规模的屠杀标志着德国的“最终方案”进入一个新的阶段，其意义不仅限于重新安置人口。处决如此多的平民，包括妇女和儿童，也摧残着刽子手本人。1941 年 8 月，“4a 特遣队”在乌克兰的城镇别拉雅·泽尔科夫（Byelaya Tserkov）杀害了数百名犹太成人，但是将 90 名犹太儿童监禁起来。一位德国国防军的官员报告说："在处决了这一地区所有的犹太人之后，现在有必要清除犹太儿童了，尤其是那些婴儿。"这条建议被实施了。随后对于冯·赖歇瑙元帅（Field Marshal von Reichenau）的愤怒，这位官员坦率地宣称"对待妇女和儿童的方法不应该和敌人有任何的不同"。对这种行为的疑虑没有阻止大规模的屠杀，而是将其变得更加复杂。[53]

部分是为了规避这种担心，部分是为了提高屠杀的效率，所以在集中营内应用了特别制造的毒气。最初这条政策在 1941 年夏末秋初被施行，与此同时希姆莱观察了盖世太保在明斯克的枪决现场。党卫军已经在 1939—1940 年在东普鲁士和波兰总督府实验了移动的毒气装置。当希姆莱寻找枪决的替代方案时，公众的愤怒延缓了安乐死运动。希姆莱确保了"T-4 行动"* 在自己的控制下，现在他们可以将毒气方面的技术向东部扩散。

1941 年 9 月，一些安乐死中心接收了来自集中营的犹太犯人，这表明其职能已经转变为大量屠杀犹太人。与此同时，一座位于切姆诺（Chelmno）的城堡被变成了简陋的死亡集中营，固定的毒气装置由之前的安乐死运动的专家操作，来处决 1941 年 12 月瓦尔特高遗留的犹太人。别动队将毒气装置向东移动。党卫军的专家们发展了两种装置类型：一种是较小的"钻石"（Diamond），可以容纳 25 ~ 30 人；另外一种是较大的"索瑞尔"（Saurer），可以容纳 50 ~ 60 人。专家们密切关注这两种装置的效果，尤其是在恶劣的天气下。一位观察员报道说："从 1941 年 12 月起，3 个装置已经测试了 9.7 万人，

* "T-4 行动"是"二战"爆发后，纳粹德国安乐死计划的代号。在此计划中，数以万计乃至数以十万计的"通过决定性的医学检查被判为病人膏肓无可救药的病人"被医生杀死。——译者注

机器没有表现出任何的缺陷。”[54]

然而，“最终方案”的关键是在波兰总督府的统治范围内建立特别的灭绝集中营。党卫军最开始着眼于卢布林地区，这一地区最初被规划为西部波兰人的聚居地。之前的安乐死专家克里斯蒂安·维尔特（Christian Wirth）管理第一个死亡集中营，贝尔赛克（Belzec）从 1942 年 3 月开始使用一氧化碳。精疲力竭的苏联俘虏在 1941 年年末建成了马伊达内克（Majdanek）集中营，同年 12 月第一批犹太人进入了集中营。其他的安乐死专家被分配给了特雷布林卡（Treblinka）和索比堡（Sobibor）等集中营。毒气室在这些地点和其他地点被建立，随着容量问题的显现，这种方法被不断扩展。[55]

奥斯维辛集中营最初的建立目标是为了关押波兰的政治犯。党卫军的城镇规划者最初梦想将奥斯维辛这座小镇变成奥斯维辛市，使之成为德国在波兰殖民统治的中心。这座城市将拥有古老的街道、现代化的电影院，以及通过排干小镇周围的沼泽而获得的丰富耕地。除了牢房之外，集中营还建立了大型的合成橡胶厂，法本公司*的总经理希望将橡胶厂安置在盟军轰炸机的投弹范围之外。在附近的比尔克瑙（Birkenau）新建成的苏联战俘集中营，法本公司生产的旋风-B（Zyklon-B）农药，在 1941 年 9 月 3 日首次试验于苏联战俘。随后，新的毒气室被建立起来了，该毒气室旨在大规模地屠杀。1942—1943 年，比尔克瑙集中营成为欧洲屠杀犹太人的主要集中营。[56]

---

* 法本公司（IC Farben），全称为“染料工业利益集团”（Interessen-Gemeinschaft Farbenindustrie AG）。成立于 1925 年，曾经是德国最大的公司及世界最大的化学工业康采恩之一，总部设在莱茵河畔法兰克福。第二次世界大战后被盟国勒令解散，1952 年进行清算，拆分为阿克发公司（Agfa）、拜耳公司（Bayer）、巴登苯胺及苏打工厂股份公司（BASF）和赫斯特公司等 10 家公司。——译者注

到了 1942 年，以工业化进行大规模屠杀的技术条件已经成熟。死亡集中营建成，廉价的毒气被实验，并且进入实用阶段。由党卫军牵头，希特勒作为后盾，在欧洲占领区内灭绝犹太人的法律已通过，后勤保障已经建立。当年的 10 月和 11 月，纳粹领导层内部对这些内容进行了激烈的讨论；从行政角度讲，这些内容构成了万塞会议（Wannsee Conference）的主要议题；章程最初在 12 月就已经拟定，但是直到转年 2 月才公布。1942 年 5 月，希姆莱的代表海德里希被暗杀、波兰犹太人在“莱茵哈德行动”（Operation Reinhard）中被杀害，第一列满载犹太人的列车从斯洛伐克抵达奥斯维辛。[57]

1943 年初，党卫军的首席统计专家理查德・科赫尔（Richard Korherr）起草了一份最终解决方案的草案交给了希姆莱，他统计到总共有 1 994 692 名犹太人和波兰人得到了“特殊的对待”。希姆莱以相当委婉的口气责备了他，并且修改了文本：“从东部省份转移到苏联东部的犹太人，1 994 692 人。”但是数字说明了一切。到 1943 年年底，当死亡集中营关闭的时候，大约有 15 万犹太人死于库尔姆（Kulmhof）集中营，有 20 万死于索比堡，55 万死于贝尔赛克，75 万死于特雷布林卡——因此大部分的犹太人和波兰人死于所谓的“莱茵哈德”集中营。奥斯维辛—比尔克瑙，这个大规模的劳动集中营和屠杀中心，仍旧运行到了 1944 年，在 1942 年 3 月至 1944 年 11 月之间，超过 100 万人在这里被屠杀，大部分是从希腊、匈牙利、法国、荷兰、意大利和波兰运来的犹太人。[58]

1943 年，在科赫尔准备提交给希特勒的报告中，他总结了“最终方案”的整体影响：“总而言之，欧洲的犹太人必须减少到 1933 年，即德国实行国家社会主义的前 10 年的 1/2。再经过 5 年，犹太人口将减少到 1937 年的 1/4，他们将被驱赶至其他大陆。”实际上，最终的死亡人数更多，因为屠杀行为一直延续到了战争结束，无论是在集中营内，还是集中营外。[59]

到战争结束，有 500 万至600 万欧洲的犹太人遭到杀害，这个数字占到了万塞会议统计数字的一半。在一些国家，例如波兰和希腊，几乎所有的犹太社区都被灭绝了。其他的少数民族也遭到了屠杀，比较显著的有 20 万至50 万吉卜赛人、塞尔维亚人、波兰人、乌克兰人和俄罗斯人；但是“最终方案”并没有将对这些人口的屠杀列入最初的目标。相比于其他种族灭绝行为的典型，例如克罗地亚的乌斯塔沙运动（Croat Ustaše）（至少屠杀了 33.4 万居住在克罗地亚和波斯尼亚的塞尔维亚人）和罗马尼亚的屠杀［在德涅斯特（Transnistria）进行的血腥屠杀］，“最终方案”展示了通过现代化的官僚体系用工业设备进行大规模屠杀的高效。[60]

尽管我们不应该假设所有的德国人都接受这种方式，但是屠杀行为不仅仅限于党卫军的范畴。宣传部长戈培尔在 1942 年 3 月 7 日的日记开头写道，“‘清除’在波兰的犹太人”；到了 5 月，帝国铁道部的官员被要求向党卫军汇报关于“被完全灭绝”的犹太人的运送状况。陆军、海军和外交部的官员也充分行使了他们在此过程中的权力。例如在萨洛尼卡（Salonika），如果没有当地军队和政府的积极帮助，一小队党卫军“专家”不可能驱逐城市 1/5 的人口，这些人口足足有 5 万。对科学家、医生和学者们而言，他们的建议和参与从一开始就融入了纳粹的计划中。[61]

当德国向外国政府寻求帮助的时候，这些政府的反应往往基于德国胜利的前景，这也是它们对待当地犹太人的态度和应对抵抗付出代价的决定性因素。它们通常愿意移交犹太难民和其他非本国的难民，但是它们并不愿意牺牲本国的公民。一些国家，尤其是法国、斯洛伐克和克罗地亚，它们对德国的反犹太计划并不感兴趣，而且不愿意将本国的犹太人“迁往东部”。在罗马尼亚和匈牙利，极端的反犹太主义势力掌握了政权，产生的血腥后果甚至震撼了德国人。尽管像希腊和荷兰这样的国家拖住了德国的计划，但是第三帝国同大多数政权的合作使大量的犹太人被流放。实际上没有人像丹麦人那样帮助犹太人逃脱，而意大利则因为自身的原因，尽力阻止了“最终方案”在本国施行。对于中立的瑞典和瑞士而言，它们显示了愿意同纳粹种族政策合作的意愿，以换取自身的利益。

英国和美国政府因为自身的原因，苦于没有足够的信息。丘吉尔收到了别动队从东部发来的具有极端倾向的电文，这份电文统计了死亡的总人数。一些个体，例如扬·卡尔斯基（Jan Karski），这位异常勇敢的波兰使者，他从被占领区向伦敦和华盛顿通报了隔离区和死亡集中营的状况。但是除了一些含混的官方警告，英美两国并没有采取什么实际行动，轰炸集中营的提案也被否决了。这种无为缘于英美两国自身的反犹太主义依旧充满争议，无论是它们无法想象占领区正在发生着什么，还是“最终方案”从未列入盟国的中心议题。[62]

占领区民众的态度也难以评估。在欧洲大陆，反犹太主义具有悠久的传统，在一些地区，这种态度甚至可以解释为冷漠，以及乐见犹太人的困境。我们也不该忘记种族灭绝给大量废弃的工厂及船只、家具和服装产业以重生的机会，占领国利用这些机会赢得民众的支持。1940 年之后，艾希曼扩大了“维也纳模式”，在此模式中将“雅利安化”的财产授予阿姆斯特丹、巴黎、萨洛尼卡和欧洲其他主要城市，而仅罗森贝格的一个机构，就向西欧运送了 674 车厢生活用品。而从奥斯维辛集中营受害者中攫取的 72 车厢黄金被运到柏林。如果说这些财产大部分被运到德国本土和瑞士银行的保险库，那么很可观的一部分则落入了各个国家不择手段的纳粹合作者、情报人员和机构的口袋。必须说，对“最终方案”的支持并不是一个普遍的现象。为了应对纳粹占领的恐惧，很多占领区的民众都躲进了私人空间，并且选择性忽视那些和他们不直接相关的事情。由于传统的道德形式随风飘散，德国人对犹太人使用的异常凶残的手段也在威胁着非犹太人。

我们同样不能够忽视德国人的反应。在帝国内部没有公开的反抗能够媲美狂热的安乐死运动。很多德国人都接受了犹太人不再是他们共同体的一部分。普通的中年警察参与到大规模的处决行动中，大学教授、医生和律师指挥着别动队。他们这么做完全没有恐惧：没有任何的记载，有人拒绝向被处以死刑的无辜犹太平民射击。相反，集中营守卫和敢死队杀手的信件揭示了 20 世纪中叶欧洲的普通人是如何在屠杀的观念下从事这样的事情。但是在屠杀的过程之中，他们依旧非常担心自己的孩子、妻子和父母。

当党卫军三级突击队中队长（SS-Untersturmfuhrer）马克斯·陶布纳（Max Taubner）被党卫军审讯，慕尼黑的最高警察法院宣布他无权在乌克兰射杀犹太人时，法庭的审判显示出帝国内部的道德观念。审判强调射杀犹太人并不是罪过：“犹太人必须被灭绝，任何犹太人的死亡对于我们而言都不是巨大的损失。”在法庭看来，这位中队长的罪行并不在于枪杀犹太人，而在于残忍地杀害他们，并且放纵手下“施行如此残忍的行为，在他的命令下，这些人就像野蛮部落的人一样”。他的行为并不是出自对犹太人“真正的仇恨”，而是源自自己“虐待狂”的心理；他展现出一种“卑劣”的特性，以及“高度野蛮的精神”。陪审团说道，“被告的行为不配成为一个光荣、正派的德国人”。[63]

在帝国内部也存在着明显的、有目的性的种族屠杀。在盖世太保的推动下，将受强迫劳动力和战俘劳工隔离开来的状况，也逐渐成为一种惯例。谴责外籍劳工的现象非常普遍。和德国公民发生性关系的外籍劳工会遭到公开的绞刑或者鞭笞，而这种行为很少受到抵抗；外籍劳工同样默许了警察强加给他们的行动限制，例如波兰裔的劳工只能够骑自行车，并且被强制去教堂。德国关于“东部劳工劣等”的观念被民众普遍接受。毛特豪森（Mauthausen）的居民经常看到集中营的犯人穿过街道，并且不时遭到党卫军的残忍对待。1945 年 2 月 2 日，数百名苏联战俘成功地从集中营逃脱，只有两个当地的居民愿意为他们提供藏身之所。大部分战俘很快遭到了围捕，或者像被打“兔子”一样被当地人射杀。兴奋的希特勒青年团员和小镇的居民非常乐意参加这种骇人的流血事件。[64]

死亡集中营是集中营系统的一部分，在整个欧洲大陆范围内，党卫军通过集中营网络控制着数以百万计的犯人。这个“系统”的边界北达挪威，南至克里特岛。到战争结束，集中营内大约 160 万人遭到监禁，超过 100 万人死亡（除去那些被蓄意当成灭绝目标的人）。在欧洲范围内有超过 1 万个集中营，除了 8 个灭绝集中营、22 个主要的集中营和它们的 1 200 个分支，还包括超过 400 个隔离集中营，大约 29 个精神病中心和 30 个儿童中心，其中后两者的“患者”大都遭到了厄运。而在新近占领的东部地区的 26 个集中营内，大规模的屠杀已经被制度化。这个“系统”还包括大量安置的战俘、平民劳工、青少年和“德意志化”的东欧居民。[65] 在达豪（Dachau）的集中营可以找到 33 个国家的犯人，而在拉文斯布吕克（Rovensbruck）集中营则可以找到 40 个国家的犯人。劳工们的处境非常危险、令人压抑，很多所谓的劳工营在犯人们看来都是屠杀的中心。在弗罗茨瓦夫（Breslau）附近的花岗岩采石场，一位从奥斯维辛来的法国医生观察道："这是我所见到的杀害个体最为熟练的集中营。实施杀害的人们并没有任何的不安，行刑的包括犯人的头目、营地的警察、党卫军以及他们的狗。他们拥有熟练的技巧，可以在两三下之内杀死一个人。"[66]

集中营的犯人成了党卫军经济活动的主要基础，1944 年，他们的足迹从采矿业到重工业，从土地复垦到科学"研究"。在 1944 年年末，集中营的 60 万犯人中，有 80% 适合劳动。他们的"工作"或者是从死亡的犯人身上搜寻财物上交武装党卫队或者是劳动于其他部门，包括建筑业、采石业和矿业、在布纳（Buna）的制造业以及其他工业领域。像 20 世纪 30 年代的苏联一样，战时的第三帝国成为一个典型的奴隶型劳动经济国家。

1944 年 2 月，"军工业的沙皇"施佩尔向希姆莱寻求帮助："雇用集中营中的劳动力进入军工制造业，我个人认为是非常急迫的。"这个请求毫不含糊地扩展了军工领域和航空制造业的奴隶型劳动经济，尤其是在"多拉"（Dora）和佩内明德（Peenemünde）建造地下的导弹工厂。这里的死亡率是惊人的，仅"多拉"项目，17 000 名劳工中的 2 882 人就在几个月内死亡。施佩尔将这个计划视为"惊人的成功"。据统计，有 14 万犯人被施佩尔调用，而用于私人化的工业企业的奴隶型劳工的人数则高达 23 万。此时，军工行业的危机首次超过反犹太主义，纳粹不得不将匈牙利的犹太人从奥斯维辛调往德国，成为额外的劳动力。[67]

巴巴罗萨计划几乎同时扩大了党卫军在其他领域的权力。在东部，恐怖政策取代了法律，希姆莱获得了可以绕开法庭直接处理平民的特权。武装党卫队逐渐成了希姆莱的部队，从1939—1940年的7.5万人上升到1944年年末的50万人，他们既是国防军的盟友，也是国防军的潜在威胁，这也成了希特勒将军队纳粹化的重要工具。党卫军获得了管理东部占领区的重任。党卫队旅队长（SS-Gruppenfuhrer）巴赫-泽勒维斯基（Bach-Zelewski）因为协调反游击队的行为遭到解职。

毫无疑问，这样的行为导致了大量的死亡和巨大的破坏。基本的策略是“以恐怖政策回应恐怖”。对于德意志人和他们财产的报复行为也成比例增长。作为必然结果，在“清洗行动”中，数以千计的村庄被焚毁，数以百万计的平民遭到了杀害。这些行为对于游击队的行为恰恰起了反作用，因为这驱使很多年轻人从事秘密活动。更为复杂的镇压叛乱策略直到几十年后才出现：1945年之后欧洲的殖民者们，以及美国，都从纳粹报复性的反游击队策略的失败中汲取了教训。

但是游击队从未对纳粹的统治产生过实质性的威胁，它们不过是延缓了德意志化的进程。巴巴罗萨计划使纳粹变得更加思想极端、更加野心勃勃。在占领了乌克兰和白俄罗斯之后，纳粹的城镇规划者们并没有及时提出在乌克兰建立小型的德意志人城镇的计划。“东部总体规划”提出在25年内建立一个从立陶宛到克里米亚的大型定居区域。在奥斯维辛，犯人们被强迫挖掘鱼塘、建立谷仓，以此来建立一个模范型的农场，用以培训德国未来在东部的殖民者。

然而在现实世界中，纳粹德意志化观念的困境也是非常明显的。一个因素是贪污，从旧帝国延续下来的很大一部分人是“淘金者”和官商勾结者，他们受到快速积累起来的财富和唾手可得的掠夺物的吸引。相反，很少有农民希望迁走。定居者们觉得自己被暴露在农村地区，他们的生命和财产受到当地愤怒民众的威胁。

讽刺的是，尽管第三帝国的政权痴迷于“生存空间”，但是在德国获得了希姆莱梦想的大量殖民地的时候，却没有足够的定居者来充实这些土地。一位纳粹的地方农民领袖在当时的报纸上这样问道：“那么，朋友，接下来我们该怎么办？”对此的回应是“土地太多”，不愿搬迁的农民“对如此长的距离感到无助”。另一位评论家在 1942 年评价道：“现在人口和土地的比例已经倒转。过去如何以少量的土地供养大量人口的问题现在已经转变为如何利用有限的人口去充分开发占领的土地。”[68]

随着纳粹四处寻找志愿者，潜在的殖民者向种族主义的理论家抛出了棘手的问题：纳粹党中一些强硬路线者愿意带着看起来合适的候选人，无论他们同德意志人的联系是否脆弱；其他人则坚持文化和语言比身体属性更加重要。一些人甚至推测，如果党卫军从苏联带来太多的“优秀人种”，那么帝国内部的居民将会产生一种自卑的情结，甚至可能导致一场种族战争！另一方面，对于 3.5 万名被强制带入德国的斯洛文尼亚人，只有 1.6 万人被最终认定为适合德意志化；但是考虑到他们中的大多数都是斯洛文尼亚农民的亲属，这样的比例显得很高。剩下的人，以及从卢森堡和阿尔萨斯来的强制移民，在隔离营中一直待到战争结束。

扎莫希奇（Zamosc）的例子很好地证明了战争时期希姆莱人口统计工程的局限性。扎莫希奇是波兰卢布林省南部的小镇，这里曾经倾注了纳粹的心血，欲建立一个德意志人的定居点。这是党卫军唯一一次近似于实现殖民计划的案例，超过 1 万名波兰人被逐离此地，为德国的定居者提供空间。半数的波兰人逃进森林，参加了地下组织，突袭村庄和农田；其余人则经历了种族的筛选又遭到流放。

2.5 万名德意志人被迁入了一个拥有 2.6 万名乌克兰人和 17 万波兰人的地区。他们被宣传为“德意志人在东部殖民地的第一个单元，它是由德意志人在寻求殖民生活的过程中再度觉醒的”。但是到了 1944 年年初，当地政府已经开始劝说希姆莱放弃殖民地，并且将德意志居民向西部疏散：对他们农场的攻击时常发生，男人们睡在农田里以避免被抵抗力量杀害。[69]

然而希姆莱和希特勒坚持他们关于东部帝国的观点，并且尽可能晚地疏散那些强硬的殖民者。缺乏应急的撤退计划是他们的计划不现实的一个方面。他们的种族殖民主义注定失败；他们在模仿哈布斯堡王朝的边界政策，却没有哈布斯堡家族的政治灵活性。他们的政策在当地激起了巨大的仇恨，由于缺少“一个压倒性的警察机制”，德意志的殖民者们无法控制从苏联攫取的大量领土。希特勒的长远目标是“在这些领土安置 100 万德意志人”，但是这样的数字并不存在。纳粹想要把这些德意志人变成农民，但是遭到了大多数人的反对。希姆莱曾经相信，从前线归来的战斗英雄将会享受奖励给他们的在波兰和乌克兰的农田，但是他的想法遭到了公开的质疑。[70]

随着苏联红军不断前进，德国的再安置计划自行搁浅。1943 年 8 月到 1944 年 7 月，大约有 35 万在克里米亚的德意志人向西部的波兰疏散，其他人则从乌克兰和白俄罗斯向这里疏散。德国的焦土政策（Scorched-earth policy）意味着他们曾经梦想的大量的殖民地已经不可能实现了。1945 年年初，数以百万计的德意志难民向着西部的第三帝国长途跋涉，这种撤离是自发的行为。

与此同时，一系列处境更加严峻的迁徙队伍暴露了种族主义梦想的阴暗面。在“最终方案”的最后一个阶段，灭绝营和集中营被关闭，在个别情况下甚至被摧毁。幸存的犯人在雪地中被强制朝着帝国的方向迁移。1945 年 1 月，714 225 名犯人构成了这个长长的迁徙队伍，25 万人在此过程中丧生。

这种迁徙背后隐藏着不同的动机——党卫军不愿意让这些战俘落入盟军的手中，同时也希望榨取他们最后的劳动价值。但是在某些情况下，迁徙显得漫无目的，与其说这是一场迁徙，不如说这是以其他方式延续“集中营内大屠杀”。队伍里的犯人挨饿、遭受殴打、甚至被射杀，尤其在他们精疲力竭脱离队伍的时候。除了残忍的守卫，犯人们还要应付来自沿途德意志民众的敌意。帮助犯人的案例也有记载。一名之前的犯人这样记录道：“纳粹营地的德意志妇女试图给我们面包，但是女看守不让她们这样做。一名具有仁慈心肠的妇女呼喊道：‘不幸的你，痛苦的你。’残忍的女看守喊叫道：‘你在做什么怜悯犹太人的事情？’”但是没有关于同情犹太人的旁观者被党卫军枪杀的事例。不过即便这样，反对犹太人和对犹太人冷漠的人，远远超过了那些同情犹太人的人：1945 年年初，很多德意志人将自己视为战争的主要受害者，根本无视那些穿过他们居住地的不幸的迁徙人群。[71]

在希特勒帝国的最后阶段，曾经存在于民族共同体和集中营的直接界限消失了。犯人们像“外星人”一样进入了集中营之外的世界。他们的守卫不再仅仅是党卫军的人，还包括退休的军人、平民、纳粹党的官员，以及希特勒青年团的团员。随意的射杀和屠杀不是在集中营内进行的，而是在德国和奥地利的路边、树林，乃至乡镇的郊外。[72]

最后一个关于大量屠杀如此规模人口的技术问题是，如何处理这些死尸。在灭绝集中营，这些尸体通过柴堆和熔炉被大量焚烧。

但是最后几个月任意的、普遍的屠杀使纳粹无法像之前那样处理。随着德意志人从卢布林地区撤退，他们在掩盖种族灭绝痕迹上的努力并不成功。可克鲁科夫斯基注意到，大量被挖掘的坟墓飘出可怕的“犹太人尸体腐烂的气味”。解放德国集中营的盟军对此感到震惊，当地［例如诺德豪森（Nordhawse）、居森（Gusen）、沃柏林（Woebbelin）］的居民发现，尸体不仅被埋在土堆之中，有的甚至被埋葬于城镇的中央广场或者公园内。[73]

一位奥地利的牧师在解放几天之后到达毛特豪森，他无法忍受这些，他写道：“很多次我都处于呕吐的边缘……在我们引以为傲的世纪中，我们竟然做出了这样令人悲伤的事情，这种丑恶、这种沉沦于野蛮的国家，竟然成了欧洲的核心。”但是集中营外也有死尸。在战争结束之后数年，这些人的坟墓散布于中欧地区道路的两旁，直到当地居民选择移走这些“污点”，建立一个集体的纪念碑，并且安置那些活下来的人。而在这些墓地之前存在的地方，为了旅游者和当地居民的利益，建立了新的农村景观。[74]

1942年，德国决定将奥斯维辛犯人们的衣物和财产分给在乌克兰定居的德意志人，来当作圣诞礼物。随后这种计划的实行范围扩大，这些物品也通过运输，被分发给德国的“先驱者们”。种族灭绝和再安置人口是紧密相关的，因为希特勒的战争目的是彻底重建欧洲的种族秩序。[75]

历史上没有任何的记载能够与之相比。无论是拿破仑还是哈布斯堡王朝，都没有寻求这种排他的支配地位。但是希特勒的成长环境，恰逢维也纳出现德意志人的民族危机，这能够帮助我们解释为什么希特勒的方式和这两位君主不同。通过暴力和种族主义，纳粹帝国借鉴了欧洲在亚洲、非洲，尤其是美洲的先例。希特勒在战争期间的一个晚间评论道："当我们吃着来自加拿大的小麦，我们不会考虑那些遭到掠夺的印第安人。"在另外一个场合，希特勒将乌克兰描述为"一个新的印度帝国"。如果欧洲真的像印度被英国殖民那样遭到奴役，那么欧洲人的命运将会和美洲的印第安人相似。[76]

国家社会主义一开始宣称创造一个新的欧洲秩序，但是当种族观念超越经济合理性的时候，这个计划中隐含的极端暴力倾向就开始逐步显现。戈培尔将其政策描述为"姜饼和鞭笞"，但是前者显得不足，而后者已经超出限度。向德意志人承诺的"欧洲本民族的大量生存空间"，造成了欧洲人的不稳定状况和对犹太人的灭绝主义。戈培尔在他之前支持欧洲的言论中提出："如果欧洲不能脱离我们而存在，那么我们也不能脱离欧洲而存在。"这个言论被证明是正确的。德国人放弃了 1940 年之后控制欧洲的机会，他们的战败导致了自身的灾难。希姆莱最初的观点——德意志人从今往后应该集中于德国的境内——已经过时，但是我们仍然不确定他是否将这种情况视为纳粹政策的胜利。[77]

第六章

黄金时代的蓝图

20 世纪民主的基础还在建设中。

——E. H. **卡尔**，**《和平的条件》**（*Conditions of Peace*）

在一瞬间，我们有机会创造一个新的时代——为全人类创造一个黄金时代。

——C. **斯特赖特**（C.Streit），**《现在联合》**（*Union Now*）

当我们重新审视那些在战争年代挽救了民主的价值观和英雄般的行为后，它们同样可以，抑或能够重建战争的废墟。

——J. **马里坦**（J.Maritain），**《基督教与民主》**（*Christianisme et Democratie*）

“二战”和对抗纳粹欧洲新秩序的事实，成了欧洲内外重新定义民主国家在现代世界中地位的催化剂。这一章将会描绘战争时期不同思路的争论，这些争论的核心问题即重新思考对抗德国独裁统治的欧洲新秩序。当然，纳粹的新秩序不仅仅是一个刺激因素，在特定地区，纳粹的新秩序还成为战后这些争论的温床。希特勒的欧洲和舒曼*的欧洲之间的联系性在经济方面显而易见，尤其是在工业领域，例如法德两国之间的合作；在国家行政机构和管理人员方面也有连续性。但是在政治思想领域，这种连续性则显得不那么重要。

然而，就像英法两国关注的那样，“二战”并不是以建立新秩序为名而爆发的战争。一开始英国思想上的胆怯就和纳粹梦想的力量形成鲜明的对比。H. G. 韦尔斯不断地质问道：“这些人通过令人难以置信的错误，将他们的帝国卷入一场‘终结’希特勒的战争，他们既没有告诉对手，也没有告诉自己，终结希特勒之后将迎来什么。很明显他们只想打击德国，但是具体进行怎样的打击却未明言。在那之后，他们就会回到高尔夫球场，或者去钓鱼，然后晚饭之后在炉边瞌睡。”[1]

丘吉尔的上台并未平息这样的批评声音；实际上，在敦刻尔克战役之后，这种批评声音日趋强烈。在信息部，哈罗德·尼科尔森（Harold Nicolson）对比了德国“革命性”的战争和英国“保守性”的战争，他提出白厅应该向民众宣传，让他们为了“新秩序”而战斗。保守党的改革者也有相似的感触，艾德礼（Attlee）强调不要和“消极的对手”进行一场“保守的战争”。丘吉尔本人并不喜欢任何关于战争目的的论调和战后的秩序，用艾迪森（Addison）的话讲，首相只喜欢“围绕着他的争论”。1940 年夏天，纳粹的新秩序迷惑了整个欧洲，而英国的政策制定者在压力之下也制定了他们自己的新秩序。关于新秩序的争论在英国内外接踵而至，这些争论给了战后世界很多观念和价值观以智慧的源泉。[2]

---

* 舒曼（Schuman），法国政治家，曾任财政部部长、总理和外交部部长。——译者注

复兴民主

1941 年夏天，一位杰出的英国政治家写道：“‘每个人’都在讨论新秩序，一种新式的社会、新式的生活，以及人的新概念。”根据历史学家 E. H. 卡尔的描述，“问题的关键不是一个新秩序的必要性，而是它通过何种方式建立”。在卡尔看来，希特勒不可能赢得战争，但是他却是“扫除旧秩序残余不可或缺的部分”。因此这场战争是“社会和政治秩序革命的一个插曲”。[3]

这场“革命”的核心是在欧洲范围内保护和重新评价民主的价值。1944 年 3 月，法国抵抗报纸《狙击队员》（*Franc-Tireur*）写道：“民主！也许没有任何一个词语比它遭到了更多的嘲笑和贬低。即便在昨天，它还意味着冗长的演讲和议会的重要性。”戴高乐将军意识到，法国人民对于法兰西第三共和国的统治有着极大的不满，因此他在早期的演讲中尽量避免谈及民主这一概念。1941 年 7 月他写道：“此时此刻，大多数法国人民对于民主这一概念感到困惑，同时感到困惑的还有战争之前统治着法国的议会制政府……这个政府受到了公众的谴责，事实也证明了它的失败。”在战争期间，正是这种对于民主的集体失望，导致了像乔·肯尼迪（Joe Kennedy）大使这样的人预计民主在法国崩溃之后，“将会在英国迎来终结”。《和平的目标和新秩序》（*Peace Aims and the New Order*）一书的作者 R. W. G. 麦凯（R. W. G. MacKay）断言：“我们面临的最根本的问题，就是重申民主概念的重要性。”[4]

张伯伦对于对抗希特勒模棱两可的态度，成了批评家们批评自负、被动和过时的西欧“资产阶级”民主的主要例子。为了在战争中生存下来，民主不得不做出妥协，它必须重新被解释：自由主义强调的政治权利和自由，不足以赢得民众的支持。一位流亡美国的中欧人写道："民主必须拥有新的思路；它必须证明自身无论从心理上，还是方法上，都能够适应新时期的要求。"从这个角度讲，1941 年 8 月的《大西洋宪章》(the Atlantic Chapter) 在承诺中看上去非常谨慎和保守。"在宪章之中，没有什么能够证明我们正处于一场最伟大的革命性的战争中……如果我们建议保护和维持旧式的民主，那将是一种倒退。我们将会为一种新的、富有想象力的事物而奋斗。"而在英国，宪章本身就被淡化，一封匿名信严厉地批评了英国的宣传体系："信息部发言人的稿件都是关于帝国、美国、法国、战时的饮食以及纳粹统治和希特勒新秩序的恐怖，但是他们并没有讨论我们的新秩序。实际上，这些并不涉及如何改变我们日常生活的问题。"[5]

当今的修正主义者也许对这样的概念感到怀疑，社会革命并不足以描述战争期间英国乃至整个欧洲的巨大变化。仅在英国，就有 6 000 万人搬离了住处——这种战时的迁徙和混乱，打破了战前欧洲等级社会赖以生存的社会距离。轰炸伴随着系统的疏散、大规模的恐慌和上百万人的迁徙（例如，仅 1940 年夏天，在比利时和法国就有 800 万 ~ 1 200 万人口因为恐慌而迁徙，迁徙的范围覆盖数百英里)，阶级和社区融为一体，而在此之前他们相互漠视。配给制证明了政府计划能够用来实现平均主义，并且受到了广泛的欢迎。因此战争本身以及政府在管理经济和社会中的新角色，证明了改革者言论的正确性：民主需要和国家干预相互作用。根据 1944 年的民意调查："公众关于国家控制的情绪，在很大程度上是基于他们相信自己是民主的。更大程度上的民主和自由，只适用于少部分人群。"[6]

1940 年 7 月《泰晤士报》有一篇名为《新欧洲》的社论，E. H. 卡尔断言道：“如果我们谈论民主，那么这个民主并不是保证选举权的民主，而是忽略工作和生活权利的民主。”这是欧洲的社会主义者数年来一直呼吁的内容；战争令这种要求更加迫切，也更具有说服力。被维希政府囚禁的法国前首相莱昂·布鲁姆（Léon Blum）写道：“一个脆弱而腐化的民主崩溃了，一种新的民主必须取代它，一种充满活力和竞争力的民主，它是大众的民主而非资本主义的民主，它是强大的而非弱小的……这种大众化的民主将会是，实际上也只能是社会民主。”[7]

然而，除了社会主义者，战争期间其他派别的改革者达成了一致。自由进步者、技术专家和新的主张温和的保守主义者都热衷于扩大现代国家在社会和经济领域的责任。例如，没有人比凯恩斯更加热衷于这种论调，因为这个契机能够证实经济优于财政以及放任自由经济模式破产的论断。凯恩斯曾经对英国政府关于战后目标的态度感到沮丧。1940 年夏天，凯恩斯拒绝了一场讲座的邀请，该讲座邀请他从经济角度反驳纳粹的新秩序，因为他发现纳粹的新秩序有很多令他信服的内容。在给达夫·库珀（Duff Cooper）的信中他写道：

> 你的信中似乎暗示着我们是战前经济的赢家，我们在 1920—1921 年和 1930—1933 年间的成就，能够战胜芬克（Funk）的计划，例如，金本位和放任自由的货币兑换……它究竟是真的有吸引力？还是宣传的导向？……很明显我并不热衷于宣扬战前金本位的优点和美好。
>
> 在我看来，如果把德国或者轴心国的名称换成英国，那么

> 3/4 的文章都是非常杰出的……如果芬克的计划能够被严格执行的话，那么那将会非常完美，也将会是我们应该做的事情。如果这样的观点遭到批判，那么我们应该对这种行为的意图感到怀疑。[8]

1941 年初，凯恩斯同意起草一项关于战争目标的声明，在这份声明中他强调了社会保障的必要性，并且抨击了战后的失业潮。尽管这份声明没有公开发表，但是这份声明标志着英国政府开始致力于制定充分就业的政策。更重要的是，凯恩斯和他的两位助手义务为政府制定了第一份收入统计。这种制定收入统计的方式，为“凯恩斯主义”在战后财政管理上的革命提供了有利条件。[9]

战争时期，英国社会政策的变化影响是深远的。除了凯恩斯在经济政策方面的工作，在教育领域、健康领域和城镇规划等方面都出现了开创性的改革。在战争年代，英国实现了学校提供的免费伙食和牛奶。这是由 1944 年英国政府关于充分就业的白皮书和国家健康服务体系所倡导的。最重要的是，这使得威廉·贝弗里奇在 1942 年关于“社会保险和联合服务”的报告，成为英国战后福利国家的基础。在战争期间，贝弗里奇由一个资本主义福利的批判者，转变为激进的社会改革信仰者。1940 年年初，他甚至告诉比阿特丽斯·韦布（Beatrice Webb）：“我非常乐意看到共产主义是如何在民主的条件下挣扎的。”[10]

贝弗里奇随后被联合政府任命去调查战后社会保险改革可能遇到的技术性难题。但是贝弗里奇随后取得了巨大的成就——他的工作被视为“为战后的新世界做出了巨大的贡献”。他接下来的调查使得英国政府在充分就业政策上的倾斜比预期中的更大。下议院对于贝弗里奇和英国政府白皮书的意见是，他们为了社会公益以及在谴责战前放任自由的经济政策的前提下，支持国家计划。贝弗里奇在 1942 年总结道：“当进行全民战争时，如果这种混合的民主能够展示出力量、勇气和想象力，那么它将会赢得双重的胜利，而实际上这双重的胜利是密不可分的。”[11]

贝弗里奇观念的流行，不仅证明了他在自我宣传方面的天赋，也证明了大众对战后重建的关注。像贝弗里奇一样，英国的公众舆论在战争期间已经转向了左翼。这点可以从 1941 年 1 月的一期特殊的《图片邮报》（*Picture Post*）中看出，其题目是“我们心目中，战后英国的样子”；这种兴趣也体现在 1942 年坎特伯雷大主教的畅销书《基督教与社会秩序》（*Christianity and the Social Order*）一书的热销，以及理查德·阿克兰（Richard Acland）创办的共同财富党（Common Wealth Party）的出现。贝弗里奇的观点通过英国广播公司（BBC）和地下出版物的宣传，在全球获得了成功，以至于在第三帝国他的计划被认为是“我们的敌人正在学习国家社会主义的明显证据”。[12]

当然这并不客观。相反，纳粹的挑战使得民主主义者不得不再次审视社会和国家团结的问题。这个过程早在 20 世纪 30 年代就已经开始，尤其是在瑞典，在那里社会民主党开创了一个取代现行独裁主义模式的强制性人口政策。20 世纪 30 年代末期出现的瑞典国家福利，是一个明确的民主程序，它一方面鼓励民众尽可能多地生育，另一方面它将是否生育看作是个人的选择，无论什么样的选择都会得到政府的尊重。瑞典仍旧对精神病人施行绝育，但是同时鼓励开办计划生育诊所、在学校提供性教育、开放堕胎法令以及保障有工作的母亲的权利；政府引入了家庭津贴、免费医疗、牙科保健以及免费的学校膳食。

阿尔瓦·米达尔（Alva Myrdal），作为这些政策的制定者之一，所制定的政策和纳粹的政策相比，在个人和国家之间的关系上截然相反。她在《国家和家庭》（*Nation and Family*）一书中提出，“扩大现代民主的范围是非常必要的”。她在 1940 年 8 月完成了这本书的撰写，谨慎地展望了未来某一天“当今的灾难”能够结束，“自由和进步能够重新出现在欧洲”。但是，她警告：

> 这次战争以及上一次战争，对于民主而言都是挑战，并再一次重申民主应完成它的社会责任。政治自由和形式上的平等并不够，真正的民主、社会和经济上的民主，是需要付出的……
>
> 欧洲将会变得贫困。以传统的偿还债务能力去衡量各交战国和非交战国的财政结构，那么各国都将破产。富裕的人们将会发现他们的财富通过税收而蒸发，大众将会陷入饥饿。当战时的经济结构崩溃，正常兑换和商业的错位，将会产生巨大的失调。数百万的复员军人渴望就业和安定。保障有序，避免社会混乱，不仅需要勇气，还需要智慧。然而，这些状况无法阻止正在进行的社会改革；相反，它们将会促进改革，无论我们是否希望这种改革发生。[13]

所有的这些都成为关于社会主义和民主争论的一部分，而这个争论本身则是由战争引起的。1942 年，纳粹提出的更为平等的新秩序笼罩着欧洲，资本家们的“财阀统治”失去了他们曾经拥有的吸引力。现在他们的对手代表着一个更加公平的未来。例如，在法国，

1942 年当布鲁姆在里永（Riom）被审判时，他言辞激烈地为人民阵线辩护，这也为他赢得了很多拥护者。另外一个反映民众对维希政府不满的案例，是戴高乐在 1942 年针对贝当的反动政权而提出的“新民主”。到 1943 年 4 月，戴高乐已经将国家控制引入经济事务和社会安全事务中。[14]

有很多证据证明，在欧洲范围内，纳粹统治下的人们拥有激进化的倾向。1942 年，一位年轻的荷兰律师在一份地下通信中写道：“我们最不希望看到的事情，就是回到 1939 年的社会状况，当时充斥着经济混乱、社会不公正、精神懈怠和阶级歧视。”在希腊，通货膨胀和食物短缺造成了“真正的社会革命”，并且使得“战前最为保守的人群，转向了左翼”。[15]

在这种公众态度“左”倾化的过程中，抵抗和地下运动起到了显著的作用，一部分是因为这些运动的领导者来自左翼，另一部分是因为抵抗本身就是公共团结的一种实践，而公共团结为战后世界提供了一种平等和高尚的愿景。在斯大林格勒会战后，人们开始越来越关注未来。1943 年，《自由》（*La Revue libre*）杂志宣称：“在战斗最激烈的时候，在盖世太保和维希政府的恐怖统治下，随笔、政治论文、宪法草案和计划到处出现、传播、阅读和讨论。”现在即便是最保守的团体都开始解释“意识形态”。[16]

当然，把欧洲大陆范围内的抵抗力量的意识形态归结为一类的做法显然是错误的：毕竟抵抗力量是分散的、局部的，由于信息并不通畅，一个团体很难获悉另外一个抵抗团体的存在；他们的成员来自不同的政治和社会背景的人群。总之，这是一种战争时期才会出现的现象，涵盖了所有的不确定性、变化性和思想混乱。在意大利，法西斯 20 余年的统治使得人们已经习惯了国家介入社会和经济事务中，因此反法西斯主义者强调在计划经济基础上的公平和自由；在法国，对国家干预经济的信心是和狂热的爱国主义联系在一起的，这种情感也许只有波兰人能够媲美。然而这种不同的侧重点，并不能阻挡他们抵抗的愿望。无论是大型工业和银行的国有化，通过控制价格和生产来实现国家计划，还是追求模糊的“社会公平”，追求更加公平和“社会化”的经济成为抵抗者的共同目标。1943 年埃米尔·拉丰（Émile Laffon）在全国抵抗运动计划中写道：“财政是为经济服务的。”这不仅是凯恩斯的梦想，还是那些预见了 20 世纪 30 年代经济复苏，害怕再一次成为预算平衡牺牲品的人的梦想。[17]

流亡政府之所以对新的社会情绪反应缓慢，是由于他们并不直接接触事件。欧洲的流亡政府逐渐改变了他们建立战后国内新秩序的愿望。挪威的外务大臣特吕格弗·赖伊（Trygve Lie）宣布战争“使得在政府指导下建立国家计划经济体系成为一种必然”。荷兰政府并不热衷于接受这种论调，而比利时很快建立了一个学习战后问题的委员会，并且承诺使用“国家计划”；“计划国家经济”能够使国家避免大量的失业问题。贝奈斯政府对战前捷克斯洛伐克的社会政策感到自豪，但是仍旧设想了银行、保险公司和重工业的国有化，并且引入了“计划经济”。能够最好地揭示战争期间人们对于激进的社会和经济工程的接受程度的事例，就是传统的保守主义者和有保守主义倾向的政治家发表的类似言论，包括波兰的西科尔斯基（Sikorski）将军、法国的戴高乐将军和希腊总理楚泽罗斯（Tsouderos）。他们同样承诺在战后实行改革。对贝奈斯和斯巴克 * 这样的社会民主党而言，经济计划和社会干预已经不是什么新鲜的

---

* 斯巴克（Spaak），1947—1949 年担任比利时首相。——译者注

事物，但是以这种观点说服欧洲的保守党，进而联合左翼和右翼政党，则是欧洲战后政治稳定的先决条件。[18]

国家和个人的对抗

如果说战争期间将战前的经济个人主义和放任自由视为罪恶，将国家干预视为社会和谐必要条件的观点是一种主流趋势的话，那么另外一个趋势就是在和希特勒斗争的过程中，发现了人权和民事权利的重要性。换言之，在法律和政治领域，这个趋势就是重新评估个人和国家哪个才是首要的。[19]

领土被占时，人们的选择成了最直接也最无法回避的问题。经历了纳粹的恐怖统治，波兰科幻小说家斯坦尼斯拉夫·莱姆（Stanislav Lem）提出了自己的理论：冒险出去寻找食物导致过早的死亡是一种偶然吗？成为第三帝国的劳动力还是出去寻找一块面包？在南斯拉夫，由外交官转行成为小说家的伊沃·安德里奇（Ivo Andric）目睹了内战的爆发，这种战争的原因是历史性的，是集体的传统，而这种力量已经凌驾于个人之上。在他获得诺贝尔文学奖的小说《德里纳河上的桥》（*Bridge over the River Drina*）中，波斯尼亚 5 个世纪的历史成为小说的主角。

但是其他人则得到了不同的结论：在合作和抵抗之间，任何事情都被归结为个人的选择，而非命运的安排。意大利小说家埃利奥·维托里尼（Elio Vittorini）在他的小说《人与非人》（*Uomini e no*）中强调无论是抵抗还是纳粹的残暴都是个人的选择："他跌倒了，也会再崛起。侮辱、压迫，他可以选择反抗。这是因为他渴望自由，而不是复仇。这才是人。那么盖世太保也是吗？当然！……当今我们有希特勒。那么他是什么呢？他不是一个人吗？”[20]

萨特（Sartre）在《存在与虚无》（*Being and Nothingness*）中写道：“尽管我在世界中是被动存在的，但是我依旧能够选择成为一个什么样的人。”被占领的经历，直接导致了存在主义思想的发展。萨特谴责了德里厄（Drieu）、巴西拉齐（Brasillach）甚至是埃马纽埃尔·穆尼埃（Emmanuel Mounier）等宿命论者，他们选择和纳粹合作，并且宣称历史和命运选择了希特勒的德国成为未来的发展方向。在 1944 年 7 月一封《写给德国朋友的信》中，阿尔贝·加缪（Albert Camus）也提出了相似的观点：“你永远都无法理解这个世界意味着什么，并且推断出这个世界上的一切事物都是相关联的。善恶都是可以根据一个人的意志而决定的……我始终相信这个世界没有终极的含义。但是我知道这个世界上的一些事情意味着什么，以及什么才是人。”[21]

选择抵抗很大程度上是个人的行为。阿尔本·维斯特尔（Alban Vistel）之所以称其为抵抗的“精神遗产”，是因为人们意识到他们的“个人荣誉感”遭到了纳粹价值观的侮辱。很多起义都跟爱国主义和渴望自由紧密相连，这使起义的参与者强调个人自由的重要性。法国协商会议的一位创立者宣布：“激励我们的理想，是一种自由的理想。”抵抗因此体现了集体行动，以及保卫个人的自由。[22]

在希特勒统治的德国内部，纳粹的统治经历，在私人领域内，产生了关于个人定位的革命。“二战”后，德意志和犹太混血哲学家维克多·克伦佩雷尔（Victor Klemperer）试着向他的学生们解释，在德累斯顿的废墟上，第三帝国贬低了战争时期的英雄主义，而把它变为这个政权宣传工具的一部分。真正的英雄是孤独的个体，他们会远离国家的奉承。纳粹推崇的英雄，基于虚假的公众好评之上；

甚至反纳粹的抵抗积极分子都从他们的伙伴那里获得支持；在克伦佩雷尔看来，真正的英雄主义是他非犹太裔的妻子，她在第三帝国统治时期勇敢地和克伦佩雷尔站在一起，无论遭受什么苦难都独自承受，而她的勇气并没有受到别人的支持和肯定。

对于宗教思想家，重申个人良心也许是战争期间这个领域最为显著的发展。与此同时，教会重新发现了它们的社会目标。无论是英国的安立甘教派、天主教还是东正教，它们都重申了人的精神凌驾于集权主义所要求的对国家的忠诚之上。穆尼埃向维希政府提出，将“资产阶级的人变成资产阶级的教会”，这使得他和其他宗教改革者一起进入了思想的死胡同。雅克·马里顿（Jacques Maritain）为此指明了出路。像穆尼埃一样，马里顿认为社会改革是非常迫切的；但与穆尼埃不同的是，他提出了这种社会改革可以在民主的框架下进行。在《基督教和民主》（*Christianisme et Dèmocratie*）一书中，马里顿强调休战期民主的倒退是一个错误：“这不是为民主找一个新名字的问题，而是要发现它的真正价值并且意识到这种价值……不是从资产阶级民主转向全人类的民主，而是从不完善的民主转向真正的民主。”[23]

“二战”后的基督教民主正处于萌芽阶段，至少在理论方面也已成形。在1942年出版的《人权与自然法》（*les Droits de l'homme et la loi naturelle*）中，马里顿发展了他的观念，他认为个人思想的全面发展需要与社会联系在一起。个人作为一个“开放的整体”而存在，他们需要在集体中而不是在孤立的状态下获得自我实现。马里顿写道：“我已经强调过人类个体作为公民应该享有的权利。”这种观念将社会责任视为个人的义务，而个人的行为也被视为一种政治自由，这种观点同样适用于其他宗教团体。希腊东正教大主教德玛斯基诺斯（Demaskinos）呼吁人们在面对希腊的饥荒时，要更加团结，少私寡欲。坎特伯雷大主教威廉·坦普尔（William Temple）非常赞许地引用了马里顿的观点，并且呼吁以“人的民主”对抗自我本位的“个人民主”。[24]

对于个人价值的关注，不仅仅局限在道德哲学和宗教层面，甚至体现在法律范畴内。1939 年 9 月 3 日，丘吉尔大胆地宣称，战争是为了“在坚不可摧的基础上，建立个人的权利”。盟军也强调了权利的神圣性。著名国际法学家赫尔施·劳特派特（Hersch Lauterpacht）写道：“在‘二战’中，‘人权的根基’被不断重申，并且成为战争的一个主要目的。权利将这场伟大的竞争强加于这个世界，而战争的本质是在对抗国家权威的过程中，否定人权。在这个过程中，文明的精神遗产处于致命的危险之中。”[25]

为了保卫权利进行一场改革是大有裨益的，但是，究竟是何种权利以及保卫的是谁的权利还在争论中。昆西·怀特（Quincy Wright）在表达他美国式自由思想的时候，冒险地将公民权利和自由置于法律和自由贸易之上。但是其他人并不认同怀特的观点，因为他忽略了战争带来的社会需求。波兰人赖赫曼（Rajchman）认为，纳粹的占领是“拉低人民数量的一个过程，这个过程对于人们的心理产生了一种暗示，即这个新政权将接受影响深远的改革”。他指出，“今天数以亿计的人口都在思考未来应如何运用人类的权利，这种权利至少包括最低限度的社会保障”。因此我们发现，这种争论集中在广义和狭义的人权定义之上：这种争论在战争期间发端，并且自“冷战”以来持续发酵，而这种争论也是苏联阵营和第三世界国家攻击西方世界的关键点。[26]

对于权利的承诺引发了关于种族和帝国的棘手问题。20 世纪 30

年代末期，法学家们注意到纳粹法理学的发展。它以种族和国家利益的名义攻击自由主义中关于个人自由的概念。他们指出德国内部的反犹太主义为种族主义者的野心开辟了道路，不但导致了纳粹侵略欧洲，还导致了数百万犹太人的死亡。关于这一点，马里顿和其他学者在 1943 年曾公开详细讨论。然而，西方的知识分子还在犹豫是否需要将他们所处社会依旧盛行的种族优越感与这种观点联系起来——这种犹豫既不代表官方，也不代表公共舆论。[27]

在意识到这是一场“关于保卫民主的意识形态斗争”之后，瑞典的社会民主党人贡纳尔·米达尔（Gunnar Myrdal）观察道，在这场战争中，民主的原则不得不明确地应用于种族问题……在对抗法西斯主义和纳粹主义的过程中，美国在种族宽容、种族合作和种族平等问题上走在了世界的前面。一些美国白人对以一支种族隔离的部队去对抗希特勒的虚伪行为感到不满，他们认为这样的行为非常伪善。一些美国黑人评论道：“这是一幅奇怪的画面，美国人在战争中通过自由人来捍卫政府的理想，但是他们却在遵循奴隶社会的痕迹。”拉尔夫·邦奇（Ralph Bunche）在总结美国黑人的主要观点时写道：“这场战争不是为了挽救民主，对于一个根本不存在的事物我们无法挽救。而这场战争是为了维持这样一种状况，即在这种氛围下，人们可以继续争取民主理想的实现。在反民主革命和希特勒新秩序的挑战下，这是国家定位的必然逻辑。”[28]

英国也持类似的态度。达德利·汤普森（Dudley Thompson）是参加英国皇家空军的牙买加志愿者。曾有人问他：“你是具有纯正血统的欧洲人吗？”知名记者乔治·帕德莫尔（George Padmore）因为在 1933 年攻击希特勒的种族政策而被囚禁，成为泛非（Pan-African）运动的先锋。他希望通过这种形式迫使英国当局在帝国范围内扩大民主的范畴。在丘吉尔这个具有浪漫主义情怀的帝国主义者的统治下，这个目标永远都不会实现。实际上，英国政府在 20 世纪 40 年代末就在帝国内部实行了帝国运动，以支持战争。白厅在公众中传播"充满活力的信仰"的努力，与德国宣传建立一个"奴隶帝国"的目的是背道而驰的："大英帝国实际上和纳粹是迥然不同的。此前从未有过与之类似的国度；它是一个共和国，一个自由的国度——这些都与对国王的忠诚度息息相关。它代表着进步，也代表着未来的希望。"[29]

帝国运动被证明是一次彻头彻尾的失败，我们也可以从这次失败中发现欧洲人对帝国的态度。在战争期间，这种态度主要基于冷漠，至少在英国和法国是这样的。在这些国家，国内的事务比帝国的事务受到的关注更多。英国勉强维持着帝国的运行。反帝国主义者也是这么做的。大多数欧洲人并没有意识到，保卫国内人权自由和进行海外殖民统治的做法在本质上是不一致的。曾有人通过调查反抗记录，来审视殖民地人民的困境。例如，在意大利保留殖民地是一个关乎自尊的问题。在法国有很多关于改变帝国现状的讨论，但是没有一个能够付诸实行；左翼或多或少地回避这一问题，这一点从 1944 年召开的布达柴维尔会议（Brazzaville Conference）中他们缄默的态度可见一斑。荷兰的威廉明娜女王（Queen Wilhelmina）仅仅提议将荷兰帝国改为共和国，在这个共和国内"没有种族和国籍带来的歧视"。因为印度国大党（Indian Congress Party）提出让英国撤出印度，白厅逮捕了甘地，并且赋予印度自治的地位。[30]

对于精明的战争观察者而言，欧洲民众对种族问题模糊的态度成为战争最显著的特征之一。美国人类学家罗伯特·雷德菲尔德（Robert Redfield）提出，在对抗纳粹的过程中，民主不得不反省自己在理论和实践中的不一致："现在，民主理想就是维护一个完整的世界——一个自由的世界。"他继续评论道："然而，宣布这一计划的领袖们是种族不平等普遍存在的国家的公民。"雷德菲尔德预计，伴随着"这种观念上不一致解决方案的姗姗来迟，人们将会以一种更加温和的态度来审视对不同种族的不宽容"。如果战争伴随着种族平等和人权的新压力，那么这将终结欧洲的帝国主义，但是事态并没有这样发展：欧洲人（包括美国白人）对他们的种族问题依旧无动于衷。只要殖民地的人民愿意为了宗主国人民的利益而斗争，那么他们就没有进行一场激进的结构改革的动力。但是在英国、法国、比利时和荷兰看来，这场战争是变化的催化剂：胡志明（Ho Chi Minh）在反抗日本的斗争后，继续和法国做斗争；包括肯雅塔 * 和恩克鲁玛 ** 在内的亚洲、非洲和加勒比地区的军人都返回他们的家乡。在结束与希特勒的战争之后，他们准备继续投入同欧洲殖民者的战争。[31]

民族国家和国际秩序

1944 年，国际法学家拉斐尔·莱姆金（Raphael Lemkin）在同盟国胜利之际，号召建立联合国，用以推动德国"一种优秀道德、国际法和真正和平的理论，代替优秀种族理论"。包括莱姆金在内的很多人都相信，国际法的复兴是未来国际和平和道德秩序的必要组成部分。纳粹法理学的种族基础和德国拒绝接受国际法的行为，

---

* 乔莫·肯雅塔（Jomo Kenyatta），肯尼亚政治家，第一位肯尼亚总统，肯尼亚国父。——译者注

** 弗朗西斯·恩威亚·克瓦米·恩克鲁玛（Francis Nwia Kwame Nkrumah），加纳国父，非洲杰出的政治家、思想家、哲学家、教育家、外交家、国务活动家，深受非洲人民尊敬。——译者注

早在 20 世纪 30 年代末期欧洲秩序崩溃之时就已经初见端倪。纳粹的侵略行为破坏了已经存在的“国际社会”。与此同时，纳粹对待犹太人的行为使人们相信，如果个人要求被国家保护，那么国家在国内事务上的主权这一传统理念就应该被重新提及。因此国际法的复兴被视作世界和平的天然辅助，尤其是在保障人权方面。[32]

昆西·怀特在 1943 年写道：“建立有效的国际机构并不现实，除非在国家侵犯人权时，它能够保障人的基本权利。”怀特观察道，与波兰和捷克斯洛伐克不同，德国并没有履行和国际联盟签订少数民族条约的义务，这导致了“国际联盟从一开始就没有正式地对抗德国的迫害。在它看来，国家迫害领土内的民族是其应有的权力”。[33]

但是保护人权需要一个高于国家的机构，人们在这里可以寻求援助。奥地利的法学家凯尔森强调：“权利只在法律的范畴内存在，并且只能用于向法庭提起诉讼……如果个人能够和国际法庭直接对话，那么国际法就能够赋予个人权利。”他的同事劳特派特警告说，国际法保护人权将会“触及国家和个人之间的亲密关系……与战争相比，这更加强烈地干涉了国家的主权”。但是在《通过法律寻求和平》（*Peace Through Law*）一书中，凯尔森提出只有当人们相信“国家的神圣性”时，他们才能够意识到国家不需要国际法来约束。主权是一个转移注意力的概念。他继续写道：“从主权的概念出发，它就是我们有意界定的范畴，仅此而已。”[34]

主权的限制随后体现在政治领域，而非法理学和哲学领域。那么谁应该承认国际法的至高地位呢？自由主义思想在休战期再一次将自己的观念施加给公众，用以保护人权。很明显，战后需要一个更加有效的工具来推行这种价值观。像在《大西洋宪章》中一样，在尊重各国主权的问题上，同盟国所做出的承诺是一个棘手的问题。换言之，这就等于让“二战”后的国家默认自己在某种程度上具有弱点。像凯尔森和劳特派特这样有经验的法学家观察到，现实中无法将各国的法律统一在国际法的范畴内。唯一的方法就是推动某种世界性“国家”的出现，这在他们看来简直是一个不可能实现的愿景。

另一个热烈的争论则集中于，居于战后世界秩序主要地位的人权究竟应该是个人的人权，还是集体的人权。国际联盟曾经选择了后者，在其体系内保护了东欧的少数民族。然而，除了注意到保护少数民族的重要性，也有一些观点进一步提出要废除对集体权利的保障，而非改善集体权利。贝奈斯总统和捷克斯洛伐克流亡政府对国际联盟体系表示强烈谴责，因为这个体系危害了国家安全。一位观察家警告说：“每一个保护少数民族的人都会遇到他们自己的亨莱因*。”另外，东欧国家因失去管理本国少数民族的权力而感到愤恨，它们之所以会遭受如此羞辱，正是因为丧失了权力。

1942年贝奈斯写道：“事情到了不可收拾的地步，集权国家和独裁国家——德国、匈牙利和意大利——不仅侵犯领土内的少数民族，还宣称是我们国家少数民族的保护者。”贝奈斯并不希望恢复到“二战”前的国际联盟体系，相反，他主张“二战”后的少数民族管理方法应该基于“保护个人在国内的权利，而非一个民族的权利”。

除了东欧国家反对，同盟国的主要力量——英国、美国和法国，

---

* 康拉德·亨莱因（Konrad Henlein）是德国在捷克斯洛伐克统治时期的主要政治家。——译者注

都不希望恢复这样一个体系，因为它将欧洲内部的问题国际化，却没有找到相应的解决方案。正如战后欧洲秩序安排的那样，大国只对少数涉及自身利益的国家承担义务，这也意味着它们倾向于抛弃国际联盟保障集体权利的做法。结果就是，联合国对于个人权利的承诺，更像是同盟国为了敷衍而做出的被动性承诺。这个事实能够帮助我们理解为什么在战争期间几乎没有人希望国际法复兴。

战争期间，为了限制国家的主权，催生了迫使国家将部分权力交予一个更高的权力组织的做法，而这种做法并不局限于法律范畴内。其中一个最显著的表现就是联邦主义的盛行，这一形式在 1940 年前后尤甚。这场战争很大程度上被归咎于民族之间不可遏制的对抗，因此通过联邦制来实现国际和谐听起来非常有吸引力。一位荷兰的抵抗组织领袖注意到“这场战争是‘国家主权’的一场危机”。而一位英国法学家则说：“要么选择永不休止的战争，要么选择联邦制。”[35]

在 20 世纪 30 年代末期的英国和法国，这种观点也十分盛行。1938 年，伦敦出现了联邦政府运动，并且获得了意想不到的支持。它认为“不基于国际秩序的国家间合作是有效且长久的，因为主权国家最终会寻求自身的利益”，并希望在此基础上建立一个民主的联邦。R. M. G. 麦凯在他的《欧洲联邦》（*Federal Europe*）一书中描绘了“一个欧洲新秩序的新体系，这个体系的建立将使得欧洲人民可以展望未来：他们将会生活和工作在免于战争恐惧、欲望和不安定的自由、和平的环境中”。在 1940 年 6 月这个最黑暗的日子里，关于英法两国“牢不可破的联盟”这一伟大宣言将这种观点推向了顶峰。[36]

尽管这种联盟从未真正实现，而且联邦主义的观念也在逐渐减弱其吸引力，但无论是正式还是非正式地讨论欧洲未来的时候，联邦制依旧是一个显著的特征。尽管地图绘制人员对于联邦主义的兴趣不尽相同，但是他们都在推测欧洲大陆将会被如何瓜分。1942 年美国的一位地理学家在一篇名为《新世界的地图》(Maps for the New World)的文章中提出，欧洲应该分为“英国-荷兰共和国”，在它旁边是“芬兰-斯堪的纳维亚共和国”、“捷克斯洛伐克-波兰共和国”、一个“德国-匈牙利”国家，以及一个“巴尔干联盟”。伯纳德·纽曼(Bernard Newman)在他 1943 年的新书《新欧洲》(*New Europe*)的卷首语中更为严肃地提出了这个问题。这幅地图将欧洲分为西欧、斯堪的纳维亚、波罗的海、中欧、巴尔干和伊比利亚几个联邦。只有意大利保持不变。[37]

像 1914—1918 年一样，英国和美国政府也将联邦制视为解决欧洲问题的一种有效方式。例如，奥地利给英国外交部职员带来的困境，和之前的哈布斯堡帝国一样。白厅中几乎没有人相信奥地利能够作为一个独立的国家而存在，但是人们更加不愿意见到奥地利和德国合并，即以多瑙河为中心构建一个类似的帝国。恢复休战期的巴尔干联盟，并且强制保加利亚加入这个联盟，则是另外一个不切实际的构想。[38]

丘吉尔被欧洲联邦这个想法吸引，他展望了英国能够在整个欧洲大陆发挥影响力的战后安排。从 1940 年 5 月开始，美国战后世界的设计者们相信，一个远超区域性或者大陆性的新国际机构将出现，这个机构一经出现就会获得坚实的基础。实际上，纽曼在 1943 年提出的观点，与美国相关部门在 1940 年的展望极其相似。[39]

然而，与此同时，我们应该客观看待这些计划。随着战争的推移，联邦主义的热度在政府内外都在消退。一个原因是苏联的敌视，因为这样的安排似乎是想要在东欧建立一个“反苏”集团。另外一个原因是很多小国的反对，它们担心自己会消失在一个大国主导的欧洲之内——无论是战时的捷克斯洛伐克-波兰联盟，还是希腊-南斯拉夫联盟，都难逃此厄运。

在大陆内部的抵抗运动中，欧洲的观念代表着一种道德传统，而非一种特定的政治—经济安排。坚持欧洲共同价值的存在，就是在变相地否定希特勒的新秩序。意大利行动党（Partito d'Azione）将战争视为一场欧洲内战，而且将战争的性质定义为在欧洲大陆框架下的一场“民主革命”。1943 年，巴黎的高中生要求以一种“欧洲新秩序”取代希特勒的纳粹秩序，并且强调他们心目中的欧洲不是由一个霸权国家统治的欧洲，也不是一个类似于泛美性质的经济和财政同盟，而是一个“文化和道德共同体，而这种共同体经过战争的洗礼，从未转向一个政治和社会共同体”。法国的《游击战士》（*Le Franc-Tireur*）写道：“一个政权垮台，另外一个政权就会诞生。它是从解放斗争的火焰和冰冷的牢狱中成长起来的，并且伴随着大量的反抗；它是从波兰平原的游击队、从米兰的工厂、从德国的集中营、从挪威的大学以及从波斯尼亚的山区中诞生的。”[40]

还有一些关于联邦制的特殊承诺。总体来说，这些承诺的力量与其所在团体的关注度不成比例。例如，1941 年 8 月反法西斯的“文托泰内宣言”（Ventotene Manifesto）反映了英国联邦主义者的观点，只在战争时期流传。寻求抵抗力量从而支持联邦主义极少处在他们计划的首要位置。因此，历史学家们将战争时期的抵抗宣言作为共同市场起源的做法并没有说服力，因为人们也可以说这种起源来自纳粹：1943 年，很多轴心国的支持者更乐于成为“欧洲人”而非他们的对手。总而言之，在欧洲大多数地区，国内的经济社会政策和爱国主义依旧是抵抗运动的主要动力，抵抗运动参与者的视野只局限在民族国家的范围内。

在带给联邦主义动力的同时，战争实际上还助长了欧洲国家主义者的情绪。毕竟对于抵抗者而言，爱国主义远比“欧洲主义”重要。1941 年年末一份荷兰的情报报告注意到：“人们开始热衷国家主义。这也是我们担心荷兰国家主义强化的一个原因。一场屠杀即将发生。”英国在同第三帝国的斗争中获得的自豪感，能够帮助我们理解为什么随着战争的结束，联邦主义在英国逐渐褪去光环。法国见证了“国家”观念的复兴。当波兰的抵抗力量同意“波兰共和国将会成为欧洲自由联邦的一个国家”时，相比于联邦主义者的信仰，他们更在意波兰在战后成为一个独立国家的地位。像希腊这样拥有国家主义传统的国家，国家主义从未褪色。在像波兰、阿尔巴尼亚和南斯拉夫这样的国家爆发了内战，无论是左翼政党还是右翼政党，都宣称自己才是国家主义的正统。总之，保守主义者和反抗德国的右翼抵抗者相比于社会主义者和基督教民主党，更加仇视出卖国家主权的行为；即便后者也更加倾向于强调在国内改革的重要性。换言之，在战时的共识中，联邦主义依旧是一个薄弱的因素。[41]

新的共识：限制和矛盾

1944 年，奥地利的流亡经济学家哈耶克出版了一本名为《通往奴役之路》（*The Rode to Serfdom*）的书。哈耶克哀叹道：“如果我们采纳人们的观点来影响发展，那么他们现在全都是民主体系下的社会主义者。几乎没有人怀疑我们将会迈向社会主义。”他发现他的展望非常具有警示性。他问道，如果为了在欧洲范围内毁灭自由，那么为什么西欧还要和纳粹开战呢？《通往奴役之路》尖锐地提出，自由和哈耶克习惯于称为的“集体主义”并不相符。根据哈耶克的观点，“民主社会主义”是一个令人困惑的概念，任何试图达成这个混合体目标的努力，都会使社会向集权主义倾斜。像 H. G. 韦尔斯这样的提出经济计划和保障人权可以并存的人，他们是在欺骗自己；计划需要独裁者，这就降低了议会的重要性。通过谴责“集权主义在我们当中”，哈耶克号召人们远离“乌托邦式”的幻景，而归回他们“已经抛弃的道路”的经济自由主义。[42]

哈耶克引起的激烈论战在 40 年后收获了一位具有影响力的听众。40 年后考察战后的社会秩序时，哈耶克的观点成为撒切尔政府时期放任自由经济政策者们信奉的经典。但是 1944 年哈耶克的观点并不引人注目。他强调的西方计划经济与苏联的集体主义相联系的观点并没有引起关注，同样没有获得关注的还有他对于民主社会主义概念的阐释。这位奥地利人提出的新自由传统在美国找到了一位听众。

匈牙利犹太裔的社会学家卡尔·曼海姆（Karl Mannheim）提出的和哈耶克相反的观点，更加适合当代欧洲。对于曼海姆而言，自由放任的时代已经结束了。他提出在现代工业社会“已经不存在计划经济和放任自由经济之间的抉择了，存在的只是好的计划经济和不好的计划经济之间的选择”。在讨论以赛亚·柏林（Isaiah Berlin）的《自由的两个概念》（*Two Concepts of Freedom*）一书时，曼海姆坚持认为有不同概念的自由，自由主义者强调“从外部的统治获得自由”导致他们忽视了另外一种作为“机遇的自由”，这种自由是由社会创造的某种计划。曼海姆认为，民主如果想要延续，就需要和计划联系在一起；需要提防的敌人不是计划者，而是官僚。像他所说的那样："一个计划社会的民主宪法所面临的主要问题是避免官僚的专制主义。"[43]

回想起来，最引人瞩目的问题是大多数欧洲国家并没有讨论这些问题。1945 年之后，经济自由主义最为盛行的两个国家是联邦德国和意大利；在它们痛苦的经历中，它们相信计划经济和集权主义是相关联的。但是即便是这两个国家，也没有回到哈耶克所谓的"已经抛弃的道路"上来。在其他地方，国家干预的原则——无论是西欧的混合制经济，还是东欧的计划和控制经济——都非常顺利地被人们接受。在这些发展的背后，是关于资本主义在休战期危机的记忆、苏联体系在和纳粹的斗争中的胜利所赢得的威望，以及国家干预能够提高社会公平的观念。

计划经济是否和新兴的国际主义相适应也是有疑问的。毕竟，左翼政党和社会改革者们都倾向于在国内取消自由放任的经济政策，而在国际上创立一部国际宪法，来扩大国际法的权力。例如，E. H. 卡尔提出建立一个欧洲规划局（European Planning Authority），"其目标就是将'欧洲'视为一个整体，而重组欧洲的经济生活"。作为一个兼具理想主义和现实主义的人，E. H. 卡尔并没有将希特勒提出的利用"集中欧洲的权力"，抛弃民族主义制度的观点置于自己的提议之上。[44]

正如 E. H. 卡尔提出的那样，国家计划怎么才能和欧洲大陆的计划保持一致呢？如果国家的经济利益和欧洲整体的经济利益不符怎么办？总之，很少有人关注这种潜在的左翼斗争。但是自由主义经济学家提出的批评具有穿透性。哈耶克强调国际计划是荒谬的：

> 人们可以想象，计划经济在西欧这样的区域所产生的问题，

> 这样一个事业完全缺乏道德基础。那些幻想存在着公平分配这种共同理想的人，能够让挪威的渔民放弃他的经济收益而去帮助他在葡萄牙的同行？或者让荷兰的工人花更多的钱去买自行车来帮助考文垂（Coventry）的机械业？还是能够让法国的农民交更多的税去援助意大利的工业化？[45]

哈耶克强调 E. H. 卡尔的观点是错误的，这种计划不在民主的范畴内，而是存在于像纳粹民族共同体那样的“赤裸裸的强权统治”中。C. A. 曼宁（C. A. Manning）在回顾 E. H. 卡尔的书的时候询问道：“如果纳粹的方式和小的主权国家成为常见的范式，那么这场战争的目的是什么呢？”哈耶克提出欧洲计划的概念暗示着“完全忽视个体和小国的权利”。[46]

其他的自由主义者同意哈耶克所说的，国际联合会在理论上是可取的。但是在他们看来，它只能够维持民主的现状，因为它避开了超国家计划的理念，并且将自己定位于建立自由贸易区。奥地利另外一位新自由主义经济学家冯·米塞斯（von Mises）说道：“联邦政府只有在自由市场经济的框架下，才能够起作用。”他建议，西欧的民主国家应该消除贸易壁垒，同时放弃国内的国家社会主义，尽管这种状况不太可能发生。政治家们应该致力于签署更加适度的国际经济贸易协定和规范，而不是追求乌托邦式的、难以实现的“世界计划”。杰出的意大利自由主义经济学家路易吉·伊诺第（Luigi Einaudi）也在以一种相似的思路思考这个问题。在 1943 年 9 月出版的《欧洲的经济联邦》（*Per una federazione economica europea*）一书中，这位未来的意大利总统提出将自由贸易和经济联邦作为实现欧洲和谐的可行性措施。他提出，国家不应该将国家的政治独立立刻让位于新的国际联邦；相反，它们应该为了更大的安全而放弃特定的经济权利。[47]

在这场辩论中，自由主义者取得的成就比国内改革者们所预想的更多。部分是由于他们具有逻辑性，而且政治现实站在他们一边。另一个原因是他们的信息有强大的支撑。美国国务卿科德尔·赫尔（Cordell Hull）承诺将致力于自由贸易；赫尔部门的战后规划者在其领导下，通过降低关税和引入自由兑换等方式，注重消除欧洲经济上的国家主义。这些并没有妨碍美国从这些政策中获益。最终，自由主义的论断赢得了胜利，主要是因为经济的计划者们更喜欢在国家的层面行使权力。战后的经济"奇迹"是国内经济国家主义和贸易自由主义巧妙结合的必然结果。

乌托邦与现实：成就的程度

战争期间，谨慎的评论家们针对人们对乌托邦的期望提出了警告。历史学家卡尔·贝克（Carl Becker）问道："为什么新世界会更好呢？很多人都在说我们将通过'减少民族主义、控制国家主权，放弃政治权利和终结帝国主义'等方式让新世界变得更好。"他继续补充道："也许这样可行。但是如果这样，那么我认为我们都会失业……让新世界变得更好是一项艰巨而且见效缓慢的工程。"[48]

在英国，民意测验显示，越来越多的人对深刻变革的前景感到悲观。在贝弗里奇的倡导下，人们希望进行全面的改革，但是他们都不相信改革会实现。他们现在认为战后的失业潮可以避免，尽管如此，它还是会发生。一位老人说："我认为这次的失业潮和上次战争结束时一样可怕。"不断上升的不确定性和犬儒主义，使人们梦想移民或者离开这片土地。回归平民生活使士兵和他们的家庭感到不安和焦虑。[49]

在被占领的欧洲地区，抵抗者对美好未来的期望已经被恐惧中和，这种恐惧就像他们在战争中表现出来的行为和勇气一样，随着战争的结束，恐惧也会消失。这种不安在意大利体现得尤为明显，意大利行动党的党员们担心法西斯主义的灭亡，将会导致反法西斯主义的消失。正如一位党员所言："总有一天，'反法西斯主义'这个词就会像'法西斯主义'一样无用和使人不快。"那么抵抗者们的愿望和理想将会面临什么？世界会像往常那样回归强权政治和商业时代吗？[50]

从抵抗者的角度来看，他们越来越清楚地认识到，手中的政治权力正在溜走，他们的恐惧正在不断发酵。在欧洲范围内，随着战争的结束，之前的抵抗领袖逐渐被边缘化。在意大利，1945 年 12 月费卢西奥·帕里（Ferruccio Parri）让位给阿尔契德·德·加斯贝利（Alcide de Gasperi）；在波兰，苏联将红军空投至卢布林，红军重新掌握国家解放委员会。在法国，戴高乐下令解散之前地中海周围的法国反纳粹游击队。欧洲的流亡者和难民返回故土，他们接受上述政权的政策。最引人瞩目的案例是希腊。在英国的支持下，希腊政府于 1944 年 12 月同左翼的"民族解放阵线 / 希腊人民解放军"在雅典展开斗争，粉碎了战时希腊的主要抵抗运动力量。

在下一章我们将会讨论，在战争结束后，社会上纳粹的支持者和纳粹合伙人，以及国家官僚机构是如何被清洗的。然而，这些整肃行动却保留了纳粹统治时期完整的权力结构：地方公务员体系、警察系统、商业机构和印刷业。这种保留产生了很多积极的结果，但是，之前的党员和一些地下党成员则认为，这背叛了他们的初衷。

后来的历史学家针对他们的抱怨做出了回应。一本关于战争时期妇女经历的论文集描述了在战争期间获得的成果，是如何在和平时期失去的。我们应该以一种学院派的眼光去审视这种批评的声音，因为他们将战争视为社会变革的温床。从表面上来看，他们显得很矛盾，但是实际情况真的是这样吗？[51]

当我们回溯战争期间出现的战后观念时，最令我们惊奇的应该是对国内改革所达成的共识——政治领域、经济领域和社会领域，这些改革不仅实现了，而且延续到战后时期。换言之，像很多学者提出的那样，这种共识不仅仅是宣传神话的实现。战争期间的研究成果以及 1951 年之后的权力转变，成为工党政府创造国家卫生服务体系并且承诺教育改革、国有化和充分就业的基础。尽管自由主义者为了减少公共开支一度暂停和重启经济和国家福利的混合体系，并且对这种集中的体系感到困惑，但是西欧其他国家还是将这种体系看作一种常态。从某种方面来讲，这是一种“仿真效果”，法国追随着英国和比利时的脚步，施行了社会安全改革。在苏维埃政权统治下，东欧转向了计划经济和发展社会安全体系；这些措施已经在战争时期被流亡政府接受，因此，即便没有苏联的外部压力，这些国家也不见得会走一条不同的发展道路。换言之，整个欧洲已经完全放弃了放任自由的经济政策。民主的观念得以恢复是必然结果，但这种观念在东欧的恢复是阶段性的，并且最终遭到了失败，而在西欧却获得了成功。

然而，其他方面的改革却没有获得长效的成果。战争期间抵抗运动催生了女性权利，这种发展在一定程度上被认为是“为了自由的双重战争”——反抗德国以及反对国内的“反动分子”，因为这些人反对社会改革。更重要的是，战争本身深刻地改变了传统的性别角色，扰乱了家庭纽带，在家庭内外都对妇女提出了新的任务和挑战。解放带来了一些持久性的成果，在法国、希腊、南斯拉夫扩大了妇女的选举权，之前在这些地区女性是被排除在外的。但是就像1918 年的情况一样，战争的结束促进了传统两性关系的恢复。政府试图让女人离开工作岗位，回到家中；一方面是为了给复员的军人提供就业岗位，另一方面则是为了鼓励生育。在希腊和意大利，这种趋势使得左翼政党开始批判资本主义，但是由铁托（Tito）领导的南斯拉夫也出现了这种状况，诸如对于“恢复父权制”的解释应该加以探究。

部分原因是战后“新提高人口出生率”主义盛行，这是出于传统观念对出生率和人口总数下降的担心——作为欧洲历史上最大的流血事件的后果，这种担心是非常必要的。另外一部分原因可以从普通人对战争的反应中找到答案：战争结束后，人们感到精疲力竭，想要摆脱意识形态的斗争，回归理想化的家庭生活。这种对家庭的向往，使很多人希望安定下来，组建家庭。一位 20 岁上白班的女孩说道：“战争结束后我就会结婚，然后一直待在家里。”另外一位已婚的妇女说道：“当战争结束时，我就会辞职，立刻辞职。我已经在这里生活了 15 年，结婚也已经 6 年。我想我还会再工作一段时间，直到我的丈夫安定下来，然后我就回家生子。”一个民意测验调查组总结道：“无论是好是坏，很多固执己见的妇女都希望战争结束后回归或是开始家庭生活。”[52]

在对种族问题的态度方面，欧洲还未摆脱战争时期的激进主义。在战争开始前，欧洲人对种族问题的态度正在缓慢变化；但是战争并没有加快这个进程。1945 年之后，欧洲的反犹太主义并没有消失，相反，这种趋势得到了加强。因为随着战争的结束，幸存的犹太人返回他们的家园，寻找已经被别人占有的土地，以及被掠夺的私人财产。

1945 年之后，欧洲各国仍然维持它们对殖民地的统治。作为纳粹暴力的受害者，欧洲人或多或少存在将帝国主义的暴力行为强加于殖民地人民的倾向：1945 年 5 月阿尔及利亚“塞提夫（Setif）起义”之后，法国军队杀害了约 4 万阿尔及利亚人；1947 年，法国军队在马达加斯加杀害了约 10 万人。尽管 1945 年在曼彻斯特召开的泛非大会为非殖民化做出了巨大的努力，但是去殖民化这一议题并没有提上欧洲的政治日程，直到民族主义者扩大了在殖民地的杀戮，他们才将目光转向了殖民主义。此时，欧洲人因为战争而对自己的帝国主义权力感到羞愧，同时还存在的反帝国主义的强大力量，使得他们更倾向于重新界定自己在海外的权力。英国率先接受了非殖民化，这个老牌殖民帝国可以说自己“赢得”了这场战争，尽管这并非一个偶然。

为了适应冷战的紧急情况，欧洲各国都在重新定位，因此欧洲联合的观念也时断时续地出现在欧洲。在这种观念的框架之下，欧洲委员会这类机构出现了，但是这和 1943 年提出的理想有着天壤之别。在 20 世纪 50 年代初，欧洲防务集团（EDC）的失败，标志着历时 30 年的联邦主义者梦想的破灭，同时使得北大西洋公约组织（以下简称“北约”）不仅是一个欧洲组织，还是联邦德国的一条看门犬。从此之后，欧洲人变得更加乖巧也更加现实，根据伊诺第的建议，欧洲各国采取了一个更加渐进的计划，该计划以 1951 年欧洲煤钢共同体（ECSC）的建立为开端，随后建立了欧洲共同市场和欧盟。

随着国际法的复兴，这个战争时期梦想的实现状况依旧是不协调、不令人满意的。联合国承诺的人权是脆弱的，因为联合国的总体定位是强权政治。从理论上讲，在《联合国宪章》中人权的地位高于经济和社会权利。但是在保护少数民族权益方面，联合国宪章相比于国际联盟是一个退步。1948 年的人权宣言标志着个人在国际法中的新地位，并且对国家至上的纳粹主义选择持久的不信任；但是它却没有规定强制性措施，仅仅是一个虔诚的愿望。[53]

而同年签署的《防止及惩治种族屠杀行为公约》(Genocide Covention)则具有更为深远的影响——这个公约是在莱姆金的个人努力下实现的，他对纽伦堡国际军事法庭没有对 1939 年之前纳粹的罪行进行起诉而感到失望。莱姆金和其他人将战争罪的审判看作一个保证世界和平的机会，通过扩大国际法的权力范畴，并且通过国际法来对抗个人和国家的行为。《防止及惩治种族屠杀行为公约》将种族屠杀作为国际法体系下的一个新罪行，同意履行义务的国家应该根据承诺保护或者惩戒违反该行为的个人或群体。该公约的潜在价值被国际社会完全忽视，而且也没有足够的证据回应“保护民族、种族、宗教和地方团体就是保护我们自己的感觉越来越强烈”这种论断。在接下来的 40 年中，欧洲之外一系列的种族屠杀没有受到应有的惩罚；1992 年这种冷漠也蔓延至欧洲。[54]

第七章

残酷的和平，1943—1949

现在同盟国开始从纳粹的手中夺回欧洲，“民主的”殖民政策进入实质性阶段……（欧洲人）曾经带有歧视色彩的“本土政治”现在也应用于他们之中。

——德怀特·麦克唐纳（Dwight MacDonald），

“本土政治”，1944[1]

第二次世界大战——作为近一个世纪以来欧洲内外不断增长的暴力行为的顶点，实际上是几次战争的集合。首先，它是一场在希特勒的帝国野心促使下，由军事力量主导的军事斗争。其次，它是种族、宗教和少数民族群体之间的斗争——是一场由极端的种族主义者挑起的战争，企图以武力修改凡尔赛体系的安排。再次，在东西方很多地区，这都是一场广义上的阶级战争，无论是意大利北部没有土地的长期受苦的劳动者和支持法西斯主义的地主之间的战争，还是贫困山区的农民和城市居民之间的战争。最后，像 1943—1944 年兴起的抵抗运动，以及同民兵合作进行残酷报复的行为，可以看作一场异常凶残的内战，德国的军队和资金挑起了这场战争，战争的根源可以追溯到 1919 年，而在法国甚至可以追溯到 1789 年。这种本就激化的政治氛围，随着苏联红军的西进和同盟国的东扩而变得更加紧张。[2]

在这场战争中，死亡人数大约有 4 000 万，远远超过了普法战争、布尔战争和巴尔干战争，也超过了造成数以百万计人口死亡的“一战”和俄国内战。平民的死亡比例——大约占到死亡总数的一半——比以往任何时候都要高。其中包括，500 万 ~ 600 万犹太人，数百万波兰人、德意志人、俄国人和乌克兰人。这场毁灭性的战争在东部引起了更大规模的屠杀，相比于西欧，这是一场在不同规则下不同规模的毁灭。例如，英法的军队伤亡人数不到德国的 1/10。但即便是德国的伤亡人数，也无法和苏联相比，苏联损失了 1 000 万军人——其中有 300 万战俘被饿死，另外 650 万士兵在东部前线阵亡。[3]

经过了 6 年的战火洗礼和破坏，欧洲社会发生了深刻的变化。纳粹的灭绝政策威胁着所有少数民族和民族团体，波兰大部分的军事和文化精英都死在德国人或者俄国人的手中。种族灭绝是战争最极端的形式，它将目标对准了平民，以及战前特殊的社会结构。因此，1945 年之后的重建和 20 世纪 20 年代的重建完全不是一回事：这一次，人们没想回到过去。战争使得社会和物质层面的损失被不断放大；它唤起了人们痛苦的回忆和暴戾的情绪，但也带给人们挑战和机遇。[4]

如此激烈的冲突为什么会在 1945 年戛然而止呢？德国的投降给了历史学家们一个简单的理由，但是仅此而已。将战争的结束视为一个旧时代的结束以及一个新时代的开始，这一观点具有非常大的误导性。实际上，没有新纪元，“冷战”和“热战”之间也没有明显的界限。战后出现的新政权，早已在战争时期的社会实践中生根发芽。向战后时代的过渡也许在1943年就开始了，当时盟军进入意大利，占领问题和战后重建问题在那时就已经存在了。6年之后，欧洲几乎完全分裂了（除了奥地利和北欧国家），战争时期的敌意在冷战的压力下不断发酵。

随着更加持久的附属关系取代了纳粹的军事占领——在东边由苏联占主导地位，在西边则是美国——战后恢复的欧洲民主不再是一个抵抗法西斯主义威胁的意识形态，而是冷战的一个竞技场。1950年，胜利者已经出现：在西欧，是反共产主义的社会和基督教民主党；在东欧，是共产主义人民民主党。双方彼此都将对方看作希特勒的继承人，将自己视为对方真正的敌人。斯大林的论断是正确的。他在战争行将结束时谈道："这场战争与以往的战争形势不同，无论谁占领了一个地区，都会将自己的社会体系强加给它。每个人都会把自己的体系强加给其军队所能到达的地方，我也不例外。"[5]

人口移动和社会危机，1944—1948

战争总会促进人口的移动。但是这次战争通过灭绝、监禁、放逐和调动建立了特殊的新秩序。希特勒曾经想重新划分欧洲的民族版图。和希特勒一样，斯大林也放逐了数以十万计的阶级和民族"敌人"，包括波兰人、乌克兰人、立陶宛人和车臣人。德国的战败产生了大量的德国战俘，同时也解放了集中营中数以百万计的囚犯、奴隶般的劳工和外国劳工。尽管有一些安置难民的战时计划，但是如此大规模的难民问题，还是让同盟国感到很吃惊。1939—1948年，仅中欧东部就有 4 600 万人流离失所——他们被迫迁徙、疏散、移民，甚至被强迫做劳工。这一难民规模令“一战”之后的难民潮相形见绌。一些人的迁徙是自愿的、暂时的，但是大多数人并不是。很多人迁徙的主要原因很明显，即对休战期民族国家的少数民族政策不满，人们被迫迁徙以巩固政治边界。[6]

解放集中营的过程中有 1 100 万人流离失所，这一数量是“一战”之后的 10 倍。一些人将怒火发泄到德意志人身上，他们随意抢劫和恐吓德意志平民。例如，1945 年 5 月 4 日，埃莱娜（Elena）目睹了一队俄国同胞抢劫了她所居住的德国民房。他们忽然闯入，并且以一把左轮手枪威胁房子的主人，指责他是一名纳粹分子和“希特勒主义者”。她写道：“他们分散在房子中，告诉我们德国人的财产现在已经变成他们的了……半个小时之内，房子已经面目全非。所有的箱子都被毁坏了，壁橱的柜门敞开着，而这些来自乡下的同胞背着巨大的包袱逐渐消失在路的尽头。”流离失所的人借用纳粹的说法来描述这种行为，他们称之为“规划”（Organizing）。[7]

他们被迫离开故土，在德国受到羞辱和剥削，“东方工人”（Ostarbeiter）表现得极不尊重人民和财产。最后，他们成了令占领当局头疼的人。但令人惊奇的是，他们从未采取报复行动。对于很多背井离乡的人而言，他们最先做的事情就是回家。1945 年夏天，德国收拾行李准备返乡的人群在欧洲的主要街道排起了长队。到了当年秋季，大部分人已经离开德国。仅联合国善后救济总署（UNRRA）一个机构就帮助了大约 600 万人。而有 150 万人依旧被安置在供流离失所的人栖身的营地内。截至 1947 年 6 月，因为各种原因不愿返乡的人口数量依旧有 50 万之巨。

然而，一些归国的人也并非出于自愿。在雅尔塔（Yalta）体系下，盟军不得不将苏联的难民送还给斯大林。盟军别无选择，因为随着苏联红军不断胜利，他们对苏联红军处理盟军战俘的方式感到担忧。实际上，这是苏联内务部（NKVD）审讯中心建立的主要原因，即监视苏联难民的遣返过程。欧洲胜利日之后的一年中，由于害怕战后共产主义的扩张，越来越多盟军德占区的东欧平民拒绝回国，包括约 38 万波兰人、12.5 万南斯拉夫人和 18.7 万波罗的海地区居民，他们中的大多数曾经是纳粹的合作者、武装党卫队的成员，以及其他德国派遣机构的代理人。最终，他们从 20 世纪 40 年代末的反共产主义运动中获益，通过特殊的计划移民到英国和美国。[8]

对于幸存的犹太人来说，他们中的大多数也不愿意回到故土：他们的家园已经被他人侵占，财产也没有了。实际上，战后犹太难民的数量不断膨胀，大约有 22 万犹太人从东欧迁往西欧。1946 年，波兰的反犹太计划造成几十人死亡，从而加速了这种迁移；同时犹太复国主义机构也在帮助他们。西欧的反犹太主义者将犹太人拒之门外，却向波罗的海地区难民和其他东欧国家的难民敞开大门。因此欧洲大陆的犹太难民数量不断增加，直到 1948 年以色列建国，以及美国颁布《流民安置法令》（Displaced Person Act）允许他们离开欧洲。在 1948 年的以色列–阿拉伯战争中，有 50 万人成为巴勒斯坦阿拉伯难民；他们为欧洲不愿接纳犹太人的行为埋单。欧洲不再是犹太人生活的中心，1945 年之后加剧的反犹太主义暗示着，德国实行的种族灭绝政策对欧洲大陆产生了深远的社会经济影响和文化影响。[9]

毫不意外，随着战争的结束，强烈的痛苦感和对德国“病态的仇恨”在欧洲被广泛传播。1948 年年末，一位去荷兰的旅行者发现：

“荷兰人甚至不愿意听到‘德国’这个词，因为德国在战争中给他们带来了太多的悲伤。”在东欧，庞大数量的德意志少数民族，已经充分证明了能够给新建立的民族国家造成巨大的威胁，这些国家对德意志少数民族充满了复仇的情绪。在休战期，欧洲两个最大的少数民族群体就是德意志人和犹太人，他们的命运以多种形式交织在一起。犹太人曾经是德意志文化在东欧的传播者，而屠杀犹太人也成为德意志人在德国境外崩溃的序曲。这场战争最终解决了犹太人问题，同时这场战争以另外一种方式解决了德意志问题。

这也是希特勒的遗产。他曾经梦想联合德意志的力量，而这种梦想最终演变成一场噩梦；为了民族的同质性和欧洲未来的安全，同盟国容忍了这种“梦想”。这个触发“二战”的事件最终通过一次声势浩大的难民运动得以解决。1944—1945 年，面对苏联红军的进攻，有 500 万德意志人逃离了帝国的东部地区。1945—1948 年，获得解放的捷克斯洛伐克、波兰、罗马尼亚、南斯拉夫和匈牙利也驱逐了另外 700 万德意志少数民族。别以为在西欧遭到驱逐的德意志人比东欧少，事实上，直到近期 * 这种行径才被完全抑制。这件事情对于德意志民族在欧洲地位的影响，丝毫不亚于德国分裂所带来的后果。从长远来看，前者的影响更为深远。[10]

这场悲剧和迁徙的第一阶段，始于 1944 年秋季苏联红军开始反击，止于 1945 年 7 月波茨坦会议的召开。数以万计的德意志人通过水路和陆路逃离东普鲁士，随后西里西亚和波美拉尼亚（Pomerania）的德意志人也开始逃离。苏军制造的大量强奸和屠杀事件，营造了一种恐怖的氛围。1945 年年初，一份从但泽发来的

---

* “近期”指本书写作时期，20 世纪末。——编者注

报告称："苏军进入了每一处居所、地窖和地下室，通过恐吓威胁，拿走了手表、戒指和其他值钱的东西。几乎所有的妇女都遭到了强奸，包括60多岁甚至75岁的老人，还有15岁甚至是12岁的女孩儿。"那些没有离开的人被投入劳动营和隔离营，并且被没收了全部财产。很多人都被强迫穿着能够标记他们身份的衣服——首先是在他们的衣服上印上醒目的纳粹标志，然后让他们佩戴臂章。通过这种方式，纳粹以前针对所谓"劣等民族"的侮辱政策完全施加到德意志人身上。[11]

解放之后，捷克斯洛伐克的仇德情绪迅速蔓延，尤其是很多人似乎不思悔改，他们是阴暗危险的。贝奈斯总统关于驱逐他们之中"背信弃义之人"的计划，得到了同盟国的支持，但这只是一个权宜之计，而非出于正义的动机。例如在1945年3月30日，布尔诺年轻的国民警卫队驱逐了这个城镇全部的德意志人口，大约有2.5万人，并且将他们朝着奥地利边界驱赶。留下来的德意志人被禁止乘坐公共交通工具、佩戴"战败者的臂章"，这种歧视行为使其压力越来越大。1945年7月，数百万德意志人逃离或是被驱逐出家园，他们抑或进入隔离营，抑或被驱逐出境。这部分是因为东欧的人民要为那6年的惨痛经历向德意志人采取报复行为，但是我们不应该忽视，伴随着这种愤怒情绪的是这个地区新政权经过深思熟虑之后制定的政策。波兰共产党人哥穆尔卡（Gomulka）强调说："我们必须驱逐所有的德意志人，因为国家是按照民族路线建立的，而非多民族路线。"[12]

在波茨坦，这种政策的本质愈发明显。同盟国遵循了驱逐数以百万计德意志人的原则，不仅要驱逐德意志裔人，还要驱逐生活在苏联和波兰占领下，之前第三帝国的平民。同盟国的初衷是控制难民流，这样他们就能够回到德国。因此同盟国通过了一个暂时停止迁移的计划。实际上，同盟国还在继续驱逐德意志人，尤其是那些之前在第三帝国控制下，而今被波兰占领的土地上的居民。直到1945—1946 年冬天，“有序的转移”才真正开始；但是那时气温已经下降了，很多人死在了开往西部的专门运送难民的牲畜拖车上。总之，有 1 200 万 ~ 1 300 万德意志人被“转移”，到目前为止，这是欧洲历史上最大规模的人口流动。太多的人在迁移的途中死去，一些数据表明死亡的人数可能高达 200 万。

通过驱逐和杀害的手段让德意志人和犹太人从东欧消失，这种做法形成了一个战后人口骚乱和不安定的因素。其他地区大约 700 万的难民（主要是波兰人、捷克人、斯洛伐克人、乌克兰人和波罗的海地区的人）被驱逐。结果是，很多少数民族在东欧彻底消失——波兰的少数民族人口比例从 32% 降至 3%，捷克斯洛伐克的少数民族人口比例由 33% 降至 15%，罗马尼亚的这一数字则从 28% 降至12%。现在德意志人集中分布在德意志边境周围，面临同样状况的还有乌克兰人。战争、暴力、大规模的社会迁徙使得《凡尔赛和约》实现民族同质性的梦想成为现实。[13]

在 1939—1948 年的欧洲，大约有 9 000 万人面临着死亡或者迁徙。加上战争期间以及战后伤亡的平民和军人、永久或者暂时被强制迁徙的战俘和平民，有超过一半的德意志人和波兰人遭此浩劫；除了这样极端的例子外，像法国这种情况稍好的国家，也有 1/5 的人口有过这样的经历。1950 年，波兰的西部边境有一半以上的人口是从其他地区新近迁入的。波兰的社会主义者在分析战后的状况后，已经在酝酿“在社会主义改造下，建立一个整体的民族共同体”的计划。[14]

如果我们不考察欧洲历史上的多次动乱，不弄清楚这些动乱带来的社会和政治后果，那么我们就无法理解欧洲的历史。纳粹占领带来的战后混乱，割裂了人们之间的纽带、摧毁了家园，甚至在很多情况下从根本上摧毁了社会基础。数以千计的建筑残骸、被炸毁的道路、崩溃的经济成为那个年代最好的注脚；伴随着这些物质层面的毁灭，无形的伤害则更加持久，甚至在重建工作完成后也未完全消除。道德和精神层面的变化，改变了人们的习惯，同时也给社会和政治带来了改变。

这些价值观中最为显著的一个变化，就是对财产权的尊重被不断侵蚀。简而言之，在中欧和东欧的大部分地区，很多人在别人的家里度过余生，并且享受着他们的财富。很多德国人的财富——就像之前剥削受害者那样，忽然被分给其他人。在旁观者看来，驱逐引发了“对于战利品的欲望”，这一点和之前驱逐犹太人的情形并不相同。一位匈牙利的德意志少数民族回忆道：“德意志农民刚刚被警察带离他们的家园和农田，强盗和掠夺者们就蜂拥而至。之前的无产者日日夜夜都在偷窃。一群暴民乘坐卡车来到镇上，看看他们能够拿走什么。警察之中也有强盗。”这和几年之前德国在东欧的警察和党卫队中也存在强盗的情形类似。[15]

各地的身份和面貌都发生了变化。那些由德国人命名的城镇，重新恢复了它们原来在波兰、捷克斯洛伐克和匈牙利时的名称。在东欧，犹太教堂、清真寺、路德会和东正天主教堂要么被铲平，要么改变了功能，成为粮仓、畜舍、仓库，甚至后来的电影院。那些遭受大规模洗劫的不安全的房子则一直空置，直到迎来它们的新主人。这些空置的建筑从一开始就遭到抢劫，这使得这些房屋在其后的很多年依然空置。例如，在格洛高（Glogau），它的命运同西里西亚一样：战前这里有 33 500 人，但是到了 20 世纪 60 年代只剩下 5 000 人。“这里的废墟非常古怪，不但有一个深坑，还有一座长着稀疏的草的小丘。”弗罗茨瓦夫直到 1966 年才拥有 47.7 万人，只有它的前身布雷斯劳（Breslau）1939 年人口数的 3/4。[16]

在波兰，因为几乎没有人愿意住进被驱逐的德意志人和东仪天主教信徒的房子，当地政府不得不通过广告吸引新的居住者。例如，在 1953 年一份名为“搬往新农场”（Moving to New Farms）的宣传册中，一位已经入住的居民讲述道：“在萨诺克地区的热舒夫市（Rzeszów），你会发现大量的土地、房屋和畜棚，如果你认为这听起来令人难以置信，你可以亲自来体验，欢迎乘坐免费的火车前来。”萨诺克坐落于之前的希腊东正教区域，这个地区的人口数量因为 1945 年的人口转移和 1947 年的清洗运动而不断下降。[17]

在这个暴力交换财产的过程中，政府的指导作用彰显了人们对政权的支持。纳粹的统治使很多人认识到，只有武力才能起作用。在新政权的注视下，他们不仅目睹，也实际参与了暴力驱逐、掠夺同乡和城镇居民的行动。游击队员、警察和法官也分享着这种机遇带来的红利。这种经历助长了对政治玩世不恭的态度，导致了冷漠和从众，这对当权者而言是一个潜在的挑战。

对于新政权和那些从苏联回来的人而言，任何驱逐行为都是为了获得政治声望，更确切地讲，是为了加强政治依附的程度。通过将犹太人的财产分给他们非犹太裔的邻居，纳粹编织了一张犯罪网络，这有助于减少抵抗；1945 年之后，共产党政权驱逐德意志人也是基于同样的策略。因此宣称基于社会正义和国家安全角度的考虑，通常是实际考虑的一个幌子。新居民要感激新政权，因为它赋予他们新生活；他们对于新财产法律声明的有效性心存顾虑；他们对财产的原所有者企图夺回财产的想法焦虑不已，他们从一开始就是一个依附阶级。[18]

家庭和道德

作为第一批进入比尔森的英国士兵，德里克·辛顿（Derrick Sington）发现："1945 年夏天，随着对饥荒的恐慌消散、毒气室被拆除，当那些数以千计的幸存者得以康复，能够表达和有所期望的时候，他们就开始想念自己妻子、姐妹、父母和孩子，这些亲人在几个月甚至几年前被从他们身边夺走。"他们开始写信，随后他们的亲人开始出现。最开始英国向集中营派出一辆汽车，这辆汽车载着扩音器，播放着寻找者的名单；随后他们设立了一个中央登记处。[19]

战时和战后的迁徙，拆散了欧洲大陆不计其数的家庭。截至 1947 年，捷克斯洛伐克大约有 5 万名孤儿。南斯拉夫大约有 28 万名孤儿，其中至少 1 万名孤儿在极度贫困的情况下躲入森林。在荷兰，大约有 6 万名儿童需要帮助，包括那些因为与纳粹合作而遭到囚禁的人的孩子。在布加勒斯特，无家可归的儿童约有 3 万名。联合国善后救济总署仅在德国就救济了 5 万名无人照看的儿童，其中很多人都忘记了自己的身份，不知道自己来自哪里。[20]

红十字会、各国政府和联合国善后救济总署很快便开始提供寻人服务。中央寻人办事处聘请了来自 20 个国家的采访者和调查者，而美国中央定位索引（US Central Location Index）则包含了 100 余万条登记记录。之后的很长一段时间内，国家广播和报纸、杂志播出和刊登了不计其数的失踪者名单。和亲人团聚的人数，远远比不上那些还未找到亲人的人数。例如，联合国善后救济总署在其设立的第一年，仅有六分之一的难民找到了亲人。截至 1948 年 7 月，超过 4 000 名因为迁徙而无法确定身份的儿童由联合国代为照顾。[21]

一项针对战争孤儿开展的研究表明，有过这种经历的人都有一系列的心灵创伤。这些孩子的情绪非常低落，拥有与他们的年龄不相符的严肃，并且高度紧张。他们对于政权感到怀疑、沮丧和不信任。对很多人而言，战争造就了一代反理想主义者。一位年轻的捷克斯洛伐克妇女对她的英国朋友说道："我们必须意识到，战争造就了懦夫，也成就了英雄。在孩子的成长阶段，道德被颠覆了；罪恶往往比善良更能给人们带来好处，谎言比真理更加有利可图。那些习惯了耳语的人现在自然地大声喧哗；他们抑或耳语，抑或喧哗……将恐惧从欧洲人的心中驱逐出去是一件非常困难的事情。"[22]

人们怀疑孤儿有患病的迹象，而且倾向于诉诸暴力，这是非常危险的。他们"从道德法律的束缚下被解救"的经历，以犯罪、无法控制的易怒情绪，以及对于弱势群体的残暴等形式表现出来。他们对暴力行为无所谓的态度也在玩耍的过程中得以体现。英国护士对集中营中幸存的犹太儿童的行为感到震惊。这些儿童生活在一个自我封闭的世界中，完全排斥他人，他们希望从成人那里获得支持和帮助。如果一个孩子从集体中走失，其他人会不动声色地说："哦，他已经死了。"[23]

很多这样的行为最终被持续的关心和爱改变。因为经历过战争，很多儿童和成年人会患有轻度的精神疾病——例如，战争期间很多游击队员由于长期禁欲而导致性功能障碍——这些疾病随着时间的推移而被慢慢治愈。在很长一段时间内，战争创伤对幸存者和他们的孩子的心理影响，更多地体现在如何阐述他们在战争期间的遭遇——例如大屠杀的幸存者们（这些人无法英雄化他们的经历）

和之前的政治关押犯（相较于前者他们更加容易英雄化自己的事迹）处于截然不同的境地。在短期内，这种差异并不明显，而且我们可以看到这些幸存者的情感态度，在更大的社会群体中引发了广泛的社会和政治反应。[24]

因为我们熟知的原因，在东欧被蹂躏的土地上，人们对政权的冷漠和与之相伴的从众思想非常普遍。一位波兰的作家总结了这种情感："这个国家到处都是布尔什维克，共产党掌握着政权，华沙被夷为平地，流亡伦敦的合法政府被取缔。对于我们来说没有更加糟糕的事情了，我们不仅输掉了战争，还必须自己照顾自己。"1972 年，另一位看到波兰景象的人评价，"在'二战'残酷的被占领经历后，波兰还遗留着道德败坏的风气"；其造成的结果是"当今的玩世不恭"和"对于物质产品和器具的强烈渴求，而不是对于理想主义价值观的追求"。[25]

即使在那些战争创伤不像波兰那么明显的国家，战争结束也受到了很多人的欢迎，他们认为这是一个好机会，可以摆脱这个被战争破坏得四分五裂的疯狂世界。在德国，弗朗茨·纽曼（Franz Neumann）将公众的情绪总结为："有意排斥政治和党派，对纳粹主义极尽讽刺和挖苦，去纳粹化、民主、反法西斯和尽快完成学业以及某种程度上对于金钱和消费品的需求。"最坚定的信仰者变得失望。1949 年流亡法国的罗马尼亚哲人萧沆在他悲观冷漠的宣言——《解体概要》（*Precis de Decomposition*）一书中写道："过度信奉神的人，也强迫别人信奉，如果别人拒绝，那么他就会驱逐他们。"萧沆在 20 世纪 30 年代因为对希特勒和科德雷亚 *"非理性的崇拜"，

---

* 科尔内留·则莱亚·科德雷亚（Corneliu Zelea Codreanu），"二战"期间罗马尼亚法西斯铁卫领袖，后遇刺身亡。——译者注

而以救世主来神化他们。[26]

1945 年之后，政治变成了一种稳定的事物，与此同时，亲密关系和家庭生活成为稳定人们生活的重要因素。埃利奥·维托里尼（Elio Vittorini）描写战后意大利重建的古典主义小说《梅西纳妇女》（*Le donne di Messina*）于 1949 年出版，它描述了意识形态失去劝导的魔力，并且探究了隐私的兴起。对于人性温暖的需求延伸到阿格里帕叔叔为了寻找女儿，在开往全国的列车上度过了一生。平凡的主角文图拉曾经是法西斯的狂热分子和忠实信徒，现在则同他的爱人平凡地生活在一起，竭力尘封他的过去。

更重要的是，家庭成为战争和战后焦虑的避难所。人类学家维拉·埃里奇（Vera Erlich）注意到，正如实验中所显示的那样，德国集中营里的幸存者保卫家庭生活的愿望愈发明显。埃里奇发现，这些人寻求的不是婚外情，而是婚姻。“结婚之后，他们整个人都变了。直到那时，他们才真正地回归了正常生活。”当他们从囚禁生活回归正常生活的时候，他们发现慈爱和亲密非常有效地帮助恢复他们称为“记忆”的东西。埃里奇发现：“当他们生了孩子的时候，很多人达到了心理平衡。他们强烈的结婚愿望是自发的，就像他们希望生一个孩子那样。他们对于孩子展示出极度的温柔，甚至还会娇惯和溺爱孩子。”而集中营中的幸存者和他们孩子之间更加棘手的心理问题直到 10 年甚至 20 年后才开始显现出来。[27]

对家庭依赖的现象，不仅仅存在于集中营的幸存者之中。它的范围很广泛，这在很大程度上能够解释战后超出预期的婴儿潮。作为这种趋势的必然结果——甚至在战争期间就已经开始了——1939 年之前开始盛行于西欧并延续到 20 世纪 50 年代的对于人口下降的悲观预测，已经不复存在了。

战后的迁移与动乱并不是战争的直接结果。一方面，很多国家建立了新的政权，正是在这种情况下它们开始宣扬自己的社会观点。为此它们可以依赖于战争期间转向左翼的激进人口，来推进改革和重建。另一方面，毫无疑问，战争使人们感到精疲力竭。希腊一位杰出的小说家写道："我们被历史弄得精疲力竭，疲惫且不安。"1946 年，萨拉热窝作家安德里奇（Andrić）注意到路人疲惫不堪的面孔和白发，因为战争他们已然提前衰老。由于厌倦战争、对意识形态和政治感到怀疑，人们希望重塑，甚至是重回一个安全的私人世界，那里拥有稳定的家庭和适当的生活标准。[28]

由此产生的公众情绪同时具有激进和保守两方面的特性。人们想要建立一个新世界，但是他们不希望这个过程具有破坏性。因此解放最初带来的愤怒和兴奋慢慢消失殆尽，取而代之的是一种寻求社会安定的潜在倾向。在东欧，1939 至 1948 年不同寻常的混乱，能够帮助我们理解为什么他们能够普遍适应强加的共产主义政权。但是在西欧，战争年代所带来的社会和心理层面的后果，成为达成社会共识的重要基础，即承诺福利、大众消费和恢复家庭。

占领期间的政治，1943—1945

1943 年 3 月，安东尼·艾登（Anthony Eden）向英国战时内阁建议，战争结束后，只有取代苏联在东欧的绝对优势地位，才能创立一个"同盟国之间的停战委员会"，并且实行轮值主席制度。基于这一原则，三巨头（斯大林、罗斯福和丘吉尔）能够针对他们控制的领土制定共同政策。苏联很欢迎艾登的观点。因此当几个月之后苏联人发现自己被排除在意大利投降协定之外时，他们的反应很强烈。斯大林如此说道——

> 到目前为止情形是这样的：英国和美国之间达成了协定，而苏联仅仅被告知协定的结果，我们只能作为第三方被动地看着这一切。我必须说，我们不能再容忍这种状况的发生。[29]

然而，丘吉尔在回复斯大林之前，就已经在停战协定上签字了。同盟国的行动，比言语来得更加实际：到 1943 年秋天，在苏联红军把德国军队赶回欧洲之前，三巨头之间的合作就已经出现了限制。意大利首先退出战争，就已经开了先例。[30]

那么同盟国是如何通过意大利的停战协定，有意识地和苏联合作的呢？美国人的想法可以代表战后的很多人，他们回避任何具有强权政治色彩的事件，而且希望在战后设立一个全球性的联合国家机构，友好地处理欧洲内部问题。另外，他们希望战后迅速撤回，那时他们将必要地减少对于欧洲问题的干预。

而英国则处于没有美国支持的境地：英国无法实现理想主义所勾勒的愿景。戴高乐在战后为英国提供了潜在的帮助。但是即便实现了英法两国之间的共识，它们也无法与苏联相抗衡。因此弄清楚苏联的意图，对于英国外交部门而言具有重要意义，英国也准备好在必要的时候，默许苏联在东欧的优势地位。1943 年 5 月，威廉·斯特朗（William Strang）相当无情地盘算道："苏联在东欧占据优势地位，比德国在西欧占据优势地位的情形要好得多。"[31]

对于苏联而言，它并没有像冷战鼓吹者宣扬的那样，打算迅速接管欧洲。相反，苏联的战后规划者们展望了一个为期几十年的"喘息机会"，在这段时期内，1941 年划定的边界将被确立下来，同时抚平战争带来的创伤，消除德国的威胁，将苏联建成“真正民主的中小国家的中心，尤其是在欧洲”。如果不是美苏争霸需要利用欧洲作为竞争的场地，那么欧洲的稳定必将顺利取代战争时期的联盟。[32]

因此，随着战争的进行，还有很大的空间让三巨头彼此相信，他们还是一个完整的整体。在苏联同波兰的流亡政府决裂之后，同盟国软弱的回应鼓励了苏联人的野心，他们认为同盟国同意在战后的波兰扶植一个支持共产主义的政权。从全局角度讲，如果当时不这样做，同盟国怎么能够顺利在意大利建立民主的政权？在 1943 年年末的德黑兰会议上，同盟国同意向西移动波兰的边界，精明的观察家们意识到，这种移动实际上意味着将波兰变为苏联的附庸国，因为这是从德国的手中攫取领土。截至 1944 年，斯特朗的规划至少证明了西欧在波兰问题上的态度。

随着英国和美国决定不从地中海进军巴尔干地区，已经没有什么能够阻止苏联红军进入东欧了。在 1944 年 9 月罗马尼亚停战协定制定期间，英国和美国驻莫斯科大使安静地注视着莫洛托夫（Molotov）和罗马尼亚代表团达成协议，允许苏联最高指挥部清除占领区的政治势力。接下来的一个月，在莫斯科举行的英苏两国之间的会谈，为丘吉尔和斯大林之间公开讨论各自的势力范围提供了平台。两人之间所谓的百分比协定，以及随后艾登和莫洛托夫之间的讨价还价，明确了这一地区的势力平衡：斯大林以英国控制战后希腊为代价，完全控制了罗马尼亚。苏联同时控制了匈牙利和保加利亚。[33]

然而，我们不能假定大国在这一阶段企图全面瓜分欧洲大陆。毫无疑问，苏联在 1944 年对波兰、罗马尼亚和保加利亚拥有这样的企图，就像斯大林承认同盟国接管意大利，允许丘吉尔控制战后的希腊，在那里，英国战机对雅典周边进行扫射，以此来打败共产党领导的起义。然而在匈牙利，斯大林的策略就不尽相同，他希望对匈牙利的政策和对波兰的政策形成鲜明对比。在法国和意大利，共产党在抵抗运动中获得了长足的发展，尤其是军事力量；但是在战后它们的合法地位却受到了严格的限制。在意大利，意大利共产党在大多数政党表态之前就决定支持声名狼藉的国王。到了 12 月，共产党人陶里亚蒂（Togliatti）成了意大利政府的两个副总理之一，而希腊共产党和英国的决裂导致的内战，使得陶里亚蒂的成就更加引人注目。

虽然宣称自由和民主的曙光即将到来，但是雅尔塔会议关于自由欧洲的宣言，必须从大国的角度去衡量。在雅尔塔会议之前，罗斯福就暗示："苏联在东欧拥有权力，很明显我们不可能和他们决裂，因此唯一可行的方法就是施加我们的影响，让那里的状况变好。"[34] 雅尔塔会议上关于欧洲大陆自由选举的高尚精神，无法同 3 个月前的百分比协定相一致——丘吉尔和斯大林已经秘密地划分了各自在东欧的势力范围。三巨头中没有人相信雅尔塔会议能够改变苏联在波兰、罗马尼亚和保加利亚问题上的态度，斯大林视这些国家为苏联安全的保证。令人惊奇的是，无论是波兰共产党还是他们的反对者，都认为雅尔塔会议是斯大林的胜利。到 1945 年春天，苏联红军迅速集结，驱逐了上千名本土的游击队员，这一行为迫使其他游击队员走进森林、拿起武器。与此同时，波兰工人党开展了一个庞大的且获得了巨大成功的募兵计划，并以此扩大了群众基础。因此在波兰、罗马尼亚和保加利亚，苏维埃政权统治的两个基础——对反对势力的大规模镇压以及当地的共产党不断吸收新的党员——在德国投降之前就已经非常明显了。

直到 1945 年，我们还有很多方法避免 3 年之后的政治极化。波兰共产党的策略震惊了西欧的公共舆论，并且激起了对罗斯福和丘吉尔的强烈反对。更重要的是，雅尔塔会议上默许的势力范围并未涵盖所有的欧洲国家。奥地利、芬兰、捷克斯洛伐克、匈牙利、南斯拉夫、阿尔巴尼亚和民主德国形成了盖尔·伦德斯塔德（Geir Lundestad）所谓的莫斯科的“中间势力范围”。在这一区域，斯大林既不能依赖西欧的退让，也不能确定南斯拉夫和匈牙利这样的国家做好了革命的准备。根据 1945 年的原则，苏联非常热衷在其势力范围之外的地方要议会游戏的把戏，然而这种方式在两个地方遭到了失败——奥地利和芬兰的共产党都进入了大选，但是他们的表现却不尽如人意，最终被边缘化。

德国的未来依旧是问题的关键。认为德国的分区在 1945 年就已经是定局的观点是不确切的。相反，三巨头都曾真诚地表示要维持德国的统一。因此当战争最终结束的时候，欧洲人开始着手社会和政治重建，德国人发现自己处于愈发紧张的境地，并且陷入了大国间的政治僵局之中。1945 年，德国的内部事务也未有明显的极化倾向。联合政府在欧洲很普遍，并且承诺着手进行社会经济改革、复兴议会制民主。对于下一代人而言，在帷幕徐徐降下之前，1945年至1946 年意味着一个充满希望的时段。

一个新的开始？

1944 年 9 月 18 日，罗马第一高等法院对一个法西斯合作者的审判被迫中断，因为一位关键的目击者、之前这个城市主要监狱的负责人多纳托（Donato）在法庭上遭到袭击。旁听者中的一位妇女——她的儿子在几个月之前死于德国人之手——抓住了多纳托，并且大喊着“巴黎！我们要效仿巴黎！”，随后将多纳托拖出法庭，并且杀死了他。他的尸体被倒挂在他以前就职的监狱门口。[35]

在整个欧洲，德国撤退之后留下了很多容易被指控为与纳粹合作、背信弃义的人。他们的存在成为纳粹新秩序的可耻的注脚；他们离开了公共生活——有的甚至离开了生活本身，对于他们而言，与过去做一个了断是非常重要的。占领区的生活使统一的欧洲国家产生了严重的断层。很难想象，在不惩戒敌人的情况下，民主能够获得再次的繁荣；不清除那些投靠外国势力的群体，一个国家很难获得真正的独立。然而，法律的混乱和力量的分散，则为其他意义上的惩罚措施的出现留有余地，这在解放之后的第一天起就是这样。

这种措施首先明显地体现于多纳托的死亡事件——一种自发的、大众的、要求复仇的诉求。这体现在死刑、私刑和公开的羞辱上。1943至1944 年在意大利、法国和比利时出现了较为明显的复仇情绪，这些国家在德国的统治下，曾经出现过残酷的镇压行为，而这些行为很多是由纳粹的合作者实施的。意大利的解放扭转了法西斯 20 年的优势地位。一位游击队员回忆起一个片段：“一个曾经只能喝蓖麻油的人抓住了一位法西斯分子，并且告诉他‘现在赶紧回家，然后在这个乡镇消失一周’。这名法西斯分子照做了。现在意大利人用法西斯分子统治了他们近 20 年的方法，来对待这些曾经的法西斯分子。”这种复仇情绪非常强烈，对于一名狙击手的袭击，很快就能够演变成为一场大范围的杀戮。在博洛尼亚，“人们游走于街头去寻找他们的目标”，“对于那些和游击队员发生冲突的人，司法可以在一定限度内自由地惩罚他们……有些人完全是因为私人仇恨，甚至是和妇女吵架，都会行使这种权力”。[36]

很长一段时间内，这种随机的、残忍的杀戮，败坏了惩治纳粹合伙人行为的名声；但是这种行为在短期内唤醒了内战的幽灵，并且加大了抵抗运动的干预力度，维护了抵抗运动的权威。

这种惩罚的措施还体现在有组织的抵抗。掌握好普通士兵的热情和对领导者的限制之间的平衡，是一项非常艰巨的任务。战争期间，抵抗运动和纳粹的合伙人进行“清算”；他们关于在战后惩戒叛徒的承诺，成为日后打击对手士气的一件有力武器。例如在法国，全国抵抗运动（Conseil National de la Resistance）告知它在各地的领导者准备好“以最直接的方式清洗叛徒，或者是令他们中立化”。当然，在同盟国的眼中，将加入维希政府视为叛国罪有助于宣布戴高乐政府的合法性。但是抵抗运动也看到了控制“人们复仇情绪”的必要性。特种军事法庭的主要构成人员是欧洲各个地区的游击队员，这个法庭在解放之后一个星期才进行解散；除此之外，他们还设立简易的战俘营来关押甚至有时保护纳粹的合伙人，以使其免遭暴徒的袭击。在抵抗组织内部，关于给予纳粹的合伙人以何种程度的惩戒也引起了激烈的争论。在意大利北部，一些游击队员提出向关押犯人的房间扔一捆手榴弹，在那里将他们消灭，但是领导者和其他人决定将犯人送往罗维戈（Rovigo）的监狱，并进行定期审查。[37]

在战争结束后的头10年里，关于如何处理纳粹合作者的讨论甚至超过了反共产主义的言论，此时对共产主义的反对言论还在被隐晦地讨论，人们还处在对“阶级正义”的恐惧之中。但是这种观点也有夸大的成分。战时英国特别行动处（Special Operations Executive）的特工弗朗西斯·卡莫茨（Francis Cammaerts）提醒我们："解放和预想的一样让人震惊。剃女人的头发、个人恩怨之类的事情是你能了解到的所有信息。但是一位中尉对我说：'我已经抓获了 300 名德国犯人。国际公约规定每天应该向他们提供多少食物，保证多少锻炼时间？'那些德国人曾经绞死了抵抗者和他们的家人。关于解放，也存在着一些非文明的行为。"然而，所有人的头上都顶着耻辱的标记（大多数的抵抗组织都选择忽视这一点），在第一次清洗的过程中，与庞大的死亡人数形成对比的是，官方缓慢的司法程序——在 1943—1946 年，意大利有 1 万 ~ 1.5 万名受害者；法国有 0.9 万 ~ 1 万名受害者。[38]

那些流亡国外、现已返回国内的宣称自己的权力高于"即兴权力"（戴高乐语）的第三方势力，大多受到外国政府的承认。他们对复仇的欲望很温和，并且更关注公共秩序和强化社会的法治进程。在很多国家，政府缓慢的司法程序和民众期望之间的矛盾迅速出现。这一点非常明确，即便在战争还进行的时候，无论是同盟国扶植的意大利政府——它对法西斯的态度尚不明确，还是自由法国——1943 年法国在阿尔及尔审判维希政府时的温和态度，都遭到其国内的严厉批判。[39]

1945—1946 年，一种新的模式出现了。联合政府通过彻底调查纳粹合作者的司法程序、公开审判高级政治犯、作家和女演员（通常商人们的境遇会稍好）的做法，来回应新开端的诉求。多层级的法律系统得以建立，必要的时候可以确定新的罪名。然而，只有极少数的罪犯受到了严厉的惩罚，截至 1946 年，对整个审判过程的不满已经蔓延到特定的社会阶层。随着特赦法的引入，一些其他的相关法令也陆续得以实施。到 20 世纪 50 年代初，很多司法调查已经逐渐缓和下来。

例如在挪威，支持纳粹的民族集合党（Nasjonal Samling）党员总人数大约有 5.5 万人，他们都接受了审判，但是只有极少数人被判处 5 年以上的监禁，只有 25 人被判处死刑。截至 1957 年，最后一位被监禁的人也获释了。在荷兰，超过 20 万人被调查，但是只有 40 人被执行死刑。而且和挪威一样，到了 50 年代大部分的犯人都被释放了。尽管法国审查了超过 30 万起案件，并且判处了 6 700 人死刑，但是被实际执行处罚或是监禁的人相对较少。1946 年，监狱关押了 2.9 万人，但是随着一系列特赦案例的出现，到了 1954 年，监狱中只有不到 1 000 人。与这些趋势相比而言，更重要的是，在法国和其他地区，这些人丧失了部分的公民权利：对他们“使国家堕落”以及“缺乏爱国心”的指控，象征性地疏远了战后政权同纳粹合作者之间的距离，并且在国内重新确立了民主的本质。

国家行政机构、警察力量和部队的清洗政策则更加模糊不清。一方面，新的政治精英阶层希望在后法西斯时代的原则基础上进行统治；另一方面，他们需要一个有效、有序的政府，尽可能快地处理纳粹遗留下来的可怕的社会经济问题。在意大利，或者奥地利，却无法彻底处理这些遗留问题。[40]1946 年 7 月，菲戈尔总理告诉同盟国，目前奥地利行政系统“已经完全摆脱了国家社会主义思想的影响”，在 29.9 万名公务员中，已经有 70 818 名被解雇——但是这并不足以满足绝大多数反纳粹民众的愿望。在意大利，最初的“野蛮清洗”导致了一场更为迅速的反弹：像 1945 年秋天那样，行政系统中的清洗逐渐平息下来。85 万名公务员中，只有 6 500 人被开除，并且大多数集中在内政部，但是在警察系统和军队内部，却很少有人遭到清洗，尽管戴高乐坚称“清洗大部分的公务员”不存在任何问题。在荷兰，可能因为从解放开始就没有出现像其他国家那么多的暴力事件，清洗运动进行得更加深入，有 17 500 名公务员遭到解雇，另外有 6 000 人受到处罚。[41]

从总体上看，西欧政府选择了在原有政府的基础上进行重建和改良，而非完全按照法律程序起诉那些纳粹合作者，并与之完全割裂开来。一些公职人员遭到了处罚。但是国家权力的堡垒，尤其是警察机构，大多数都免予被起诉。戴高乐组建新共和国警察力量——法国防暴警察（CRS）——这一做法并不具有普遍性，更具代表性的例子是意大利的宪兵和希腊的国家警卫队，他们仅仅在 1943 年和 1946 年分别更换了服装而已。社会其他的关键领域——司法、教育和商业——只受了轻微的审查。如果说国家得以重建，那么国家机器则在很大程度上维持了原貌。

在战后联合政府内部，基督教民主党和保守党宣扬了遗忘和宽容的益处。《人民报》*（*Il popolo*）在 1945 年 4 月呼吁："我们拥有忘记的力量！尽快地忘记这一切！"随着希腊内战愈演愈烈，当政者害怕出现"雅各宾（Jacobin）式的即兴演出"，并且影响大选的结果，才进行了这样的宣传。保守的反共产主义能够帮助解释坚决反对全面清洗的主张。1945—1946 年民众也支持这种主张，在此期间政府把全部精力投入到经济重建、提高人民生活水平上，政府选择缓和政治激情，而非挑起这种情绪。[42]

在抵抗势力内部，这种态度显得不可理解。这些曾在 1943 年迫害抵抗者的警察，在 5 年之后还在告诉当权者该怎么做。1944 年年末，战斗在雅典和比利时爆发，部分是因为抵抗者害怕当流亡政府归来时，政府中的人员构成没有发生实质性的变化。其他地区游

---

* 《人民报》，一份意大利报纸。——译者注。

击队员的复原遭到了异常大的阻力，因为他们要求政府承诺进行真正意义上的改革，否则他们不会放下武器。事实证明，抵抗力量对背叛的担忧是有道理的。他们发现自己处于孤立状态之中，在“国家的延续”这个事实面前他们显得如此无助。这种怨恨是非常危险的，并且随时可能演变为真正的暴力事件。希腊是一个极端的例子，1945年短暂的停战演变成历时3年的内战。在意大利，也存在这种潜在的威胁，1948年7月，在共产党领袖帕尔米罗·陶里亚蒂被射伤*后，意大利也爆发了可怕的起义。但是到了此时，冷战已经改变了人们的观点：战争时期的激进已经不复存在；与此同时，对于暴力性革命的支持也已经烟消云散了。

在东欧，战争结束之后也发生了大规模的清洗运动，但是它们拥有与西欧国家不同的目的，也采用了不同的方法来处理这个问题。它们并不依靠司法来调查个人的不端行为，而以社会地位和地域为标准进行群体划分，进而判定某一群体的群体性罪过。这反映了东欧和西欧两种社会方案的差异。西欧的清洗哲学是将对个人罪行的惩罚同社会经济改革问题分离开来，并且将后者视为民主讨论的范畴，但是在东欧，清洗“法西斯主义者”和“战争罪犯”成为社会重建的核心部分，并且在一些事情上向苏联模式靠拢。

“反法西斯”运动将目标对准整个社会阶层，他们将被解雇、流放、籍没家产，甚至将面临更严厉的惩罚。例如在匈牙利，1944年12月协商选出临时政府之前，莫斯科坚持要清除掉所有“法西斯主义因素”。这意味着不仅于10月份攫取政权、支持德国的箭十字

---

* 1948年7月14日，意大利一名暴徒开枪将陶里亚蒂打成重伤。这一事件发生后，意大利各地掀起了声势浩大的抗议浪潮，这显示出陶里亚蒂在人民心目中具有很高的威望。——译者注

党（Arrow Cross）极端分子将遭到清洗，“封建结构”以及国家和社会中的“反动派”也要遭到全面的清洗。[43]1945 年，超过 3 000 个地方委员会建立，旨在囚禁和审判那些疑似的纳粹合伙人。他们还在工人和农民中抽调人手，组建特殊的警察机构。与此同时，还建立了“人民法庭”来审判备受瞩目的政治案件——公开处决战争罪犯能够引来大批的人围观。尽管最初这种审判将目标对准了箭十字党，但是随着时间的推移，“人民的敌人”这一概念被扩大了。1945 年 4 月，共产党的报纸批评这些法庭过于克制，宣称“民主的行为对这些法西斯的野兽过于仁慈了”。有趣的是，越来越多的证据显示，匈牙利的司法审判程序也遭到了和西欧相同的困境，有罪判决的比例也非常低。[44]

在南斯拉夫，铁托下令屠杀数以千计的由英国政府在 1945 年 4 月到5 月移交的塞尔维亚裔、克罗地亚裔和斯洛文尼亚裔的纳粹合作者。米洛凡·吉拉斯 * 担心，作为一种“务实的解决方案”，法庭无法完成如此多的个人审查。关于战后南斯拉夫处死的卖国贼和纳粹合作者的估算人数，存有很大的争议，可能有 6 万人在此次运动中丧生。1944 年 12 月，希腊共产党人射杀了大量的“人民公敌”，经常仅仅因为他们“资产阶级”的身份就将其定性。与此同时，希腊的右翼民族主义游击队杀死了数以百计的占族 **，并且将剩余的 1.5 万人赶往阿尔巴尼亚，因为他们曾经帮助过轴心国。[45]

从苏联流亡归来的社会主义政权，更加系统化地发展了种族清洗。在 1944—1945 年，由德国武装的地下反共产主义军队、遗留

---

* 米洛凡·吉拉斯（Milovan Djilas），曾任南斯拉夫社会主义联邦共和国国民议会议长、副总统，南斯拉夫共产主义者联盟政治局委员、书记处书记。因主张多党自由而被开除党籍。在国际上，他以对社会主义体制最坚定的评判者而出名。——译者注

** 占族（Chams），说阿拉伯语的穆斯林。——译者注

的小队以及破坏组织，构成了新政权的障碍，这也使其不仅遭到镇压，而且被征用。例如在罗马尼亚，武装党卫队空降至特兰西瓦尼亚（Transylvania），苏维埃政权迅速做出反应，并且消除了任何潜在的抵抗运动的可能性；1945 年 1 月 7 日，大约 10 万名德意志人被流放至苏联，成为强制劳动力；根据 1945 年 3 月的改革法令，那些凡是曾经与纳粹有过合作的人——包括战犯、阶级敌人和民族敌人在内的群体——都被剥夺了农田，而那些拥有超过 10 公顷土地，并非自己耕种的人也被剥夺了农田。[46]

1945 年 3 月，匈牙利的土地改革法令划分出“匈牙利人民的敌人”，再一次将目标对准了阶级敌人——大土地所有者——和民族敌人——德意志少数民族。这部由共产主义农业部长颁布的法令颇受农民欢迎。一份较为公正的材料评价道：“用社会革命的方式摧毁了土地所有者的权力，解放了被压抑的劳动力。他们随后使得乡村充满了活力。”[47]

在捷克斯洛伐克和波兰，发生了更大规模的没收德意志人财产的运动。大量的地产和城市房地产被抛弃，这些地方变得可供当地人居住，现任政府通过民族主义情绪和经济利益获得了民众的支持。有时，驱逐德意志人成为一个更加具体的根除国家少数民族方案的组成部分。在经历了休战期的自相残杀和德国的占领之后，波兰人将他们的复仇情绪发泄到了乌克兰少数民族身上，强迫 48 万乌克兰人进入苏联；1947 年，15 万逃过驱逐的乌克兰人被强制安置在波兰西部。[48]

这样的例子暗示着东欧和西欧的清洗具有不同特点。在西欧，清洗是在小范围内进行的，很快便由法庭接管，并且随着冷战的发展而迅速缩小范围。在东欧，司法审判只是对抗“战争罪犯”和“人民公敌”的方法之一，战后的清洗成为改造经济和少数民族的工具之一，通过这种方法，政府获得了民众真正的支持（就像 1918 年之后资产阶级政府使用土地改革的方法一样），并且让左翼领袖成为国家的领导人。当时的东欧就像以前的苏联那样，国家扩张和社会改革齐头并进。

德国的分裂

巴西尔·戴维森（Basil Davidson）在 1950 年写道：“已经非常明确了，在德国中部划分边界意味着欧洲的分裂。”回顾历史我们不难发现，击败德国意味着掌握了欧洲的命运，德国的分裂也意味着欧洲最终的分裂。然而，德国的分裂从何时开始不可避免，又是谁的行为使这一切发生，依旧扑朔迷离，毕竟在 1945 年，三巨头都同意维持德国的完整。那么这种分裂究竟是如何发生的呢？这是苏联不妥协的结果？还是像戴维森提出的那样，这是西欧政策的必然结果？还是一些观察者在 1945 年 5 月观察到的盟军和苏联红军在其占领区建立军事政府的过程中，所表现出来的意识形态的对立？[49]

1943 年盟军首先提出了“无条件投降”计划，并且最终获得了实施。希特勒的继任者，邓尼茨上将（Admiral Dönitz）于 1945 年 5 月 7 日在投降协议上签字，他领导的政府在苟延残喘中备受争议，直到两周之后他和其他的最高指挥部的剩余人员一起被逮捕。邓尼茨为赢得盟军支持，重振第三帝国做出的努力，同布尔什维克化的欧洲相对立，随后遭到了拒绝；对德国的控制权则移交到占领者们的手中。[50]

一开始胜利者们拥有一系列的共识。所有人都同意为了欧洲的安全彻底清除纳粹主义，所有人都保证严惩战争罪犯。雅尔塔宣言暗示可能会“肢解”这个国家，但是也开会讨论设立德国中央机构。无论是苏联还是美国，都同意通过解散卡特尔企业联合和土地改革来进行彻底的经济改革，从而瓦解那些支持希特勒的利益集团。最后，所有人都同意致力于德国的“民主化”。这些目标意味着社会和政治改革。

这些共识成为1945年7月波茨坦会议之后公告的基础。这个公告区分了国家社会主义和德国人民，并提及随后准备“在和平和民主的基础上重建德国人民的生活”。与此同时，波茨坦会议对三巨头之间的分歧则一带而过。1945年夏天，在对待法国地位的问题上，这种分歧并不明显，法国并没有被邀请参加波茨坦会议，但是它仍旧获得了一块占领区。戴高乐是德国统一的主要反对者。他固执地反对在监察委员会控制下的德国中央行政体系，他想要兼并德国的领土，并且肢解这个传统中欧国家。最终法国没有实现领土诉求，但是它的否决权阻碍了德国的统一，与此同时占领区施行了不同的政策，这产生了不同的政治和社会制度。

在一种很小，但是并非无意义的方式中，否认纳粹的方式在整个国家开展起来。街道变更了名称，纳粹的著作被清除出公共图书馆，一切代表旧政权的标志都被清除。但是在这些方式之外，其他方式的差异日渐明显。在苏联占领区，去纳粹化意味着摧毁残余的经济和社会基础。在这里没有对于纳粹和战犯的系统调查，他们的生活比在盟军占领区要更加宽松。苏联在占领区的政权将纳粹和“民主的敌人”归为一类，集中于一场迅速的、影响深远的行政系统的清洗，并且延伸到司法和教育领域，设立短期的培训课程，用来培养新干部。[51] 像在东欧一样，反纳粹的口号成为彻底经济改革的正当理由。1945 年，大量的地产被没收充公，并且形成了一个和政权联系紧密的小土地持有者的新阶层。银行和重工业企业被籍没。工业企业拆除活动的进程非常迅速，而这造成了大量的浪费，并导致数千人失业。

苏联的政策主要反映了两个方面的考虑。一个是共产主义对纳粹的流行观点。瓦尔特·乌布利希（Walter Ulbricht）在 1945 年提出，“希特勒的法西斯主义”源自德国人对资本主义的反对，因此如果要根除德国的独裁主义，那么摧毁资本主义，使经济社会主义化是非常必要的。但是与此相比更重要的，是苏联剥削德国资源，用以恢复自身残破的经济，并且充分利用同盟国同意的赔偿条款的考虑。从长远来看，这两个目标——建立一个支持苏维埃政权的德国和高昂的战争赔款——是不可能兼得的，但是这一点在 1945 年并不明确。[52]

西方占领区的去纳粹化建立在对每一个案件进行司法调查的基础上。这满足了西方公平的观念，但是事实证明这并不可行，尤其是在 1945 年之后一系列的去纳粹化宣传并不奏效之后，清洗的范围逐步扩大。声名狼藉的调查问卷成为调查的一个重要因素，而且数量巨大——1946 年 6 月在美国占领区就发放了 160 万份，这使得去纳粹化成为一场官僚主义的噩梦。1946 年年底，还有超过 200 万起案件未经处理，司法调查已经渐渐式微。一份关于美国占领区马尔堡城镇的研究总结道，模糊不清的去纳粹化是一个失败：它既没有将之前的纳粹分子从政府中驱逐，也没有使生活更加民主。在此之前，更加务实的英国和法国也得出了相似的结论。数百万德国人面临着被清洗，但是公众舆论认为，他们这些“小鱼”成了被清洗的目标，而真正的“大鱼”却逍遥法外。简言之，同盟国的去纳粹化进程并不像苏联占领区那样卓越。[53]

像苏联占领区的例子一样，西方国家占领区的去纳粹化反映了它们关于第三帝国的一般理论。西方国家并没有将纳粹主义看成是一种社会经济现象，它们更加倾向于将纳粹主义看作一个强加于社会和经济的独裁政权。这意味着彻底清除之前的纳粹主义，就能够释放德国人民需要的民主。因此，与社会改革相比，司法审查更加重要。

不幸的是，德国人对于战败的态度，并不能验证这种乐观的观点。像他们在公众舆论中观察到的那样，同盟国更加关注它们能发现什么。一方面，同盟国曾经担心对于占领的抵制并没有出现：他们被证明是没有牙齿的狼群，阿尔卑斯山最后的堡垒也不过是个幻想。在战争末期纳粹覆灭的几个月中，党卫军疯狂地展开暴力活动，随之而来的是德国的全面战败，这一切都使纳粹主义声名扫地。和1918年不同，没有人怀疑这次灾难波及的范围。但是同盟国希望看到的不仅仅是这些：它们希望能够看到对这6年所发生的一切的忏悔，以及对民主回归的意愿。

最初从德国发来的报告令人沮丧。人们对第三帝国的忽然崩溃显得茫然不知所措。他们变得冷漠和个人主义，相比于民主他们更加关注面包。“别叫我”是人们对于基层政治活动的理性回答。相比于曾经担心阶级革命的发生，同盟国现在更加忧心政治消极。当他们播放一部关于死亡集中营的电影时，大部分观看的德国人认为那只是同盟国的宣传。[54]

纳粹的思想比它的政权要存在得更加久远，它以一种不协调的方式表现自己。索尔·帕多瓦（Saul Padover）作为美国评估德国公众情绪的主要情报官之一，描述了会见社会民主党人的情形，该党人士提出以严厉的方式对待纳粹，他们陈述道："纳粹的血液是肮脏的，从生物学角度讲，这是不健康的，也是不可治愈的……拥有纳粹血液的人不能被宽恕。他们必须永久不能生育。"圣保利的市长以一种本能的希特勒式的欢迎方式，迎接了帕多瓦，随后他尴尬地解释道："这是一个古老的习惯。一个人不得不阻止自己。"几乎没有同盟国的官员意识到"去纳粹化"本身就是一种纳粹口号的翻版。[55]

目睹了去纳粹化在精神层面进展缓慢后，同盟国开始着手一项更具雄心的计划，其旨在针对德国民众进行一场和平时期的心理延伸。"再教育"是一场同盟国发起的，旨在推进整个社会民主化进程的一项宣传活动，这也成为 20 世纪波及范围最为广泛的活动之一。学校的教科书被重新编写，学校包括大学被重建，接触新的理论及阐释。然而，去纳粹化是痛苦的，因为它在回望过去，"再教育"承诺提供一个光明的未来。

在同盟国中，英国依旧对成功持最谨慎的态度，1952 年，一位高级公职人员悲观地认为"短期内民主不会在德国发展起来"。相反，法国非常重视去纳粹化，并且在德国的年轻人中取得了一定的成效。但是，去纳粹化毕竟不是法国的事务，法国人更关心德国而不是纳粹，他们认为改变德国的文化是和平的关键。他们的巡回展览"来自法国年轻人的信息"（Message from French Youth）吸引了超过 12 万德国人，他们的教师培训改革和交流访问计划取得了相当大的成功。相比于英国，美国在去纳粹化问题上的努力是全方位的，这导致了 1946 年德国大学中的清洗活动。然而，美国人发现，他们在改革教育系统的时候，遭到了德国人的反对，因此他们不得不妥协。[56]

因此无论是去纳粹化，还是再教育，同盟国大量的经费投入只换来微薄的收效。相反，在苏联占领区，大量的教育改革被实施——值得注意的是建立了综合的学校体系——这在很大程度上是因为，苏联占领区的反抗力量相比于同盟国占领区的反抗力量安静很多。这反映了占领区政权之间的根本分歧：在西部，去纳粹化并未伴随着激进的社会改革，然而在东部这种改革却发生了。同盟国背弃了之前的承诺，不愿支持全面的社会和经济改革。例如，它们反对土地改革，允许鲁尔工业区免于解散卡特尔联合企业的调查。1945—1946 年社会保守的主要原因并不是反共产主义，而是同盟国在这一地区的统治需要依赖于当地的利益集团，同时同盟国对遍及德国境内的食物短缺和经济困难也异常地担忧。

这也是它们对苏联人拆除德国工业的行为愈发敌视的原因，这是《波茨坦公告》中各国同意的事项。毫无疑问，苏联的拆除行为浪费了大量的资源。（一个很好的例子是拆除了梅森瓷器工厂：长椅和烧窑被粉碎；废铁片被运回苏联列宁格勒附近的陶瓷厂，而在几年之后它们就锈烂掉了。）官僚竞争加剧了对德国资源的掠夺——不仅在苏联占领区发生——造成了大量的失业和混乱。令人吃惊的是，1945 年苏联占领区的经济形势和同盟国占领区不相上下，甚至可能更好，这主要归功于实行了计划经济。尽管战争赔偿的程度很高，但是该区域的工业增长开始得相对较早。也许是由于实行了土地改革，直到 1947 年，东部占领区人口的粮食供应都较为充足。[57]

然而，战争赔偿问题成为导致四国联合政府崩溃的最直接原因。《波茨坦公告》规定，苏联可以从盟国占领区获得 15% 的可用资产设备，因为这些资产设备“在德国和平经济的前提下不是必要的”。然而，在 1945—1946 年冬天，食物短缺迫使粮食配给量下降，并且已经下降至一个非常危险的程度，大规模饥荒的前景隐约可见。从东部占领区涌入西部占领区的数百万难民加剧了救济问题。西方的军事政府开始着手处理这种社会危机，它们开始强调一种新的重建德国的方式的必要性。1946 年 5 月 27 日，美国停止了对苏联方面的赔偿交付，直到达成关于德国总体经济的共识。然而，苏联拒绝降低其赔偿要求，占领区域边界的经济交通运输迅速减少。就像 1918 年一样，战争赔偿问题成为摧毁德国占领者们共识的主要威胁。

关于战争赔偿的争论，迅速取代了战后直接出现的耸人听闻的食物短缺和经济混乱，成为大国之间的首要问题。美国和苏联之间的裂痕，是建立在它们战争期间截然不同的经历之上的。苏联承载了对德战争的创伤，并且造成了巨大的损失。截至 1945 年，超过 2 000 万苏联人死于战争，其大部分的领土也遭到战争的破坏。因此莫斯科将掠夺德国的经济资源来满足苏联的经济利益作为政策的首要目的。相反，战争带给了美国经济繁荣。美国人在对德战争中的伤亡很小，而且在对德关系中没有激进的敌对情绪，而这种情绪则存在于遭受德国灭绝战争伤害的东欧土地上。华盛顿的对德政策，介于那些提出惩罚性和平，以及那些为了避免重蹈 1918 年覆辙，主张以一种扶持性而非激进的方式对待德国的意见之间。直到波茨坦会议，苏联占据了上风，然而到了 1945 年年末，随着经济危机的范围愈发扩大，苏联失去了这种优势地位。

关于战争赔款的争论，也可以在德国政治发展的背景下加以讨论。在苏联军事委员会成立两个星期后，共产党在东部占领区正式登记成立。很快，苏联政权登记了几个其他政党。但是同盟国则显得更加谨慎，在很长一段时间内，它们只允许政党在当地发挥影响。因此它们也拒绝了其他团体参与到改革现存社会结构中的热情，它们倾向于依靠更加保守的、表面上对政治不感兴趣的行政人员。对共产党活动的严格限制，则意味着它们对于选民的忠诚并不放心。[58]

苏联对德国的政治策略从1945年7月15日就开始逐步明确，并成立了一个反法西斯的四国集团。在波茨坦会议上，针对政党活动问题它向同盟国施加压力——这个政策遭到了其他国家的反对，尤其是法国，苏联要求成为德国政党的担保者，并且要求赋予德国人更大的政治义务。苏联提议通过“反法西斯的民主力量联盟”，承诺在德国成立民主议会。国家主义和民主议会在德国战败之后成为一个具有说服力的组合：这次在大多数德国人看来，苏联似乎更能实现这种构想，而非同盟国。[59]

随着1945年夏秋在西部占领区出现了德国社会民主党（SPD），苏联的政策转向了建立几个独立的政党，并且提议社会民主党和德国共产党（KPD）联合。共产党在奥地利和匈牙利大选中的糟糕表现，促进了这种改变。社会民主党的领导愈发独立和专断。1946年2月底两党合并。社会民主党在柏林抗议，当新的社会主义联合党（SED）4月在东部占领区召开第一次集会的时候，社会民主党只有部分人参加。西部占领区的社会民主党和社会主义联合党之间的关系非常冷淡，同盟国也对苏联的政策愈发怀疑。

接下来的18个月中，苏联和同盟国的关系继续恶化。在莫洛托夫和美国的伯恩斯（Byrnes）关于德国和波兰边界问题展开了一场公开辩论之后，1946年10月在东部占领区和柏林举行了大选，这次大选加剧了社会民主党对加入社会主义联合党的抵触情绪。一个月之后，美国和英国的占领区合并，它们同时向法国施压，要求法国加入合并。这或多或少令四国占领委员会失去了效应，使其在废除普鲁士的问题上无法达成一致。在这种背景下，1947 年 3 月到4 月在莫斯科召开的外交部部长会议无法通过一个德国和平条约也就不难理解了。这种失败，与同时出现的杜鲁门主义一道，标志着华盛顿对欧洲开启了决定性的反共产主义政策，也标志着“冷战”的开启。[60]

对德国人的怀疑迅速停止了，这成为他们在战后国际关系中立足的决定性因素。1947 年，由比荷卢经济联盟（Benelux Countries）、法国和英国签署的《敦刻尔克条约》（Treaty of Dunkirk），直接反对德国，将它视为欧洲和平的主要威胁。但是转年签署的《布鲁塞尔条约》，并不像之前的条约那样针对这个潜在的侵略者。东西方的关系存在着一种辩证的怀疑。苏联将马歇尔计划视为企图颠覆苏联在东欧的统治。美国和英国也为 9 月成立的共产党情报局感到震惊。也许 1948 年 2 月共产党在布拉格的政变，才使得苏联成为西方眼中欧洲安全的主要威胁。

布拉格政变将法国和美国推到了一起。作为对美国军事和经济支持承诺的回报，法国人放弃了他们夺取莱茵河部分地区的想法。法国占领区同英美占领区合并，在欧洲复兴计划的框架下，同盟国着手货币改革和经济重建。苏联退出了占领委员会，并且再也没有回来，同时封锁了柏林的西部占领区。在柏林危机的鼎盛时期，苏联占领区出现了一个独立的自治市。柏林的分裂预示着德国的分裂。1949 年 3 月 23 日，在波恩签署了《德意志联邦共和国宪法》；一周之后，柏林人民代表大会通过了一份相应的宪法。德意志民主共和国在 10 月宣告成立。

欧洲的冷战

冷战给欧洲这个精疲力竭的大陆带来了残酷的稳定，并且保证了在国际力量平衡的背景下政治生活的复兴。纳粹期望在“二战”结束之后，同盟国之间继续新的战争，但是这种期望落空了。如果是这样的话，斯大林绝对不会同意同盟国在欧洲开辟第二战场。苏联在战争中遭受的巨大损失，以及美国对核武器的垄断，都迫使斯大林远离战争。同盟国方面，英美两国虽然不情愿，但是也不得不私下接受同苏联合作的事实。它们不得不承认苏联在东欧的优势军事地位，因为苏联真正的安全利益就在这一地区。1943 年，共产国际解散，意味着斯大林已经放弃了全球革命的计划。如果说共产国际的继任者——1947 年建立的共产党情报局，标志着战后苏联和同盟国关系的恶化，那么也标志着苏联在铁幕（Iron Curtain）之后保守的联合，尽管这点并没有被广泛注意到。对于美国来说，遏制是一种必要的防御原则。杜勒斯（Dulles）在 20 世纪 50 年代关于“击退”共产主义的言论影响并不严重：西方世界对于 1953 年民主德国和 1956 年匈牙利骚乱事件的态度，表明西方世界并不想打破权力之间的平衡。对于真正对抗的恐惧并不存在，尽管两种势力之间的关系非常紧张，尤其是 1948 年，但是它们中的任何一方都没想过以武力干涉对方的势力范围。最危险的地区就是铁幕演说中提及的地区，例如 1945 年的里雅斯特、希腊和匈牙利。

这种欧洲大陆的分裂带来的一个后果就是任何一方势力范围内部的争端和少数民族问题都不会再影响国际社会的稳定，而在 19 世纪情况却并非如此。美国解决了法国对于瓦尔奥斯塔和联邦德国的领土要求，捷克斯洛伐克和匈牙利之间的争吵，也已经在战后的和平会议上得以解决，而后问题留给两个国家自行处理。战后也没有像之前的国际联盟那样，通过将少数民族问题国际化来解决这一问题。无论是战后同轴心国附属国的和平条约，还是联合国，都没有过多地关注少数民族权利问题。在一个分裂的欧洲，这种问题似乎是次要的。过去困扰欧洲大陆的边界问题，现在已经让位于超级大国之间的对立。

当然，为了维持这种稳定，需要花费高昂的代价。从那往后，超级大国之间的斗争并不在战场上进行，而是通过一种避免有核时代巨大危险的战争方式实现的。美苏两国在和希特勒斗争中发展起来的隐蔽的、心理的、地下的战争方式，现在被双方应用到彼此身上。间谍成为冷战最有代表性的战士。“国家安全的真理”使得用于监视和间谍行为的国家组织迅速扩张。间谍活动不再被认为是战争的附属，它们发展了自身的官僚政治利益。美国的审查制度被引入西方，这为间谍们提供了一个舞台，证明他们是不可或缺的。美国间谍在 20 世纪 40 年代末留下的间谍网络，用来防止苏联入侵，形成了这个国家反共产主义的核心。

冷战期间占据优势的反共产主义思潮，以及民众对政治的普遍失望，铸就了西方高度保守的民主化，这在 20 世纪 40 年代末期给改革主张者和左翼力量造成了极大的困扰。历史学家卡尔·索斯克（Carl Schorske）在 1948 年写道：“最引人关注的问题是民主在欧洲的未来，是中产阶级对于民主的忠诚将以何种程度延续。”意大利、法国和联邦德国注意到，在冷战的压力下“反对民主、回归独裁主义的迹象”以及战争以来各国对于右倾的推力。一年之后，另外一位观察者悲观地注意到，对于民主的承诺并没有实现。[61]

西欧的反共产主义者们威胁，要深刻地干预公民自由，并且将阻碍期望已久的社会改革的发生。1946—1947 年，共产党被逐出政府。1948—1949 年，国家借助准军事力量消除了左翼的反抗力量。为了民主奋斗的目标，现在在冷战的前提下进行：左翼指责保守的政府在质疑反法西斯力量，并且在帮助法西斯分子；而天主教民主党通过民主的“真正威胁”来自共产主义对于自由的攻击言论，予以回应。1951 年，联合国教科文组织举行了一个关于战后世界民主含义的调查。它总结道，尽管每个人都希望拥有民主，但是在民主理解上的巨大差异，导致了欧洲的分裂。

1949 年，自由世界的力量在西方取得了胜利。在意大利和希腊这两个暴力抵抗战后的合法政权最为持久的国家，左翼团体的人被关进监狱，而纳粹的合伙人则被释放。1948 年，随着天主教民主党在意大利大选中获胜，马里奥·谢尔巴（Mario Scelba）装备着手榴弹发射器和火焰喷射器的准军事部队攻击了部队，将数百名游击队员和工人投入监狱。西班牙内战结束后 10 年，佛朗哥的警察力量仍旧在山区扫荡参与抵抗政权的左翼抵抗力量。在希腊，由美国训练的忠于政府的部队，通过凝固汽油弹，战胜了共产主义的民主部队，并且在临时集中营中关押了几千名疑似共产党的同情者。

在东欧，反抗冷战秩序的抵抗都遭到了残酷的镇压。在南斯拉夫，在米哈伊洛维奇（Mihailovic）于 1946 年被逮捕后，他领导的抵抗力量切特尼克（Chetniks）也遭到了围捕。但是在波兰和乌克兰，内务部（NKVD）和当地支持共产党的部队，在森林中进行了残忍的针对游击队的扫荡，这一行为一直持续到 40 年代末。也许最为顽强的抵抗发生在巴尔干国家。在那里，苏联施行的流放和集体化的政策，迫使很多人从 1945 年开始就进入了森林。像我们熟知的那样，森林兄弟（Forest Brothers）游击队袭击苏联的军队，破坏选举并处死苏联的合伙人。他们相信西方世界和苏联之间很快就会爆发战争，这个信念一直支撑着他们。在拉脱维亚和爱沙尼亚，这个组织的人数从 1946 年开始减少，但是这种抵抗活动在立陶宛更加有组织性。为了实现维持安定这一目标，立陶宛政府征集了一支 7 万人部队，辅以间谍、苏联红军的驻军和一支敢死队。

有一些引人注目的个人案例，这些人在几十年中拒绝接受战后的权力结构。塔伏乌什・孔维茨基（Tadeusz Konwicki）在 20 世纪 60 年代描写波兰噩梦似的小说《我们时代的幻想书》（*A Dreambook for Our Time*）中，描绘了战争时期的幽灵依旧隐藏在森林中。爱沙尼亚的森林兄弟成员奥古斯特・萨布（August Sabe）于 1978 年被克格勃机构发现，他选择了自杀而非投降。相似的事情在希腊也有发生，1974 年希腊军政府倒台后，一位希腊游击队员被发现躲在克里特岛的山区，不愿意重返正常的生活。一位法国妇女于 1983 年被发现在奥涅夫的小镇上过着隐士的生活：解放之初，她被当作纳粹的合作者，头发被剃光；她已经消失了 30 年并且已经精神失常。[62]

像这样拒绝回到战后社会的人并不是特例。大多数欧洲人接受了欧洲大陆的分裂和战后的权力平衡，并且在铁幕两边参与到各自的社会计划中。战时的同盟保证了基本的共识；冷战带来的残酷的和平，是其给欧洲大陆带来的最宝贵的财富——它以一种非同寻常的、出乎意料的规模恢复了经济生活，并且彻底改造了政治习惯。

第八章

建立人民民主

我们已经选择了具有波兰特色的发展道路，我们将其称为人民民主。在现有条件下，没有工人阶级专政，其他有专政倾向的团体是不必要的。我们相信，我们的政府是建立在所有民主党派通力合作的基础上的。

——瓦迪斯瓦夫·哥穆尔卡，1947[1]

社会秩序的任何一个变化都是一个历史进程，这种变化伴随着困难、无法解决的问题、缺点和不可避免的错误。

——杜布切克（Dubček）政府委员会
关于政治审判的报告，1968[2]

在过去的3个世纪，东欧不幸地成了三种意识形态的实验场所。第一种是1918年自由主义民主的胜利，这种意识形态在维持了10多年后，随着大萧条的到来而崩塌。希特勒的新秩序只维持了不到10年。纳粹的战败使斯大林开辟了道路，使他能够践行他创造的人民民主，这种意识形态被证明比其他两者更为长久。

在 20 世纪 50 年代初期，对斯大林主义的恐惧，在一系列奇怪、恐怖的公开审判中达到了顶峰。西方的政治学家发展了集权主义的理论，强调共产主义和法西斯主义的相似性。他们提出，在这两种意识形态中，政治权力依赖高压统治。在劳动营充斥了成百上千的犯人、秘密警察方兴未艾时，这种观点具有很好的说服力。然而，今天当我们回顾集权主义理论的时候，我们发现其缺点也是非常明显的。当我们解释为什么苏联在东欧的统治比德国长久时，两者之间的差异显得比两者之间的共性更为重要。它们都依靠军队和警察力量镇压持敌对态度的人群，但是在不同的时间，这种程度也不尽相同。更重要的是，德国和苏联在最终目的和政治策略上的分歧很大。[3]

正如我们看到的那样，纳粹占领的目的是完全从德意志民族的利益出发的。这也是那些战前对于自由主义（或者资产阶级）民主不满的人，同样对于纳粹的新秩序感到不满的主要原因。这也能够帮助解释，为什么德国不愿意放权给任何非德意志民族的政治团体。对于东欧的主要看法，德国将东欧视为由“劣等”的斯拉夫种族经营的土地和食物来源地，这些地区是为了优等的德意志民族的利益而存在的；同样的，德国认为东欧是早先德意志民族同斯拉夫民族斗争失败的产物。

苏联和德国一样，通过控制东欧来实现帝国的安全；像纳粹德国一样，它将凡尔赛体系中设立的独立民族国家看作自身利益的威胁。但是，它的政策制定不仅根据激进的民族主义，还依据我们称之为共产主义的社会经济改革哲学。这种意识形态具有很强的包容性，而非排他性，而且它拥有更高的权力。和纳粹帝国不同，苏联依靠的是本国的精英阶层，以及在没有困难的前提下，容纳东欧的民族主义：这也能够同时解释苏维埃政权的限制，以及它的持久性。希特勒视角下封建的、种族净化之后的农业纽带，被一种城镇化、工业化的乌托邦取代；和希特勒不同，斯大林和他的继任者们的目的是这个区域实现完全的现代化。通过他们自己的方式，这个目标实现了：1945 年之后，城市和工业的快速增长超过了之前的所有发展。共产主义从这些非同寻常的发展中获益，随后这也加速了苏联模式的灭亡。工业化以超出苏联共产党的预期改变着社会：社会在不停地前进，而苏联共产党则停滞不前。[4]

政治控制的建立

苏联接管，还是社会革命，今天人们会毫不犹豫地选择前者，用来描述共产主义在战后欧洲的出现。然而，在 20 世纪 40 年代，消息灵通的、公正的观察者们却以一种不同的视角看待这一问题。他们依旧记得休战期民主失败的教训、经济的萧条和种族的冲突。在这一地区的可怕回忆，弱化了对于共产主义的反对。英国学者休·塞顿-沃特森（Hugh Seton-Watson）强调了之前政权的严厉、沙文主义和腐败，并且谈到了“对于暴力改革的渴望，以及对于统治阶层所说的每一件事的不信任”。伦敦大学研究中欧历史的教授贝茨指出，“东欧和中欧的革命正在发生”，并且强调“任何成就（无论好坏）都是在本国的领导人和人民的共同努力下取得的”。他继续写道：“很明显，即便苏联不是如此之近，不是如此强大，革命性的变化也会通过像 1945 年结束的那场战争一样最终到来。”

这些评论员随后觉得他们的观点被痴心妄想的思想者们根据主观意识修改。塞顿-沃特森在 1961 年承认：“1945 年之后的岁月，带给我们的不是一个关于自由和社会公平的新协议，而是集权专制和隶属于苏联帝国的殖民地。”但是他随后批判的假象、信仰和希望，被证明是比武力更加重要的帝国统治工具；至于社会革命，那则是已经发生的事实。[5]

苏联的威望是通过战胜德国的军事成就树立起来的，但是战争时期的苏联红军并不像是一种永久的占领力量，除了德国之外：战争削弱了苏联的军事力量，1945 年，苏联拥有 1 200 万军事力量，但是 3 年之后这一数字变为 300 万；在德国，苏联的军事力量从战后的 150 万人减少到 1947 年 7 月的 35 万人。这虽然比美国的军人复员进程要慢，但是依旧非常显著。实际上，美国国家的军事力量下降得非常迅速。根据国际协定，苏联红军撤出了捷克斯洛伐克。斯大林提醒匈牙利共产党：“苏联不能为你们做任何事情。你们必须依靠自己战斗，依靠自己工作。”克里姆林宫非常清楚，不能让德国再次威胁苏联，东欧必须成为它的势力范围；而这两者都是从政治层面构想的，而非军事层面。[6]

在战争最后阶段对德国的战斗中，以及在巴尔干国家的森林中、波兰、喀尔巴阡山脉国家 *、南斯拉夫和阿尔巴尼亚边界地带出现的反对苏联控制的行为，使苏联需要建立可靠的当地武装。重建忠于新政权的部队，迅速围绕着一群战前的军官、抵抗战士和接受苏联“再教育”的战俘组织起来。早在 1945 年，这些部队就清洗了一些之前的职业军官——这一点在一些军队非常必要，例如一年前罗马尼亚的军队还曾经和苏联战斗——但是其他大部分部队还是维持了原貌。波兰的军队是一个特例，当战争开始的时候，几千名军官都

---

* 喀尔巴阡山脉国家（Carpathians），即中欧地区。——译者注

被苏联俘虏，他们被大规模地射杀在卡廷的森林中，抑或其他地方。对新领导人而言，更加可靠的方式是通过苏联指导下的安全系统、警察系统和议会，并且在警察选举中扮演重要角色，将目标对准新秩序的反对者。他们并不从可靠的共产党干部中招募新成员，因此这里不存在任何党员，他们从之前的游击队员、纳粹的合作者、罪犯和其他类似的人群中吸纳成员。例如在罗马尼亚，爱国主义战斗阵线（Patriotic Combat Formation）的议会，直接听党的命令，到1945年3月已经拥有6万名党员。总之，在苏联“解放”的一年之中，在苏联的控制下，数十万东欧人进入部队、警察系统和议会。[7]

在国内他们几乎没有遇到抵抗。反对苏联的抵抗力量和抵抗团体，依旧继续着他们注定失败的斗争，直到20世纪40年代末。但是他们却被有组织地镇压——被枪毙、投入集中营［经常是从德国手中接管的集中营，例如马伊达内克（Majdanek）集中营］或者流放，他们将永远无法严重威胁共产主义计划。1944—1947年，波兰有大约10万名反对共产主义的游击队员在进行斗争，在两国政府的大赦前提下，大多数人都放下了武器。塞尔维亚切特尼克的领导人米哈伊洛维奇在1946年遭到逮捕。除了巴尔干国家，各国的反对势力迅速瓦解，变得无效。[8]

对于苏联支配地位真正严重的挑战不是来自军事方面，相反，它来自于占领后重新出现的各个党派。如果说战后的东欧是政治斗争的竞技场，那么对于苏联共产党而言，主要的问题是在处于国内弱势的前提下，如何获得优势地位。在很多国家，解放之后的党员数量极少。休战期的国家镇压和公众冷漠，使得共产主义运动只能维系在一个很小的规模；斯大林在20世纪30年代发动的大清洗运动，使得这种规模愈发减小。那些幸存者被推上前台，他们应该怎么做？

最明显的革命选择是尽快夺取政权。矛盾的是，这只在苏联红军未加控制的地区发生——南斯拉夫的铁托带领他的游击队，在解放后一年之内建立了一党制的国家，同样情况的还有南斯拉夫的卫星国阿尔巴尼亚。这种方式吸引了南斯拉夫之外的很多共产主义者，但是铁托是一位明确忽视斯大林意愿的共产党领袖；而斯大林脑海中也有了明确的策略，这种策略符合斯大林不想疏远他的美国盟友的想法。正如莫洛托夫之后回忆时所说的："与美国保持同盟关系符合我们的利益。"[9]

战争期间，苏联共产党中央委员会的国际信息部公布了道路：同其他民主力量合作，而非共产主义革命。它认为东欧并没有为社会主义做好准备。封建主义的参与必须被彻底清除，1848 年，流产的资产阶级革命已经完成。那里将会有选举，工人和农民会发出自己的声音。不出意外，除了铁托之外，很多共产党干部发现很难严格执行这些建议。[10]

因此在战胜德国后，斯大林和他的心腹们对于旧时期宗派主义的共产党干部们四处游行，高呼"莫斯科万岁"、悬挂红旗和在被征用的汽车上画镰刀锤子的行为感到愤怒。从莫斯科的角度来讲，即将发生的革命的嗜血宣言、对于无产阶级专政的宣传、拆除路德的塑像而树立列宁的雕像——这一切都暗示着对情况的完全误读。它显示了战前共产党人的不学无术，只能扰乱国家的行政体系。早在 6 月 10 日，苏维埃军事委员会就颁布命令，允许创立其他政党和商业团体。德国共产党的宣言明确排除了"在德国强制推行苏联体系"的想法，并且呼吁建立民主议会。[11]

这些都意味着，斯大林在 1945 年承认其他政党，议会选举也可以举行。东欧的模型将会是20世纪30年代中期的人民阵线，而不是1917年的列宁主义革命。根据苏联的观点，法西斯主义在战时的胜利，表明将进步力量统一在反法西斯联盟的旗帜下的必要性，通过渐进的土地改革计划（非集体化）赢得民众的支持，吸纳精英阶层以及实施在国家引领下的经济控制。但是即便是这些理论，也不像其在今后那样重要。实际上，情况是极度不稳定的。东欧即兴的政治反应令人震惊，同样令人震惊的还有苏联的实际态度，直到1947年才出现对马克思主义理论人民民主含义的官方解读，直到1948年12月才出现用含混不清的无产阶级专政定义人民民主。事实是，直到此时苏联的政策才集中到创立一个友好德国的问题上，并且对东欧并没有统一的计划。[12]

与此同时，建立真正的新政党需要时间，因为在过去的30年中大部分地区的共产党组织都被有效地摧毁了。现在的东欧就像之前的苏联一样，他们必须从之前小规模的为了争取合法地位的阴谋组织，转变成为行使权力的政党。只有在捷克斯洛伐克，共产党才是合法并且受欢迎的。更名为更受人们欢迎的波兰工人党之后，波兰共产党的党员人数从1944年7月的2万人在一年之内增加到30万人；匈牙利党员数量从1944年年底的2万人，上升到1947年年底的86.4万人；罗马尼亚共产党也以相似的速度增长。当我们考察战后早期共产党党员人数迅速膨胀时，我们很容易看出其中的大部分人是机会主义者和趋炎附势之徒。认清新的现实并不困难，很多“现实主义者”调整了他们的预期，忍气吞声并且向新的领导人和苏联后台妥协。其他人则被战争弄得精疲力竭，无力再进行下一步的斗争。但是也有对于共产党真正热爱的人，他们构成了共产党在1945年后崛起的基础。

这部分是由于他们对苏联的热情，以及对苏联成就的尊敬。苏联红军士兵不守规矩的个人行为，并没有破坏红军在战胜第三帝国的战争中所积累起来的巨大声望。更重要的是，第三帝国的战败并没有减轻对于德国力量的传统的恐惧；相反，半个世纪以来，尤其是近 6 年的经济发展，使人们相信苏联的保护是对抗德国未来入侵的必要保障。

在国内，对于战争的记忆使得人们对于合作普遍怀疑，这种记忆同时强调了战前政党模糊不清的地位和功能。例如，兹德涅克·姆利纳日（Zdeněk Mlynař）是随后“捷克之春”（Czech Spring，中国习称为“布拉格之春”）的主要领导人之一，他愤怒地回忆道，在 1946 年入党时，他批评“父母那辈人的胆小谨慎，使得他们认为和敌人合作是可以原谅的”。在战争中成长的经历，赋予了这个年轻人“摩尼教的世界观”和“原始的激进主义”。“我们是战争的孩子，尽管我们没有同任何人有过真正的战斗，但是战争时期的精神伴随着我们进入战后的年代，这给了我们最后的战斗机会。”[13]

在姆利纳日看来，这场战斗不仅是一场“对于异教徒的圣战”。清算过去对于建立一个更好的未来是非常必要的。在欧洲的占领过程中积累起来的普遍的激进主义，集中表现在解放之后对于一场社会经济变革的渴望。1945 年的匈牙利大选——这个国家历史上第一次出现了普选——表明了这种愿望不仅仅属于共产主义模式下的选民。很多人从东方找到了灵感。姆利纳日写道：“在 1945 年，对苏联和斯大林的神化和人们的普遍兴奋感并不是相互排斥的……他们将自由和公平视为新国家建立的基石。相反的是，这只是兴奋的部分原因……苏联对那些希望告别过去，以及那些并不了解苏联真正状况的人而言，是一片希望的土地。”[14]

即便在那些不倾向于神化斯大林的非共产主义者当中，解放之后前三年中党的政策通过相对的灵活性和渐进性唤起了他们的希望。亚采克·库尔切夫斯基（Jacek Kurczewski）在谈到波兰的例子时说道：“尽管国家并不想接受斯大林强加给我们的奇怪体系，但是大多数居民都渴望能够重建家园和国家，因为他们非常排斥 1945 年战争结束之后的内战。”在欧洲中东部，共产党的活力，以及他们在重建过程中的贡献赢得了人们的支持。匈牙利的反共产主义难民提供了一个显著的例证，他们称赞重建工作，并且称赞“共产主义者以极大的热情进行经济重建，他们甚至称得上是天才”。作为共产党的交通部长，格洛（Gerö）领导的“桥梁建筑者”（the Bridge Builder）因为迅速重建了多瑙河大桥而受到赞誉。[15]

这些国家的基本观点是社会公平和经济效益远远高于政党的创造或者回归，甚至是“资产阶级”民主。共产主义不仅扫清了封建残余，还承诺实现苏联式的工业化，这和休战期资本主义的停滞不前形成了对比，它提供了一条前进的道路，尤其是通过人民民主这个符合时代需求的妥协。没有人比捷克斯洛伐克总统贝奈斯更加坚定地拒绝“仅仅在自由主义范畴内讨论民主的政治含义”，而支持“同时在社会和经济角度来定义民主”，那么我们是否应该对很多不成熟的思想家准备接受一个有效率的政府，而非一个有代表性的政府的做法而感到吃惊呢？这是休战期自由主义民主的危机留给东欧的遗产。[16]

相比于其他国家，人民民主通过联合政府和建立同盟而分权，使得这些国家能够更好地调节和苏联安全顾虑之间的关系。在罗马尼亚和波兰——这两个国家的历史上，苏联和共产主义都是不受欢迎的，它们的反苏主义与反共主义同时发生，并且在莫斯科得到了坚定的回复，这种情况很早之前就已经出现了。1945 年 2 月，苏联外长维辛斯基（Vyshinsky）赶赴布加勒斯特，命令米歇尔国王任命苏联指定的人选担任总理。莫斯科推荐的人选彼得鲁·格罗查（Petru Groza）并不是共产党员，但是他的秘书长埃米尔·波德纳拉希（Emil Bodnaras）不仅是一位共产党员，还是一位内务部的官员。很明显，西方国家对于罗马尼亚国王的求助无动于衷，也许是因为丘吉尔也正在希腊做着同样的事情。当米歇尔国王命令格罗查辞职时，这位总理忽视了他的命令，然后动身去莫斯科会见斯大林。格罗查回忆说："我们的会谈，就像是一个小学生在同他的老师讲话一样。"

对于苏联的控制，波兰比其他任何地方的反抗都要激烈，尤其是当德国的命运悬而未决的时候。但是波兰的公众舆论对莫斯科几乎没有任何影响。随着西方国家承认了这一事实，斯大林在这一地区可以使用更多的武力。即便在波兰，共产党统治的最初策略还是获得了民众的支持。支持苏联的"临时政府"是一个联合政府，由一位社会主义者身份的总理领导；而西方则向真正独立的政治领袖施压，迫使他们同苏联人合作。而这种额外的压力，最终演变成为 1945 年夏天对于反对苏联政治人物的公开审判。

正如我们在罗马尼亚和波兰看到的那样，苏联利用其在国际谈判桌上能够改变国际边界的能力，获得了超过本土政治家的权力。重新从匈牙利手中获得特兰西瓦尼亚是苏联对于罗马尼亚的回报；将沿着德国"新边界"的广阔富饶的奥得河—尼斯河（Oder-Neisse）地区划给波兰，则是对波兰的奖励。这两个例子的结果是，民族主义者通过各种诱惑，来安抚苏联成为他们新领地的保护人。

尽管这种规律在东欧各国因地而异，但是当我们回顾历史的时候，会发现他们随后的模式则非常相似：建立联合政府，其中共产党扮演着最有影响力和决定性的部分；然后，边缘化甚至是彻底抑制其他政党，并且分裂联合政府以外的政党。最终的大选，波兰的政府阵线获得了 89% 的选票，罗马尼亚的得票率为 98%，保加利亚为 79%。1947—1948 年，这个进程将目标对准了农民党和工人党，它们成为共产党在国内主导的首要威胁；一些领导人被处死或者被强制流放，而其他人则率领着已经分裂的团体进入政府。

这是一种提前计划好的马基雅维利式的策略吗？一些当代的观察者认为这毫无疑问。塞顿·沃特森总结了这个模式的三个阶段：真正的联合政府，伪联合政府，“庞大”的政权。从一种更加奇怪的角度来讲，这一系列的阶段反映了苏联的观点，即这些地区正在逐步走向共产主义。也许两种观点都在以一种逻辑化的、整齐化的观点来看待一件并不存在的事情。这些事件的实际进程预示着苏联比塞顿·沃特森所想的更加犹豫和不安，至少在 1947 年之前是这样的。例如，在 1945 年的匈牙利大选中，共产党遭受了耻辱性的失败，小党派获得了 57% 的选票。一些联合政府（波兰和 1945 年早期的南斯拉夫）从一开始就只是一个摆设，实际上是由共产党控制的；其他国家的联合政府（匈牙利和捷克斯洛伐克）真正存在了几年；而罗马尼亚和保加利亚则介于联合政府和共产党控制两者之间。我们也不应该忘记在此背景下的芬兰：芬兰和苏联之间的外交满足了苏联的需求，在此基础上它们达成协议，保证芬兰自主行动的权力。[17]

对于战后政党政治的渴望和在民族团结精神下解决战后问题的诉求，使得联合政府成为欧洲大陆上备受欢迎的政权：民族必须第二次起作用，必要的时候必须放弃党派分歧，尤其是对左翼的分歧。

但是这种精神在冷战的压力下开始破损，东西方的联合政府最终分道扬镳。因此联合政府的消失不仅仅是东欧的发展必然，也不能够仅仅被解释为苏联的阴谋。[18]

除了苏联的支持外，共产党还从其他的条件获益。一个是与它们竞争的政党相对脆弱以及它们之间缺少凝聚力：尽管一些政党只能通过警察镇压这种恐怖方式才能摧毁，但是另外一些，例如匈牙利的小党派，很容易分化，尤其是在缺少西方支持的前提下。马克思主义的社会民主经常被用于苏联的例子，尽管苏联很排斥这种形式。无论如何，除了捷克斯洛伐克和民主德国之外，社会民主在其他地区的根基并不稳固。20 世纪 20 年代关于左翼致命分裂的历史记忆，使共产党更加重视团结。

最根本的原因是，共产党竞争对手的民主原则，必须从其战前的政治传统和政治经验来理解。对于很多政党而言，这意味着不仅缺乏一个成功的法制议会，还意味着缺乏对联合政府的统治理念深刻的理解，例如休战期的罗马尼亚和匈牙利，其统治方式甚至可谓独裁。在捷克斯洛伐克以外，对休战期议会制政府的记忆还停留在模糊不清的合作中。战前的“资产阶级”民主几乎找不到支持者：无论从社会层面还是意识形态层面，其旧式意义上的选民已经缩减、逃离甚至被杀害。由于德国和苏联的入侵，波兰或多或少地清除了自由主义的知识分子；而在罗马尼亚，这些自由主义分子则被当作纳粹的合作者加以对待。

自由主义、基督教和农民政治家摇摆于完全反对共产党政权和向新秩序一定程度的妥协之间。不妥协的鼓吹者们将他们的希望寄托于第三次世界大战的爆发，这导致了他们无限期地等待西方世界的拯救。伊丽莎白·贝克（Elisabeth Barker）注意到，在巴尔干国家，“很多反对派对于农民和建设性的计划兴趣寥寥。令他们痴迷的事情，也是他们经常只对外国人讲起的，是‘你们认为同苏联的战争将会在什么时候发生’？……他们对战争期望的假设，成为他们希望的基础”。他们被冷战双方战争化的辞令误导。一份立陶宛的农民简报在谈到舒曼计划时说道：“战争的准备正在进行中。”朝鲜战争给了持这种观念的信仰者以新的希望。直到 1956 年西方国家对匈牙利问题的被动态度，才使他们放弃了希望。[19]

与此同时，共产党对于民族主义模糊的政策显得愈发令人迷惑，并且误导了反对者。通过驱逐德意志少数民族，共产党政权最后宣称将波兰这样的国家变成了民族国家。将其他的少数民族强制安置在国家的其他地方——例如将乌克兰人安置在波兰的西部，将巴纳特的塞尔维亚人和马其顿人驱赶到罗马尼亚东部，将波斯尼亚的农民驱赶至南斯拉夫的伏伊伏丁那——新政权的这些做法弱化了地方和区域的传统联系，并且主张中央政府的权威。而巴尔干国家实行的政策和苏联政策之间的差异令人吃惊，在其他国家被流放的目标群体，成为这些国家的优势群体。但是随后巴尔干国家面临着比东欧其他国家更加悲惨的命运：它们被吸纳进苏联，并且臣服于有意识苏联化的政策。

建立一个统治性的政党是一回事，控制行政系统又是另外一回事，因为后者需要一个服从于政党的国家机器。在西欧，占领使得英美的政策制定者们能够对国内事务施加巨大的影响，无论是德国和意大利这类之前的敌人，还是像比利时和希腊这类之前的盟友。而苏联的顾问则过多地介入，并且采取措施巩固他们对东欧各国官僚机构的影响。无论是东方还是西方，很多公务员有着从战争中幸存下来的经历，因此他们愿意满足新统治者的愿望。在很多情况下，对于行政系统的控制并不新鲜，而共产党只是继承了战时和战前对这种体系控制上的优势地位。

在独裁政权和战时占领期间依旧独立的司法系统，规定法官必须听命于司法部，这间接侵蚀了司法独立的原则。在这类措施施行后，重新任命法官的行为就显得不必要了。例如在波兰，1950 年有大约 60% 的法官在战前就已经履职。在军队中也发生了类似的事情，战前的将军们接受了新的高级政治部门的命令，这保证了他们支持苏联的立场。[20]

之前受到本国右翼政党或者是德国审查的文化、教育和传媒领域，现在则处于苏联的影响之下：一些保守的报纸停刊（因为它们曾经服务过“法西斯主义者”），而其他的则通过许可证体系和定量新闻纸等方式而加以控制。审查逐渐从“反对苏联”的素材，延伸到更加笼统定义的危害国家的材料：截至 1949 年，罗马尼亚禁止了 8 000 个曾经的出版物；而类似的行为也在其他地区发生。1949 年已经建立了正式的审查系统，它有效地将文学作品和新闻出版物置于党的控制之下。之后，大学也被纳入这个体系中，这种控制的比例和速度在不同国家取得的效果也不尽相同——像在民主德国这种一次性清除旧秩序的国家，情况就和波兰不同，后者的出版物在几年之内还在被政党容许。[21]

而最为重要的是安全力量领域。军事情报从属于苏联军队总参谋部情报管理总局。从解放的那一刻开始，克格勃将控制国内的安全机构视为重中之重。在苏联安全机构的促进下，无论是渗透到常规警察力量，还是建立新的特殊安全机构——像保加利亚的民兵那样，都处于党的控制之下。在捷克斯洛伐克这个最后处于共产党控制的国家，重建警察力量成为一个关键的政治问题，这激起了共产党控制的内政部和非共产党控制的司法部之间的斗争。

警察力量，包括其他领域的行政系统在内，在对抗共产党的压力中处于弱势地位。他们中的很多人在战争中都为德国服务过，因此很容易遭到清洗。他们发现与有背后势力的政治家对抗是不明智的。因为很多政治上可靠的年轻人被大量抽调上来，所以他们不得不小心保住他们的工作。桑德尔·科帕奇（Sádor Kopacsi）后来成为布达佩斯警察力量的领导者，他回忆道："所有莫勘（Mokan）团体——这个战时的游击队团体——的地下抵抗者都被重新武装，并且成为新生的匈牙利共和国执法机构的一部分。这也是我如何成为警察的原因。"然而，这些没有任何经验的新手从一开始就是不可靠的。在警察系统，以及其他领域，大部分人还是从旧势力中保留下来的，只不过他们认清了现实，将他们在安全领域的专业技能作为交易的筹码。[22]

迈向斯大林主义

马斯特尼（Mastny）称为苏俄帝国主义（Pax Sovietica）的时刻在 1947 年到来：面对西方世界日益坚决的反共产主义立场，9 月建立的共产党情报局标志着苏联的政策从渐进主义转向严阵以待的战斗状态，从一种接受不同路径进入社会主义的态度，转向坚持联盟的统一性。斯大林用南斯拉夫的例子攻击其他共产党"对于联合主义的迷信"。匈牙利共产党刚刚在几个月之前的大选中蒙羞，党的骨干们因为承认他们的政府是"人民民主和资产阶级民主因素的混合体"而遭到批评。一年之前波兰的哥穆尔卡和捷克斯洛伐克的哥特瓦尔德（Gottwald）都强调，需要找到他们自己的道路来实现社会主义。自此，这条路线被放弃了。经济计划、政治和建筑，包括一切在内，都逐渐成为莫斯科的附属品。

1948 年，轮到了南斯拉夫当替罪羊：铁托和斯大林走向决裂，尽管这种决裂是铁托没有预见到，也根本不希望发生的；从根本上讲，是因为南斯拉夫不会接受苏联干涉本国的事务，而苏联的这种干预也成为日后这一地区的普遍形式。在罗马尼亚会见苏联的官员时，米洛凡·吉拉斯对于“这种‘优越种族’的态度和超级权力的自负”而感到震惊。吉拉斯和他的同事们对他们在战争中取得的成就非常自豪，他们对出版苏联书籍的要求，以及将自己的经济发展视为苏联经济发展附庸的要求感到愤怒；而在外交政策上，铁托干预希腊内战，以及对巴尔干半岛日益明显的野心触怒了斯大林，这几乎就是南斯拉夫在两年前的里雅斯特（Trieste）问题上的翻版。这种裂痕迅速扩大，这也成为斯大林向东欧其他地区强加自己权威的导火索。在接下来的 5 年中，直到他去世，这个地区开展了一系列的公开审判、警察恐怖和强制工业化——换言之，就是斯大林主义。[23]

铁托曾经向斯大林强调：“我们将苏联体系作为一个范例而加以学习，但是我们以一种不同的方式在本国发展社会主义。”在南斯拉夫被驱逐出共产党情报局之后，其他国家的党员骨干都加速将自己和“国家共产主义”的指控撇清关系。苏联集团内部的分裂可以归因为“被逼的叛徒和帝国主义的走狗”“无产阶级国际主义的叛徒”“间谍、奸细和谋杀团伙”，以及“拴在美国皮带上的走狗：他们啃食帝国主义的骨头，为美国资本狂吠”。重新确定苏联权威的一贯正确性的企图，不仅导致了“肃反”和“大清洗”，并且已经深入党和国家的机构中，而且导致了一系列的公开审判，这一点在匈牙利和捷克斯洛伐克尤为明显。[24]

向莫斯科表示忠诚的努力表现为揭露“敌特分子”，他们像病毒一样在党的内部传播恐怖。1948 年 8 月，罗马尼亚部长卢克雷丘·珀特勒什卡努（Lucretiu Pàtrăscanu）被逮捕；而另外一位“右倾民族主义倾向”分子瓦迪斯瓦夫·哥穆尔卡，则在随后一个月中离开了波兰共产党总书记的职位。阿尔巴尼亚和保加利亚的高级政治首脑也遭到了逮捕。匈牙利内政部长拉伊克·拉斯洛（Rajk László）在 1948 年 8 月成为外交部部长，并在转年 5 月遭到了逮捕。

公开审判不仅反映了斯大林最后一年中克里姆林宫的偏执氛围，也能够反映苏联对于东欧脱离苏联控制的实际恐惧。公开审判变成了对于向苏联展示忠诚的可视化程序，甚至他们自己也会成为受害者。根据一份卡达尔 * 和拉伊克之间对话的监听录音带，被告拉伊克成为匈牙利公开审判地位最高的被告。卡达尔对拉伊克说：“我们知道你是清白的；我们尊敬你，不仅仅因为你在这件事情上做出的牺牲；我们并不会剥夺你的生命。你只需要在道德层面做出牺牲，我们将会把你驱逐出精神领域。”拉伊克最开始抵制这种方法，但是他在公开审判中精疲力竭，并且被迫认罪。随后他就被处决了。[25]

当匈牙利人对拉伊克进行审判的时候，他们警告捷克斯洛伐克人，一些捷克斯洛伐克人也将会接受审判。为什么不逮捕他们呢？对于“铁托主义”的指控，使捷克斯洛伐克开展了越来越多的调查。莫斯科向布拉格派遣安全顾问，来发现“捷克的拉伊克”，以及他们和西方帝国主义之间的联系。捷共前任总书记鲁道夫·斯兰斯基（Rudolf Slánsky）为了表示自己的忠诚而警告道：“现在我们的政党

---

* 卡达尔（Kadar），匈牙利社会主义工人党中央第一书记、总书记、主席，匈牙利人民共和国工农革命政府总理、国务部长，匈牙利人民共和国主席团委员。——译者注

也没能逃脱在党内出现敌人，在人民内部出现间谍的状况……我们需要更加警惕，这样我们就能够发现在我们队伍中的敌人，他们是我们最为危险的敌人。”1950 年，斯兰斯基也成为被逮捕的高级共产党领导人之一，他被指控为“托洛茨基分子、犹太复国主义分子、铁托主义分子、资产阶级分子和民族主义的叛徒，他是捷克斯洛伐克国家、人民民主秩序和社会主义的间谍、破坏者和敌人”。

冷战时期的间谍热是一种流行现象，这种现象不仅折磨着东方国家，甚至也令西方国家苦恼。仅在捷克斯洛伐克，就进行了对之前的社会主义政党、基督教政党和社会民主党领导人的审判，原因则是“这些领导人的恐怖主义分子阴谋”。并且在 1950 年发生了臭名昭著的“审判梵蒂冈间谍”运动。在受害者中包括战时共产党的反对者、士兵、知识分子和宗教领袖。但是受害者中还包括疑似的“西班牙路线主义者”*、被驱逐至集中营的少数民族，以及“阶级敌人”。

这些年受害者的数量以几十倍，甚至上百倍增长。在清洗中被杀害的匈牙利共产党员数量，比霍尔蒂（Horthy）在 25 年前的清洗运动中的还要多。秘密警察崛起［他们的背后势力是苏联的贝利亚（Beria）］，但是他们自己也被怀疑是告密者，并且在内部不和。然而，他们成功地建立了一个不断延伸的劳动集中营体系——至少在保加利亚有 70 个，关押了大约 10 万名犯人。而匈牙利有 20 万人遭到逮捕；捷克斯洛伐克有 13.6 万人、罗马尼亚有 18 万人，而阿尔巴尼亚的人数则令人难以置信，只有 8 万人。只有在内战末期的波兰，才逃脱了此种规模的镇压。[26]

---

* 西班牙路线主义者（Spainard），是指参加西班牙内战的积极分子，他们通常被认为具有危险的独立倾向。——译者注

像最后分析的那样，斯大林的恐怖主义无法脱离对共产党存在的辩护，即它在社会变革中的角色。被逮捕的人中，除了一部分被杀害，大部分的人被投入监狱和集中营。就像之前的苏联那样，工作不仅是一种惩罚和救赎的方式，还是一种权利和责任，通过这种方式，“工人阶级”的敌人才能够在社会主义建设的宏大计划中，被社会重新接纳。换言之，就是1948—1953年的斯大林恐怖主义不仅和清除党内异端和独立倾向的意图相关，而且和国家主导的工业化密切相关。恐怖主义伴随着苏联迈向现代化的过程。[27]

东欧的发展模式被迫接受20世纪30年代苏联五年计划的模式。尽管这些国家的经济基础好于当年的苏联，但它们建立一个现代化工业领域的努力，仍然是以一种深刻的社会变革为先决条件的。共产主义的目的是通过一场工业化革命来完全改变社会，而唯一能够满足这种规模工业化的方式，就是压榨国内的农业领域和消费领域：只有国家的强制才能够满足这种模式的要求。因此，正如一位流亡者所言，“东欧国家情况的本质，就是建立一个共产主义警察国家，以及进行工业化变革”。

东欧的经济问题在过去的一个世纪都非常明显。东欧工业化的程度和西欧的差距越来越大。对那些1918年之后新成立的国家而言，最大的挑战是如何回应这种差距。农民党提出答案并不在于模仿西欧，而是对于独立的小农和农业的支持。这个提议获得了广泛的认同，但是鉴于过多的人口和低下的农业产量，冷静的人们意识到这并不是一个长久之计。

休战期东欧的城市精英阶层提出了替代方案：用西欧涌入的资本来资助本国的工业化。这个政策被施行了近10年时间，产生了迅速的，但是不协调的工业发展。问题是这种方式将投资的决定权和关键领域的所有权交给了外国资本家，从而无法保证能够解决农村地区的失业问题。经济国家主义者厌倦了这种结局，而当世界性的经济危机终止了这种试验后，他们愈发觉得自己的主张是正确的。在休战期的自由主义和农民运动失败后，社会主义者的策略是由国家推行并且资助工业化进程，而不是通过从国内结余或者向国外求助的方式实现。

20 世纪 30 年代的世界性经济危机激化了关于国家主导工业增长的观念。在资本主义市场遭到灾难性的失败后，国家社会主义变得流行起来：在东欧（波兰和保加利亚），官僚阶层的规划者和部队的官员同意国家不仅要扩展到劳动关系和社会服务领域，而且应该制订经济计划，指导投资。1929—1933 年的经济危机衍生出一种公共部门控制银行业，允许国家更大限度地控制货币政策和经济投资的现象。随着德国籍没主要商业，将战时控制生产和价格的方法引入民主德国之后，国家经济在 1939 年之后进一步发展。在经济领域和政治领域，德国的继任者仅仅是继承了他们实现控制的新工具。

解放之后，计划经济的流行和对自由主义否认的情绪弥漫了整个欧洲大陆。扩大国家福利、加强国家干预经济、控制重工业和银行业的做法，至今来看都非常明智。1944—1947 年的主要问题不是是否进行计划经济，而是遵循社会民主的计划方式还是共产主义的计划方式。

在波兰和捷克斯洛伐克，在战前就拥有极强的计划传统，在 1945 年到 1946 年间，社会主义的规划者们赢得了当地共产党的支持，他们提出一种混合制的经济方式，即私人贸易和非集体化的农场。但是在建立共产党情报局和斯大林拒绝让东欧国家参加马歇尔计划之后，斯大林主义的学说成为主流。共产党批评了所谓的“首要消费”观念。在提出强制节约的“英雄主义道路”与满足“中产阶级”消费需求之间的第三种发展方式时，波兰的中央计划委员会被废除。1949 年，共产党控制的国家经济计划委员会取代了中央计划委员会，从政治、经济和意识形态角度上讲，前者提出“计划经济的斗争是一种阶级斗争”。[28]

1948—1951 年，每一个铁幕之后的国家都引入了五年计划或者六年计划。在解放之后，短期的重建计划因地而异。这时大多数国家的产出恢复到了战前的水准，而国家化将工业领域交给了国家。关于重工业和能源生产领域的新计划被制订。而对于消费品的关注则少之又少，党内的经济专家忽视了社会消费的特征，他们警告说，在发展的“英雄主义”阶段，因为资源需要被投放到生产领域，因此人们的生活水平将会维持在一个较低的水平上。捷克斯洛伐克总理萨波托斯基（Zápotocký）批评道：“任何对生活水平提高的幻想，都会被视为一种必然的推论，甚至被视为对计划经济成功施行的预计。而它真正的对手是真理：为了实现这种假设，我们必须提高文化和物质水平，它是完成经济计划的首要条件……如果这样的话，从今往后我们将会生活得越来越好，更加满足和快乐。”联合国观察到，东欧国家以“施行比西欧国家激进的工业革命”为目标。[29]

有力的宣传很好地渲染了这种结果。民主德国的斯大林钢铁厂、俄斯特拉发的克莱门特·哥特瓦尔德钢铁厂、保加利亚的列宁钢铁厂成为新时期的“教堂”——它们纪念碑式的入口、特殊的建造过程是对于人的力量的宣言，以及对于科技战胜自然的信念。彼得鲁·杜米特留（Petru Dumitriu）绘制了《罗马尼亚山峰上的列宁光辉》（*The Light of Lenin in the Mountains of Romania*），用来庆祝比卡兹水电站的建立。而霍查 * 在 1952 年则提出了“斯大林的光辉照耀在阿尔巴尼亚的土地上”（light of Stalin Shines on Albanian Soil）的宣传口号。

但是宣传不是全部。一些经济基础薄弱地区的经济增长率显得很惊人。在 20 世纪 50 ~ 60 年代早期，工业产量和就业同时增长，增速持平，甚至超过了同时期的西欧国家，而东欧并没有自己的马歇尔计划；实际上苏联是从这些地区攫取资源，而非投入资源。位于日内瓦的欧洲经济委员会注意到：“工业领域中正在发生一场革命性的变化。东欧政府整体上的经济计划是成功的。”高比率的投资——是西欧的两倍——使得像采矿业和钢铁行业这类受到资助的领域得以快速发展。[30]

然而，这种方式的发展积攒了数不清的潜在问题。采用苏联劳动密集型的模式在缺少资本和劳动力的地区是不合逻辑的，这使得东欧的国家过于依赖过时的技术。在 20 世纪 50 年代的世界经济中，矿业的产量是下降的，而匈牙利的矿业产量却增长了一倍。随着越来越多地参与国际竞争，大量的工人被集中到有问题的工业领域，以弥补政治和经济层面潜在的混乱。

从政治层面上讲，也许最严重的就是农业方面的问题。在农民享受城市居民福利 20 年之后，20 世纪 40 年代末期，形势发生了反转。在巴尔干国家，集体化先于其他东欧国家几年进入这一地区，数十万的“富农”遭到了驱逐；就像 20 世纪 30 年代乌克兰的情形一样：1949 年 3 月，占总人口 3% 的人遭到了驱逐。因为共产党在农民中的支持度较低，所以其他地区的共产党一开始避免集体化的

* 霍查（Hoxha），阿尔巴尼亚的政治家、社会主义者及国家领导人，曾任阿尔巴尼亚劳动党第一书记与总理，掌权达 40 年之久。——译者注

倾向，并且寄希望于土地改革赢得农民的支持。现在政策发生了逆转。斯大林主义通过集体化将发展的负担施加到了农业地区，它提高税收、削减对于农民的贷款。农村地区变得像国内的殖民地一样，它不得不为新建设的城市提供粮食和劳动力。但是国家控制土地变成了一场灾难，就像之前的苏联那样。工业产出激增，但是农业产量几乎无法达到战前的水平。即便在 20 世纪 60 年代早期，人均产量依旧低下，“缺少肉的日子”证明了牲畜群体的枯竭。[31]

随着政权企图以武力夺取农业产量，农民在他们能力范围内采取各种各样的抵抗方式——纵火、上缴不良谷物以及破坏机器。在罗马尼亚的特兰西瓦尼亚，农民焚烧了新的合作农场；而在 1949 年 7 月，一次事件之后，秘密警察在这里枪杀了 12 名农民，并且逮捕了大量的农民。共产党企图通过威吓农民从而使他们顺服的努力，导致了迅速蔓延的反抗以及不可避免的对于“富有农民”的“破坏行为”的指控。这些都是“破坏新秩序的敌人，他们破坏社会主义建设的罪行无以复加”。其中典型的例子是“富农”，他们没有交齐粮食定额，破坏农业生产，有些人甚至通过谋杀的手段来达到目的。实际上，抵抗是大规模的，甚至一些官方媒体也隐晦地承认这一点。波兰农民联合党的官方刊物《绿色旗帜》（*Green Banner*）在 1951 年 11 月发问：“像来自切鲁求（Czluchow）地区的米卢拉（Milula），人们该如何评价他的意识形态立场？他曾经说他不会将谷物和土豆卖给国家，如果国家使用武力夺走他的剩余粮食，那么他就会上吊自杀，然后让西方的媒体知道这一切。”[32]

从传统上讲，农民起义是东欧政治景观的一部分，而新的国家政权也像过去那样利用军队和民兵镇压他们。在罗马尼亚，大约有 8 万名农民被驱逐或者审判，另外有 3 万人接受了屈辱性的公开审判。民兵搜查了一些人的家，征用了他们的产出和存粮，殴打或是威胁他们的家人。在匈牙利，数以千计的农民死在了集中营和拘留所，农业人口的减少进而影响了农村的经济。[33]

尽管这些叛乱没有直接威胁到共产主义政权在这一地区的统治地位——像特兰西瓦尼亚还发生了山里的反对政权支持农民叛乱的情况，但是反映了农民对于政权的不满程度。更为严重的是，作为粮食短缺的一个主要因素，农民阶层的不满成了威胁共产主义政权稳定的潜在因素。强硬路线主义者也许会归咎于贫农阶级团体过于庞大，他们常年生活在温饱线上下，从而导致了余粮征集的不足；但是越来越多来自党内的批评声音使统治阶层意识到，集体化是一个错误，它严重地威胁到了整个工业化的进程。早在 1951 年，共产主义政权的政策就进行了部分改变（在罗马尼亚），强制性的措施减少了，新的政策强调“理想的集体主义农庄是一种远高于现状的社会主义形式。在目前的过渡阶段，我们应该采取一种更加缓慢温和的方式循序渐进地进行改良”。但是这些理论的提出并不足以安抚农民阶层的恐惧心理。[34]

其他的“阶级敌人”也是由工业化创造的。有一百万农民涌入了城市，政权通过清除“资产阶级”财产所有者来解决日渐明显的住房短缺问题。这些“非生产性人口”现在需要为缓慢的房屋建筑付出代价。20 世纪 50 年代初捷克斯洛伐克的“B 操作”（Operation B）导致了大量的“阶级敌人”被驱逐。1952 年，一家报纸如是报道：“早在去年 11 月，罗马尼亚就流传着近期将会大量驱逐‘城市不必要人口’的谣言。”数以千计的居民从布达佩斯、布加勒斯特和其他地方被驱逐。保加利亚的警察则利用了 1948 年“对抗社会危险人员办法”（Measures against Socially Dangerous Persons）来实现这一目标。现在定居在新的“工人城市”需要获得官方认可。[35]

这些受害者被拉去充当强制性劳动力，用以完成多瑙河—黑海运河这样引人注目的工程。他们被禁锢在铁丝网内，生活条件极其糟糕：他们需要自己用芦苇搭建小屋，否则他们只能住在户外；他们需要自己打井来满足日常饮水。粮食短缺和糟糕的卫生条件直接导致了较高的自杀率。这些劳动力在帮助统治阶层实现那些宏大的发展目标方面起到了至关重要的作用——尽管这些劳动力有些隶属于罗马尼亚劳动部的劳动储备，抑或保加利亚的劳动军队。当时的保加利亚有约 10 万名强制劳动力，而保加利亚当时在工业领域的劳动力数量仅为 36.1 万人。

即便是普通的员工——暂且认为他们是新秩序的支持阶层，也发现自己受到了限制，他们没有预料到自己也会遭到限制和压迫。“为了和劳动人民的敌人进行无情的斗争”，罗马尼亚共产党宣称他们不得不这样做，而这种行为的本身就是在打击劳动力。政府不仅下令禁止罢工和停工，他们还限制劳动力流动，并且试图取缔“缺勤”制度。在保加利亚任何缺席工作的人都会被处以“纠正性劳动”的惩罚。工人需要向当地的警察部门进行登记，从而获取身份证和劳动卡，并且他们随时可能面临着“违反劳动原则”的指控。工资上涨、有效的激励机制缺失；较低的生活水平；食物和消费品短缺；越来越严格的劳动原则和挖掘“内奸”“间谍”的行为使得国家和劳动阶层之间的关系越来越疏远。随着国家工会的不断扩大，直接的抵抗变得愈发困难，工人本身也被鼓励履行警察的部分职能。一份匈牙利报纸坚持道：“巩固劳动的原则需要将那些游手好闲者和懒汉在生产会议上示众，通过通报他们邪恶的行为，或者对他们进行家访来改善他们的行为。如果这些都不奏效的话，那么他们将会被清除出我们忠实的工人团体。”[36]

在这种极度混乱的形式中，斯大林迎来了他的 70 岁生日。截至 1949 年年底，所有的道路、纪念碑、建筑，甚至整个城镇都是在苏联的领导下完成的。新的城市出现了——例如民主德国的斯大林施塔特（今称艾森许腾施塔特）、匈牙利的斯大林瓦罗什（Sztalinvaros，今称多瑙新城），它们成为“共产主义伟大建设计划”的标志。在布拉格，斯大林将军 70 寿诞庆典委员会承建了一座 13 米高的纪念碑来俯瞰城市。这些建筑物用来展示“人对自然的胜利”以及“人们挣脱了曾经束缚他们的社会力量”。然而，事实证明他们很快就会发现斯大林主义的弱点。

1949 年 12 月，民主德国的法兰克福大道被重新命名为“斯大林大道”。官方宣称“这是民主德国的第一条社会主义道路，沿道路的两侧将建成大量的标志性建筑物。这些街道象征着共产主义政权在这里取得的成就，而由工人们建造的标志性建筑则意味着‘新人类’将社会主义的宏大计划变成现实”。奥托绘制了《斯大林大道上的年轻搬砖工》（*Young Bricklayers of Stalinallee*），画中描绘了在脚手架和红旗背景下一位年轻的劳动英雄。然而，在这幅画完成之后不久，这些工人就放下了手中的工具，因为国内面临着共产主义统治的最大威胁。

在斯大林逝世后不久的 1953 年春天，东柏林的工人起义，这标志着苏联集团内部最初的工业化进程告一段落。相似的不满也在捷克斯洛伐克和其他地区出现——这种不满集中表现为反苏的特征。由于对削减工资感到不满，这些国家“建设社会主义的英雄们”逐渐地和统治他们的政权疏远，尽管这些政权在不久前还在不遗余力地宣传他们。最终，斯大林大道上的海报被移除，部分街道恢复了原来的名称，而其他一些街道则被重新命名为“卡尔·马克思大道”。

改良社会主义？

斯大林的继任者们在20世纪50年代中期遵循着一项摇摆不定的“新航向”政策，旨在通过减慢工业化的速度，来安抚民众的不满情绪。集体化的政策遭到了攻击，在波兰和南斯拉夫集体化进程甚至遭遇了倒退，“社会主义区域”以一种超乎寻常的速度萎缩。与过去相比，税收额度和粮食征集的数量都逐渐降低。与此同时，继任者们宣布人们可以获得更丰富的消费品，住房短缺的问题也将得到解决。一种更加缓和的劳动原则，取代了斯大林主义时严格的“英雄主义”劳动原则。

当然，政治领域也在发生变化。斯大林的逝世，使得莫斯科强调“集体领导”原则，而这一转变也在影响东欧各国。东欧很多国家的“小斯大林”式的领导人遭到了挑战。在民主德国，自1945年以后有100万人（大部分是年轻人）逃离此地，乌布里希（Ulbricht）被卷入了争论的旋涡，争论的起因是一部分人企图模仿为斯大林庆生的模式，为乌布里希筹备60岁的寿诞庆典。这些“小斯大林”一个接一个走下神坛，但是几乎没有人能够预见他们会被其他人取代。

更重要的是，伴随着脱离斯大林主义领导模式同时发生的，是政权的主要工具——秘密警察地位的下降。曾经秘密警察力量凌驾于政党之上，现在他们迷失了方向，未来变得不确定。他们自己明白，“那些悲愤的人”将会令他们处于守势地位。一位受害者将其称为“党内独裁政党”的终结。1956 年 6 月，当匈牙利总书记拉克西（Rákosi）试图和秘密警察的官员举行一次会晤的时候，他遭到了一致的嘘声。[37] 清洗运动的受害者们重新恢复了名誉，而迫害他们的人则遭到了清洗。共产党成功地批判了斯大林主义赋予秘密警察的特权，因为这一特权使他们脱离了党的控制；给之前遭到清洗的共产党领导人——诸如哥穆尔卡、吉拉斯和波克尔——恢复名誉，成为共产党重申对于国家控制的一种矛盾方式。

通过这种方法，去斯大林主义避免了关于反思更加尴尬的讨论。新的法律限制了警察力量的权力，共产党也强调要“回归社会主义法治”。劳动集中营被关闭，数以万计的人回到了家中。例如，1956 年 4 月，波兰有 3 万名犯人通过特赦重获自由，与此同时，波兰共产党清洗了秘密警察队伍中的上层官员。[38]

但是在共产党系统内部的解放意味着什么？对于一些人意味着独立于莫斯科的控制，但是像罗马尼亚的事实告诉我们的那样，“国家共产主义”可以和个人独裁一致。对于另外一些人——尤其是那些受到冲击和被定罪的共产党干部而言，这意味着重新获得共产主义运动“原本的纯洁性”。就像战后“英雄主义”阶段出现的人民民主一样，这些迷惘的党员干部需要面对这样的问题，即共产党应该如何应对去斯大林主义。这个争论在斯大林主义者和自由主义者之间展开，但是过程却是断断续续，随着民主德国、波兰和匈牙利的民众反对而变化。自由主义者们提出，这些事件告诉我们需要做出一些改变；而斯大林主义者们反驳称，他们是在斯大林死后，党内高层出现分裂迹象的时候，应大众的期望而发展起来的。但是自由主义者有着强有力的后台：赫鲁晓夫，他在莫斯科公开接受了 1955 年提出的“社会主义的几种道路”观点，同时他试图修复和铁托之间的关系。即便是1956年之后，他曾经短暂回归过强硬路线，但是在1968年之后他再未实践过斯大林主义偏执的暴行，尽管在日夫科夫*、霍查和齐奥塞斯库的巴尔干国家世袭的王朝统治中，还在沿用斯大林主义。

去斯大林主义的过程中，在共产主义统治下法律地位的问题尤为重要，尤其是法律和意识形态之间的关系。斯大林本人曾经一再重申法律的重要性，而他最重要的理论家维辛斯基也强调，“如果法律落后于生活，那么它就需要改变”。根据1950年波兰司法法令的规定，法官应该充当“社会主义社会中革命性的建设者”的角色。实际上，在战后共产主义阵营内部，各国的宪法根据维辛斯基的观点明确地抛弃了“资产阶级的分权原则”。各国的政权都集中到共产党的手中，尽管在一些情况下，共产党并未在规定中明言。[39]

那么党应凌驾于社会之上吗？如果是这样的话，那么如何防止又一个警察国家的出现呢？尤其是像保加利亚这样的国家，共产党的理论家们坚持“在社会主义中分权，就等同于反革命”。在公开审判结束之后，共产党的领导们开始解决这一问题。一位匈牙利的高级共产党官员，向聚集在拉伊克墓前的人们宣布：“很多人都在问自己：在一个缺乏法制、没有法律保障的情况下，我们能够得到什么样的保障呢？法制在未来也不会实现吗？这是一个明确的问题。我们有义务给我们的人民一个交代。党就是你们的保障。我们共产主义者就是保障。”这是一个令人不安的保证！卡达尔为了划清自己和旧时期的界限时说道：“整个国家不能被怀疑。”用另外一位反斯大林主义者的话讲：“他（卡达尔）不是反对我们，

---

* 日夫科夫（Zhivkov），1954—1989年任保加利亚共产党第一书记。——译者注

而是支持我们。”共产党保持了对于安全机构的控制，通过这种方式，共产党显得更加温和。[40]

而争论的核心问题是党自身的特点。在吉拉斯极富争议的“对道德的剖析”中，他控诉了革命思想上的纯粹主义者已经被一个自我膨胀、趋炎附势的阶层取代。爱国主义战争时期的“英雄”已经变成了腐败的“实干家”，他们“娶了贪婪的妻子”。但是，如果这个观点是正确的，那么接下来要怎样做？吉拉斯提出建立一个真正的多党制民主，结束共产党的独裁统治。随后，捷克斯洛伐克的改革者们提出了政党和国家相分离的观念。

这种对于“纯粹资产阶级民主”复兴的假设，等于诅咒了大部分党的干部。也许存在着另外一种方式。铁托最欣赏的理论家爱德华·卡德尔（Edvard Kardelj）提出了在“资产阶级民主”和苏联“社会主义制度”之间存在着工人自治政府的“直接民主”，并且以此实现马克思“国家消亡”的梦想。工人阶级的自我管理听起来在理论上非常完美，并且吸引了西方好奇的经济学家们的关注。尽管卡德尔对外国的宣传非常巧妙，但是他的理论对改革的呼声而言，不失为一个务实的应对。但是铁托不会允许解散共产党组织，因为他通过战争才掌握了权力。同时苏联也不会默许共产党地位的降低：自由化必须在苏联的注视下进行。

如果说共产党意识形态上的影响力真正下降，这也是由于其无法回避吉拉斯猛烈的抨击而带来的压力。技术知识分子已经取代了战前的“英雄”，在党内占据主导地位。这些共产党干部是经济上的实用主义者，而非理论家；他们意识到共产党无法回避的改革，需要在科学家、管理者和专业人才的引领下完成。他们的思想观念同五六十岁的技术专家一样——科学技术的进步，以及由专家领导的国家来实现现代化生活的诉求。他们在经济现代化的基础上，寻求一条非政治化的体系，这种体系不需要理论家，而需要管理者。

让这些观点听上去合理的根本原因，是苏联在20世纪50年代提出的资本主义和共产主义在实现物质化理想世界的竞赛时的竞争关系。尤其是赫鲁晓夫提出，共产主义将很快通过超过西方消费品产量的方式，证明共产主义的优越性："在一段时期内，可能是1965年接下来的5年，我们将会赶上，乃至超出美国的人均产值。因此到那时，或者更快，苏联将会在总产值和人均产值两项指标中成为世界第一，这足以保证苏联的生活水平是全球最高的。"他的主要发言人，乌布里希提出"赶上并超过"联邦德国。尽管这种吹嘘在今天听起来很奇怪，也不具有说服力，但是在当时并没有被西方反驳。因为那是一个相互竞争的时代。1955年，美国一位杰出的评论家说道："苏联真的能在工业上和我们相匹敌吗？"他的结论是：不排除这种可能性。[41]

新社会

如果说这种夸耀是认真的，是因为东欧的人民被社会主义带来的剧烈社会变革震撼。在20年之内这个地区成为显著的城市社会，有超过200万人搬进了被战争毁坏的城镇和废弃的公寓。新城市出现了，老的城市重新树立起新的高楼建筑；即便是村庄都拥有了工厂。到了20世纪40年代末，这一地区的城市人口已有3 750万，占总劳动力的36%，这一数字在接下来的10年也没有变化。在之后的20年中，城市人口上升至5 800万，这一比例几乎占到了彼时居住在城镇中劳动力的一半。在经济衰退反弹的20世纪80年代，像霍耶斯韦达、诺瓦胡塔和季米特洛夫格勒这样的地方显得破败，这种破败提醒着我们共产主义的失败，在 20 世纪 50 年代它们还在展望自己辉煌的未来。[42]

当然在 20 世纪 50 年代，谨慎的观察者们注意到这种新秩序优先强调意识形态，这一特点深深地困扰着这一地区。华沙市中心矗立着一个文化宫，一位分析家将其描述为“一个三层岩石式的建筑”——一个苏联“捐赠”的斯大林主义式的摩天大楼；一个新拜占庭式的建筑位于索菲亚中部，在此办公的是国家的重工业部。在布加勒斯特，一座庞大的建筑用于印刷和出版，大量的报纸、教材、宣传手册在此印刷。它标志着“人”对于自然的胜利，以及限制人的社会力量。这些“共产主义的伟大建筑”的地位优先于个人住宅。即便在“新路线”提出国家应该重点发展住房领域后，住房短缺的问题依旧十分严峻。[43]

彼时住宅依旧短缺，其他社会产品的供给也需要显著提高，例如建造一个国有化的健康服务中心能够大幅提高健康领域的水平。保加利亚在 1951 年就已经通过了“全民免费医疗”法令，每 1 000 名居民拥有的病床数量很快达到战前的一倍。在捷克斯洛伐克，医疗领域完全实现国有化，儿童的死亡率从战前的 5% 下降到 20 世纪 60 年代的 1.5%。其平均寿命已经和西欧国家持平。

家庭津贴、育儿保障和堕胎自由化代表了“部分的妇女解放”，这也和经济上对于女性劳动力的需求相关。尽管相当多的已婚和未婚女性进入了工厂，但是她们的报酬依旧低于男性。让她们这么做的原因不仅仅是官方的育儿设施，而且还在于充足的祖母辈的劳动力供应，她们和孙辈的人生活在狭小的公寓内。[44]

这个例子能够展示给我们东欧国家福利的特点：如果纳粹的模

式是为了保障种族的利益，西欧的模式是为了保证公民的权利，那么共产主义的模式则是为了经济生产。因此这不仅是使用女性劳动力的动因，同时展示了对老年群体，以及乡村人口关注的忽视。列宁曾经警告说："不劳动者不得食。"从这个角度来讲，社会保障是一种武器，不仅是"从事法西斯主义活动"的人，而且包括农民在内的不在社会主义领域的人，也被排除在福利范围之外。

然而，在"开明专制"的共产主义统治下，一些真正剧烈的变化正在进行中。与战前相比，更多的社会群体可以接受教育：南斯拉夫小学的数量翻了一番，大学也是如此，大学生群体的数量从战前的 1.7 万人上升到 9.7 万人。在新秩序下，教育对于培养干部极其重要：在波兰，战前接受高等教育的人数只有 5 万人，这一数字在战后已经达到了 25 万人；在匈牙利，战前接受高等教育的人数大约有 1.1 万人，这一数字在 20 世纪 60 年代已经上涨为 6.7 万。技术学校尤其受欢迎，其入学人数经历了快速增长，这部分是因为它们提供最好的工作前景，部分是因为相比于更加注重意识形态的人文学科，它们更受欢迎。[45]

所有的这些变化形成了新的社会哲学，这种社会哲学旨在打破过去的传统等级制度。共产主义创造了自己的统治阶层，但是毫无疑问，东欧统治阶层中的精英分子少于历史上的任何一个时期。在纯经济领域，收入之间不平等状况的消失令人感到吃惊：人工和非人工之间的差别迅速减小，尽管对于"传统职业"的崇敬依旧存在。由工人阶层步入精英阶层的通道变得愈发宽阔，并且国家也在鼓励这种趋势，这集中体现在政府部门招聘和大学招生的配额上。姆林纳写道："贫穷作为一种社会现象已经消失。衣衫褴褛、沿街乞讨的人以及城市边缘的贫民窟已经得到了巨大的改良，并且消失，这就像年轻一辈从电影中看到的那样。”在收入分配领域，20 世纪 60 年代的捷克斯洛伐克是欧洲最为平均的国家，而波兰和民主德国也名列前茅。[46]

毕竟这是一场社会革命，生活水平缓慢上升。南斯拉夫报道了“人们越来越多地使用自行车和摩托车，甚至很多人都幻想有朝一日可以拥有一辆汽车”。广播、电视和电话的拥有量迅速增长，这些个人设备取代了扩音器，成为共产党对乡村地区控制的新挑战。家庭规模逐渐萎缩：人们在“孩子或汽车”之间做着艰难的抉择，越来越多的人选择了汽车，至少是希望拥有一辆汽车。[47]

日常生活模式的变化反映在学校的课本中：20 世纪 60 年代，课本开始关注娱乐和消费领域，而仅仅在 10 年前，这些事物还不受欢迎。一个人设想了一个小男孩儿为祖父读报的情景，这突显了这种变化。1952 年，一份塞尔维亚启蒙读本勾勒了这样一幅画面：装修简易的家里，所有人都坐在矮凳子上；而 1963 年的画面则是他们坐在房间里的舒适椅子上，屋子里还有书架和地毯，以及现代化的储藏柜。[48]

然而，尽管这些地区取得了成就，但是人们对于社会却存在着真实的不满。尤其是消费品的持续短缺和匮乏，反衬了共产党引以为傲的宣传。从一定程度上来讲，匮乏并不能对共产党的统治产生实质性的威胁，但却是对权力基础的威胁：一个主要的原因是，加入共产党或是和共产党合作的人，能够获得取得稀缺资源的特权。当资源变得丰富起来后，共产党就失去了它主要的支持来源。从另一个角度来讲，消费品的匮乏侵蚀着赫鲁晓夫对领导权的承诺，他宣称有能力领导东欧在物质层面超过西方。

由物质短缺引发的不满集中表现在批判党员干部的贪污和利己

主义，而令民众更加不满的是，这些党员干部将国家视为苏联经济利益的附庸。西欧的国家从美国获得财政支持，而东欧国家只能眼看国家的资金和资源通过易货贸易、征用和加入苏联控制的公司等方式不断输出。一份统计显示，东欧国家在斯大林逝世事件上的花销超过了140亿美元，这一数字相当于美国马歇尔计划的总额。为了对抗马歇尔计划而建立的共产党情报局，并没有减轻像罗马尼亚和保加利亚这样的国家的不满，它们在新的共产主义劳动分工中被指定为粮食的生产者。[49]

20世纪60年代，东西方的差距越来越大。捷克斯洛伐克和奥地利在战前曾经拥有相似的汽车占有率；截至1960年，奥地利的占有率翻了三番。很多东欧国家的汽车占有率在20世纪70年代才达到捷克斯洛伐克1960年的水平；交通拥堵这个现代消费主义的标志，直到很晚才在这一地区出现。日本的经济奇迹掩盖了莫斯科所做的一切，苏联在全球国民生产总值中的比例下降，而日本则在上升。尽管施行了改革，但是东欧国家的经济增长在20世纪60年代还是减慢了。不同于西欧，东欧的农业产量几乎没有恢复到战前的水准。这些国家对未来更加忧虑，战争以来的经济发展是基于生产率的提高，而不是注入大量的劳动力。如果劳动力枯竭将会发生什么呢？东欧国家的共产党干部们就像是田径运动员，为了赶上竞争对手，他们都付出了巨大的努力，而最后他们只能眼看着竞争对手消失在地平线。[50]

展望未来，受到不满情绪，尤其是社会革命后代不满情绪的警示，这些政权不能够失败。“英雄的孩子们”从不同的方面成为共产主义前10年社会革命的受益者。共产党的教育不仅没有给他们洗脑，反而留给了他们质疑意识形态的空间，他们开始批评这个将他们“像孩子”那样对待，剥夺他们获取信息渠道的政治体系。和他们的长辈不同，他们不会将自己的生活同战前的年代相比，相反，他们将自己的生活同西方的生活水平做比较。[51]

他们的生活方式不仅震惊了他们的父母，也震惊了共产党——这种生活方式是基于晶体管收音机、卡式录音机的私人世界，是一种对于西方财富和自由的梦想。一些年轻的理想主义者被新左翼的改革共产主义，或者是像毛泽东那样对身边倦怠的干部提出批评这类观点吸引，而不是“以一种复仇的观念对待唯物主义”。他们希望成为民族主义者和“世界主义者”。罗马尼亚中央政治局不是唯一一个批评青年一代“成为资本主义国家文化和科技成就奴隶”的。这一地区的共产党资助数不尽的社会学家团体去研究“青少年问题”。[52]

然而，即便是社会科学也无法从真理中“挽救”共产主义。是共产党自己将青年一代带向西方世界——通过坚持唯物主义、城镇化，而且更直接也更集中的是通过 20 世纪 60 年代进入这一地区的游客。上一代人需要向西移民来体验西方文化，现在西欧人来到了他们的国家。170 万游客在 1963 年进入南斯拉夫，两年之后这一数字就变为 260 万，到 1973 年则达到了 620 万，他们也成为南斯拉夫国家经济的重要来源。与此同时，中欧的人们去西欧旅行也变得更加容易。捷克斯洛伐克的一位记者观察到，对于出境旅游的狂热就像一场夏日风暴一样到来。[53]

他们也许已经对共产主义的意识形态感到厌倦，但是在崇拜现代化和物质化的过程中，他们展现出自己仍旧是党的孩子：令人惊奇的是农民的生活被归类为垃圾历史，尽管在共产主义化之前，这种生活曾经深深地吸引过他们的父辈。

这是共产党的矛盾所在：它取得的巨大成就正是人们现在开始质疑它存在的原因。“将自己视为历史的最终英雄、理想的化身和进步的唯一胜利者，”诺伊堡（Neuburg）写道，“是共产党一手造成了他们今天的困境。”也许共产主义政权似乎遇到了无法突破的瓶颈，到了其他政党上台来引领国家突破这一瓶颈的时候了，但是很显然这种情形并不现实。它在东欧施行的集中制曾经带给这些国家巨大的进步，但是现在却在引领它们走向失败。[54]

帝国的终结？

格奥尔基·季米特洛夫 * 在 1947 年 12 月坚持道：“保加利亚不是一个苏维埃共和国，它将会成为一个人民共和国。”当然，没有莫斯科的允许，季米特洛夫是不会发表这样的声明的。在巴尔干国家的要求下，斯大林放弃了将其纳入苏联，更倾向于通过这些国家的共产主义精英实行间接的统治。在他们的内部和外部关系中，人民民主是在这种观念下的一种实践。在战后时期，由这种帝国主义产生的矛盾对莫斯科而言依旧是一个挑战。但是苏联的霸权真的处于危险之中吗？[55]

如果说 1945—1953 年是苏联加快控制其欧洲联邦的时期，那么 1953 年之后的 10 年则表现为逐渐分权，这种分权的主题是持续不断的恐怖统治和审判。1955 年，苏联红军以撤出奥地利占领区为代价，换取了奥地利中立的承诺；这一举动令西方感到震惊，他们同时从这个事件中看到希望，希望以同样的方式解决德国问题。

---

* 格奥尔基·季米特洛夫（Georgy Dimitrov），保加利亚共产党领袖，国际共产主义杰出活动家。1949 年，他建立巴尔干联邦的思想还没实现，就忽然在苏联逝世。——译者注

尽管在这一地区很少有大规模反苏情绪的存在，仅有的也是通过公开的方式表达［就像人们每年在 T. G. 马萨里克（T. G. Masaryk）的纪念日中表现的那样，这使在 1953 年有超过 100 名警察维持秩序］，但是共产党政府却知道他们的存在。所以莫斯科为了维持统治，已经做好了准备，允许“国家共产主义”的存在。这是赫鲁晓夫的路线，他战胜了莫洛托夫的强硬路线，并且直接导致了 1956 年共产党情报局的解散。

偶尔大众化的反苏联情绪会蔓延到大街上。当这种情况发生时，就像 1956 年匈牙利发生的情况那样，特定的群体就会出来缓和气氛，例如学生和工人，因为他们远不是受害者，而是选民（至少在理论上是这样）。在布达佩斯暴动中，一份标语写道“拒绝一个强制性的苏联”，另一份则写着“苏联人滚回苏联去”。工人暴动比学生暴动更加令政权感到不安——但是当武装力量介入的时候，任何一个团体都无法抵抗太久。更重要的是，精明灵活的政治精英们有一次施行了秘密逮捕行动，就像 1956 年的波兰和 1971—1972 年的南斯拉夫那样。苏联人不喜欢直接介入，但是他们已经做好了必要时介入的准备。

吉拉斯谈到了关于共产党和其余人口之间的一场实际的内战。但是吉拉斯被认为夸大了反对的程度，因为他曾经处于执政者的地位。人们对于“民主社会主义”的厌倦，甚至是蔑视，经常混合着恐惧的情绪。共产主义在瓦解抵抗中心的问题上取得了高度的成功。在情报部门庞大的信息网络的帮助下，秘密警察渗透到工作场所和家庭。这支队伍能够被转化成为服从共产主义政权统治的标志性社会关系，是因为这支队伍的组建主要着眼于人们对于物质缺乏和个人愿望无法得到满足的不满，着眼于控制危险的谣言。除了少数人之外，越来越多的人悲观地从政治领域撤足。实际上，一个悲观的人好过一个严肃对待共产主义的人，因为后者只能够产生理想主义者和社会主义现实的批判者。换言之，大众的不满并不是共产党统治面临的主要威胁。

对莫斯科而言，更为严重的威胁来自共产党干部本身。苏联控制的关键是其各国代理人的服从。自斯大林逝世后，这一点从来没有完全实现过。例如 1956 年苏联人能够在同走上街头抗议的民众的斗争中取得优势，但是他们对在重新扶植哥穆尔卡的过程中，波兰共产党挑衅性的反抗却束手无策。而莫斯科内部关于强硬路线和改革路线之间的斗争，使东欧的领导人愈发感到困惑，他们刻意拉大了自己同啰唆的、难以捉摸的赫鲁晓夫和简单的、谨慎的勃列日涅夫之间的距离。苏联希望通过《华沙条约》继续向东欧国家施加准则，尽管这个组织带给北约决策者们噩梦，但是在奥地利退出条约之后，这个组织实际上只不过是为了让苏联部队进驻匈牙利和罗马尼亚合法化。但是无论是华沙条约组织（以下简称“华约”）还是经济互助委员会，都无法重新树立 20 世纪 40 年代的原则。

中苏两国之间的冲突进一步削弱了苏联的声望。这不仅为苏联的政策制定者们开辟了另外一条令人担忧的战线，而且从 20 世纪 50 年代末开始，对东欧的强硬路线者们而言，中国的影响就是一个“威胁”。像阿尔巴尼亚展示的那样，他们在中苏两国的对抗之中弱化自己卫星国的处境。自 20 世纪 60 年代以来，实现“慈母般的社会主义”运动在东欧做着最后的努力。对于莫斯科而言，“布拉格之春”比 1956 年匈牙利的改革更具威胁的原因是这种背叛的动力来自共产党内部。当然，像齐奥塞斯库这样的新斯大林主义的民族主义者，和杜布切克这样的改革家一样让勃列日涅夫感到头疼，而像卡达尔这样狡猾的长期合作者更令苏联感到难以控制。

然而，当我们回溯历史的时候，我们会发现由莫斯科发起的最后的努力却取得了巨大的成功，这至今困扰着很多人。毕竟，观察者们花费了几十年的时间预测东欧苏联帝国的解体。1956 年，约内斯库（Ionescu）提出："自斯大林逝世以来，苏联集团内部的历史，是其逐步解体和苏联权力在内部不断下降的历史。"在皮埃尔·哈斯纳（Pierre Hassner）看来："巴尔干化的共产主义战胜了共产主义化的巴尔干。"[56]

然而，更加敏锐的观察家们往往更加谨慎。苏联控制的机制已经证明了其持久性，尽管共产党的统治阶层不断老化，并且失去了意识形态上的吸引力，但是没有明显的征兆预示着一场政治变革将会来临。捷尔吉（Gyorgy）提出 1956 年反抗的失败"并不能预示着自下而上的革命形式的成功"。保罗·凯奇凯梅蒂（Paul Kecskémeti）在他对于匈牙利暴乱精妙的分析中总结道，东欧将不会成为苏联集团内部的政治动乱中心；动乱更可能发生在苏联内部——这个帝国的中心，而不是它的卫星国。最引人注目的，是弗朗索瓦·费伊特（François Fejtö）提出的"布拉格之春"不仅是对愚民政策的反抗，而且同时揭示了共产主义内部孕育着革命的种子。他在 1969 年预见性地写道："我们可以想象，下一个杜布切克将会出现在这个系统的中心——莫斯科。"[57]

第九章

民主的转变：西欧，1950—1975

在欧洲国家，每一千个居民中，住房单元的数量同共产主义选民的数量成反比。

——埃伯哈德·维尔德穆特（Eberhard Wildermuth），

联邦德国联邦住房部部长[1]

高就业率、经济的快速增长和稳定的经济形势已经成为西方资本主义的标签。

——麦克尔·基德隆（Michael Kidron），1968[2]

他们巨大的欲望，使他们自身瘫痪。

——乔治·佩雷克 *[3]

---

* 乔治·佩雷克（Georges Perec，1936—1982），法国当代著名的先锋小说家。他的小说以任意交叉的情节和独特的叙事风格见长，1978 年出版的《生活的使用指南》是法国现代文学史上的杰作之一，被意大利作家卡尔维诺誉为“超越性小说”的代表作。——译者注

恢复民主

1945年之后，西欧重新“发现”了民主。“二战”中残余的独裁右翼政权——西班牙的佛朗哥政府和葡萄牙的萨拉查政府，因为不光彩的过去而被各国回避，甚至被排除在新的国际机构之外：联合国、欧洲经济共同体，甚至是马歇尔计划；直到冷战开始，才被重新纳入西方自由世界的联盟中。在英国、爱尔兰、瑞典和瑞士，战时的限制措施都遗留下来，议会恢复了正常的运行。在“二战”中强调新秩序，反对民主的主要国家——法国、意大利和德国，已经将这些抛于脑后，建立了新的宪政制度。在希腊，通过一场内战，20世纪30年代独裁政权的合法性已经被废止，议会在不稳定的环境中缓慢重建着。

但是民主的重生并不意味着欧洲重新回到了1919年的状态；相反，在区域战争和战前民主危机的痛苦回忆中，1945年之后出现的民主已经进行了深刻的改变。议会的角色、政党的属性以及政治本身都在和法西斯斗争的过程中发生了改变。此时的民主不仅包括完整的选举权——女性首次获得了选举权（除了在瑞士和列支敦士登），还包括赋予不同的政治团体以实际的社会和经济权利。[4]

像1918年一样，这种变化的态度可以从宪法改革中找到证据。在残酷的战争中，萌芽出一种对人权的关注，强调在国家权利的框架下，保卫个人的权利。根据意大利1948年宪法第二条：“共和国承认和保护个人不容侵犯的权利。”德国新《基本法》第一条规定：“德国人民拥有不容侵犯和不容剥夺的人权，这是每一个人类社会的基本准则。”相比于《魏玛宪法》，这部法律更能保障各邦的权利，尤其是各邦的警察力量。[5]

在战争年代，民主被过度集中的权力和好辩的团体损坏，这一点已经成为一种共识，因此很多人都希望出现更为强力的行政部门。联邦德国开创了所谓的“总理民主”，其他国家则更为明确地提出了民主独裁政府，即民主和独裁的混合政体。但是法国在要求议会自愿放弃权力的过程中遇到了麻烦。法兰西第四共和国看起来和它的前任几乎没有任何区别：议会的权力较之过去几乎没有任何变化，直到 1958 年，对一个不断恶化的共和国感到厌倦的戴高乐创立了一个总统制的政府，这一状况才有所改变。意大利的情况也非常类似，1946 年的全民投票废除了君主，但是议会几乎全部是从之前法西斯治下的议会中延续下来的。

适度成为新的美德：这种美德在德国和意大利体现得尤为明显，在其他国家则表现得较为含蓄——政府赋予自己镇压反对民主政治运动的权力。例如联邦德国的基本法，否定了一党执政的情况，改变了民主的结构，并且规定政党必须按照宪法执政。在一些状况下，新纳粹主义政党被联邦宪法法庭否定。但是这些措施并不足以解释战后极右翼政党在大选中的糟糕表现。除了公众的不满之外，右翼政党吸纳一部分极右翼分子也促成了这种状况。阿登纳和意大利基督教民主党促使极右翼陷入绝境。

从长远的角度来看，尽管种种不受欢迎的策略现在被广泛应用，但是右翼政党的边缘化使得脆弱的民主政权获得了更为安定的发展环境。我们需要回想，20 世纪 30 年代反民主的右翼政党是如何横行欧洲的。在战争进入尾声的时候，人们开始展望民主在欧洲的前景：盟军的民意测验表明，不会向德国承诺民主。东普鲁士、西里西亚和苏台德地区的难民不会轻易放弃他们的帝国梦想。1950 年 12 月，《时代周刊》在回顾过去时警告道：“难民对于煽动者的吸引力，就像血对于鲨鱼的吸引力一样，难民足以引起一场革命。”尽管阿登纳保护了一些之前的纳粹分子，并且给予他们工作（截至 1952 年，外交部门中 34% 的人员之前是纳粹党员），但是他更为高明的是化解了 20 世纪 50 年代到 60 年代之间难民爆炸性的投票危机。如果不是阿登纳通过分化民族主义者的难民党，并且将一部分纳入基督教民主党联盟从而限制了该党的发展，那么东欧数以百万计的难民将会损害新联邦共和国的基础。[6]

当然，左翼政党获得的承诺也在减少：冷战开始的前 10 年，保守倾向的政府在排除左翼和右翼政党之后，其执政显得更加得心应手。在联邦德国和希腊，共产党被定义为非法组织，其他国家尽管允许共产党的存在，但是共产党的生存状况却非常恶劣。在整个西欧，各国反共产主义的监护人——尤其是警察和安全机构，同美国鼓吹冷战的人一道，以中央情报局政策协调办公室为中心，一起反对共产主义。该机构的预算从 1949 年年初的 470 万美元，上涨到 1953 年的 2 亿美元。反共产主义是一个蓬勃发展的产业。[7]

欧洲的政府帮助年轻的中央情报局，来实践最新的反左翼的心理战理论，通过广告、文化出版、巡回展览和电影来诋毁共产主义。它们同时支持社会主义者和工人党同共产党斗争，来争夺工会的控制权。以冷战的视角，美国虚拟了一场苏联的入侵行动，并且为欧洲各国的反共产主义入侵提供了武器，并且组织有效的军事抵抗，就像在反对纳粹战争中表现的那样。直到 20 世纪 80 年代末 90 年代初，这些令人惊奇的历史细节才被公众熟知，同时披露的还有它们和意大利及比利时安全机构的合作，以及它们对于右翼恐怖主义的干涉。[8]

这些狂热分子随着朝鲜战争的结束而蒸发，但是很多涉及“国家安全”的法律却被永久地固定下来：西欧的间谍组织迅速发展，审查公共部门的工作成为惯例。例如在英国，艾德礼政府否决了一个托利党下议员的提案，该提案主张在联合国设立一个英国议会委员会，但是艾德礼政府主张设立一个旨在防止颠覆活动的秘密委员会，以规范公务员的“审批”。1950 年，在美国的主张下，开始了针对申请者的观点和过往行为更有益的审查：最初只有 1 000 人接受审核，这一数量在 1982 年上升为 68 000 人。[9]

但是公众很少关注随着这种行为而产生的侵犯公务员人权的行为。这部分是因为，人们始终怀疑苏联对于西欧的企图。更主要的是，越来越多的人认为“所有的主义都是错误的”。战争使人们对思想政治非常反感。这在人们对政党态度的变化上能够找到答案：人们反对过去的极化态度，转而倾向妥协。无论是左翼还是右翼，都在议会民主上达成一致，放弃他们之前的保留。[10]

对于左翼而言，此处借用莱昂·布鲁姆的一句话：“从一开始就预见到了战争的结局，即引领社会主义者进入‘胜利的时代’。”德国社会民主党员鲁道夫·布赖特沙伊德（Rudolf Breitscheid）宣布：“希特勒之后，就是我们。”但是这永远都不会实现了。新时期的社会重建将不会遵循社会主义者的准则。法西斯被打败了，但是共产主义的威胁以社会主义的形式而出现；在英国之外，马克思主义将他们统一在一起，即便是反共产主义的社会主义者，这个群体迅速发展，并且难以除去。更重要的是，在纳粹统治的黑暗年代，无论是资本主义还是保守主义，都比预想中的更加顽强，更加受欢迎，社会主义者不得不接受这样的现实。因此，社会主义最初的乐观情绪，逐渐让位于长期地思考社会主义、资本主义和阶级之间的关系。[11]

马克思主义在一些国家的式微，从战争一结束就开始显现出来。例如在荷兰，社会民主工人党改名为荷兰工人党，意图减少该党的阶级特性。在联邦德国、瑞典和奥地利，社会民主党的改名过程直到 20 世纪 50 年代末，甚至 20 世纪 60 年代才出现。而反对改革的情况在法国和意大利得到了延长，因为这两个国家拥有深厚的马克思主义传统。然而，在这些国家中，社会主义者们也被迫承认选举和经济现状：避免逐渐灭亡的唯一途径，就是远离贫民政治，并且转变为一个基础更为广泛的政党。例如，盖茨克尔（Gaitskell）就警告道，除非工党"改变工人的特性，增加就业和新的住房，提供带有电视、冰箱、汽车和时尚杂志的现代生活方式"，否则工党将注定遭受失败。理查德·克罗斯曼（Richard Crossman）试图从论述资本主义可以像苏联的计划经济一样，取得辉煌的成就这个角度，反对盖茨克尔的观点。但无论是英国工党，还是欧洲其他主流的社会主义运动，在战后都没有采取激进的措施，以图改变资本主义的价值。[12]

右翼政党更好地利用了冷战。相比于左翼政党，右翼受到的理论和教条限制相对较少，他们更容易接受反共产主义；在 20 世纪 50 年代，他们可以更为平静地阐述自己在家庭稳定、家庭生活方面的诉求；务实的右翼政客们开始反思他们之前的独裁主义冲动，他们发起了新的、强有力的运动来支持民主，并且和右翼中的左翼分享更多的社会关注。在战争期间，财政保守的代表——英国保守党让步于"一个国家"的保守主义。例如，20 世纪 50 年代的保守党政府像工党一样，承诺国家住房政策。像联邦德国和意大利这种经济自由主义遗留的地区，经济自由主义必须和不同的传统竞争、妥协：家长制的天主教、社会关注和反物质主义。基督教民主党的崛起成为这一地区的关键。例如德国的基督教民主党联盟，在放任自由的经济政策和国家计划经济之间提供了一条所谓的“面向社会的市场经济”的第三条道路。[13]

在这种方式下，左翼和右翼之间过去的政治极化和阶级对抗逐渐演变为新的共识。举一个极端的例子，例如在奥地利，左翼和右翼政党完成了合并（1945—1966 年），这反映两党为了避免重蹈 20 世纪 30 年代以意识形态为导火索引发内战覆辙的愿望：实际上奥地利的两党政治，比起以往的一党政治更加牢靠。合并成为西方议会的准则，尽管这种方式在法国引起了不稳定，但是在意大利和丹麦这样的国家，频繁更迭的政府掩盖了至少一个主要政党执政的事实。尽管此时西欧的政府并不像战前那样持久稳定，但是并未引起国内的政治不满，民事抗诉和公共暴力事件也很少发生。这种公众容忍度的主要原因，就是民主的复兴，伴随着这种复兴的是持续的经济增长；这和战争年代民众不支持的态度截然相反。随着人们的生活逐渐繁荣安定，政治体系也收获了成果。[14]

成长的奇迹

首先，预见 20 世纪 50 年代之后的 20 年那场转变西欧的经济腾飞是非常困难的。在“一战”结束之后，很多经济专家预计在一定程度的暴跌之后，欧洲的经济将迎来一个繁荣时期。1947—1948 年 12% 的工业产值在 1949—1950 年已经下跌至 5%，这很好地印证了他们的推断。1951 年，《经济学人》（*Economist*）杂志悲观地预计：“在马歇尔计划的第三年，取得了比预期更好的成果，很好地促进了经济的繁荣，并且重建了生活标准——从短期来讲这应该是一个好年景——法国和意大利 1/4 的人口在大选中都支持共产党……但是几乎没有积极的信念也没有进步的可能性，就像苏联和美国面临的情况一样。”

从长期来讲，经济的冷淡体现得更为明显。在国内无法解决失业问题的背景下，荷兰政府利用国际经济的发展鼓励移民；在 10 年之内，荷兰成为吸引劳动力的净进口国。在联邦德国，很多经济学家预测，失去了东普鲁士和西里西亚的耕地，将会导致联邦德国粮食的永久性短缺，失业的人口走上街头，他们携带标语牌和横幅，来展示他们寻求就业的愿望，这种情况和战前别无二致。冷战对于商业信心的影响，很典型地体现在法国农民的谨慎心态上。吕西安・布尔丹（Lucien Bourdin）告诉一位美国学者：“经营一个杏树园，然后让它成为美国和苏联的战场？不，谢谢，我没有这么蠢。”[15]

1953 年，欧洲对于联合国欧洲经济委员会的总体态度是冷淡的：“欧洲经济复兴计划并未得到全面的推进。”收支平衡的压力成为这个计划扩大化的主要阻力。在通货膨胀得到控制的前提下，欧洲经济委员会对就业增长感到悲观，委员会将这种状况称为“私有企业经济”。直至此时，经济发展显得不协调，并且很大程度上依赖内部因素，此时国际合作的迹象还不明显，更谈不上“转变自给自足经济的历史性潮流的到来”。[16]

随着这种情况的发生，一些国家都证明了这个悲观的预测。在独裁政权的统治下，“自给自足经济”成为伊比利亚半岛的经济政策，保守的基督教政府统治下的爱尔兰亦是如此。这些国家失败的结局有目共睹，这种失败伴随着缓慢的经济增长和高失业率，甚至是不充分就业的状况。随着 20 世纪 50 年代西欧其他国家的进步和经济繁荣，这种失败逐渐显得不那么引人注目。这三个国家每年向其他国家出口数以万计的劳动力来利用其他国家经济繁荣的便利，这也变相证明了自给自足经济的失败。在20世纪50年代末期，爱尔兰和西班牙改变了方针，开始着手现代化：葡萄牙在前凯恩斯主义经济学家萨拉查的领导之下，成为西欧唯一一个固守自给自足经济方式的国家。[17]

从这一点上讲，西欧其他国家的经济增长是必然的。经济发展比以往任何时期都要快速和稳定。1913—1950年，西欧的人均收入以每年1%的速度增长；1950—1970年，这个增速达到了令人咋舌的4%。在大多数地区，1939年之前的经济增长打乱了商人们的计划，并且这种经济增长逐渐让位于温和的经济波动。战前大量的失业率也已经逐渐消失了：20世纪30年代，西欧的平均失业率为7.5%，这一数字在1950—1960年已经不到3%，在接下来的10年中甚至不到1.5%。一位英国评论家在1967年写道："现今超过100万的失业人口就会被认为可以导致一场灾难，如果这样的情况发生，我们会将其视为一个国家失败的标志。"在惊人的增速下，西欧实现了充分就业，这种情况不再是了不起的成就，而是现代化、科学地管理资本主义经济的必然结果。[18]

在不同国家之间，也存在着诸多的不同。奥地利、联邦德国、法国、意大利和荷兰获得了相对快速的增长；英国和比利时的增长则相对缓慢。20世纪50年代的经济学家比20世纪60年代的要更加出色，当然这是另外一回事。最重要的是，此时的经济增长速度比历史上任何时期都要快。即使是在增长相对缓慢的英国，1950年之后的经济增长也达到了3%，这一数字远远高于1913—1950年的1.3%，以及1870—1913年的1.9%。[19]

关于这场“经济奇迹”的起因，现在还极富争论。将难民和失业农民改造成为充足的劳动力，可以保证较低的工资水平，促进投资。然而，伊比利亚半岛的劳动力资源异常丰富，但是在那里却没有出现经济腾飞的状况，就像在 20 世纪 30 年代它们也没有通过自给自足的经济方式获得繁荣的状况一样。充足的劳动力是经济增长一个有力的因素，但是其他的因素同样重要。

同样重要的还有资本。战时工业产业的损坏状况，远远低于人们的预期。实际上，考虑到战时资本的大量扩张，毫无疑问，西欧 1945 年之后的资本存量远比 1939 年充分，而且发展迅速。政府严格地控制信贷和投资，规范其他形式的强制储蓄，保持了低消费和高投入的比例：投资比重占 1950—1970 年国民生产总值的 16.8%，而 1928—1938 年这一比例仅仅为 9.6%。这种模式不仅反映了资本的可利用率，而且反映了政府当局指导利用资本的愿望，以及人们为了更好的将来而放弃当下消费的愿望。[20]

在那个神奇的年代，欧洲的复兴经常和马歇尔计划联系起来。这个计划最初是由美国国务卿乔治·马歇尔在 1947 年夏天倡议施行的，在这个计划中，美国承诺向欧洲提供大量的经济援助。毫无疑问，美国在“二战”结束之后向欧洲提供的实体经济、政治和军事承诺，帮助欧洲迅速实现了复兴，而且复兴的速度相比于“一战”之后更为迅速。然而，从数据上考察，除了在希腊和意大利，马歇尔计划在经济上的重要性并不像它宣传的那么大。欧洲大部分的投资源自内部，即便在马歇尔计划的帮助下，西欧的经济增长也并不比东欧的状况要好，西欧国家此时是在通过自身的权力进行融资，而非单纯依靠马歇尔计划的援助。马歇尔计划的真正贡献是打破了外汇的瓶颈，提供了稀缺的美元，并维持经济的持续增长。[21]

美国帮助欧洲改变了资本主义，就像它在战前所做的那样：改变了劳资关系、传播科学化的管理，以及促进了劳动实践和劳动设备的现代化。平均每年 4% 的产量增长，很好地诠释了这种经济繁荣。马歇尔计划和其他的鼓吹“美国式”发展的宣传，促进了生产委员会、工会领导和管理人员交流、出版和展览等一系列措施的出台。在 20 世纪 40 年代末期一次较大的劳工骚乱中，“生产力”被歌颂为阶级斗争的完美替代品，这个概念意味着同时提高工资和效益。[22]

关于马歇尔计划的争论，强调了美国资本在其他方面的影响。这不仅包括生产力概念的传播，还包括对财政政策、投资策略和阶级和谐的态度。总体而言，马歇尔计划鼓励欧洲的政策制定者们刺激消费，打破欧洲过去僵化的阶级划分，在他们之间达成一种新的协定。

从长远来看，也许马歇尔计划最为深远的影响，就是美国在西欧施加了更为广泛的政治影响。从冷战的高度来讲，50 年代不仅威胁和警示了西欧各国，而且也要求西欧各国进行前所未有程度的合作。

但是华盛顿企图整合欧洲的野心，很快就被狡猾的欧洲人发现，并且失败，其中最为重要的人物就是欧内斯特·贝文*和舒曼。但是如果没有附加条件，欧洲便不会获得美国的资金和安全保障，因此欧洲各国通过某种形式的国家间对话，以改变西欧的经济环境。尤其是在 20 世纪 50 年代中期，它们制订了经济复兴的核心计划。相比于比荷卢经济联盟，以及联邦德国和意大利，拥有殖民地的英法

---

* 欧内斯特·贝文（Ernest Bevin），英国政治家、工会领袖。——译者注

两国并不倾向于接受这种经济合作。但是通过欧洲清算同盟和随后产生的欧洲经济共同体——这些在美国政策制定者鼓励下成立的机构，都促进了欧洲内部的商业繁荣。在看到德国迅速放弃了战争年代对于自给自足的经济体制，以及土地的无限诉求后，1956 年，伊丽莎白·威斯克曼（Elizabeth Wiskemann）评论道："在一个防止贸易衰退的欧洲，在一个寻求和平统一的欧洲，实现了无障碍的交流，自给自足的经济目标显得与此不再相称。"[23]

欧洲政府不仅是美国资本的被动接受者。它们成功地挫败了美国的孤立主义，重新把美国拉回欧洲，来实践它们抵御共产主义威胁的设想。如果说此时的美国是帝国主义者，那它是被"邀请而来"的。欧洲各国优先考虑本国的状况，利用经济繁荣制定政策。过去对于通货膨胀（尤其是在朝鲜战争时期）、收支平衡和预算平衡的担忧依旧存在，尤其是在德国和意大利，这些国家是从国家社会主义的泥淖中摆脱出来的，因此对此极其不信任。但是到了 20 世纪 60 年代，西欧政府将需求管理、充分就业和经济增长置于物价稳定之上。换言之，它们愿意以通货膨胀为代价，换取经济繁荣。波斯坦写道："在所有的欧洲国家，经济增长成为普遍的信条，人们希望政府符合这一信条。从这个角度讲，经济发展是经济政策发展的必然结果。"[24]

我们能够非常准确地勾画出这一信条的发展脉络。在 20 世纪 50年代初期，欧洲经济合作组织的年度报告将重点集中于提高生产，1956 年首次使用了"经济增长"这一概念。当 1960 年该组织以经济合作开发组织（OEDC）这个名字重新出现时，章程的第一条明确写道，这个组织旨在"实现最大限度的可持续的经济发展和就业，提高成员国的生活水平"。华尔特·罗斯托（Walt Rostow）在《经济增长的过程》(*The Stages of Economic Growth*)一书中，解释了从“起步”到繁荣是一个普遍的历史过程，经济的增长有其自己的准则。[25]

“经济政策”不仅在政府的层面出现。在私人领域，从20世纪50年代经济动荡衍生出来的对经济的信心，导致了私人投资的迅速增长。实际上，战后经济繁荣的特点，是公共领域和私人领域相互接受、互惠互利的一种体现。随着自由主义要求的平等观念逐渐退出历史舞台，社会主义者攻击资本主义无法实现，计划经济让位于国有化，进而是“指导”。1947年德国基督教民主党承诺的计划经济，在路德维希·埃哈德(Ludwig Erhard)当选之前就成功融入了“社会市场经济”。在英国，工党似乎起初敌视私人领域，但是雇主却得到了非同寻常的尊敬；甚至在法国，“规划”转变成为不干涉，尽管规划曾经取得非凡的成就。欧洲新经济最尖锐的分析家之一安德鲁·肖恩菲尔德(Andrew Shonfield)问道：“究竟是什么将资本主义从20世纪30年代灾难性的失败状态，转变成战后世界的繁荣发展？”根据他的分析，答案应该是“公共领域和私人领域平衡的转变”。[26]

不同于联合国欧洲经济委员会在1953年的担忧，私人企业在西欧实现了高投资率和增长率，这比东欧的状况好很多。企业从政府的需求管理和充分就业中获益。它们更加自信地利用反周期经济管理的知识进行投资，这就把战争期间波动的经济平稳地拉动起来。这种管理方式被视为基于科学的方法，所以肖恩菲尔德满怀信心地总结道：“没有理由认为，过去的模式将在未来重新找到自己的位置。”聪明的政策、社会团结和适应性强的制度性合作，保障西欧取得了历史上最令人瞩目的成就之一。[27]

福利国家

资本主义“令人炫目”的复兴，不仅伴随着扩大化的国家权力在经济领域被认同，而且在社会领域也得到了承认。对于当时很多的评论家而言，蓬勃发展的经济和得到发展的国家福利是紧密相连的。德国社会民主党的改革者卡尔·席勒（Karl Schiller）说道：“没有福利政策作为基础，那么市场经济体系就已经崩溃了……福利国家和充满活力的市场经济是相互依存的。”[28]

在撒切尔执政时期，这种观点无疑会受到攻击。他们会认为，在国家福利上过多的花费不仅不会促进经济的发展，反而会阻碍经济前进。福利国家在 20 世纪 50 年代比在 80 年代受到的批判更少，是因为当时创造历史的经济发展足以承受这种开支。例如，英国在福利上投资的金额占 GDP 的比例，就低于经济状况更好的联邦德国。就整个西欧而言，经济的低速增长和在福利领域的低投入紧密相关。[29]

因为在战后，国家福利是和民主的稳定紧密相连的，因此一些人提出福利是民主的一种现象。因此“福利国家”这一概念，和希特勒提出的主张截然相反。1950 年，艾德礼谈及他的政府已经“具备了福利国家的基础”，几年之内这个短语将会成为一个通用的概念。它将会成为个人和国家间关系的分水岭，或者像社会学家 T. H. 马歇尔（T. H. Marshall）所提出的，这是在民主框架下，公民概念的一种创新，除了拥有社会权利和经济权利外，他们还拥有了政治权利。[30]

但是马歇尔将民主和福利联系在一起的观点，仅仅能够反映瑞典和英国的状况，在其他地方，战后的民主安排和战争之前的保守主义，以及法西斯政权紧密相关，而在东欧，福利是和共产主义联系在一起的。我们应该想起联邦德国宪法学家恩斯特·福斯特霍夫（Ernst Forsthoff）在讨论社会政策时提出的“生活保障国家”（Life-ensuring State）的概念，实际上早在1938年的第三帝国，他就提过这个说法。而战后意大利的社会服务，也基本上是在墨索里尼创立的半自治的机构体系下完成的。[31]

除了这些对于传统的延续，“二战”催生了两种不同的政策环境。战后的福利国家实现了充分就业、快速的人口增长和欧洲内外的相对和平。相反，战争时期的社会政策是在着力解决大量失业、人口下降、革命、政治集权主义和战争问题的背景下制定的。在这两个时代，国家都是主导，但是在1940年之前，国家的目的是保障集体、家庭乃至国家的健康；而战后国家的主要目的是为个人提供更多的机会和选择。每一个时代都受到前一个时代影响：1918以来以自由主义反对19世纪中期以来的个人主义，1945年之后反对战争时期的集体主义。从这个角度讲，马歇尔的观点正中要害。

在战后的西欧，关于福利国家的理念和制度不尽相同。例如，联邦德国和英国都将重点放在了住房政策上，它们每年建立数以十万计的简易住宅；而在同样关注住房问题的南欧，战后出现了所谓的“罗马之劫”（Sack of Rome），大量的混凝土建筑群包围着雅典，这些都彰显着国家的冷漠。英国的福利体系是通过国家的税收实现的，由国家免费交付到民众手中，并且设置了最低保障。而在法国、比利时和联邦德国则实行自愿保险计划，福利状况和个人收入挂钩。在这些福利体系中，福利延续了现有收入和地位的差异，具有保守的社会倾向；而瑞典则是另外一个极端，瑞典积极干预收入不平等的状况。根据一位学者的观点，在西欧资本主义的福利体系中，存在着“三个世界”：保守的基督教、自由主义和社会民主。

各国在社会服务方面的花销处于不断增长的态势。在英国，政府在社会服务方面的花销在 1938 年只占到国民生产总值的 13.8%，这一数字在 1955 年上升为 16.3%，在 1970 年则达到了 23.2%。1938 年的公共支出占到国民生产总值的 30%，到了 1970 年则达到了 47.1%，社会服务方面的支出几乎占到了公共支出的一半。在战后的西欧国家，社会服务方面的支出占国家收入的比例越来越大；同时支出的组成部分发生了变化：用在国防开支方面的比例逐渐降低，而用在福利方面的比例逐渐升高。作为经济繁荣的必然结果，国家收入的快速上涨，就意味着国家在每一个公民身上的福利开支也迅速增长，这种增长在 20 世纪 60 年代开始加速，直到 70 年代。在经济繁荣的 20 年中，各国之间的差距越来越小。例如在 1950 年，只有丹麦、英国、挪威和瑞典的劳动力获得意外、健康、养老和失业保险比例突破了七成；到 1970 年，除了边缘的希腊、葡萄牙和西班牙，各国都已经达到了这一标准。[32]

总之，似乎是战争创造了对社会团结的诉求，而经济的发展促进了这种变化的出现。我们也不应该忘记政府对税收态度的变化。换言之，1945 年之后，公民享受充分就业以及缴税的额度，在 20 年或者 10 年之前是不可以想象的。它们的这种做法直到今天还被历史学家们忽视——税收的历史不但精彩，而且是战后欧洲社会革命的基本特点，它标志着欧洲资本主义不同于美国和亚洲的经验。[33]

奇怪的是，20 世纪 50 年代到 60 年代国家义务的扩大化，伴随着一种破灭感。英国社会理论家理查德·蒂特马斯（Richard Titmuss）哀叹道：“所有企图重塑 20 世纪 40 年代的冲动和理想的努力都失败了。”不断增长的期望值催生了新的希望和诉求，并不断拉高贫困的标准。但是无论是 20 世纪 60 年代早期的“发现贫困”，还是对于福利特性的关注，都无法完全解释这种不断增长的期望值。新民主体系下福利的弊端开始逐渐显现。[34]

随着 20 世纪 40 年代平等观念的淡化，人们逐渐意识到福利国家时代的到来，和之前的财富上的不平等并没有本质上的区别。收入上的分配并没有明显的变化（北欧国家除外），因为国家并未使用税收体系和福利体系来实现更为宽泛的再分配目的。那么福利国家究竟是为了谁而存在的呢？从实际的情况看，相较于穷人，境况较好的人、中产阶级和涉及福利范围的老一辈工人阶级似乎更好地享受了充分就业带来的成果。这种怀疑的观点，提供了研究福利国家起源的一种新思路。现在越来越多的人相信，福利国家的出现，相比于工人阶级的压力，中产阶级的利益集团、家长式的知识分子阶层和规避风险的社会各阶层更有力地促进了福利国家的产生。[35]

这有什么好奇怪的呢？这不过是战后中产阶级巩固民主的一种实践方式，他们将激进的国家转变为适合自身的形式。马歇尔写道：“乍看上去，福利体系像是资产阶级在窃取工人阶级的利益。但是在这种环境下，福利只能在自由民主的框架下实现，只能在福利国家中实现。对于福利国家而言，它既不是无产阶级专政的产物，也不承诺消灭资产阶级。”[36]

一些人将福利视作 20 世纪 50 年代个人主义、不负责任和自私的产物，另外一些人更为中立地将其视作不断增长的占有欲的必然结果。富裕社会时代的到来，对福利国家提出了新的挑战，这种挑战和人们多年以来的朴素观念密切相关，根据普遍性原则，人们认为提高生活水平并不是那么迫切，甚至有时候显得非常“愚蠢”。

马歇尔总结道："贪婪的社会不断地扩张着边界，并且把它天然的对手变成自己的信条。"

欧洲的个人主义运动

肖恩菲尔德在 1965 年写道："和我同辈的许多人在 20 世纪 30 年代都认为资本主义具有天然的破坏性，在战争期间他们目睹了这个体系的改变。"这种改变可以被社会学家消极地解释为社会责任的衰落，以及战争时期平等目标的退化。但是这种变化也可以解释为一场深刻的社会变革，亚历山德罗·皮萨诺（Alessandro Pizzorno）称之为欧洲的"个人主义运动"。资本主义成功地削弱了阶级对抗，并且以一种不流血的政治和管理模式，取代了战争期间盛行的激进主义和乌托邦式的大众政治。利益并非是神话中的概念这一状况，正是人们希望的。[37]

欧洲消费型社会的起源可以追溯到"二战"之前。如果说亨利·福特的美国是原型的话，那么在休战期的欧洲就可以找到些许变化的痕迹，而在 20 世纪 50 年代到 60 年代之间这种倾向则非常明显。1934 年在柏林举办的汽车展上，希特勒宣布：

> 只要汽车还是一种交通工具，尤其是特权阶层的交通工具，那么就会有数以百万计顺从、勤奋、有能力的人痛苦地发现自己生活在有限的机会中，明白自己被一种可能向他们敞开的交通方式拒之门外，尤其是在周末和假期，他们将无法体会到汽车带给他们的快乐……附加在汽车上的阶级属性和特点必须被移除；汽车不能成为一种奢侈品，而应成为人民的一种日常用品。[38]

然而这种大胆的声明，同20世纪30年代的现实相冲突。第三帝国的经济紧缩，以及战争动员，证明了希特勒的言论是无法实现的，因为当时政府不允许将任何一辆大众汽车销售给普通民众。但是随着战争的结束，大众性的配给和紧缩政策被迅速取消。即便是人们意识到了配给制的公平特点之后，他们也要求废止这种制度，并且恢复市场经济。从20世纪50年代初开始，战时的控制被废除，一种新的购物文化轮廓越来越明显。

按照需求生产，先于购买商品而发生。过去只有很少一部分人，能够消费最新的产品，而现在广告机构和零售商们改变了这种状况。波顿的一位商品导购员在1953年说道："创造占有欲望，能够有效地克服人们在花费上的抵触情绪，你可以在售后的基础上继续销售。"传统的营销方式发生了变化。妇女们不再被忽视，她们成为"现代生活"的"引擎"：20世纪50年代的广告人主要把目光集中于家庭之内，他们力图"打动家庭主妇"。德国的一则广告说道："现代生活已经离不开电力、咖啡和可乐，但是你的生活中可以没有烹饪！亲爱的家庭主妇，你们现在就可以拥有这些新奇的事物。过去你的祖母和母亲手工加工的程序，现在通过一台小小的机器，在几秒钟之内就可以完成……告诉你的丈夫准备好这些钱吧！"一位意大利商人说道："我把家庭主妇放在第一位，然后是狗和马，最后才是男人。"到了20世纪60年代初期，广告人开始注意"年轻母亲"同"老鼠汉堡包女孩儿"*、性感的单身"都市女孩"之间的差异。[39]

标志着地位和阶级差异的老式派头，现在受到了来自广告的挑

---

* 老鼠汉堡包女孩儿（Mouseburger）是海伦·布朗年轻时自创的一个自嘲名词，由"老鼠"（Mouse）和"汉堡"（Burger）组成。前者指像老鼠般卑微低等、毫不起眼的弱小动物，后者指普通廉价、缺少营养的垃圾食物，两者组合特指相貌平平、既没钱也没前途的女人。——译者注

战。广告使人们相信，他们可以在社会的台阶上前进。美国式的广告宣传方式将目标对准了“猎人的新状态……他们驾驶着机车，喝着大量的酒而非啤酒，叼着烟斗而非卷烟，吃着大块的巧克力而非牛奶，他们是在郊区拥有开放计划和花园的年轻的公司总裁。”1937 年只有 4 家美国广告公司在境外拥有分支机构，而到了 1960 年则有 36 个分支机构，超过 280 间工作室。[40]

他们划分潜在消费群体的技能，只要依赖于新的原则——这个原则在乔治·佩雷克的小说《物》（*Thing*）中得到了很好的剖析。一位读者警觉地写道：“心理学——我们认为是服务于教育的科学——现在被用于销售终端，成为经济膨胀的首要因素。”类似的声音在民间非常盛行：广告作为一种职业，已经远离了战前的声名狼藉，相反，广告业正在逐渐成为一个迷人的行业。[41]

广告革命通过大众媒介迅速传播：从 20 世纪 50 年代中期开始，商业广告就出现在电视上，随着电话的普及，在 20 世纪 60 年代初期出现了黄页零售目录。在同一时期，周末的报纸开始引入彩色的增刊，不仅刊载文章，同时介绍“新的生活方式”。它们同时帮助拥有购买欲望的消费者协商某种商品的再生产。1957 年，在美国消费者联盟（American Consumers' Union）的资助下，成立了新的消费者研究协会，他们的研究成果被刊登在英国《哪一个？》（*Which?*）杂志上，并且在几年内拥有了 50 万读者。

人们这些新的欲望，被激发并扩散开来，比以前更快地获得了满足。人们对于借贷的态度正在不断发生变化。像法国农民认为的“信用如同附着在商业上面的脓疮”，这样的观点遭到了质疑。不仅是由于分期付款计划的传播，甚至也是由于商业银行本身的影响，它们通过一系列银行服务进行主动营销，来吸引潜在客户。这些金融创新，致使消费革命得以顺利进行。温和的通货膨胀也是一个诱因。对于一个谨慎的法国村民，把他放在 1961 年，“物价在持续上涨，依此看来，当你没能获得你想要的物品时，这无疑是愚蠢的”。当然，这里所说的是处于适度状态和合理范围之内。[42]

“幸福感”从家里开始：所有的证据都表明，人们会优先购买冰箱、洗衣机、电视机和其他家用电器。尽管此类商品的销售状况一片繁荣，但必须强调的是，这只是贫穷的社会阶层在逐渐共享他们的欢乐。在这方面，那些 20 世纪 50 年代和 20 世纪 60 年代初的广告，与其说是描绘现实，不如说是展望未来。例如，在 1959 年，大约 3/4 的法国高管拥有了汽车，而在工人中的所占比例为 1/5，农业劳动者为 1/8；电视所有权滞后程度更加严重，在 20 世纪 60 年代末期才普遍流行起来。

汽车也许是人们最重要的消费品。西欧的汽车年产量从 1947 年的 50 万辆，增长到 1967 年的超过 900 万辆。汽车的持有量也由 1950 年的 51 314 辆，增长到 1960 年的 404 042 辆。1966 年奥地利的汽车持有量是 876 913 辆；1950—1964 年，意大利的汽车持有量由 342 000 辆增长到 470 万辆；联邦德国的汽车持有量则由 1949 年的 140 万辆增至 1962 年的 950 万辆。当铁路交通的使用频率下降，高速公路网络正在不断传播开来。1967 年，从巴黎的环城大道开始，沿着塞纳河右岸的高速路前行。1964 年 10 月，连接米兰和那不勒斯两地的高速公路建成，佛罗伦萨的大主教在佛罗伦萨北部的服务站为其主持了感恩祈祷仪式。[43]

交通拥堵的出现，致使人们需要专业的交通规划——欧洲历史城市中心出现了交通协管员、停车计时器（首次出现在 1959 年左右）和黄色的禁止停车线。从 20 世纪 60 年代起，汽车的发展同样刺激了城外购物业的发展，城市中心的零售商店和新兴的超级市场，都从中获得了收益。例如，1960 年在法国只有 40 家超市，到了 1970 年，超市数量超过 1 000 家，并且连锁商店的时代也由此到来。[44]

生活水平的不断提高，使人们在休闲方面的花销不断增多。对于可口可乐公司来说，经过 20 年的坚持并赢得德国市场绝非偶然。因为它抓住了消费者的心理，打着“愉悦自身、放松自我”的口号。1948 年，英国大约有 310 万体力劳动者享受了为期两周的带薪休假待遇；到了 20 世纪 50 年代中期，这一数量增长到 123 万，带薪休假制度已全面普及。越来越多的人选择去度假，并且愿意花更多的钱，让假期变得更加丰富多彩。自 20 世纪 60 年代末开始，出境旅行变得越发流行起来：1971 年，只有 1/3 的英国成年人曾在假期出国旅行，但是到了 1984 年，只有 1/3 的人没出过国。联合国将 1967 年确定为国际旅游年，旅游业已成为一个主要产业，而欧洲则是旅游业的中心。在接纳世界各地大批游客的同时，同样也为其他地区提供了大量的游客资源。经济合作与发展组织认为，旅游业是休闲文化最引人注目的特点之一，并在西方世界取得了长足发展。旅游业也是再分配的过程，它吸引资金——尽管这种引资是以环境为代价的；然后这些资金用于分配到那些欠发达的地区，像欧洲大陆南部边缘的地方，而这些地方则成了新的旅游目的地，或者是之前未受破坏和污染的地方，现在已经成了游人光顾的景点。[45]

这些游客很容易被文化评论家的言论欺骗，因为评论家们很少承认旅游是有价值的，然而，人们通过旅游确实打破了一些以往狭隘的偏见。美国著名的文化批评家保罗·福塞尔将复古风格的旅行者比作绅士，而把当今的背包旅行者称为野蛮人。汉斯·马格努斯·恩岑斯贝格尔（Hans Magnus Enzensberger）则认为，从根本上来说，旅游是一种毫无希望的、在资产阶级工业社会困境的夹缝中追求的自由。或者可以说，他们只是在“逃避自由”。根据埃里希·弗洛姆（Erich Fromm）的理论，这是背叛了资产阶级，向法西斯主义靠近。[46]

但这样放纵的攻击形成了更广泛的攻击，新消费主义让天主教的神职人员们聚集了起来，并对家庭和道德秩序产生了威胁，当然也包括像帕索里尼（Pasolini）这样厌恶拜物主义的高傲的马克思主义者。在佛朗哥统治下的西班牙，保守派感到了20世纪60年代的繁荣正在让“有机民主”逐渐消失，致使消费者远离旧的天主教价值观，产生新的价值观依赖。但即使在真正的民主社会，“经济奇迹”产生的巨大社会反响，都是喜悦与忧虑并存的。乔治·博卡（Giorgio Bocca）在他的《发现意大利》中提到，意大利的繁荣，正在发生动摇，人们被胜利的表象冲昏了头脑。

消费者是处在商业压力中的一个被动而循规蹈矩的角色，似乎已经取代了20世纪40年代的活跃公民的地位。在这个全新的时代，市场研究和电视广告的加入，甚至让人们无从辨别哪个才是他们自己真实的想法。那些有影响力的早期消费主义理论，围绕着马克思主义的法兰克福学派进行研究，他们认为，新的“群体社会”使得现代资本主义的力量发挥在普通民众的“虚假意识”上。左翼精英认为，现在那些不假思索就成群结队地涌入商店的人，与战前德国放弃个人判断，跟随希特勒的人是一样的。

这样的解释由势利、夸张的均质化和新消费主义循规蹈矩的倾向所产生；事实上，后辈的文化评论家指出，20世纪60年代，以“生活方式”为主导的销售方式，实际上打破了20世纪50年代的时尚标准。一些乐观主义者，如鲍德里亚（Baudrillard）和布迪厄

(Bourdieu) 认为，消费文化确实为人们提供了一个全新的方式，可以自由地定义和塑造自身。

新个人主义的兴起，已经影响了集体主义的效力。20 世纪 40 年代末的罢工浪潮在法国和比利时尤为常见，到 20 世纪 50 年代逐渐减少。“这里并不涉及‘无产阶级’，因为它根本不存在。”这是在 1958 年观察到的。一位矿工对一名美国记者解释说：“你看我周围的这个唐卡斯特。不久前，我看到人们穿着破旧，生活贫苦，疏于装饰自己的家园。现在，我看到他们衣着光鲜，生活富足。你进入他们的庭院，可以看到他们的房间里有钢琴、地毯、收音机，有的家庭甚至拥有了电视机。这是一切都发生了改变。”[47]

工人阶级和中产阶级之间的分裂，开始于一部分人可以享受新的财富，而另一部分人却备受冷落。白领和管理层数量在扩张，而农民的数量在迅速萎缩。费迪南德·茨威格 (Ferdynand Zweig) 在他对英国工人的研究中发现了阶级变化的内涵。这一术语总是与势利有关，但很少与阶级斗争相联系。工人协会的范围已经在缩小，并越来越被视为工作的一部分。正如一位工人所说：“我只在工作的时候属于工人阶级，其他时候，我和其他人并无两样。”从传统意义上讲，阶级是集体行为、身份，以及工厂活动的载体，这些已经消失了。消费的趋同模式，模糊了旧社会的阶级界线。[48]

德国的时事评论员深切地意识到了社会存在的一个危险，即政治从狂热和暴力的一个极端，走向了被动冷漠的另一个极端。社会一旦受到阶级斗争的打击，就容易一蹶不振。卡尔·布拉赫 (Karl Bracher) 警告说，仅仅是由于技术统治塑造了一个议会民主权威的可怕形象。如果没有积极的公民，欧洲的政治把所有的心思都放在管理解决方案上，将沦为一个自鸣得意的专家政治。美国政治学家中认同“意识形态终结论”的学者，都在谈论相同的过程，但他们谈论的方式更加积极。[49]

如果美国人确实打算通过他们的“政治生产力”来化解在西欧的阶级紧张局势，看起来，他们似乎在 20 世纪 50 年代就已经成功了。这让人想起了在意大利的一位美国官员的话，只有在意大利人开始对玉米片和香烟的价值，而不是对他们的政治领导人的能力更感兴趣时，实现国家的繁荣和内部平静，才会充满希望。他的愿望现在已经实现了吗？在西欧放弃政治，并被改造成社会的“快乐奴隶”时，他们如何看待大西洋彼岸的美国呢？[50]

欧洲的美国化？

“10 年前我们仍然可以看不起快餐店、超市、脱衣舞俱乐部和整个物欲横流的社会，”一位法国评论家在 1960 年写道，“现在它们都或多或少地出现在欧洲，这个社会将不再是我们的时代。而美国的影响，无论我们喜欢与否，都潜移默化地在我们的生活中发生了。”[51]

20 世纪 50 年代，对于人们来说，跨越国家和社会边界的生活方式的同化，是有失国家体面的表现，尤其是向美国生活模式转变。如果说大众消费是美国的创意，那么汽车的普及，可口可乐和电视机的推广，是预示欧洲独特性的终结吗？皮佐尔诺（Pitzorno）问道：“我们现在所拥有的一切，是一个新时代的趋势，能够指引我们发现未来的社会模式，还是只是短暂的时刻，我们又会回到过去同样的僵局和困境中，遇到同样的矛盾和冲突呢？”[52]

到目前为止，对于大多数美国的政策制定者而言，美国化确实是他们的目标。换句话说，他们认为美国提供了一个良好的范本，他们对于社会和经济冲突的应对措施，同样适用于西欧：这是以信念为基础，生产为驱动力，促进欧洲联邦主义和自由贸易的发展，并且对新型技术（如电视）和市场营销（科学管理、广告）进行不断推广。

但是欧洲人已经进入这个“新世界”多久了呢？他们的抗议声足够响亮，美国的霸权主义引发了越来越多的反美情绪，尤其是在法国，他们让可口可乐在法国挣扎着难以立足，这还被《世界报》比喻为欧洲文化中“争夺但泽的战斗”。海峡对岸，从希腊到罗马甚至英国，也感受到了他们在这段特殊关系中的较劲关系，以及屈辱与骄傲并存的处境。[53]

然而，那些热衷潮流文化的人，与那些崇尚复古高雅文化的知识分子和捍卫者相比，反美主义者的比例并没有明显地降低。也正是因为德国、奥地利和意大利这样的国家已经输掉了战争，比那些自认为赢得战争的国家弱，同样产生了反美情绪。反美主义，（由“美国化”扩展来的恐惧）其中第一个密切相关的就是中立的政治立场（既不亲美，也不亲苏），第二个就是后帝国时代带来的耻辱感。不仅如此，那些前帝国主义列强，被迫失去了殖民地以及它们的精英，现在它们自己也将变成殖民地。相比之下，在德国和奥地利，其公众形象充满积极的力量，以此来掩盖过去尴尬的民族记忆，向人们提供了一种全新的价值认同。

此外，一个平等、具有前瞻性的社会的形成，不能仅仅简单地界定为美国影响的产物。美国的影响确实在 20 世纪 20 年代的电影中产生了。但是在美国人到来之前，大众民主、法西斯主义、战争和纳粹的占领都已经有效地扫清了欧洲旧秩序的障碍。这样的过程在霸权主义下持续着，但其后续的影响却深深地扎根于欧洲的政治当中。人们通常将美国化的矛头指向电影，然而事实上，好莱坞电影在欧洲非常受欢迎。但是本土电影——如英国喜剧、德国故乡电影、法国新浪潮电影，虽然在海外的出口状况不佳，但仍然在本国生存和发展着。

一般来说，当美国的商品与欧洲的习俗和文化建立联系时，这种所谓的“美国影响”也在发生改变。可口可乐可能和大西洋彼岸的味道没什么不同。但是，其他物品都发生了变化。他们能够接受大众、菲亚特和莫里斯这样外观小巧、线条柔和的汽车，更不用说韦士柏和兰美达这样的摩托车了。而在美国却并非如此。甚至大型车也有所不同：人们钟情于昂贵的手工打造的汽车，像捷豹XK140、戈登、布里斯托尔这样的汽车就很受欢迎，而另一部分的车型则在英国销售得很好。

建筑方面也是同样的状况，现代主义的发展带来了美国的摩天大楼、公寓大楼、大使馆以及公司总部的建筑风格，然而，由此勾勒出的建筑轮廓却不是美国式的，建成的建筑往往较低，并与现有建筑风格保持协调统一。郊区也和美国不同，并没有破坏城市中心的生活，或许是因为这里的郊区没有令人担忧的种族。[54]

美国的影响并不是同类别的，往往是多元的混合体，各类元素之间是矛盾的，有些真实，有些神秘。美国的影响通过各种媒介，在生活的方方面面创造出美好的幻象。比如年轻时尚方面，像弗莱迪・奎因（Freddy Quinn）和雷・米勒（Ray Miller）这样的摇滚明星，以及电影导演塞尔乔・莱奥内（Sergio Leone），正在努力通过自身的感染力来影响西方世界。[55]

美国为欧洲人提供了一系列模型，来应对他们的社会和政治斗争。例如，在“国家安全”状态（当然是建立在欧洲反共产主义的当地传统之上的）推行新消费主义。但是也有反广告运动，这得益于像万斯·帕卡德（Vance Packard）这样的美国批评家，其最畅销的著作《潜藏的劝说者》（*The Hidden Persuaders*）出版时正值英国商业电视广告兴起之时。在 20 世纪 60 年代和 70 年代，在争取公民权利的斗争中，最重要的是，促成了当地的抗议，促成欧洲国家立法的改革。

回想起来，20 世纪 60 年代关于美国化最引人注目的是“美国化”争论消失的方式。这是因为那时的欧洲人并未对大西洋彼岸的美国产生自卑感。那时的美国经济开始衰退，国家也显示出步履蹒跚的姿态。相反，欧洲在国际经济上变得越来越强大。被美国跨国公司接管的担忧在逐渐消除，因为西欧现在是美国的净投资者。美国的经济衰退并没有让其一蹶不振，相反，它已经存活下来并开始逐渐壮大。许多人担心再度面对 20 世纪 40 年代末期的马歇尔计划。电视，最初甚至被视为民族文化的终极溶解器，已经构建了人们的国家意识，淡化了地方和区域的观念。如今，西欧已经接受了新消费主义，并使其融入社会当中。[56]

成长社会中的抗议

1955 年，战后意大利宪法的缔造者之一，法学家皮耶罗·卡拉曼德雷伊（Piero Calamandrei）抨击了国家民主成就的发展现状。他认为，由于保守主义的阻碍，抗争的信念被击垮，宪法并没有真正得以实现，在“形式民主”的模式背后，隐藏着向法西斯主义和“警察国家”妥协的现实。意大利民主存在缺陷的最明显例子就是，国家对1931年公共安全法律的沿用。民众在参与运动和集会时，没有真正的自由，并且在社会阶级方面，男女之间也无法实现真正的平等。[57]

20世纪60年代，一个更加年轻、更加城市化的欧洲开始意识到，巨大的社会变革已经在战争时期发生了，并且政治和法律的变革也与之齐头并进。随着经济的发展，农民和贵族的旧时代在渐渐离我们远去。然而，它并不是被战争摧毁了，而是一个更加灵活和均衡的社会出现了。这是在自由的世界里寻求真正的自由，而不是呼唤社会改革，被视为共产主义颠覆活动。自从肯尼迪接任艾森豪威尔的职位后，新的变革被带动了起来。

随着欧洲对冷战恐惧的消退，保守党比过去看起来更加颓废了。1960年，由于塔姆布罗尼政府在新法西斯主义的支持下上台，致使意大利处在内战的边缘。阿尔及利亚战争蔓延到了法国内陆，巴黎警察驱散了示威游行队伍，杀死了数十名抗议者，把他们的尸体丢到塞纳河中。这是战后西欧很少报道的，最大规模的暴力行为之一。而负责此次事件的是法国的杰出官员莫里斯·帕蓬（Maurice Papon）。在希腊，卡拉曼利斯政府通过与高级部长的战时合作得到启发，通过操纵选举来掌控国家权力。在联邦德国，1962年的“明镜事件”又唤起了人们对盖世太保的记忆。德国总理库尔特·乔治·基辛格（Kurt Georg Kiesinger）和总统卡尔·海因里希·吕布克（Karl Heinrich Lübke）都笼罩在纳粹罪恶的历史阴影之下。1961年，对最后一名盖世太保阿道夫·艾希曼的审判成为众人瞩目的焦点。人们越来越感受到，冷战的常态是只容许部分的民主、象征性的民主，其实这背后潜藏着旧有的专制势力。

新气候条件下的政治受益者，是左翼政党——英国的哈罗德·威尔逊、联邦德国的社民党、意大利的左翼、希腊的乔治·帕潘德里欧和他那“永无休止的斗争”。劳动和社会民主党以一个更现代化的社会管理者的姿态重新执政。那些之前当政的保守右翼无法迅速地从自身阶级属性中解放出来，拥有更全面广泛的视角。而这些国家的政府，则比其前辈更愿意改善教育和健康服务，并通过立法改革来完善社会和公民权利。变革的真正前景是，运动和游说团体呼吁改革和现代化。因此，在 20 世纪 60 年代，标志着一个全新深化的民主在西欧产生，这是一次真正意义上对传统社会价值观和制度的里程碑式的突破。

1965 年的 12 月，西西里岛一位名叫弗兰卡的乡下姑娘，由于拒绝了一名男子的求婚，被绑架并强奸，这一案件登上了意大利报纸的头条。对于这起案件，在通常情况下，女人更多的倾向是屈从于命运，因此意大利刑法提供了补救措施，通过婚姻来免除对男人罪行的惩罚。这是人们关于此事的第一个记忆，这一次，那个被强奸的女子拒绝结婚。因此，她的追求者将被逮捕，最终被判入狱。在他们的家乡，人们认为这是一件不光彩的事，而在意大利的其他地区却引起了轰动，这也让更多的人意识到，妇女在法律面前缺乏平等的地位和尊严。[58]

20 世纪 60 年代，越来越多的女性意识到，她们在社会和经济方面处于从属地位，社会因此产生了更大的民主诉求。宪法向所有公民许诺，公民不分性别，在法律面前都享有同等的权利。但是根据现行刑法，男人和女人往往无法被同等对待。男人犯通奸罪可以免受责罚，而女人则必须受到法律的制裁。丈夫可以禁止他们的妻子外出工作，并且父亲对他们的子女拥有绝对的权力。在瑞士，甚至到了 20 世纪 70 年代，女性才开始享有选举权。在法国，许多女性甚至不能拥有属于自己的银行账户。有许多女性选择外出工作，但是她们所面临的却是不平等的薪酬待遇和惨淡的工作前景。

20世纪20年代初，妇女解放运动在欧洲处于平息阶段。当然，在战争年代，由于人们对国家衰落的担忧，出生率下降并造成了大规模失业，妇女权利也同时遭到了削弱。即使在苏联，那个给予女性前所未有的平等权利、尊重女性意志的国家，也是如此。现在新的改革给女性带来了利益，并改善她们的自主性，以及在法律上的独立和平等，但这威胁到了传统的欧洲家庭。这样的改革在战争时期被准许，在保守的20世纪50年代又被重新提起。改革中对性自由的要求更为可怕。意大利天主教派的社会学家谴责道："这种带有愤怒情绪的个人主义，会将美国和北欧地区的家庭推向破裂的边缘。"并警告说，这样的婚姻观念仅对满足个人的私欲有益处。[59]

然而，社会的浪潮加速了改革的推进，许多社会学家和心理学家都发现了家庭与外界社会的隔离性。法国人称之为"包法利夫人综合征"。在《被禁锢的妻子》(*The Captive Wife*)一书中，社会学家汉娜·嘉夫隆(Hannah Gavron)憧憬着理想的家庭生活，揭示了女性在家庭中的沮丧和失望。在大家庭和公共债券逐渐减少时，电视机和交通的发展，促使更多的三口之家产生了。

性行为的变化(主要是通过20世纪60年代早期进入西欧的避孕药)，以及新一代独立自主、受过高等教育女性的出现，预示着法律改革在下一个10年就会到来。节育起源于战争前夕的优生学理论和家庭生育计划政策，正在不断发展并传遍欧洲。位于斯堪的纳维亚半岛的那些国家，很早就推行了堕胎合法化的政策；随后，英国也宣布堕胎合法化。但是在20世纪70年代，欧洲的天主教地区，抗争持续的时间更长，在堕胎合法化之前，组织者动员了成千上万的妇女参加抗议，这导致了重大政治冲突的发生。即使是在今天，堕胎在德国和葡萄牙只因为非常有限的理由而被允许，并且非法堕胎仍然是十分普遍的。

就避孕药而言，相关法律的修正也十分迅速。由于受到婴儿潮时期的影响，人们解除了避孕药使用导致人口下降的恐惧。1961 年，联邦德国的纳粹警察条例中禁止出售避孕药的条款被取消，法国在 1967 年也放宽禁令。意大利在 4 年后废除了法西斯立法。为实现女性在婚姻和家庭中平等的权利，20 世纪 70 年代，离婚手续和家庭法的改革日趋完善。20 世纪 80 年代，在瑞典和俄罗斯的布尔什维克群体中，公民离婚被准许。[60]

采取有效措施来确保人们在工作场所的平等权利，这种办法似乎是最不奏效的。宪法的保障和共同市场准则大多都是一纸空文，尽管也有一些国家，像英国、荷兰、法国，以及斯堪的纳维亚半岛北部地区，确实对于平等的薪酬待遇进行了立法。然而，通常情况下都没有相应规定，只能通过诉诸法律，让漫长的官司达成个人权利的实现。[61]

总体而言，女性平等和解放的战斗，证实了卡拉曼德雷伊的战后民主的批判言论，如果没有行之有效的政治行动，宪法权利的正式担保也只是一纸空文。在战后欧洲南部地区（西班牙、葡萄牙和希腊）的独裁宪法中出现的内容，与 1945 年之前的宪法相比几乎没有什么改进。宪法或许可以赋予女性所有的政治权利，但是如果在涉及私人权益的法律中无法做到平等，女性在商业事务中无法保证符合商业惯例，将仍然处于从属地位。20 世纪 60 年代和 70 年代，这种为实现平等而努力的斗争，成为西欧社会抗议最显著、最持久的例子。然而，完全的平等并没有实现，甚至许多女性争取的必要保护和福利待遇也未能实现；但由此反映出了社会机构家长式作风的种种弊端，并逐步进行了改革。通常情况下，在自由民主的国家，揭露政府的承诺与真实福利之间的差别，是改革的突破口。

种种迹象表明，战后保守的欧洲政治不像经济繁荣时期那样独裁。1957 年，奥地利通过了一项法律来保护青年人免受社会不良因素的影响，其中包括交通方面的危险、对娱乐场所访问的限制，以及对酒精和毒品的禁令，还有其他外部可能产生的危害。这些措施都是政府当局迫切需要采取的。当猫王在欧洲受到追捧时，他用非洲的原始主义威胁到了西方文明。他让年轻人变得越发疯狂，甚至将女孩们引入“歧途”。[62]

20 世纪 50 年代，摇滚乐的歇斯底里，以及同样歇斯底里的听众反应，对战后保守主义的主流媒体和政客们来说，着实是一个非常大的挑战。那些经历战争的大人与他们的孩子间产生了代沟。战后的经济增长，使代沟加深。父辈的权威，由于独立的青年文化兴起而受到了挑战。得益于战后的婴儿潮，年轻人与以往任何时候相比，更受雇主的青睐。在 20 世纪 50 年代后期，让评论家担心和困扰的问题是，人们生活越来越富足的同时，也增添了更多的暴力事件和违法案件。德国人把摇滚之下的混乱称为“财富之下的犯罪”（wohlstand skriminalität）。1956 年，德国巴伐利亚州内政部长宣布，人道主义无法感化那群激进的德国青年，当局将马上采取强制措施。在意大利，那些开车兜风的青年，迫使政府用流氓罪对其进行镇压。[63]在英国，维多利亚时代的道德观念，几乎从未受到战争的影响。然而，这个问题似乎同样严重。“脱掉那件衣服，去成为一个体面的社会成员！”愤怒的法官告诉“泰迪男孩”（Teddy boy）。歌舞厅、电影院、警察和公众联手向泰迪男孩发动“战争”，1955 年 6 月 27

日，《星期日电讯报》（*Sunday Dispatch*）对此事进行了报道。最终，英国街道的这些“威胁式”的形象被清理了。[64]

一些人将问题归因为战争对家庭稳定的影响。大约在 1954 年，正值经济困难时期结束，青年犯罪行为和社会动乱事件呈现上升趋势，去酒吧和俱乐部的人数也在逐渐增多。一位研究“叛逆少年”的研究员，将这些趋势同那些旧有社会准则进行了比较：一方面，工人阶级正在分化；另一方面，这个由中产阶级主导的“资本主义时代”的社会，正在被一个具有更广泛、更大众的文化社会取代。一些年轻的工人可以通过这样的社会环境来提升自己，但是其他的却比以往更加边缘化。

事实上，回顾表明，用战争期间和战后青少年暴力事件来衡量社会的混乱程度，是将问题过分地夸大了。在德国、法国和意大利等国家，都存在着一些与过去传统格格不入的新青年，保守派将这些前卫的青年人妖魔化，并夸大了他们的危害性。大多数国家都有城市青年暴动的历史，但是在 20 世纪 50 年代和 60 年代早期这样麻木迟钝、墨守成规的气候背景下，即使是小范围的骚动和独立的迹象，也会威胁到执政者。比如在东欧，父辈一代越来越无法理解他们的孩子。他们叛逆，穿着怪异的衣服，留着奇怪的发型，不思进取，但他们的父母已经通过辛勤工作获得了今天的成就。

在 1965 年的一本意大利青少年杂志上，一个女孩写道：“我的父母、亲戚和朋友，就像生活在笼子里的老鼠，并希望我们也像他们一样。他们将更多的钱花费在愚蠢无用的事情上，比如换一个更大的电视、买一个汽车罩……但是他们不知道如何享受生活。”德国学生运动领袖鲁迪·多茨克（Rudi Dutschke）强烈反对这种“侵略性和法西斯式的消费主义”。支持消费革命的孩子们因此通过政治手段向政府表示抗议。然而，最令人困惑的是他们反对消费主义的方式，他们强调精神享受，崇尚爱与和平，强调个人的自我实现，并将这些与过去表达政治意愿的方式结合起来。[65]

起初在西柏林，然后是在法国和意大利，大批青年人对主流左翼发表了激进的言论，表示出对战后社会发展的强烈不满。1966年12月圣诞节前夕，学生们在柏林新购物文化的标志库丹大街进行示威游行。他们借助马克思主义理论批判消费主义的种种弊端，将西方民主的美梦和幻象击碎，来批判这个被虚无主义和专制主义制度困扰的社会。越南战争已经击碎了美国梦，也许同样包括像德国和意大利这样曾经十分强大的西方国家。[66]

群众抗议复苏的迹象已经清晰可见。20世纪60年代早期，英国核裁军运动组织加入了一场大规模反战游行；越南战争前夕，美国人进行了反对越南战争的暴力示威；1967年，希腊人反对军事政变；伊朗人反对国王的暴政。美国民权游行的电视影像，以及对“二战”的反思，更加深了人们心中的反独裁主义意识。1968年，欧洲发生了校园静坐、骚乱、罢工和示威等活动，一度威胁到了戴高乐政府；法国的巴黎、德国的柏林和意大利的米兰街头还发生了巷战。那些在过去10年里看到中产阶级青年冷漠而因循守旧状态的人，对这次混乱事件的发生感到震惊和喜悦。对于之后的几代人，“1968”被视为一个神话，在这个神话中，有各种群体的参与者，如作家、广播员、教师和制片人等，他们可以告诉人们，这个神话真正意味着什么。[67]

1968年的动乱，似乎对民众的影响力并不大，从中取得的成就不多，学生们所抨击的事情，也并不具有代表性。尽管学生数量在迅速增加，当然这是战后民主的成就，然而，只有很少一部分青年人真正参与到了事件当中：20 世纪 60 年代中期，20 岁左右的英国青年人中只有 5.5% 的人接受了高等教育（意大利为 8.6%，联邦德国为 7.7%，法国为 16%）。同时，他们的民主要求也不够明确，强调现在而不是未来，要求绝对的自由，阻碍了具体要求的表达。事实上，他们最终通过极端的马克思宗派主义的形式产生了一个有组织的团体，然而苏联、中国和阿尔巴尼亚，并没有以此吸引当初的参与者。

1968 年的事件因此造就了左翼分子企图通过暴力手段的碎片化、教条化的极端主义，不能也不愿意承认资本主义胜利的规模。他们有自己的生存方式——伴随着不断的声明、批评和公共议题，他们不喜欢知识界的权威将追随者从完全误读的政治环境中解救出来。在联邦德国的红军派系被称为恐怖分子后，他们离开权力的事实达到了顶峰，红军派系将自己视为一支“城市游击力量”，在“人民战争胜利”的口号下实行“反帝国主义斗争”的武装战争。这些恐怖分子团体、警察镇压和由此兴起的右翼反恐怖主义都在 20 世纪 70 年代末销声匿迹。但是他们又一次唤醒了休战期政治极端主义和意识形态极化的幽灵，而大部分西欧人都希望抛弃这些，去追寻更美好的事物。[68]

然而，那些学生激进分子确实取得了一些实实在在的成绩。首先，他们关注到，战后人们在政治方向上存在信仰缺失。他们充满激情的理想主义，感染了民众，引起人们对政治和意识形态的激烈讨论，并不是所有的问题都能通过科学管理和与利益集团讨价还价加以解决。其次，他们对战后的独裁主义进行了激烈的讽刺与攻击，他们恰到好处地为人们提供了一个批判的视角，来重新审视企业、军事和政治权力。最后，他们作为一个典型的利益团体，为高校保护资源，形成开放的氛围，增加更多关于民主的影响力。

这一利益团体，有效地将有组织的工人阶级和学生团结在一起，在学生表达对制度不满的同时，也让工人阶级有了申诉的途径。工会要求工人们能在充分就业的前提下，实现拖延已久的工资增长的要求，并利用学生运动提供的机会，来对现行财富分配问题进行抗议。在意大利和法国，成千上万的学生抗议结果是，很快就有数以百万计的工人加入罢工浪潮中，要求在社会中获得更多的社会份额。

然而，如果说学生们的意愿是废除资本主义制度，那么工人们只是想要为自己争取更多的利益。他们的目标是不同的。因此，一旦工会基本实现了他们的诉求，学生与工人之间的联盟就会瓦解，这不足为奇。工人阶级不再具有革命性，由于他们讨价还价的态度并不强硬，只要满足自身的利益即可，因此就会让职能部门对此加以利用。其结果就是，在 20 世纪 70 年代早期，工会领袖和恐惧保守派的反对者们，都掉入了夸大工党政治力量的陷阱。事实上，西欧工人的命运随着资本主义的兴衰而跌宕起伏。这是为了证明在经济衰退前的大规模失业和全球重组的那段时间，老工人阶级在一个世纪的有组织的斗争中取得了最终胜利。

移民

1964 年，德国《明镜》(*Der Spiegel*) 杂志的封面人物，是一位名叫阿曼多·罗德里格斯（Armando Rodríguz）的葡萄牙裔劳工。他是第一百万位进入德国的“移民工人”，他在科隆受到了政府的热烈欢迎，并且奖励给他一辆摩托车。在那个时代，移民受到热烈欢迎，并且被视为国家持续繁荣不可分割的部分。[69]

战后的资本主义迫切需要劳动力和人口的流动性。一方面，欧洲的民族国家在它们各自的边界巡逻，以区分不同国家的公民——同外籍人口相比，他们享受着国家不断增长的福利和权利。因此，资本主义和民族国家之间关于移民问题的矛盾依旧在延续。1950 年之后，大量的移民一开始被视为经济增长的必要因素，随后就被视为文化和政治问题，这是欧洲根深蒂固的种族主义的一种表象。曾经法西斯主义和共产主义或多或少地减少了东欧的少数民族，而现在资本主义将不同的少数民族引入西欧。多种族社会的形成，同性别平等一道，成为战后欧洲民主的一大挑战。[70]

然而，西欧在很长一段时间内成为大量人口的输出和输入地。战后的移民潮大约涉及了 1.15 亿人，这一数量远远超过了 1921 年之后涌入美国的 5 500 万～6 000 万人。从人口流动方面考虑，德国的工业和农业在很大程度上依赖波兰的劳动力，而这一时期法国的劳动阶层包括很多比利时人、意大利人、波兰人和瑞士人。使用移民劳动力在欧洲历史上已经不是什么新鲜事了，而这些劳动移民大部分会成为国家的永久公民。[71]

而战后的移民潮大大超出了预期，因为 1945 年之后，出现了人口向境外迁徙的状况，而各国政府也悲观地将这种状况视为避免长期失业的一个契机：荷兰、英国、意大利等国的政府在此背景下，鼓励海外的人口来欧洲定居。与此同时，大量的难民涌入联邦德国，而其他的一些国家也同意接收不愿返回东欧的难民。一位战后定居在英国的波兰人回忆道："人们对于工作感到害怕，他们仍然记得战前的大萧条，这种状况是很容易理解的。"

即便在这一时期，移民政策和种族主义之间的联系也非常明显。

例如，在种族划分的基础上，白厅在20世纪40年代末期施行了欧洲志愿工作者计划（European Volunteer Workers Scheme），在这个计划中，北欧人比犹太人获得了更多的权利。由于被人口下降的恐惧困扰，战后英国皇家人口委员会担心在面对苏联扩张时，英国人口数量处于劣势，因此他们建议道："如果移民的素质足够好，并且他们不会因为自身的宗教信仰和种族而无法和当地人通婚，那么他们就能够逐渐融入人口当中。"然而，移民问题和种族问题依旧交织在一起困扰着这些移民国家。[72]

但是，充满活力的资本主义则将事情推向了另外一个方向。从20世纪50年代中期开始，持续的经济增长导致了劳动力的短缺。一开始，这种短缺能够在国内解决——无论是像德国那样，利用涌入的难民，还是像欧洲其他国家那样，从农业人口中抽调一批人涌入城市中心务工。仅意大利就有超过900万人从国家的一个地区迁移到另一个地区。1950—1972年，西欧农业人口的数量从3 000万下降到840万，农业人口的总数也从劳工人口总数的1/3下降到1/10。欧洲的农业历史落下了帷幕，只有欧洲经济共同体的共同农业政策还标志着农业这个濒临消失的产业的存在。乡村人口在城市中找到了工作，并且适应了新的、现代化的生活方式。[73]

随着这些信息被夸大，一些国家开始考虑未来。早在1945年，瑞典和瑞士就开始招募意大利劳动力，但是真正大规模的限制直到20世纪50年代末期才发生。20世纪60年代，法国、德国和瑞士竞相争取北欧的劳动力。国家试着控制这种贸易的发生，但是收效甚微：联邦德国的联邦劳动总署在地中海周边6个国家设置了招聘办公室；法国的移民局基于宗主国和供应国之间的双边协定，在非洲设置了不少于16个移民办公室招聘劳动力。而英国的国家参与度相对而言较低，部分是因为英国的公民基本上能够满足英国国内的劳动力需求，部分是由于英国盛行不干预的传统，它并不热衷于将大英帝国之外的劳动力引入本土。这种状况使像国民医疗服务系统和伦敦交通系统这样的企业需要自己制订招聘计划。即使这样，来自塞浦路斯、印度次大陆和西印度群岛的劳动力也通过非直接的方式，填补了英国的劳动力需求。

实际上，即便在法国和联邦德国，政府对于移民的控制也是非常有限的，通过官方引入的劳动力只占流入总人口的一小部分。这一状况在 20 世纪 60 年代似乎无关紧要。1958 年，约有 55 000 名外国工人涌入德国；到了 1960 年，这一数量上升到 250 000。在法国，20 世纪 50 年代平均每年进入法国的外国劳动力约为 150 000 人，到了 20 世纪 70 年代这一数字变为 300 000。相对于英国的状况，法国和德国更为引人注目的情形是大量的难民在同一时期涌入两国境内——在 1961 年有数以百万计的民主德国男性涌入联邦德国，有 100 万阿尔及利亚“黑脚”* 涌入法国。过去大量失业的状况似乎从不存在；现代资本主义对劳动力永无止境的需求，使西欧能够同时接纳数以百万计的难民、约 2 000 万转向工业的农业人口、1 000 万来自南欧的劳动力以及来自地中海沿岸乃至更远的非洲殖民地的劳动力。欧洲劳动力市场的国际化程度越来越高，西欧的外来居民人数在 30 年中上涨了 3 倍。

最初的移民都是年轻的单身男性，他们暂住在本地人提供的狭小、基础设施不完善的居所内。瑞士公园的入口告示牌上写着“狗和意大利人禁止入内”。希腊裔的“外来工”紧随着“二战”时期

---

* 黑脚（pieds noirs），黑色脚丫，曾经生活在阿尔及利亚的法国人都被称为黑脚。——译者注

被强迫在德国劳动的人的步伐进入德国境内，而他们的境遇比之前的劳工们稍有好转。在德国和瑞士，基于双边劳动协定而进入本国的人，都是短期的合同工，被安置在旅馆之内，他们与当地的居民被分离开来。他们只享受极少的权利，并且随时可能被驱逐出境。尽管英国和法国外来劳工的境遇好于德国和瑞士，但是在社会层面，他们仍然遭受着隔离和歧视。在整个西欧，20 世纪 70 年代早期，移民劳工倾向于聚集在城市中心，他们占巴黎人口的 12%、布鲁塞尔人口的 16%、斯图加特人口的 11% 以及日内瓦人口的 34%。

各国政府官员并未制定有效控制大规模移民策略的一个重要原因，是他们认为这只是一个暂时的现象。在 20 世纪，移民被证明是一个有效的缓冲，能够缓解繁荣状态下的懈怠，也能够确保本国的劳动力在经济萧条时期免于失业。在法国、德国和其他国家，短期的合同甚至是季节性的合约，成为它们控制劳动力流动的有效工具。然而它们很快发现，并不是所有的劳动力都倾向迅速返乡。很多意大利人、南斯拉夫人、希腊人和西班牙人都在务工结束后返乡，但是土耳其人、西印度群岛人和印度人则倾向于滞留。

如果我们以同样的模式对比 19 世纪欧洲向美国的移民，我们会发现当代的这些移民带来了他们的妻子，并且在当地定居。在 20 世纪 70 年代早期，对于即将到来的控制移民的恐惧，使他们将家庭也带到当地。尽管他们从旅馆搬进了属于他们自己的公寓内，但是隔离并没有停止。就像在美国一样，很多白人选择搬家，而不是居住在种族混居区，“飞地”* 开始在城市中出现。很快这些移民的后代出生了。1966 年，英国大约有 924 000 名“有色人”，其中有

* 飞地是一种特殊的人文地理现象，指隶属于某一行政区管辖但不与本区毗连的土地。也可以指在本国境内隶属另一国的一块领土。——译者注

213 000 名出生在英国。作为开端，新的移民政策不可回避地要面对种族、公民和国家文化这样的问题。[74]

赖纳·维尔纳·法斯宾德 * 在他 1973 年拍摄的电影《恐惧吞噬灵魂》（*Fear Eats The Soul*）中，描绘了一位黑山裔的“外籍工人”和比他年长的德国女性艾米之间的爱情故事。艾米的朋友告诉她，他们（外籍工人）“仅仅是下等人，是肮脏的猪”。他们在周围人歧视的目光中结婚了，在慕尼黑的一家餐馆中享用了他们的婚礼晚宴，而这个饭店是希特勒曾经乐于光顾的店铺。像法斯宾德强调的那样，战前和战后的种族主义是紧密相连的，而外籍人口的大量涌入，催生了当地居民的优越感；文化焦虑和文化歧视在西欧社会从未消除。1955 年，伦敦的无业游民以“白人”的名义攻击塞浦路斯裔的居民；3 年之后，轮到居住在诺丁山的新印度群岛裔的居民遭到袭击。尽管种族主义暴力和公开的仇外行为并不普遍，而且会遭到主流媒体的批评，但是一种更为温和的种族主义则在广泛传播，并且迅速发展。在 20 世纪 70 年代早期，政策经济形势的变化，使各国对持续不断的大规模移民感到抵触。[75]

20 世纪 60 年代末到 70 年代初，一系列限制性措施取代了移民政策，并且种族偏见日趋明显。无论是英国还是法国，都撤销了之前相对自由的公民政策；这两个帝国崩溃的速度比人们预想的还要快，公民权被迅速限定在宗主国内。1962—1971 年，英国的立法向新进入英国的人们关闭了大门，除了爱尔兰人，因为他们仍旧是英国最大的少数民族群体。1968 年英国首次规定，父母必须至少有一人是英国国籍，才能够获得英国的公民权。这种变化也出现在法国，

* 赖纳·维尔纳·法斯宾德（Rainer Werner Fassbinder），37 岁英年早逝，是“德国新电影”的领军人物。——译者注

法国在 20 世纪 70 年代也收紧了移民程序。1974 年，法国停止了进一步的移民；而德国的招聘计划几乎也在同一时期停止了。

但是停止移民并不意味着改善种族之间的关系。尽管联邦德国并不像第三帝国那样极端，但是他们经常区分本土德意志人和“外来工”之间的差异。1965 年的《外国人法令》(Foreigners' Act) 比国家社会主义时期的立法更为严格；驱逐人口不再依据工人的个人行为，而是根据国家的需要。由于一直采取回避的态度，波恩政府坚定地拒绝承认新的社会事实。此处援引 1977 年联邦宪法的表述：“联邦不是一个移民国家。对于外来的居民而言，他们最终必须自愿返乡。”然而，德国在 1966 年拥有 130 万名外籍工人，到了 1973 年这一数量上升为 260 万。1966 年，外籍的新生人口占总出生人口的 4.3%，这一数字在 1974 年上升为 17.3%。[76]

大多数国家在很长一段时间内都在和种族歧视做着顽强的斗争。一位居住在约克郡的东欧定居者回忆道：“我们是外国人，我们遭受了不平等的对待，我们随时随地都要证明自己是外国人，尽管这非常不公平，但事实就是这样。”种族歧视的存在，本身就是政治生活的一个阴暗事实，无论是左翼还是右翼，都无法视而不见。由于没有反种族歧视的机构，所以各国政府都认为让移民者返回他们的故乡，是平息种族之间紧张关系的有效途径。只有少数人认为这样的政策只会让情况更加恶化。[77]

尽管英国制定了限制种族关系的法令，但也仅仅在小范围内起到有限的作用。1971 年的移民法令同样包含“遣返”的规定，尽管这些内容从未被明确说明，以避免危害“良好的种族关系”。实际上，从民意调查上判断，尽管西欧并不像战前那样将种族歧视作为一个可以接受的概念，但是却对外籍人口充满敌意，尤其是那些欧洲以外的人口。工会怀疑外来劳动力降低了工资标准，保守党认为他们会摧毁本国的文化。而只有少数人注意到，这一时期英国仍然是人口的净出口国。移民将经济净收益花费在所在移民的国家，而当时的移民也仅仅占到西欧总人口的 2.3%（1970—1971 年）。几乎不会有人认为，移民“能够丰富当地的文化，也不认为当地的文化能够改变移民”。20 世纪 70 年代早期，经济形势已经不及之前乐观，移民几乎在一夜之间从生产线上的劳工变为濒临失业的人，他们无法再享受国家福利，成为不受欢迎的外来人口。[78]

第十章

社会契约的危机

没有真正意义上的社会。

——玛格丽特·撒切尔（Margaret Thatcher），1987

在那段时间里，没有人知晓社会和时代的走向。人们处在困顿之中，没有人可以真正区分出人们的行为对历史而言是前进还是倒退。

——罗伯特·穆齐尔（Robert Musil），

《没有个性的人》（*The Man Without Qualities*）[1]

当我们回顾“二战”时的民主时，自由主义议会的政治形式补充了一种新社会规定的承诺。战后西方发展黄金时代之后的时期，并不像很多战时思想家想象的那样，是一种高度集体化的形式，相反，发生了很多他们并没有预见到的事情——在20世纪50年代，通过规范化的资本主义，经济快速增长，与此同时发生的是保守个人主义的兴盛。从资本主义和民主双重改革中滋生的社会契约，经历了超过25年的成长期。与我们想象的不同，它深受民众意愿、休战期失败的历史记忆和经济效益影响，而非完全基于冷战和超级大国的干涉，尽管这点在当时不是非常明显。总之，充分就业和经济增长的同时实现，为这种社会契约提供了基础。充分就业为财政带来了税收，这些税收能够促进福利国家的繁荣兴盛；经济增长意味着生活水平可以在一个更广泛的范围内获得提高。在这些有利因素的基础上，民主国家实现了复兴。

但是，在 20 世纪 70 年代早期，欧洲历史上的这个非凡时期，与前几十年相比，政治上极其稳定，如今这样的稳定走到了尽头。危机和不适感笼罩着西方国家，劳动力和资本之间的紧张关系再次呈现出新的势头。石油危机展示了欧洲资本主义在外部世界的脆弱性。经济增长不再被视为绝对意义上的好事，而带来的环境危害越发引起人们的重视。充分就业变得困难，它似乎成为人们的记忆，而新自由主义经济卷土重来成为时尚。

一些知识分子很快就发现“后现代”危机的证据，当然，这与 20 世纪 50 年代和 60 年代的繁荣兴旺的对比是惊人的。在过去的几十年里究竟发生了什么？尽管失业率上升，经济不稳定，但是经济并没有倒退到 20 世纪 30 年代的水平。通过重建民主秩序管理以适应和渡过难关，这一点远比那些共产主义对手成功。社会福利制度对社会贫困和不安定问题，起到了良好的缓冲作用。保守派人士时刻担心西方民主制度的崩溃，但实际上那只是旧独裁权（发生在希腊、西班牙、葡萄牙）最后的残余。战后的社会契约陷入危机，但它并没有被破坏。西欧民族国家意识到了它们权力的局限性，并且认为有必要采取协调一致的行动来捍卫其生活方式以应对全球竞争。

通货膨胀的危机

在 20 世纪 50 年代和 60 年代，西欧的经济伴随着价格的持续温和上涨而发展。这是工业与社会的和谐发展所必需的，它提供了一个柔和而不易察觉的方式来收买工人阶级，避免了一直以来困扰欧洲的痛苦的社会冲突。但是，正如历史学家查尔斯·梅尔（Charles Maier）指出的，西欧在 20 世纪 60 年代后期就走上了错误的道路，通货膨胀并没有成为社会的润滑剂，不是平息而是加剧了社会分配的冲突。20 世纪 70 年代，通货膨胀从发展经济学中的一个技术问题，发展成为一个与日常生活息息相关的事实，最终成为政治本身的决定因素。通货膨胀为经济秩序带来了新的不稳定因素，选民会以此作为依据，并影响票选结果。[2]

1973 年之前的价格水平上涨，与 20 世纪 60 年代末期的劳资纠纷具有直接关联。劳动力和资本之间的斗争恰好处在经济快速增长的结束期，因而给工业带来了 20 年的和平期。至于那些“恶棍”，或者是那些要求过高的工人，或者是那些不愿降低自身利润的雇主，无论是哪种方式，在不危及物价稳定的前提下，西欧资本主义社会都是无法达到充分就业的。

然而，工资压力并不是加速通货膨胀的唯一原因。在国际经济方面，也同样产生了通货膨胀。比如越南战争（美国印刷美元进行融资），以及国际市场商品价格的上涨。这两个因素之间存在相应的联系，美元的贬值，导致越南战争融资紧张，迫使美国停止使用金本位制。人们进入了一个货币不稳定的新时代，鼓励初级生产者通过提高商品价格进行补偿。直到 1973 年，石油生产商遵循这一方针，宣布石油价格发生重大上涨时，才突然受到世界的关注。[3]

通货膨胀的灾难折磨着整个西欧。对整个欧洲合作与发展组织而言，利率从 1961—1969 年的平均 3.7%，上升到 1969—1973 年的 6.4%，1973—1979 年，利率显著增长到 10.9%。与此同时，由于国家经验的不同，意见分歧也越来越明显。20 世纪 70 年代，英国、意大利、西班牙和爱尔兰的年利率达到 16%，而联邦德国、奥地利、荷兰和瑞士的利率仅接近 5%。这样的差异性阻碍了协调统一。浮动汇率给各个国家提供了不同的发展方向，并且可能是最后一次，每个国家处在一个位置上，追求独立的货币政策。[4]

在过去，缓解通货膨胀压力通常是采取财政紧缩政策。然而，到了 20 世纪 70 年代，这样的措施开始不再奏效。需求管理变得无用，经济放缓也不再是解决通货膨胀的方案。针对这一奇怪的现象，产生了一个新名词——“滞胀”。通货再膨胀只会让状况更加糟糕。其中一种应对措施是，通过国家参与收入和价格谈判，来加强和完善需求管理。如果通货膨胀是由于未经调节的社团主义引起的，那么或许政府应当介入其中，同时加强对雇主和工会的约束。这是英国工党和保守党都采取的应对办法，但结果证明这是一个死胡同。当英国首相爱德华·希斯（Edward Heath）无法解决强大的旷工联盟罢工行动时，政府的权威遭到质疑，并引发人们对国家政治统治问题的思考。英国工党政府在 1976 年之后实行的工资限制政策较为成功，但最终还是以失败告终。这意味着，在英国，新社团收入政策并不具有可行性，甚至会让社会朝着更糟糕的态势发展。

英国很容易忽视其他地区也采用了相似的政策来应付这次危机。比如，在 20 世纪 70 年代和 80 年代，瑞典和奥地利取得了非常大的成功。这两个国家的失业率都远低于英国的水平，而奥地利也同样使通货膨胀率处在较低的水平。导致这些差异的主要原因是，英国在劳资关系方面拥有好战的传统，而瑞典和奥地利则采取调解、联合行动、妥协相结合的应对措施。对于那些拥有工会的银行而言，例如在奥地利，它们的利益同整体的经济健康相关，健康的经济状况能够调节它们的需求。[5]

当然，还有另外一种方法来控制价格：那就是通过紧缩的货币政策来实现通货紧缩。1973—1974 年的联邦德国，人们开创了这样的方法并十分奏效。1976 年，卡拉汉（Callaghan）内阁在国际货币基金组织的邀请下效仿了这一做法。无论在哪种情况下，这都被视为与国家干预工资谈判政策不同的又一举措。但是，当玛格丽特·撒切尔在 1979 年获得成功时，货币政策被提升为条例，成为一个新的信条：货币主义。国家的野心被削减，它的作用仅限于实现财政收支平衡和监控资金的供应。新政府的支持者和反对者都承认，这是一个历史性的时刻——经济自由主义的复兴，在混乱了 50 年之后出现了。其中，撒切尔最大的批评者之一，尼古拉斯·卡尔多（Nicholas Kaldor）写道："这是本世纪第二次，货币主义的信条成为英国官方政府的信条。"英国经济学家约翰·维泽（John Vaizey）在 1979 年离开工党，加入保守党。他认为："不会再有一套真正行之有效的社会民主思想了，理性地讲，凯恩斯主义已经寿终正寝。"[6]

撒切尔的实验

货币主义的吸引力体现在很多方面。理智地讲，这是一场反对战后一直被推崇备至的凯恩斯主义理论的革命性事件。它将个人的能力从保姆式的国家中解放出来，集体主义让位于自由；国家将恢复原来的状态，政府和领导人的目光则集中于一个指示物，这个指示物也是经济成功的关键——金钱的数量。这是一个通往成功的简单公式，很多人被其吸引。

在 20 世纪 80 年代新出现的“撒切尔主义”（Thatcherism）真正造成了失业率的上升吗？很多批评家认为这是必然的，尤其是失业人口总数不断飙升。很多年前，波兰的经济学家米哈尔·卡莱茨基（Michal Kalecki）警告说，资本主义并不崇尚充分就业，因为那将弱化劳动准则，因此为了控制劳动力，他们经常希望创造一定程度的失业。在 20 世纪 80 年代早期，卡尔多和其他人目睹了这种情况的发生，用他的话来说：“过去几十年中，充分就业造成了劳动力和资本之间的不平衡，而‘新货币主义’的目的正是要改变这种状况。”[7]

人们似乎很难驳斥这种观点，尤其是在撒切尔政府反对工会的视角不受欢迎的背景下，更是如此。工会并没有抱有一种“赎罪”的决心，它们曾经让撒切尔夫人的前任蒙羞，因此撒切尔政府自然而然地希望拆散它们。即便如此，我们也必须强调，这种行为并不意味着新政府有意创造一个 50 年未见的失业规模。结果和起因不能混为一谈。所有的证据表明，白厅对这种状况也感到惊讶。正如吉尔莫（Gilmour）注意到的那样：“1980 年 2 月，撒切尔夫人发现很难批评卡拉汉政府统治时期失业人口翻倍的问题，因为她发现在此基础上，她的政府会将失业率提高 3 倍。”但是由于撒切尔政府将控制通货膨胀视为政府的首要目标，因此大量失业的出现不能够证明政府政策根本性的失败。[8]

像马克思主义一样，货币主义只能够提供给政策制定者们必要的经济事实，但是却使他们逐渐远离正在发生的事实。这使得政策依赖于货币主义的概念——货币供应量，这个概念很难界定，而且更难控制。一系列的指标——狭义货币供应量（M1）、广义货币供应量（M2）、公共部门借贷需求被引入和应用。像利率、汇率、财政政策这样的传统政策工具也依旧存在。在20世纪80年代中期，货币主义被悄然放弃。现实战胜了撒切尔夫人，她通过政府主导消费繁荣这一传统政策赢得选民的支持。理智地讲，相比于凯恩斯主义，货币主义并没有什么明显的进步。相反，实际上它简明的特点和教条化的属性，使货币主义更像是一种知识的回归，用吉尔莫的话讲，"撒切尔代表了马克思主义的唯物史观"，与其说这是一个新的开端，不如讲这是抓住以冗长、繁杂的纯粹意识形态，来解释和控制社会行为的最后一根稻草。

然而，我们不能够因此低估"撒切尔革命"对于经济的影响——尽管历史学家们经常这么做——相反通过撒切尔革命，我们能够重新评价在现代世界，国家的职能范围是哪些，哪些又是政府不该触碰的范畴。当"铁娘子"被问到她的政府改变了什么的时候，她回答道："每一件事情。"——这暗示了她无可比拟的雄心壮志。她陈述道："我们在方向上做出了根本的改变，我认为我们已经以一种有利的方式改变了个人和国家之间的关系。"[9]

实际上，由于两个原因，新自由主义巨大变化的言论具有误导性。首先，新自由主义是一种特有的独裁形式：国家在一些领域收缩权力，与此同时，扩大在另外一些领域的权力。在中央集权的过程中，一些地方权力被移交给白厅，政府在住房和教育领域的权力扩大，而在地方征税问题上国家做出了让步。警察力量和学校失去了自主权。另外，《官方保密法令》（Official Secrets Act）赋予了英国政治警察未知的权力。用莱维塔斯的话讲，即新右翼寻求竞争和服从的同时实现。英国经济的“私有化”是和其行政系统的“国有化”相适应的。[10]

也许最出乎意料的是，撒切尔政府从长远角度削减政府经济支出的努力遭到了失败。1977—1978 年，公共支出占政府国民生产总值（GDP）的 42.5%，这一数字在随后一年为 41.7%。这种削减的程度非常低。在同一时期的政府公共支出中，国家福利的比例几乎是固定的（1977—1978 年比例为 55.7%，1987—1988 年比例为 55.6%），占国民生产总值的比例也非常稳定（分别为 23.7% 和 23.2%）。并不像政府承诺的那样，税收占到国家收入的比例几乎没变。一份关于财政紧缩的研究表明：在国家福利方面，并没有发生所谓的保守主义革命。一份伦敦政治经济学院的调查总结道：“并没有证据能够证明发生了严重的衰退。”[11]

当然，更加细致的研究显示，一些重要的变化正在发生。尽管缩紧了对于福利资格的审核，但是大量失业使得政府在社会安全上的投入增多。住房领域的花销骤降，被冻结的公共住房计划滋生了一批新的流浪人口。城市的居民已经习惯目睹睡在门口和公园长凳上的人。另一方面，教育和健康方面的开支并不像民众想象的那样大幅下降。

毫无意外，这种状况并未受到充分关注：撒切尔政府并不愿意以保持国家高昂的开销为代价，宣扬政府的成就；她的竞争者们也不想。一部分人将削减视为众望所归的，另外一部分人则认为那是低劣的，但是每一方都愿意扩大自己的影响。那么为什么撒切尔革命失败了呢？除了惯性和政府不愿做出改变等原因外，最主要的是大部分民众支持国家提供基本服务。这个因素，结合着撒切尔独裁化趋势而产生的集权，意味着在撒切尔夫人执政时期，政府部门的整体力量得到了增强，而非弱化。但是如果发生在英国的这些都是真实的，那么新自由主义在欧洲大陆的影响如何呢？

持久的状态

撒切尔政府的实验最为集中地代表了西欧国家试图与战前的状态做一个告别的想法。与美国的里根总统任期一道，这个时期被认为是保守主义占优势的时期。如果说撒切尔政府的实验最终没达到预期，那么她对于欧洲其他国家政策的影响也是有限的，这一点不足为奇。像赫尔穆特·科尔（Helmut Kohl）这样的保守主义者，并没有表现出追随英国步伐的意图。在三个主要领域——劳资关系、私有化和国家福利问题上，英国的做法依旧是保守谱系中的极端。

英国和欧洲大陆其他国家之间有两点本质上的差异，这能够帮助我们解释之前的那种极端——用吉尔莫的话讲，英国是“西欧最右翼的国家”。第一个差异是关于历史记忆方面的：撒切尔政府拥护的这种有意的对抗性政治并不是一种巧合，只有很少经历过思想混乱和政治对抗的欧洲国家才能施行这样的政策。在其他地方，关于政治极化的记忆限制了政策的制定者们。对于那些经历了血腥冲突，且生活在当下分化社会环境中的人而言，社会凝聚力和政治团结才是最重要的。与英国首相相比，科尔和密特朗（Mitterrand）更加担忧以阶级对抗为代价的赌博。

第二个因素和第一个紧密相关——价值观和发展前景之间的差异导致撒切尔领导下的英国和欧洲的基督教民主党之间的差异，后者也许是以战后欧洲作为强大的政治力量。很难想象基督教民主党的政治家们会赞同撒切尔夫人的著名格言——“没有真正意义上的社会”。基督教民主党的政治家们可能会因为和教会之间的关系紧密程度而产生差异，很难找到他们政策中的宗教特殊性。即便这样，他们的核心信仰还是围绕着协调与和解这样的观念展开的——无论对象是个人还是群体。用一位学者的话讲，他们的目标是“恢复社会天然的、有机的和谐”，这个目标在战前遭到了民主和资本主义的一致敌视。1945 年之后，他们调节了同民主和资本主义之间各自的矛盾后，基督教民主党依旧对社会政策的重要性有一个清醒的认识，并且质疑新自由个人主义；像意大利和联邦德国这样的国家，观点上的差异将他们隔离于自由党和自由民主党之外。强调家庭和慈善组织的作用，认为它们是“社会资本主义”的关键一环。简而言之，他们和保守党之间的差异，一是天主教，二是被占领的记忆。[12]

更重要的是，他们对国家福利的支持不仅仅是他们的信仰和价值观的结果。在 20 世纪 50 年代，国家的扩张为他们提供了一条扩大权力和赞助范围的途径，使得他们能够获得新的选票。像意大利、比利时、奥地利和荷兰这样的国家，官僚主义促进了公共部门的增长。因此降低则意味着政党本身的弱化。当国家的记忆、政治权力和道德准则皆反对对于国有部门的激进抨击时，不出意外，撒切尔政府的实验看起来更像是集体主义的“自杀”，尤其是在西欧国家持续强调社会团结的背景之下。在一个国家角色并不激进的地方，缺少“征税抗议”的美国式路线将会阻碍政治家们获得选票。从这个角度来讲，20 世纪 80 年代又一次揭示了美国化在西欧的限制。[13]

在劳资关系方面，与英国相比，欧洲大陆的保守主义者坚持一条更加自愿的方式，他们和 20 世纪 70 年代之间的承继关系也更加密切。在那些施行严格的货币主义政策以对抗通货膨胀的地区，例如联邦德国，他们务实地采取了工资协商和工资谈判的传统模式。新社团主义结构性调整仍旧在进行。尽管车间工会的形式发生了根本性的变化，但是集体谈判的形式只在比利时和荷兰遭到了严重的威胁。1973 年之后，工人调整了他们的期望值，到处都在向着联邦德国的劳资关系模式靠拢，即工资不与物价挂钩，而和产量相关。[14]

私有化问题和劳资关系问题非常相似。金融调整、欧洲共同体的贸易自由化、降低政府高昂债务的必要、国家垄断的弱化都促进了新自由主义的产生，作为必然结果，这促进了技术变革，加剧了国家间的竞争。但是即便这样，欧洲国家也不倾向于像英国那样出售国有化大型企业；它们怀疑这将会加剧竞争，并且担心这会损害国家利益。在英吉利海峡对岸，国家主权超过了英国大臣杰弗里·豪（Geoffrey Howe）所谓的“消费主权”。除法国外，欧洲各国的去国有化进程依旧缓慢，受到国内股票市场的限制，大众资本依旧非常有限。[15]

很多人同情需要被削减的官僚，例如葡萄牙就在 1990 年宣布“为去官僚化设立一个国家纪念日”，而意大利在 1987 年出现的“保卫公民运动”就是为了反抗“对于官僚的小型迫害”。但是所有的这些运动并没有深入下去，也没有国家以英国那样的规模削减公共部门的聘用。英国政府狂热地将公共部门暴露在“管理革命”之下，这很快产生了过多的监督和审计机构，这与欧洲大陆的谨慎形成了鲜明的对比；同时产生的后果还包括“承包”的影响、半官方组织的崛起，以及随之而来的混乱的公共领域和私人领域的价值观。[16]

如果将 1973 年之后的事件以所谓的“保守主义革命”的观点定性，那么这像极了英国中心观，二者都有自欺欺人的嫌疑；但是困扰英国评论家的左翼政党的崩溃，或许可以用这种观点加以解释。

工党在英国失利之后，德国的社会民主党也在 1983 年下台。两次石油危机引发了一个悲观预测的潮流：艾瑞克·霍布斯鲍姆警告道，“共产党的前进”已经停止。达伦多夫预计，“社会民主党时代即将终结”。马克思主义者、自由主义者和保守主义者都认为，社会民主的终点已经到来。评论家警告道，在 20 世纪 70 年代到 80 年代，整个政治谱系已经右倾。但是即便这些都是真的，就真的意味着左翼政党在衰退吗？

左翼在衰退？

像以往一样，这很大程度上是一个视角问题。左翼政党在西北欧遭遇困境，但是在北欧国家找到了自己的位置，甚至在南欧实现了繁荣：密特朗、克拉克西（Craxi）、冈萨雷斯（Gonzáles）和帕潘德里欧（Papandreou）都在 20 世纪 80 年代掌握了政权。在 20 世纪 90 年代初，16 个欧洲民主党中的 11 个掌握了政权，这个比例超过了 1945 年以来的任何一个时期。总之，社会民主党在选举中并没有衰落；而需要回答的问题是“社会民主党在大选中惊人的稳定性”。[17]

回顾过去，20 世纪 80 年代的社会民主“危机”反映了其他因素。选民们希望惩罚 20 世纪 70 年代末期的执政党：科尔和撒切尔获益于自己是右翼政党，但是左翼的密特朗和帕潘德里欧也同样因此受益。第二点是政策环境已经发生变化，他们已经不像之前那样，支持传统凯恩斯主义倡导的国家引领经济复兴计划的策略：尽管密特朗和帕潘德里欧都曾经试过施行凯恩斯主义的策略，但是最终他们不得不退回到“紧缩政策”中。因此社会主义者和社会民主党不得不寻找新的方法，来实现他们传统的社会平等和工人权利等目标；

对于很多人而言，这背离了他们的初衷。因此，一些人提出 20 世纪 80 年代政府中的左翼代表并不真正地追求社会主义。尽管密特朗曾经施行了一个国家领导的“没有工人的社会主义”计划，而在西班牙和希腊，左翼政党获胜是因为在独裁统治和内战结束后，他们提出了一个全方位的社会改造和民族和解的愿景。在这三个国家中，左翼政党采取了国家目标，并且避免被贴上工人运动的标签。但是这不仅仅是他们特殊政治历史的反映，还因为工人作为一个社会阶级已经消失了。在西欧范围内，旧式的、有组织的工人阶级，已经跟随农民阶级的脚步消失在历史中。这就是危机的爆发点。

1973 年之后，西欧范围内政治“革命”的证据是零散的，关于西欧发生的社会和经济革命的规模并没有太大的争议。这些变化中最为明显的是去工业化现象和有组织的工人力量的衰弱。在撒切尔政府执政的前三年，去工业化和英国制造业的大萧条占据了英国报纸的头条，这一时期造成了 100 万个制造业工作岗位的消失。在很大程度上，这种萎缩是经济管理失当的必然结果，尤其是过高的汇率。然而，在一段很长的时期内，工业领域的重要性正在持续下降。

从 20 世纪 60 年代末开始，西欧纯粹的工业劳动力规模开始下降。1960—1985 年，英国的工业劳动人口占劳动总人口的比例从 47.7% 降到 32.3%；在法国，这一比例从 47% 降到 41%；在荷兰，这一比例从 40% 降到 26.5%。10 年之后南欧也开始了这种趋势，例如，1980—1985 年，西班牙工业劳动人口占劳动总人口的比例从 36.1% 下降到 31.8%。工业产出在国内生产总值中的比重也在下降；而这一时期，欧洲的工业产出占世界工业产出的比例也在降低；这意味着欧洲国家在和世界国家的竞争中遇到了困难，尤其是面对新兴的亚洲国家。

欧洲很多工业中心开始萎缩：煤炭业和纺织业首当其冲，然后是造船业、钢铁业和汽车产业。不出意外，社会理论家们开始提出“后工业时代”社会的出现，有的时候他们甚至忽视了工业和制造业继续扮演的重要角色。此时，一些传统的重工业面临着重组，而诸如电力部门和制药产业则实现了繁荣。工业增加值的下降远低于就业率的下降。长期的经济福利继续依赖于训练、研究和发展这些方面投入的规模。然而，工业的整体下降对社会产生了冲击。[18]

首先，它激进地改变了工会力量的本质，将工人阶级激进主义的中心——矿井、码头和铁路，转移到了白领、技术人员的工会中，尤其是公共部门工会。工会的比例在一些国家下降，例如英国和荷兰；但并不是绝对的，例如在瑞典、丹麦、挪威和比利时，工会协商工资的形式还在继续。

大量失业降低了罢工的有效性。在 20 世纪 80 年代，只有零星发生的大规模罢工，他们达到的最好结果就是获得不明确的答复，最糟糕的结果就是失败。在波兰的团结工会运动出现之后，都灵于 1980 年出现了菲亚特的工人罢工事件，但是西欧的罢工运动局限十分明显：同团结工会不同，菲亚特的工人发现由于内部的分化，他们的普遍性遭到了限制，并且他们是为了自己的利益而斗争，而非为了国家的利益。菲亚特的管理者们成功地上演了一场反示威游行，失望的工人们不得不重新返回工作岗位。一个人惊叹道：“你看到波兰工人取得的成就了吗，难道仅仅是因为他们获得了全部工人的支持？我们知道我们在意大利，像在意大利这样的国家，我们永远不会得到支持，不会得到工人们物质和精神上的全方位参与；即便在工人阶级内部，也有着利益冲突。”[19] 因此从 20 世纪 70 年代中期开始，他们的所得份额逐渐下降，大多数工会的领导人认为这是不可逆转的。他们的影响力现在不仅仅依赖于他们的行动，还依赖于雇佣者和政府接受他们作为合作伙伴的意愿。

这种趋势和劳动模式的变化，以及劳动意义的变化紧密相关。大型企业长期雇用男性劳动力的承诺，已经逐渐被小公司的短期合同、雇用越来越多的女性雇员模式取代。“弹性化”和兼职工作的兴起，以及不规范的“黑色经济”的增长，一起摧毁着传统的蓝领贵族，这使一些评论家哀叹工人阶级的过时。布莱克威尔（Blackwell）和锡布鲁克（Seabrook）在他们 1996 年关于工作实践的研究中问道：“工人阶级真正存在过吗？”欧洲的政治再也不能像一个世纪之前那样，以英雄为中心，他们再也不是革命的先锋。像“五一国际劳动劳动节”那样集体性的工人阶级仪式逐渐消失。一份研究调查显示，瑞典五一国际劳动节肩章的销售数据从 20 世纪 60 年代开始，一直到 20 世纪 80 年代早期呈现上升的趋势，随后急剧下降。其他地方的下降趋势甚至开始得更早。[20]

工作本身在人们的生活中也呈现出不同的意义。像我们看到的那样，无论是共产主义还是法西斯主义，无论是作为权利还是义务，工作都占据着核心的位置，在他们眼中，工作的地位甚至高于自由民主。他们认为工作是对于无用的一种救赎，是进入社区的入场券，人们甚至想出了一个拙劣的创意，他们跑到奥斯维辛集中营的入口处高呼他们“劳动带来自由”的口号。战后的自由民主需要应对来自自身的挑战，他们在战后需要施行保障工作权利、承诺保障人权、实现充分就业等政策。

突然间人们都失业了。充分就业已经没有意义，就像戈兰·瑟伯恩（Goran Therborn）所说的那样，它是“资本主义历史上一次奇怪的经历”。[21] 大量的失业和增加社会安全领域的预算意味着工作和收入之间并不直接相关。例如在英国，工作收入占家庭收入的比重从 20 世纪 70 年代中期的 80%，下降到 1982 年的 73%。[22]

高等教育的普及、提早退休的压力，以及平均寿命和带薪假期的延长，这些因素交织在一起，意味着人们生活中的大部分时间处于带薪工作的状态之外。社会学家观察到，随着人们在工作之外寻找满足感和成就感，职业道德在逐渐减弱，他们试图节约在工作中的精力，将其投入空闲时间中。民意调查显示，在 1983 年只有 33% 的德国人视工作高于娱乐，到了 1979 年这一数字上升到 48%。德国的报纸因此警告“我们不是虚度年华的人”，这个标题也成了《图片报》（*Bild Zeitung*）的头版头条。这种态度反映了当时的现实，即人们平均花在工作上的时间和工作外的时间基本相等。但是调查也同时显示了快速的经济变化和根深蒂固的职业道德传统之间的差异，这关乎以懒惰、安逸为代表的职业道德缺失。[23]

20 世纪 70 年代中期出现了大量的失业人口，并且在接下来的 10 年中成为一个主要的社会问题，尽管这一时期经济在不断恢复，公共部门也创造了一定的工作机会。到 20 世纪 90 年代早期，欧洲的平均失业率为 11% ~ 12%，涉及 1 800 万人。这一数字在 20 年前是不可想象的，但是却没有发生严重的骚乱。情况和 20 世纪 30 年代不同，没有发生对于政治秩序的根本性挑战。这需要归功于国家福利的弹性，尤其是在战后经济繁荣结束之后。

损失

和 20 年前相比，人们开始逐渐接受高度的贫穷和不平等。在 20 世纪 80 年代末期，欧盟有 4 500 万人生活在贫穷状态下，占到欧盟总人口的 14%，这一比例在 1993 年达到了 17%，这个状况和美国的情况相似，但是和奉行平等主义的亚洲“虎体经济”形成了强烈的反差。在英国，由于货币主义和对富人施行税收优惠，贫困人口的上升非常明显——撒切尔夫人曾经呼吁英国人“在不平等中获得荣耀”，这改变了半个世纪以来的趋势。吉尔莫尖锐地批判道，“涓滴”* 政策实际上导致了“向上流动的趋势”。英国关于收入分配的顶尖专家直截了当地宣称“20 世纪 80 年代见证了背离历史的趋势，尤其是不平等状况的背离”。到了 20 世纪 90 年代，英国已经成为西方世界中最为不平等的国家，大约有 1 400 万人生活在贫困当中，包括超过 400 万的儿童。但欧洲其他国家也在朝着这一方向迈进。[24]

与过去不同，人们的贫困再也不能够归咎于他们的不幸。对于社会工程信心的降低，自然而然地导致了很多以个人主义和道德为出发点的贫困解释的出现。在战时经济衰退时期，保守的优生学家一直在探讨“社会问题群体”，现在这一概念又以“底层阶级”的全新身份重新示人。作为这一领域的主要研究者，美国学者查尔斯·默里（Charles Murray）谈道，底层阶级并不是针对社会阶层而言，而是指社会中的贫困群体。作为社会中一个穷困潦倒的群体，单身母亲的失业会受到法律的指控，并被视为骗取国家的福利。即使在得到他人的慷慨帮助后，也只能获得薪酬很低的工作。这些指控只是在为削减儿童津贴、补助金和工作福利进行合理性辩护。另一个“新贫困”的群体是老年人，首先在英国，后来在其他地方，都相继出现了国家养老金实际价值下降的情况。对于那些真正需要

---

* 涓滴（trickle down），又称渗漏效应，滴滴效应，指在经济发展过程中并不给予贫困阶层、弱势群体或贫困地区特别的优待，而是由优先发展起来的群体或地区通过消费、就业等方面惠及贫困阶层或地区，带动其发展和富裕，或认为政府财政津贴可经过大企业再陆续流入小企业和消费者之手，从而更好地促进经济增长的理论。——译者注

福利的人来说，福利安全系统已经陈旧，已不能有针对性地向民众提供足够多的利益。

贫穷有着特定的地理分布，诸如克莱德、英国东北部和鲁尔这些老工业中心的地位下降，工作和人口都倾向于转向郊区和其他地区。例如 20 世纪 80 年代的德国，出现了“南北差距”，人们开始向南部移动。贫穷的意大利南部地区和富裕的威尼托地区和艾米利亚地区形成鲜明的对比，南部居民的保护主义集中表现在选举中对于自治联盟的支持。那些经济落后地区的人发现自己处于失业的困境之中。人们开始讨论“旧城区”，这一地区是社会矛盾和贫穷集中的地带。在城市中，随着工作的人口放弃了他们的公共房产，居住模式也随之发生了变化：20 世纪 90 年代，公共住房中挤满了穷人，而在 10 年前情况远非如此。无家可归的人口数量也在上升，截至 20 世纪 90 年代初，欧盟内部这一数量已经达到了惊人的 300 万人。

随着工作人口和失业人口之间差距的拉大，贫困问题逐渐增多，西欧范围内的犯罪人口也呈现上升的趋势——尽管分布并不均匀，但是却持续上升。根据马克思主义理论，西方监狱是明确劳动准则，维持社会秩序的一种工具，并且以此来观察社会困境和通过强征政策恢复法律秩序行为之间的联系。像以往一样，穷人很容易被投入监狱，白领偷盗、腐败和欺诈等行为并不经常被视为“真正”的犯罪，尽管这些行为攫取了大量的财富——仅欧盟补贴一项就有 60 亿英镑。实际上，利用权力的经济犯罪也是警务工作的边缘范畴。

就目前讨论的犯罪而言，有两种可能性：要么是统计数字不可靠，要么是确实存在着不断上升的犯罪率。各方都承认犯罪数字的不可靠，但是几乎没有人相信统计数字足以解释犯罪率的上升。是人们的行为真的比过去糟糕？还是犯罪的定义发生了改变，使得更多的行为被定性为犯罪？保守主义者倾向于前者，而激进主义者倾向于后者。

实际上，这两种理论并不是不能协调。尽管我们很难证明道德滑坡，但是却有证据表明一些行为被新定义为犯罪。例如，无家可归、侵占、和平抗议和流浪。但是当涉及药物的时候，社会政策又非常混乱，例如持有大麻就是犯罪，但是持有酒精和烟草就不构成犯罪。对于经济因素的激进批判是合理的，尽管这些因素并不像我们想象的那样机械。失业率的上升成为犯罪率上升的部分原因，而且主要在于二次定罪率，即失业的人发现他们很难交齐罚款。

与此同时，消费社会滋生了犯罪的诱惑。同样产生诱惑的还有国家福利：政府专门进行宣传活动，抵制福利欺诈行为，他们试图重申纳税人的钱并没有被挥霍，并且呼吁社会通报存在的欺诈行为。总体上讲，一些人提出，现代生活方式疏远了人和人之间的关系，这使得人们用怀疑的眼光去看待彼此，并且依靠法律去解决争端——而以前这种争端都是人们私下解决的。尽管这种观点可能是正确的，但是依旧很难说，这种基于长时段的解释，是否能够有效证明近期内出现的犯罪率上升现象。

比较西欧各国的状况，也找不到犯罪率和监禁率之间有明显的关系。欧洲的监禁人口比例远远低于苏联，西欧的比例也低于东欧，尽管监禁率在逐渐上升。但是总体而言，监禁人口的数量处于上升的趋势：1979—1993 年，荷兰每 10 万人中的监禁人数从 23 人上升到 52 人；在挪威这一数字从 44 人上升到 62 人，在西班牙从 37 人上升到 117 人。英国的监禁率在西欧是最高的，在保守党政府延续的严厉政策下，这一比例持续上升。挪威的尼尔·克里斯蒂（Nils Christie）目睹了欧洲正在迈向“西方模式的古拉格”，他同时警告说，用美国式的犯罪管理方式来解决这样的问题是极其危险的。随着监狱人满为患，监狱出现了电子监控和其他的监控手段。[25]

20 世纪 80 年代的新保守主义思潮在荷兰体现得尤为明显，这个国家在传统上不倾向于拘禁犯人。这种倾向由经历过战争时期的那代法官倡导，他们自身的占领经历使得他们厌恶监禁这种方式。在这批法官退休时，社会工程和社会改良主义遭到了质疑。1994 年 3 月，据司法部一位官方发言人观察，“惩罚重新被‘允许’，刑事惩罚的合法性不再寻求其再社会化 * 的影响，而是再一次寻求惩戒的影响”。20 世纪 90 年代初，保守主义的潮流甚至蔓延到了瑞典，1991 年瑞典大选的权利斗争集中反映在这句口号上：“将犯人们锁起来，这样我们才能出去。”[26]

这不可避免地涉及种族领域：在 20 世纪 80 年代，外国人和少数民族犯人的比例呈现惊人的上升趋势。截至 1987 年，这些人已经占到了法国和比利时犯人总数的 1/3，在瑞士甚至超过了这一比例。而这种比例在西班牙和葡萄牙的上涨更是惊人。很多人是因为触犯了移民法，在比利时 1/3 的被扣押在监狱中的犯人“是因为行政的原因，这是社会保障的一种方式”。[27]

一些情况下，这种监禁率的上升反映了一些少数民族群体的状况——能够反映一些群体吸毒和失业的状况；同时还能够反映警察群体普遍的种族歧视。尽管关于这种状况的原因还充满争议，但是毫无疑问，少数民族团体遭到了和他们人数不成比例的失业和监禁的折磨。例如在英国，20 世纪 90 年代初伦敦年轻黑人的失业率达

---

* 再社会化，即用补偿教育或强制方式对个人实行与其原有的社会化过程不同的再教化过程。在某种情况下，青少年和成人通过再社会化，有意忘掉旧的价值观和行为模式，重新塑造出新的价值观和行为模式，是生命中具有转折意义的阶段。——译者注。

到了惊人的51%，少数民族的失业率达到了37%。相比于其他的统计数据，这些数据更加能够证明种族歧视现象的存在，以及根植于西欧社会的观念，即人们并不愿意承认少数民族享有完整的公民权利（也包括对于妇女的歧视）。

随着失业率的上升，欧洲国家修改了之前欢迎移民的政策。在很多国家，20世纪70年代标志着大量移民时期的结束，以及限制移民时期的开端。法国国家移民局（1946年建立）更名为国际移民局并且鼓励遣返。然而，少数民族团体的数量不会减少，同时鼓励遣返的政策也收效甚微。在联邦德国，无论是赫尔穆特·施密特的"整顿政策"，还是科尔的"遣返政策"都没有有效地减少人口：1.7万人接受了科尔的提议，但是他执政的前10年却增加了200万移民。[28]

1989年之后，民主德国移民大量涌入的恐惧出现了。其中有人预测上百万之前共产主义阵营的贫穷工人将会涌入西方的黄金土地，因此西方国家加强了移民控制和庇护法。移民问题和难民问题混杂在一起，因此他们经常怀疑难民申请者的善意，难民被西方的媒体描述成为博取慷慨的骗子。

这种担心并不是没有依据的：向西方寻求庇护的人数从1983年的65 400人上升到1991年的544 000人，随着波黑战争的爆发，这一数字进一步上升；德国自身就接纳了80%的难民。一旦被授予政治庇护，难民们就能够获得福利和权利。然而，富裕的西欧国家只接受了很小一部分国际难民，大多数难民被安置在全球其他较为贫穷的地方——亚洲安置了650万人，非洲安置了400万人。相比于瑞典和联邦德国这样相对慷慨的西欧国家，伊朗和巴基斯坦这样的国家接收了更多的难民，更不用说吝啬的英国。

作为一个无效的威慑，西欧国家故意使收容的难民状况变得毫无吸引力。他们被安置在集中营、拘留中心、旧兵营和海边生锈的船只中。在一些情况下，获得福利救助和救济金的权利被削弱。与此同时，他们被各种工作拒之门外。不出意外，这些状况将他们推向了黑色经济，以及其他形式的不合法经济形式中。拒绝政治庇护的人数上升，但是大多数人还是在申请。到了 20 世纪 90 年代初，西欧大约有 300 万非法外国移民。有时候赦免是解决他们困境的唯一方法；另外一种是遣返，意大利、希腊和法国遣返了数以万计的非法劳工和居民。而受影响最严重的群体是那些经历了国籍法变迁的居民，他们不得不和自己的孩子分开，被遣返回国。

对难民和移民持续增长的关注，是和居住在西欧的少数民族每天忍受的种族仇恨相关的。不同少数民族的境况也存在着差异，因为他们面临着极高的失业率，相比于白人，他们更倾向于接受高等教育。但是这种趋势，和其他有利的社会趋势一道，也无法阻止持续不断的种族主义。

即使是在种族管理立法最为完善的英国，种族骚扰也成为一个严重的、不断上升的问题，在中小城市更是如此。一位成长在哈洛的年轻黑人说道："那是一个种族主义者汇集的地方，尽管找我们麻烦的白人占少数，但是当他们那么做的时候，其他白人并不会阻止他们……从 1991 年开始我就没有去过城镇中心。我们实际上是犯人。"处于困境的少数民族不得不像以往那样做出选择：抑或依靠警察力量的保护，而警察团队本身就充满了种族主义；抑或选择自卫。这使得自杀率非常高。一个 16 岁的孩子说道："10 年来我饱受欺负，有时候我甚至想要自杀。"[29]

在英国之外，种族主义的程度更高，并且限制更少。英国儿童书籍的出版商们发现了展示海外非白人儿童贩卖贸易的插图。而像往常一样，他们修改了这些插图。一位法国出版商说道："英国书籍困扰我的地方，是他们能够出版展示不同文化背景的儿童书籍。我们拥有不同的种族，但是人们并不想购买展示少数民族儿童生活的书籍。"法国出版商们同化的理想，意味着消极看待民族多样性，一些民族特性应该消失；人们并不愿意公开他们移民的过去；另外一些人认为，如果没有移民，20 世纪 90 年代法国的总人口将减少 20%。[30]

在中欧，关于种族问题的旧式态度趋于表面化。1982 年，联邦德国 16 所大学的教授签署了一份宣言，他们要求驱逐所有的移民工人，来保护"欧洲西部基督教的价值观"。各国都缺乏有效的法律规定种族歧视违法，这使得很多出租公寓的广告上写着"只限欧洲人"。在排外的瑞士，到处都在攻击国家的"过度外国化"。总体而言，1984—1990 年的西欧议会见证了不断增长的种族袭击事件。[31]

当然，这种趋势和国家政治中种族和移民问题的新特点紧密相关。20 世纪 80 年代，右翼政党公然地实现了种族主义的复兴，这在 50 年来还是第一次。在法国，关系到移民、失业和犯罪的民族阵线在 20 世纪 80 年代中期逐渐成为一股民族主义势力；其领袖勒庞（Le Pen）在 1988 年的总统选举中获得了 14% 的选票。在联邦德国，1983 年成立的共和党和民族阵线的背景与宗旨相似，也在 1992 年的大选中赢得了 11% 的选票。在德国统一后，具有暴力倾向的新纳粹主义占据了东西方的报纸头条，他们对于寻求庇护者的歧视遭到大量的批评。在奥地利，约克 · 海德尔领导下的自由党在移民问题爆发后崛起。它在 1992 年的反移民请愿活动中失败，但是赢得了

41.7 万人的签名支持。奥地利自由党在首都维也纳的标语就是“不能让维也纳成为下一个芝加哥”，这反映出关于种族问题，欧洲国家在半个世纪内的变化是多么小。

与这种情况产生共鸣的是休战期的法西斯主义，记者们围绕在新纳粹主义分子周围，就像蜜蜂和花蜜一样。但是历史不会重演，而且这些团体的人必须和关于他们前辈的记忆相斗争。很明显他们没有未来，他们只能被锁在过去的枷锁中。反移民的言论使得他们赢得了政党的支持，但是政党同时限制他们，右翼的出现引起了像种族主义急救和教堂庇护所运动这类组织的强烈反对。种族主义此时在欧洲依旧是一个流行的观点，但是反种族主义的呼声也在提高，移民的权利在国内法庭可以得到保护。国际人权法案可以用来修改各国的限制，就像 1985 年奥地利的《外国人警察法》(Foreigners Police Law)被宣布违宪一样，因为它违背了欧洲国家关于人权的公约。

真正的问题并不在于右翼，而在于战后的保守主义。在法国，右翼戴高乐主义的弱点被密特朗充分利用，这也为民族阵线提供了机会。在保守党势力强大的地区，激进的反移民政党发现这一进程很难取得进展。但是在保守党势力薄弱的地区，情况也非常接近。例如，在维也纳，奥地利人民党（OVP）打出了“维也纳是维也纳人民的维也纳”的标语，它所面临的境遇和自由党相似。在英国，马约尔政府言简意赅地表示了自己的反移民立场：“我们不能广泛开放移民，因为罗马、巴黎和伦敦比孟买和阿尔及尔更有吸引力。”马约尔在 1991 年保守党会议上如是说。戴高乐主义者希拉克设想道“一个拥有丈夫、三四个妻子和 20 个左右孩子的家庭，这样的家庭并不太拥挤，在没有工作的情况下，他们每年从社会保障金中获得

5万法郎的资助”，从这一点来讲，这也是勒庞和海德尔能够成为右翼主流的基础。[32]

而公民身份则成为移民争论的核心问题。与此同时，获得公民身份愈发困难，一些国家放宽了公民身份的审核标准，以缓解由此带来的社会矛盾。福利国家的上升和军事化国家的下降，意味着公民身份需要从消费和福利的角度理解，而非政治权利（选举）和义务（保卫国家）。这也是右翼政党利用移民问题作为切入点延伸其他方面的主张——失业、纳税平等和工作不稳定。这也是为什么一些评论家提出在西方社会需要一个“战后国家的成员模式”。毕竟，一些外国人已经具备了一些公民传统的标志。例如，缴纳税金和国家保险，或者拥有特定的福利。从这个角度讲，他们已经是公民，即便他们没有选举权，也无法进入公共部门。[33]

总体而言，欧洲人对于少数民族的态度愈发明显。欧洲不是一个美国式的“熔炉”（随后美国也改变了这个特性），而同化作为一种目标，则迎来了自己的时代；战后的移民社区逐渐固定下来，但是在文化上他们依旧和当地人有区别，并且在特定的情况下被视为“外国人”。在很多国家，他们依旧不能获得完整的公民权利，甚至在英国，通过非正式的方式，他们被推向社会边缘。在法国，国家的同化政策允许存在一定程度的文化和宗教差异，这一点好于希腊和德国，法国不仅排斥民族主义，而且倾向于接受差异。因为历史、民族、经济等方面的原因，驱逐这种方式已经淡出了主流观点的视线，然而，包括文化差异性在内的新型市民身份不太可能在大多数欧洲国家出现，在这些地区，民族的不安定依旧存在，宗教依旧是决定归属的一个有力标记物，多种族共存是一个在当代才出现的新现象。英国社会的经历启示我们，即便在民族国家的背景下，也有可能实现社会的进化。但是当时英国的民族主义本身就是一个混合产物，它也不再痴迷于净化民族主义。

可以确定的一点是，先进欧洲国家为了稳定目前局势施行的双轨政策——“同化”和限制移民的做法，将注定失败。正是因为政治家们宣布，他们抵制社会多元文化的进程，社会才会朝着这个方向发展。欧洲的资本主义依旧需要廉价的劳动力，尤其是这个老龄化的富裕社会需要吸收年轻的、贫穷的劳动力来为其生产、缴税，进而保障其养老金。地理状况决定了欧洲无法单纯依靠警察守卫，尤其是其松散的南部和东部边界，同时人口走私成为一种大型产业，预计每年有 30 万 ~ 50 万的人口非法进入这一地区。在最近几年（指本书写作时的 20 世纪 90 年代），很多潜在的非法移民在爱琴海溺水而亡，或者冻死在国际航线的货舱内，抑或在大西洋上被乌克兰的士兵们扔下船。这些事情都无法引起人们的关注，但是它们暗示着这种非法移民的规模。全球政治稳定和财富之间的悬殊差异，将会继续促使人们进入欧洲，无论欧洲各国政府希望与否。

个人主义的胜利？

在 20 世纪 80 年代中期，意大利社会学家詹尼·德·米凯利斯（Gianni de Michelis）回顾 1968 年，将其视为“‘上帝的黄昏’，是意大利历史上最后一个集体化运动和关于新时代梦想的终结”。与阶级斗争逐渐衰落同时发生的是凯恩斯主义的危机，以及对于社会计划的乐观。1973 年《美国规划师协会杂志》（*Journal of the American Institute of Planners*）出现了题为“大型社会规划挽歌”（Requiem for large-scale planning models）的文章，相比于城市管理，这意味着一个更宽泛的社会现象。以小为美成为新的准则。从 20 世纪 70 年代中期开始，集体化政治组织的时代已经被更加分散的政治形式取代。《永别了，无产阶级》（*Adieu au proletariat*）曾经是法国知识分子的阵地，但是一些更有抱负的知识分子开始表示他们对于更宏大事物的失望之情。对于之前的左翼分子让-弗朗索瓦·利奥塔（Jean-Francois Lyotard）而言，20 世纪 70 年代不仅仅意味着“现代性”的终结。[34]

以货物积累为基础的社会进步使一个集体化计划的观念已经失去了魅力。经济增长和物质繁荣不再是不可挑战的概念。《增长的限制》（*The Limits to Growth*）卖出了 1 000 万份，标志着新的环保意识的形成。瑟伯恩观察到人们的心境在 30 余年间的剧烈变化，在 1958 年的布鲁塞尔世博会，人们对于科学有着前瞻性的信心；但是到了 1992 年的塞维利亚（Seville）世博会，人们的主流观念则体现为怀旧。对欧元前景感到乐观的情绪，应该从 500 年前新世界的发现中找到根源。而在 20 世纪 90 年代，我们仍然需要从过去挖掘唯一的新世界。[35]

科技也失去了魅力，人们更倾向于将其视为污染、身体不适甚至是死亡之源，而非将人们从枯燥乏味的工作中解救出来的方式。社会学家谈论了新的“风险社会”，这个观点认为人类个体受到了未加控制和限制的信息压倒性的威胁。而政治家们则痛斥了“对于生活、技术和未来的恐惧”导致了“文化悲观主义”，在联邦德国，将技术视为一件幸事的人数比例从 1966 年的 72% 下降到 1981 年的 30%。[36]

在这种不满背后是日常生活的现实。撒切尔夫人提出的宏大汽车经济愈发缺乏吸引力，因为交通拥堵的时间越来越长，呼吸道疾病的发病率也不断攀升。德国汽车工业协会主席在 1974 年曾经谈道“汽车是实现自由的一种方式”；但是不到 10 年的时间，西方的广告者就说“人们的驾驶速度越来越慢，是因为他们能够更快地到达目的地；在不需要马力的情况下，他们也能够展现自己的个性，他们在节能的同时获得了力量”。实际上，在 1975—1994 年，步行和骑车的人的比例在 20% ~ 30% 之间，而一半以上的人口选择汽车这种交通方式；人们的不安全感不断上升，同时也将公共空间变为停车场和赛车跑道。[37]

生态运动是表达这种不满的自然方式。由石油危机激起的生态运动，在 20 世纪 80 年代获得了繁荣，其核心争论围绕着巡航导弹和核力量展开。在联邦德国，新绿党（Green Party）继承了反物质主义的传统，同时关注新出现的“森林死亡”现象，逐渐成为联邦议院中一个力量不容忽视的小党，通过环境问题来扩大自己的影响力。在其他地区，环境运动更多地通过组织运动的方式展开，而非通过政党，出现了绿色和平（Green Peace）与国际生存（Survival International）这样的组织。这种以单一问题为核心的组织，需要依靠大量的成员，这使它们成为将问题诉诸公众视野的重要工具。

总体而言，政治活动逐渐围绕着“身份”问题，而非像过去那样围绕着阶级展开。在 20 世纪 70 年代，“身份”概念从社会心理学的方面引入，应用于被社会、国家和群体抛弃的人群。到了 20 世纪 80 年代，关于“国家”“文化”“性别”身份的争论并没有减弱的迹象。杰出的社会理论家安东尼·吉登斯（Anthony Giddens）谈论了他称为“生活政治”（life politics）的出现，这个概念涉及生物、情感和被“压抑”的存在主义等传统方面的政治概念，这些概念中“个体和身份成为不同的新生活方式的节点”。[38]

我们已经讨论了工人阶级的进步，而其他的社会阶层也在进步。首先，也是最重要的，是妇女运动获得了实实在在的成果。在经济危机时期，女性面临着大量失业，贫困化和不断拉大的工酬降低了女性在劳动市场中的地位。“女性晋升的无形障碍”很难被打破，因为专业领域、工业领域和行政领域的精英阶层依旧被男性把持。但是观念在缓慢变化，1983 年科尔通过谈论“我们可爱的女性是德国的一种自然资源”来吸引女性选民的支持。[39]

然而，对于性别角色的反思早在 20 世纪 60 年代就已经开始了，并且在 20 世纪 70 年代和 80 年代实现了立法影响，尤其是在天主教和东正教国家。离婚自由化，丈夫和妻子在法律上平等的观点再一次被重申。1977 年的联邦德国婚姻法废除了妻子工作必须得到丈夫许可的规定。20 世纪 80 年代希腊的民事婚姻合法化，而西班牙和葡萄牙在结束独裁统治之后，女性也获得了新的权利。同性恋运动在 20 世纪 70 年代也获得了动力，尽管欧洲各国对于同性恋的憎恶感根深蒂固，而且这种憎恶在 20 世纪 80 年代艾滋病危机中逐渐表面化，但公众态度和国家政策都发生了变化。之前被定性为犯罪和需要借助医疗手段处理的“异常”性行为逐渐被视为不符合时代要求的。在大多数国家，同性恋人口的年龄要大于异性恋人口的平均年龄。

这些显著的变化使得一些评论家开始预测家庭的萎缩。这个根本性社会制度的意义和吸引力都发生了改变。婚姻本身成为一种选择，而非一种义务。伴侣之间要求性快感、爱和情感，他们需要接受仔细的身体检查，接受专家的建议，并且为那些不能到现场的人提供热线服务。而婚姻也在逐渐失去普遍性，离婚率迅速上升。“姘居”变成了同居，到了 1981 年，甚至是像《现代礼仪和礼貌》

（*Etiquette and Modern Manners*）这样的杂志，都认为为上层社会的女主人处理“同居情人”问题提出建议是非常必要的。20 世纪 90 年代初，在西北欧很难确定和孩子们一起生活的是否是他们的生身父母。南欧和天主教国家的变化则较为缓慢，但即便在这些地区，同居和离婚也变得非常普遍。1970—1990 年，联邦德国、葡萄牙、希腊和奥地利的未婚生子率增加了一倍，而在英国、瑞典、挪威、荷兰和法国这一数字则翻了三番。[40]

医药技术的引入进一步挑战着传统道德。生殖医学现在可以令单身女性和不孕不育的夫妇有机会繁衍后代。避孕技术越来越普遍，而堕胎在大多数欧洲国家合法化，在人们有需求的状况下即可实现。精子银行和冷冻卵子将医生和社会推向道德上的两难境地。繁衍后代依旧是大部分婚姻的主要目的，但是这个目的现在可以通过越来越个性化的方式实现，父母们可以对生育进行时间和数量的安排。

从这一点上讲，性秩序的责任已经从公众视角转变为私人问题，而且成为消费的另一个方面。与此同时，国家的角色也在扩大——通过它对于法律权力的解释，以及在健康、教育和福利服务上的规定得以实现。所以关于性和生殖的公共争论并没有减少。与之前相比，尤其是和休战期相比，这些问题越来越多地从种族和个人选择入手，而非集体化的政治军事需要和纯洁的种族国家角度入手。但是，这些问题却未达成一致的共同基础，这使得这些争论愈发不确定。而令人惊讶的是，战前大面积的人口下降现象并没有出现，尽管人口出生率的下降和休战期非常相似。

“身份政治”也为日益猖獗的消费文化提供了一个不同的基础。“新殖民地还是萨维尔街？”《卫报》（*Guardian*）时装专栏在 1987 年向它的男性读者提出这个问题。无论是流行还是时尚，都无法替代主流的文化范式。20世纪50年代和60年代的“青少年文化”已死，一份时尚杂志在1986年兴奋地宣布：“青少年文化”已经融入另外一种令人兴奋的另类风格。同时，文化更加普及了。摇滚乐和流行音乐偶尔反对政治，但是朋克的无政府主义更加可疑，它造就了像马尔科姆·麦克拉伦（Malcolm McLaren）这类艺术学院风格的企业家：朋克政治更喜欢《发条橙》*，而非“性手枪”**。“上层”和“下层”文化之间的差异越来越模糊，这种状况是之前知识分子精英阶层的自信和道德上的优越感的产物。[41]

20世纪末的资本主义将图像、服务和事件视为即刻废止的利润来源，而非像过去的商品那样具有持久性。因此娱乐和文化在过去30年中实现了商业化：例如在英国，体育赞助从1970年的250万英镑飙升到1986年的1.28亿英镑；在艺术领域，从1976年的50万英镑上升到1986年的2 500万英镑。[42]时间和空间被洗劫、压缩和包围。“世界音乐”和“民族服装”展示了一个全球化的行业正在掠夺过去的影响力，以及对于未来的影响。由于经济和社会的宏大理论不再像以往那样重要，那么是否应该在1974年建立亨利预测中心（Henley Centre for Forecasting）来指导未来的商业？专业的市场分析填补了社会科学信心崩溃而留下的真空地带。

根据一些评论家的观点，西方消费资本主义的整体模式，要求人们必须生活在绚烂的和平环境下，这导致一定程度的生存危机。由于人被“专家”大肆讨论，这促使他们不信任自己的直觉，这表

---

* 《发条橙》（*Clockwork Orange*）是美国导演斯坦利·库布里克执导的一部电影，根据1962年安东尼·伯吉斯的同名小说改编。“发条橙”一词在英国伦敦地区俚语中用来形容奇怪的东西。小说作者取名如此的原意是“它标志着把机械论道德观应用到甘甜多汁的活的机体上去”。——译者注

** 性手枪乐队是20世纪70年代一支著名的朋克乐队。他们用各种尖锐的方式，猛烈地抨击当时的社会制度。——译者注

现为他们任意选择和丢弃自己的“身份”，那么一种不断增长的混乱状态是一种必然吗？这种混乱表现为一方面对于自身存在恐惧，而另一方面则零星地寻找所谓的“真实”。“后现代性”在固定的政治选民团体中孵化了一种对于“根源”和“遗产”的痴迷，它同时迷惑他们信任媒体，剥夺了所有的知识来源。电视机开启了想象之门，却剥夺了人们生活的真实性。占星术的广泛传播、新时代的哲学和其他形式的非理性主义反映了人们面对未知世界的焦虑。各种杂志对“不安的 90 年代，此时恐惧成为公民新的象征”进行讨论。[43]

我们很容易接受这种论调——不然我们该如何调和不断增长的财富和不断降低的个人安全感之间的矛盾？但是我们也有很好的理由不夸大 20 世纪末后现代所带来的萎靡。毕竟，这种抱怨不是新出现的现象，它基于资本主义异化和个人反常状态等旧理论。可以肯定的是，现代性的定义已经发生了变化，但是基本的分析在一段时间内还未发生变化。“时间在推移。现在出生的人无法相信过去，但事实是时间像骆驼骑兵那样迅速移动，这并不是什么新鲜的事情。”罗伯特·穆齐尔在他的小说《没有个性的人》的开篇中如此写道。这本书描述了 1914 年的维也纳，听起来非常像后现代的理论。海德格尔将国家社会主义视为逃离美苏式“枯燥的技术狂热”大众文化的有效途径。当代的理论家并没有将后现代发端的指针拨回到 20 世纪 30 年代，而是将其定义在 1914 年之前。但是我们很难发现后现代的生存危机和之前的观念有什么实质性的不同。[44]

20 世纪末和之前时期的不同主要在于政治不再被视为个人成就和个人行为的主要舞台。选民的冷漠和弃权的现象不断增长，政党团体的人数在不断下降。西班牙人所谓的“过时的人”不断增长。在比利时、意大利、法国和英国，腐败丑闻动摇了人们对于政治精英的信心。民众表达了失望，但是这种失望和休战期“民主的危机”不同，因为人们依旧信奉意识形态和救赎政治，他们希望以一个集体主义的方案来解决当下的困境。民意调查显示欧洲的民众依旧相信民主是政府的准则，例如在1989年这一比例达到了93%。[45]

不确定性主要表现在社会和经济领域，而非政治领域。阶级很少和工作联系在一起，而是基于生活方式和时尚选择。雇佣形式和人际关系更加多样化，并且不像过去那样固定，两次经济危机也在侵蚀着20世纪五六十年代树立起来的信心。更大的机遇也意味着更大的不确定性；不断增长的个人主义降低了集体行动的可能性。过去大规模的集会和游行已经越来越少：大规模的群体更可能出现在体育赛事和流行音乐节上。个人主义开启了一个在风险下表现为脆弱性的世界，而之前这个世界是以家庭、地方和国家的联合来应对风险的——现在国家试图将犯罪和养老问题的责任推给个人。一种反应是“社群主义”，它试图在邻里和地方的基础上复兴公民道德——这是对于之前社会和谐中落后和乐观理念的一种完善。另外一种反应是恢复了对“骗子”、“骗取福利者”和移民的政治仇恨——提醒着全球化对于个人和国家命运的嘲弄。保守主义者，以及越来越多的社会民主主义者寻求义务的回归，以此来抵消对于权利过多的要求。但是对于权利的诉求，已经在战后的个人主义范畴内得到了巩固。经历了社会危机和经济再调整，欧洲已经不会回到20世纪30年代的独裁状态，因此对于义务的强调也只会取得有限的进展。

全球化与民族国家的危机

西欧的经济虽然存在脆弱性，但是即使在经历了 20 世纪 70 年代的经济危机之后，仍然在全球经济方面享有举足轻重的地位。20 世纪 70 年代和 80 年代，当欧洲经济处于全球竞争的压力之下，西欧经济重组改革相当成功，将西欧民众的生活保持在高标准水平。政府更加重视国家经济政策的推进，资本主义对欧洲民族国家的影响也在发生改变。在美国统治下的和平时期，由于国内经济重建，对房屋和小额民间金融市场的大量需求，国家精英们从不够完善的通货自由兑换政策中获得了利益。随着浮动汇率的出现，相应的限制政策也急剧增加，推动了货币投机的兴起，特别是在 20 世纪 70 年代欧洲美元市场的崛起。全球资本市场充斥着石油美元，随着欧洲市场美元的发行，出现了一个巨大的新兴市场，任何一个中央银行都无法对其加以控制。“热钱”的流入，很快就对利率和赤字预算产生了影响——流入的资金引导特定货币的进出口量，这种行为可以彻底破坏国家经济的货币政策。

20 世纪 70 年代中期，英国开始着手解决这一现象。1981 年，法国的社会主义者试图利用凯恩斯主义式的需求刺激，削弱法郎，增加贸易赤字。1983 年年初，他们不得不放弃阿尔巴尼亚期权，而是选择更加有效的反通货膨胀政策。20 世纪 80 年代中期，当权力重新回到新自由主义派系时，大大缩小了社会主义者和希拉克式戴高乐主义者之间的距离。整个情形就是在效仿同一时期希腊总理帕潘德里欧的泛希腊社会主义运动党的大转变。因此，20 世纪 80 年代的经验教训表明，即使政府要进行社会民主国家的经济复苏计划，也不会再孤军奋战。

在经历了一段经济低迷时期之后，欧式期权在此时开始逐渐显现出它的吸引力，这绝非偶然。同时，20 世纪 80 年代的“欧洲计划”将要继续加速发展。当然，这一计划有多种变体，由许多不同的支持者组成。一部分人被称为施佩尔的追随者，他们在欧洲范围内建造世界级工业，理顺国家竞争，在全球竞争中提供保护。另一部分人，推崇自由市场化（被称为20世纪20年代英国银行家的追随者），他们认为贸易自由化是战后欧洲经济增长的关键，并希望通过单一欧洲市场的形式加以实现。最后一部分人，像密特朗的财政部长雅克·德洛尔（Jacques Delors）和其他中间偏左的欧洲社会民主党人一样，他们将社会团体视为民族国家的替代品，并以此为基础来保障社会福利和社会安定。这三种政策看起来只对新自由主义的英国不奏效，而对于其他大多数西欧国家而言，自由贸易与工业研究和结构调整，以及社会资本主义，都可以实现良好的兼容。英国为了削弱欧洲贸易竞争伙伴，选择退出集体协议，这样的行为为日本和美国的投资者提供了可供选择的廉价劳动力。其他一些欧盟成员国，尽管会抱怨劳动力成本问题，但经过认真考虑后还是选择效仿英国。

欧洲的时代愿景难以协调的原因在于，决定推进全面的货币联盟条款，将迫使成员国缩减预算。为了应对那些导致国际汇率协调困难的货币投机者，欧洲货币联盟应运而生，但这并不是唯一的应对措施。早期应对货币的蛇形浮动汇率体系已变得更加灵活，同时也没有必要就实现这样严格的条款达成共识。

即使在不考虑民族独立问题影响的前提下，货币联盟仍存在诸多困难。国家政府的经济职能将会大幅度减少，同时为国家独立带来了前所未有的挑战。此外，选择严格的货币联盟趋同标准，会导致失业率的增加和财政紧缩，更加难以实现社会的稳定。一些人认为，如此严格的实施方案是政府的有意为之，因为政府可以借此推行不受欢迎的财政政策，而将责任归咎于欧洲议会。但是发生在1944 年 8 月的罢工和抗议浪潮，表达了民众的不满情绪。在法国，由于历届政府不顾一切地追求强势法郎政策，引起了投机行为的爆发以及失业率创纪录水平的增长。希拉克几乎在他任职后被迫放弃了通货再膨胀的新凯恩斯主义的政策。在西班牙、希腊和荷兰，政府在应对紧缩计划的同时，还要面对民众的抗议。民族国家变成了缺乏实际政策的躯壳，社会问题不断增长，社会脱离政府的现象也在逐渐加剧。实际上，谨慎的未经选举产生的德国中央银行行长被委以控制大多数西欧国家经济政策的重任。

面对这样悲观的前景，有两种不同的反应。一种是指出欧洲货币联盟涉及范围小，处理的问题往往还没有发生。在实践中，德国央行已经设定利率，其他货币被迫回应。因此，经济主权已经在很大程度上被那些具有压倒性实力的国家削弱了。在这种情况下，在欧盟内部正式确立责任制的政策真的是最佳方式吗？另外一种考虑是，最终并没有特别的原因表明，在欧盟层面推行的货币政策应该比国家政府出现更多的通货紧缩。如今的首要问题是控制，而不是团结，并且这还未达到最终目的。欧洲货币联盟本身与扩张性的财政和货币政策并不兼容，这一切都取决于政府当局允许通货膨胀控制经济和社会问题的期限。

有趣的是，当面临重建民主德国的艰巨任务时，德军依然担心通货膨胀的发生。有迹象表明，在 20 世纪 90 年代中期，人们对于通货膨胀的关注度开始逐渐减弱，20 世纪 80 年代，人们从东亚经济中获取的经验令人意想不到，这与新自由主义阶段欧洲资本主义的原则并不一致。经济的高速增长依赖于高水平的政府和民间投资研究；将让像德国这样的国家，保持高研发水准，但这让英国失去了竞争优势，英国在民间研究方面的支出仍然很低，在大规模武器出口产业面前显得黯然失色。东亚的经济增长也依赖于高水平的政府教育支出，以及更普遍的均衡收入和财富的社会政策。

世界银行得出一些令人吃惊的结论：社会不平等不利于经济的增长。1996年，世界银行首席经济学家说道："减少社会不平等不仅有利于穷人，并且能够通过更高的增长而造福所有人。"技能训练并不等同于弹性化和廉价劳动力，而是降低失业率的途径。1996年，经济合作与发展组织评论道："未来的繁荣，取决于降低高失业率，在某些情况下，取决于收入的不平等。"尽管这需要重新定义和重新定位，但是福利开支并没有因此成为影响经济成功的巨大障碍。相反，社会凝聚力相对于个人主义而言，是更大的美德。20世纪90年代末，保守党革命看起来已过全盛时期。1997年英国大选，工党以压倒性的优势获得胜利，这表明新自由主义的时代已经一去不复返，资本主义社会契约需要重新修订，但是证明了它的普及性和继续存在的可能。[46]

第十一章

鲨鱼和海豚：社会主义国家的剧变

在进行纠正之前人民已经忍受了很久，现在一种无法容忍的委屈已经出现，要求将它从人们的意识中移除。

——阿历克西·德·托克维尔（Alexis De Tocqueville）[1]

小鱼将会进化成海豚，
但是鲨鱼还将会是鲨鱼，
就像它们曾经那样。

——鲁道夫·端米尔（Rudolf Rimmel），1968[2]

1988年，东欧地区一份权威的教材总结道："尽管苏联在东欧和中欧强加的共产主义统治引发了一系列的问题、负债和缺陷，但是没有迹象表明斯大林的继任者们将会从这一地区撤出，也没有迹象表明他们放弃在这一地区统治地位的政治意愿。"[3]

对于苏联及东欧社会主义崩溃这一前景预测的失败，为西方政治科学的棺材嵌入了最后一根钉子。不仅学者对此感到意外，政策制定者和知识分子也对此感到惊奇。1984年，匈牙利作家乔治·康拉德（Gyorgy Konrad）在回应1956年（匈牙利）、1968年（捷克斯洛伐克）和1980—1981年（波兰）革命失败时提出："现在该轮到苏联了。"他的荒诞言论被瓦茨拉夫·哈维尔（Vaclav Havel）否定，他写道："对于我个人而言，那听起来很好，尽管我不是完全明白谁能够让苏联放弃它的卫星国——尤为明显的是，在苏联的军队撤出了这些国家的领土之后，它迟早会失去在这些国家的政治优势地位。"[4]

回忆这些预测并不是为了揶揄预言的作者，而是为了回溯一些1989年苏东剧变的诱因。苏联统治的崩溃是迅速的、超乎想象的，并且是在和平的环境下完成的，席卷了整个东欧地区。所有的这些特点都不应被忽略，也不应被当作一种必然：它们是现实中发生的一切的线索。

对于苏联继续其统治地位的错误预计，则令我们更加谨慎地看待那些更为幼稚的预计苏联崩溃的言论。那么我们从何种程度上理解西方"赢得"了冷战？可以肯定的是民主的胜利，但并不是民主方式的胜利，因为这种胜利是超乎预计的。那么这是"人民"的胜利吗？是欧洲的自由对于专制的胜利吗？但是像康拉德观察到的那样，在过去大众的反抗中就曾经实践过，只不过姗姗来迟。自由是1989年一系列事件的结果，但是对于自由的诉求并不是这些事件的起因。苏联及东欧社会主义模式崩溃过程中的民众很难引起历史学家的注意，本章仅仅是勾勒出1989年苏东剧变的一些过程，从而帮助我们很好地理解欧洲意识形态这出戏剧的最后一幕。

世界经济危机和东欧

尽管斯大林主义作为一种意识形态在1956年之后影响力逐渐下降，但是斯大林主义的政治经济主张在接下来的10年中却几乎未变：一个中央集权的政党，国家机器通过扩大重工业来促进经济增长，严格控制商业、农业和消费品。政府通过适时调整对轻工业的投入和提高生活水平来定期平息民众的政治不满，但是这种调整是暂时的、可逆的。由于信息匮乏，政府对于经济效益负有政治责任，因此经济是依靠计划运行，而非面向市场。一位波兰经济学家评论道，社会主义并不是一个没有得到良好执行的好观念，而是一个取得了惊人成就的糟糕理念。曾经在战后时期取得瞩目成就的发展战略一直延续到社会主义国家的剧变，而在此过程中它丧失了很多原本有效的东西。[5]

20 世纪 50 年代和 60 年代，这种发展在欧洲范围内取得了令人瞩目的成就。对于战后世界经济真正的挑战始于 20 世纪 60 年代末 70 年代初。在西欧的资本主义世界中，通货膨胀加剧和大量失业使得战后关于凯恩斯主义的共识破产。同样的经济问题也困扰着东欧，这一时期东欧的经济增长也开始放缓：1970—1975 年年均 4.9% 的增长率下降到 1975—1980 年的 2%，最后降至 1980—1985 年的 1.4%。这种下降在一开始显得相对缓慢：20 世纪 70 年代，东欧的经济增长率（3.4%）降低，但是仍然高于西方的经济合作与发展组织（3.2%），这种状况会强化人们的观念，即面对经济危机的时候，资本主义经济要比计划经济更脆弱；但是到了 20 世纪 80 年代中期，东欧的经济发展状况远远落后于西欧。[6]

无论是东欧还是西欧，经济放缓限制了几十年前创立的福利体系。人们的预期寿命缩短，这在很大程度上归咎于工作中的危害——资本存量的恶化正在杀死工人们。从 20 世纪 70 年代开始，曾经缩小了的东西方差距再一次拉大。东欧只有酒精消费量远远高于西欧。[7]

相比于西方的竞争者，不仅共产主义的福利体系变得愈发没有吸引力，而且也没有兑现其社会平等的承诺。改革带来的效率提高威胁着收入平等，社会流动受限，相对富裕、拥有一定特权的行政人员、技术人员和技术精英，在工人阶级内部引起了不满。福利和收入并不相等，福利成为党的特权，而非广泛的社会权利。生活状况变得愈发悲惨：波兰的劳动妇女平均早上 5 点之前起床，赶往工厂需要 1 个多小时，排队打饭需要 53 分钟，工作时长为 9 个小时，睡眠时间为 6 小时 30 分。住房短缺也在令人们苦不堪言。1972 年，波兰船厂的一位工人抱怨道："这里没有未来。为了得到一套住房你必须要等上 10 年。我们已经成人了，我们想结婚。"1985 年，匈牙利住房办公室的一位高级官员写道："住房状况越来越糟糕，甚至可以说是毫无希望。实际上什么都没有改变，什么都没有提高。"共产主义的"社会契约"被西方评论家认为是政权合法的基础，如果说它曾经存在过，那么现在它正在被拆分。[8]

从政治上讲，共产主义发现它不可能做出西方国家正在发生的那种调整。换言之，病症是相似的——生产力逐渐降低，重工业崩溃（这是工人阶级形成的基础），但是症状却差异明显。共产主义政权的通货膨胀表现为日益增长的货物短缺、逐步恶化的产品质量和排起长队等待购物的民众，而不是上涨的物价，因为价格被政府严格控制；黑市和非正式的私人市场是这个趋势的另外一种表达。结果是货架空空如也，越来越多的时间被浪费在排队上，更极端的是，在共产党试图提高物价的时候，引起的粮食危机直接威胁了共产党的统治。

相比于西欧，重工业的危机在东欧具有更为深远的含义。按照苏联 20 世纪 30 年代发展模式建立的大型钢铁厂是经济发展的标志，尽管从经济上讲它愈发不合理，但是它们依旧拥有大量的象征性权力。例如，随着斯大林化在罗马尼亚的实践，20 世纪 70 年代出现了像大型炼油厂这样的企业，当这个企业仅以 10% 的状态运营时，其所消耗的能源就相当于布加勒斯特整个城市消耗的能源。

这种企业的代价可以从人们的皮肤和肺部找到答案。20 世纪 80 年代，污染提醒着共产主义，它主宰自然的企图是注定失败的。东欧成了生态灾区，充斥着充满死亡气息的河流、荒芜的森林、肮脏的城市、摇摇欲坠的纪念碑和疾病缠身的人群。东欧地区的二氧化硫排放量是西欧的一倍，民主德国的排放量是联邦德国的四倍。[9] 这种过时的工业化——昂贵、低产、危害环境——却没有被否定，相反它依旧受到大量的投资。共产党的领导人们围绕着旧工业的基础形成了权力基础，来抵御潜在的现代化挑战；或者像波兰的盖莱克 * 那样，通过重工业成为国家的领导者。

对重工业的执着使一个庞大的工人阶级得以形成，而共产党正是宣称自己为这个阶级代言的，但这就是牺牲经济合理性的理由吗？因为政治原因，共产主义政权不能够像它们的西方竞争者那样通过通货紧缩、大量失业等方式调整经济。因此它们选择了和西方相反的方式，它们并没有让工人失业，相反它们让消费者继续忍受产品短缺以及质量低劣的消费品。但工人同时也是消费者，他们并不经常领政府的情。1980 年，团结工会的崛起显示了工人阶级对抗政府的危害，他们以自己的名义要求权利。

回顾历史我们发现，共产党在 20 世纪 80 年代陷入两难境地的

---

* 盖莱克（Gierek），曾任波兰统一工人党中央第一书记。在波兰大力推动改革开放，引进外资，但最终却因沉重的外债负担和工潮迭起，被迫在 1980 年下台，是波兰历史上一个毁誉参半的政治人物。——译者注

关键性难题是，经济改革是非常必要的，但它们却不能进行改革。然而，这时共产党像 20 世纪 40 年代的资本主义那样进行自我改造并非不可能的事情。很多西方人将资本主义和共产主义视为两种趋同的管理现代工业经济的方式。政治学家强调了这两种相互竞争体系惊人的相似之处——它们庞大的官僚群体和对于专业性人才的依赖；都鼓励高等教育、科学和技术；它们都追求物质方面的繁荣。这些理论提出东方和西方的经济存在一个连续的差异，即是与国家干预相结合，还是与市场相结合。这些理论的含义是，共产主义的改革者们可以和平地将东欧的经济转变为一种类似于西方的混合所有制经济。

这种共产主义的革新观念在东欧迅速蔓延，东欧和苏联内部也进行了一系列的讨论和实验，在 1968 年苏联入侵捷克斯洛伐克之后，这种讨论和实验并未结束，只是缩小了范围。总体而言，相比于赫鲁晓夫时期的即兴改革，勃列日涅夫漫长的统治时期是一段保守的时期。即便在勃列日涅夫时期，一些东欧国家的领导人也开启了改革之路，旨在实现现代化，提高生产效率。在民主德国和保加利亚，改革表现为行政分权，只保留基本的中央计划体制。更加激进的改革发生在匈牙利和捷克斯洛伐克，它们的分权范围甚至扩大到了经济领域，初步试验将价格和成本引入经济中。

匈牙利是最为持久，也最有趣的例子。通过 1968 年制定的所谓新经济体制，卡达尔谨慎地鼓励一场渐进的市场化改革。政府下放对外贸易的权力，并且采取措施鼓励提高生产效率，生产力的概念也被引入。政府鼓励公司营利，而非满足预定产量。西方对于新经济体制非常感兴趣，很多人都在讨论共产主义的改革。但是这其中有一个问题：它在经济上并不成功。匈牙利的改革最终以失败告终，它是铁幕之后人均硬通货负债率最高的国家；其经济增长率也落后于坚持斯大林主义的捷克斯洛伐克、民主德国和罗马尼亚等国。昂纳克尖锐的观点认为，资本主义和共产主义之间的“不同和不能共存，就像是水和火那样”，他在 1986 年坚称民主德国“不是试验场地”。[10]

他的思想从经济角度而言并没有错误，而民主德国的经济状况也远远优于匈牙利。匈牙利的改革是一场温和的调整，它回避了破产和失业。回顾历史，这次改革最主要的意义不在于经济领域，而是政治领域。这次改革使得卡达尔能够谨慎地将匈牙利从苏联的怀抱中分离出来，通过贸易政策向更加自主的方向靠拢。这个情形让我们想起了匈牙利另外一个领导人，他也曾经在一个大国的控制下进行类似的改革——霍尔蒂曾经在 1933 年之后的 10 年时间里和希特勒巧妙地周旋。[11]

像 20 世纪 20 年代那样，从西方借贷是另外一种避免痛苦抉择和现代化冲击的方法。南斯拉夫和罗马尼亚首先同金融城 * 和华尔街达成了这种协定，随后其他国家也开始效仿。这种跨国的、不稳定的金融市场出现在 20 世纪 70 年代，充斥着被石油控制的美元；而像东欧那样拥有稳定的政权和受过良好训练的工人的地方，则是投资的盲区。短视的银行家们认为，苏联“担保”下的东欧联盟不会发生任何形式的拖欠。而共产主义的精英们则认为，通过西方的资本能够实现售卖公共舆论，延缓经济结构性变化带来的影响，双方一拍即合。

而东欧国家的硬通货债务迅速上涨。从 1971 年的 61 亿美元涨到 1980 年的 661 亿美元，这一数字在 1988 年达到了 956 亿美元。

---

* 金融城，位于伦敦著名的圣保罗大教堂东侧，是一块被称为“一平方英里”（Square Mile）的地方。这里聚集着数以百计的银行及其他金融机构，被看作华尔街在伦敦的翻版。——译者注

受影响最大的国家是波兰，其 1971 年的欠款额为 11 亿美元，到了 1980 年则达到了 250 亿美元。这是波兰共产党绝对统治的最后阶段——在 20 世纪 70 年代早期，波兰共产党总书记盖莱克举巨债来促进消费繁荣。但是在 20 世纪 70 年代后期，当这个政策发生动摇的时候，人民生活水平再一次下降，并且出现了两个情况：首先，外国资本并没有成功地帮助波兰经济实现现代化，也没有提高其技术基础；其次，暂时、人为地提高生活水平并不能获得社会安定。

波兰的困境也蔓延至其他国家。指令经济的僵化结构，使它们更容易将外资用于食品和消费领域，而非获取外国技术并进而取其所长。东欧集团的出口慢慢远离苏联，而是倾向于它们的硬通货合作伙伴，但是这个进程效果有限：欧洲共同体的贸易壁垒将东欧的货物排除在外，并且提高了外汇储备的标准。因此这些巨额的债务并没有帮助东欧实现经济基础的现代化，它只是给这个政权以喘息的机会。对于像齐奥塞斯库这样专横的领导人而言，这并不是问题：受益于罗马尼亚的警察系统，他可以通过进一步降低生活标准，来清除罗马尼亚和其债权人之间的账目。但是对于那些并不如此高压的政权而言，债务的偿还往往伴随着国际货币基金组织和世界银行的监督，这些债务不得不由那些日渐疏远的工人阶级负担。因此外国资本并没有缓解共产主义的困境，相反，这些资本使困境更加恶化。

到了 20 世纪 80 年代初期，总体形势很严峻。曾经经济落后的南欧国家——葡萄牙、西班牙和希腊——摆脱了独裁统治的束缚，也因此进入了欧洲共同体的共同市场，结果是它们的经济水平也超过了共产主义阵营。在东欧集团内部，经济效益也有着显著的差异，奉行强硬路线的捷克斯洛伐克和民主德国的经济水平好于波兰和匈牙利。但是每个国家的生活水平都在下降，共产主义体系的不足之处也愈发明显。但这是苏联模式失败的关键吗？民主德国的首席统计专家宣称，在 1982—1983 年，他就意识到“我们正在走向经济崩溃”，但是随后他承认西方的资本帮助他们稳定了短期的经济状况。单纯的经济下降并不会威胁到政权，因为共产党政权拥有完善的措施来保护其自身的统治地位。那么究竟是什么威胁着其统治地位呢？[12]

萎缩的政党

> 为了改善贸易、公共服务质量，稳定价格，人们经常能够在城镇的购物中心看到尼古拉·齐奥塞斯库，当新商店开业时，当检查市场货物供应时，人们都可以见到他。在这些场合，齐奥塞斯库总统总是倾听他们在说什么，询问政府还需要做什么，何时能够实现以及采取何种措施来改善这些情况。这些事情通过民众的讲述，传递给诚实的人，在齐奥塞斯库看来，罗马尼亚建立新社会的最终范围取决于这些人以及他们的利益，他们在物质和精神上获得的满足，实现理想和文明的进步。[13]

从 1983 年开始，与上述这种斯大林主义式的夸张宣传同时发生的是罗马尼亚严格的货币紧缩政策：挤压消费去偿还外国债务，日常生活也被极具破坏性的“体系化”计划打乱，通过这一计划罗马尼亚政权拆毁了数以千计的村庄、城镇中心，还包括布加勒斯特本身的大部分地区。在罗马尼亚和其他东欧国家，人们逐渐意识到，在官方、意识形态，以及残酷的现实之间有一条不断扩大的鸿沟。

或者说，这种鸿沟存在于社会主义国家之中，在 20 世纪 80 年代发生的一系列变化的本质就是，无论是基层还是精英阶层，都开始意识到意识形态所宣扬的美好愿景和现实相去甚远。[14]

在罗马尼亚，这种意识微不足道，因为这种观念并没有延伸到自称为“喀尔巴阡山伟人”的齐奥塞斯库身上。然而在其他地方，这种观念已经渗透到权力梯队中。他们认为事实已经征服了社会主义理论，而不是意识形态征服了现实。这对共产党的执政目标产生了致命的打击。这反映了过去 20 年的一个主要政治趋势——正是这种内部信仰的动摇逐渐降低了共产党的声望，而非来自外部的反对；这种变化来自政府的各个部门——国际官僚体系中的公务员、军人，甚至是那些已经老去的“小斯大林”。这种对于社会主义意识形态信仰的坍塌，从 20 世纪 80 年代就开始放弃了赶超西方经济水平的目标，这使得共产党的支持率普遍走低。共产党蜕化成为一个特权贵族阶层，在处理危机上，其作用也愈发减小。

共产党地位的降低在波兰最为明显。官方的库比卡报告（Kubiak Report）在 1981 年 9 月受政府委托，反思团结工会危机的起因和起源。文章的作者是一位党内的自由派，他观察到社会冲突的起源不仅仅在于政治反对，更根本的在于“共产党宣称的目标和实现的结果之间的差距愈发扩大”。团结工会证明格但斯克 * 的工人非常认真地对待社会主义——他们批评党内领导人的津贴，他们对资本主义和市场也没有明显的兴趣；更加确切地讲，他们认为共产党不再是通往社会主义令人信服的领航者，这种指控是毁灭性的。[15]

20 世纪 70 年代，波兰提供了一个斯大林主义经济占主导地位

---

* 格但斯克，即但泽，波兰港口城市。——译者注

的范式：产量大于消费的状况延续了很长时间，几乎没有机构性的变化和现代化的迹象。优先投资重工业的政策一直延续到 20 世纪 80 年代。因此船厂工人罢工带来的冲击，提醒我们注意到自由贸易联盟惊人的扩张——大约有 800 万成员；这一数字是波兰统一工人党的一倍——而这种扩张仅仅在几个月内就完成了。

团结工会的价值在于剥离了政党的目的和合法性。70 年代，政府官员和工业的管理者们以牺牲经济效益来获取他们的权力。现在政府将权力交给贾鲁塞斯基 * 将军。贾鲁塞斯基宣称他的统治和施行的军事法，是为了防止苏联的入侵。现在看来这种论调是错误的，但是当时人们并不知道这一点。更重要的是，普遍的观点是贾鲁塞斯基的上台反衬着波兰统一工人党缺少继续下去的权威。

亚当 · 米奇尼克（Adam Michnik）写道："12 月 13 日政变（引入军事法）的主要原因并不是激进的团结工会，而是波兰统一工人党的基础薄弱。"党员的人数从 1980 年的 310 万人下降到 1984 年的 210 万人，更加令人担忧的是，离开的绝大多数是年轻人；到 1987 年，大部分党员都是超过 50 岁的人。民众和统治阶层之间的关系真实地反映在贾鲁塞斯基颁布的军事法中，这个法令施行了将近两年。哲学家莱谢克 · 克拉科夫斯基（Leszek Kolakowski）写道："共产党政权第一次不得不用战争来衡量它和国内社会之间的对抗。"[16]

共产主义阵营中，没有任何一个国家的共产党境遇和前景看起来像波兰那样绝望；除了民主德国和捷克斯洛伐克，没有任何一个国家的共产党拥有紧密结合的行政力量。大多数国家选举"小斯大林"和他们的小集团作为本国的领导人。这一地区掌权的几乎全是

---

* 贾鲁塞斯基（Greneral Jaruzelski），1981—1989 年担任波兰统一工人党总书记，1985—1990 年担任国家元首。——译者注

年迈的领导人，这些人的年龄预示着他们死后可能出现的危机：到1985年，年纪最大的是76岁的捷克斯洛伐克领导人古斯塔夫·胡萨克*，最年轻的是67岁的齐奥塞斯库；1954年掌权的保加利亚领导人图多尔·日夫科夫也已经74岁；而昂纳克**在1971年也成了民主德国的领导人。这是一个拥有老年性关节病，强烈抵制改变的精英阶层。1980年，高龄的铁托去世后，继承危机开始显现出令人担忧的预兆。

个人统治的危险是它鼓励了家族统治的产生，尤其在巴尔干国家情况更是如此。罗马尼亚是最超乎寻常的例子，人们甚至将其戏称为“齐奥塞斯库维辛”（Ceauschwitz）。罗马尼亚几乎成了一个人的封地，即便是最高级的干部梯队也成为局外人，所有的决议都无须经过讨论，直接由齐奥塞斯库和他的妻子埃琳娜决定。他们像之前奥斯曼帝国的君主那样对待共产党官员，委任成为唯一的方式，以防止共产党员建立权力基础，进而威胁齐奥塞斯库的统治。他们的女儿卓娅是一名数学系的学生，当她想要逃离父母时，愤怒的齐奥塞斯库关闭了布加勒斯特的数学研究所，这造成了国家200位顶尖数学人才流失。即便不那么明目张胆地滥用职权，关于任人唯亲的指控和流言也非常普遍，这暗示了人们对于统治阶层的不信任，认为他们背叛了自己的原则。[17]

罗马尼亚用另外一种方式证明了共产主义的精英们试图重新获得民众的支持——通过培养民族抱负。和其他领导人相比，齐奥塞斯库将民族主义推向更深的层次，他实现了明显的同莫斯科相分离，

---

* 古斯塔夫·胡萨克（Gustav Husak），捷克斯洛伐克社会主义共和国总统，捷共中央总书记。——译者注

** 昂纳克（Honecker），德国政治家，也是最后一位正式的民主德国领导人，曾经担任德国统一社会党总书记和德意志民主共和国国务委员会主席。——译者注

并以此获得了西方丰厚的回报。但是民族共产主义逐渐成为掌握权力的一种常见策略。民族主义者崇尚的上帝，被引入马克思列宁主义的礼拜仪式中：毕苏斯基元帅的形象出现在波兰的邮票上；在民主德国，人们开始纪念路德和腓特烈大帝。顺从的学者们出版了一系列类似的著作，例如保加利亚科学院编撰的 14 卷本的保加利亚历史，以及塞尔维亚艺术和科学院出版的臭名昭著的民族主义备忘录。人类学、历史学和民族志有助于发现社会主义在国家中的根源。一位阿尔巴尼亚教授写道："民间艺术是人民历史中有力的积极因素，因为几个世纪以来它为劳动大众传递了民主主义、爱国主义和革命观念。"[18]

但是民族共产主义会造成政权和这一地区幸存的少数民族之间的紧张和对立。例如，尽管曾经欧洲最大的犹太人共同体在波兰几乎完全消失，但是反犹太主义 1968 年在波兰依旧非常明显。随着米洛舍维奇利用科索沃问题再度唤醒塞尔维亚民族主义，铁托在南斯拉夫的遗产被抛弃了。在保加利亚，数十年的同化政策在 1984—1985 年达到顶峰，它命令境内的土耳其人改名，换言之，令他们"恢复"最初的保加利亚名。当罗马尼亚以相似的方式制裁和迫害境内的匈牙利少数民族时，这起事件招致匈牙利的不满，正如我们看到的那样，这些事件成为 1989 年一系列事件的重要因素。

无论如何，民族主义对于统治阶层而言，是一张难以预测的牌，因为共产主义者对于莫斯科的奉承已经存在于他们的脑海中。而其他独立于莫斯科之外的团体，对于民族抱负的声音更有说服力。但是这些群体在 20 世纪 80 年代还存在吗？这个问题关乎国家的政治反抗、国家的目标和限制。一份简单的调查反映了两个事实：首先，反对不再是独立国家关注的首要利益，这一点它们在 1956 年和 1968 年已经充分领教；其次，除了波兰，国家强制进行变化的能力是有限的。换言之，民族主义的复兴是 1989 年事件的结果，而非原因。

然而，反对势力以各种公开对抗的方式来展现自己的现象，确实是非常罕见的事情。很多人逃离了这种体系——直接表现为上百万人（大约有 350 万民主德国人、数十万波兰人和其他国家的人）逃向西方。1987 年的一份波兰民意调查显示，70% 的年轻人希望暂时离开，或者为了进步而离开。他们的动机不能简单地理解为对于消费的嫉妒、对于自由旅行的渴望，尽管这两种因素都极具吸引力；统计者观察到这也意味着“对于社会体系的抛弃”。这种形式的反对成为这一地区 1989 年事件的重要触发因素。[19]

离开祖国的想法不仅被东欧的统治者们阻碍，很多政府的反对者——教会，以及那些党内外的改革者——也不同意这种观念，他们已经抱定决心留下来，为国内的改革而奋斗。这种改革的想法吸引了教会领袖和知识分子，但是却没有威胁到政权本身。知识分子作为反对势力，也分成不同的派别，既包括像罗马尼亚和保加利亚那样的提出与过去做一个了断的知识分子，也包括像波兰和捷克斯洛伐克那样说出不合理之处和希望的知识分子。斯大林统治时期，摧毁了党外对于马克思主义政治的反对声音，但即便在镇压势力内部，仍然存在着犹豫和宗派。在马克思主义传统依旧盛行的地方，例如民主德国，即便是最突出的持不同政见者，也只是提出要求改进社会主义，而非抛弃它。布拉格的“七七宪章”* 运动和波兰的 KOR 团体更加强调少数民族、人权和公民权，这使反对的事情更加

* 七七宪章（Charter77），本意为捷克斯洛伐克反体制运动的象征性文件。发起人包括杨·帕托切卡、巴韦尔·兰道夫斯基和德维克·瓦楚里克等人。——译者注

广泛，而且不具有宗派性；这也同时意味着他们回避了取代社会主义模式的问题。

对于知识分子中的反对者而言，一个更加深远的问题是，他们作为一个群体，没有任何权力。由于希望保留一些改变事情的能力，所以很多反对者继续保持他们党员的身份。对于其他人而言，他们的影响力取决于他们是否能够和其他强大的社会力量结成同盟，例如教会和工人。这个时期的大部分时间里，人们分成这三类。例如，20 世纪 70 年代，反犹太主义的阴影在波兰造成了教会首领和知识分子的分裂；即便这不是一个分裂的因素，一些反教权的知识分子发现很难和教会领袖达成共识。知识分子和工人之间的分歧被捷克斯洛伐克共产党利用，在 1968 年之后，工人确认忠于党，波兰知识分子和工人之间的联盟在 20 世纪 70 年代弱化。而这些力量的联合，是 80 年代团结工联壮大力量的秘诀。

然而这些团体不断被体系渗透，甚至很多团体对于体系做出了妥协，这直接弱化了反对的力量。最明显的是秘密警察和他们的内线有效地渗入了这些反对势力，这种行为的规模乃至令人生畏的方式——例如丈夫监视妻子——直到 1989 年事件之后，政府的解密档案才公之于众。但是妥协和勾结并不直接进行。例如宗教领袖并不鼓励公开的反抗，他们主张对政权保持一种谨慎的、非直接的反对态度，他们最终的目的是保留自己的特权和机构。一位英国的观察者在 1983 年注意到，由格莱姆普红衣主教（Cardinal Glemp）领导的波兰基督教会，在团结工会的余波中“担心自己的力量”。如果说团结工会是铁幕之后共产主义最具活力的竞争对手，那么基督教、路德教和东正教领袖扮演的是一个非常渺小的角色。[20]

关于东欧地区共产主义政权持久的观念，也被共产主义最具竞争力的对手——西方的势力认同。西方的政府和公共舆论从来没有严格挑战共产党在这一地区的统治。在冷战的背景下，西方的默许使得东欧没有出现强有力的反对派。只有少数人相信东欧会很快引入多党制的民主。

相反，在20世纪70年代，很多西方人以一种新的方式来接纳共产主义。从财政上讲，西方扩大了对于东欧的贷款。从政治上讲，表现为联邦德国的东方政策和超级大国之间的缓和论调。到了20世纪80年代早期，里根的新保守主义陷入困境，出现了所谓的“第二次冷战”，西欧重新部署了核导弹，这些行为都侵蚀着东西方之间的共识。西方的政策是企图通过一场长期的军事竞赛拖垮苏联。但是从另一个方面，这种“双轨”策略继续向东欧提供贷款，这个决定不仅默认了波兰处在世界银行体系内，同时拉拢了民主德国和匈牙利进入这一体系。联邦德国的总理科尔像他的社会民主党前任们一样，承诺实施东方政策：收买民主德国持不同政见者，并且大量自主共产主义经济，支持贾鲁塞斯基施行军事法，并且在1987年同意昂纳克造访联邦德国。

总之，东欧的反对力量是分散的、不成熟的，也没有坚定的外国支持者。西方的个人和非政府组织为持不同政见者提供支持，但是西方政府则将目光主要集中于这一地区的稳定。20世纪80年代，对于苏联模式的反对不仅仅集中于政治改革，还围绕着道德重建、人权、自由、和平等方面展开。在一个一党制的国家内，这种行为只具有政治含义，但是反对者们并不倾向于建立大型的组织，或者取代共产党。

反对者争论的一个焦点就是环境污染，尤其是切尔诺贝利灾难之后。秘密警察对民主德国抗议者在一处墓地组织的反抗活动十分恼火，他们说道："骑车，不要汽车。"匈牙利的多瑙河社区（Danube Circle）是一个非官方的运动，拥有上千名签名者，并且和奥地利有着紧密的联系。在捷克斯洛伐克，"七七宪章运动"在1987年传递一份名为《让人们呼吸》(*Let the People Breath*)的文件，严厉地揭露了官方谎报本国污染程度的事实。然而，可以说这种激进的行为，更多地体现在苏联内部，尤其是巴尔干国家。

大量从未出现的监视公众舆论的秘密警察，对于这种程度的反抗感到惊慌。秘密警察将其区分为"意见一致者和抱怨者"，随着时间的推移，前者的力量越来越大，而非减小。苏联支持下的斯大林主义曾被视为这个地区的命运，反抗斯大林主义就是反抗政府。和德国的盖世太保相比，秘密警察和罗马尼亚的安全机构更加庞大，拥有技术更加先进的恐怖设备，他们可以通过胁迫和恐吓使人们服从。只有一个不稳定的因素能够躲避他们的控制——苏联自身。1987年，波兰总理代表米奇斯瓦·拉科斯基（Mieczyslaw Rakowski）对于曾经提出的威胁进行了反思，这个威胁称有一天"某些人"会干涉国家内部事务，他忽然想道："如果那个人牢记自己的利益，不想干涉国家内政，那么情况会如何呢？"如果他干预了，那么用什么挑战旧秩序呢？这就是我们接下来要讨论的问题。[21]

苏联政策的演变

谋杀还是自杀？革命还是撤退？这种问题经常出现在英国结束在印度、荷兰结束在印度尼西亚的统治后，这种问题也同样适用于1989年的事件。这不是偶然：社会主义国家的崩溃成为欧洲去殖民化的一部分。

岁月久远的帝国，从 15 世纪的葡萄牙和西班牙开始，一直延续到我们所处的这个世纪中。“二战”结束后，德国的帝国野心失败了，欧洲其他国家也不情愿地脱离了自己的殖民地。这种速度因地而异，但是整体的去殖民化速度却是非常快的。这是困扰了各国几十年的问题——它们曾经长时间地反对帝国的政府。无论马克思主义理论家们如何认为，解散帝国的法令是意义深远的——在去殖民化之后，西方的经济影响在这些地区并未减弱。

在解释去殖民化的原因时，尤其是去殖民化的速度，长期为历史学家们所关注。有几个问题越来越清晰。首先，帝国并不是作为一个整体而受益；更准确地讲，它给特定的人和公司带来丰厚的利润，但是却给帝国的财政带来沉重的负担。国内纳税人面临的损失，远远高于开发殖民地的人们获得的利润。其次，帝国势力的撤退并不是军事起义的直接结果——尽管阿尔及利亚是一个例外。起义可以被镇压，问题的关键在于生命和金钱的代价。民族主义历史学家乐于讨论抵抗者们在摆脱帝国统治过程中的英勇抵抗；实际上，伦敦和巴黎的狱吏们已经决定何时关闭监狱。

这种决定是一种综合的考虑——财政、军事和政治思想。帝国主义势力经常保有是否诉诸武力的权力。当它们诉诸武力的时候，这往往会危及国内的稳定，就像法国在阿尔及利亚和越南以及葡萄牙在南亚遇到的情况那样。战后，这种选择逐渐淡出了它们的视线。一个原因是它们意识到，在它们获取资源的过程中，保持军事优势是一项昂贵、笨拙的选择；另一个原因是它们要求继续保持帝国，既不符合它们的盟友美国的意愿，也不符合本国舆论的要求，后者更加关注欧洲内部的繁荣。帝国的魅力正在逐渐衰退，无论是从道德层面还是理性层面都是如此，因为欧洲大陆的运转并不依靠全球性的帝国主义竞争和占有领土的多少，而是基于跨国的经济合作。

因此在当代，军事的失败并不能使大国放弃它们的帝国。尽管军事的失败曾经导致了奥斯曼、西班牙和哈布斯堡帝国的崩溃，但是并没有摧毁最强大的大英帝国。对于俄国而言，沙俄帝国 1917 年在战争的压力下崩溃，而在一场更加邪恶、更具破坏性的战争中，斯大林的帝国延续下来并且获得了繁荣，尽管如此，这个帝国也在和平时期解体。一种观点将苏联在东欧的统治仅仅视为一种过时的统治，是一种不适合当代世界发展要求的旧事物在当下的延续。

相比于英国在 1947 年撤出印度，以及随后撤出西非的速度和政治上的老练，苏联在东欧的瓦解几乎是在一夜之间完成的。这是一场自杀，而非谋杀。这种自杀的原因强调了苏联选择——首要的是国内的经济改革，随着阿富汗战争的结束而产生的失望感，则直接导致了 1989 年的事件。[22]

尽管勃列日涅夫时期是停滞时期［具有最高纯正思想的米哈伊尔·苏斯洛夫（Mikhail Suslov）在 1982 年才去世］，思想上带有保守性，但是在这种保守之下，是对于苏联和东欧之间关系的新思考。勃列日涅夫的继任者尤里·安德罗波夫在 1956 年曾任苏联驻匈牙利大使，继而领导苏联同东欧各国共产党的联络部。围绕在他周围的是一批改革者，这些人在 80 年代均升至要职。安德罗波夫本人在勃列日涅夫执政的大部分时期内担任克格勃的领导人，他对苏联帝国毁灭性的状态有着更好的理解，在 1980—1981 年的波兰危机后，他直截了当地表示需要新的思想以及经济改革的紧迫性。

从苏联的角度来讲，几个因素促进了东欧新道路的产生。首先是这些地区在斯大林时期曾经成为苏联的净资产，但是它们现在成了苏联沉重的经济负担，这相当于苏联每年 2% 的国民生产总值：

在20世纪70年代，通过向苏联出口廉价的燃料而获得大量的补贴，这意味着更加贫穷的苏联在补贴相对富裕的波兰和捷克斯洛伐克。东欧的经济互助委员会并不同于共同市场，并不能产生更高的生产力和财富之间的良性循环；相反，它僵化了双边贸易协定，并且激发了双方的相互指责。勃列日涅夫在1971年提出的“社会主义一体化”和他的西方竞争者提出的行之有效的计划相比，更像是一个空想。20世纪80年代，经济互助委员会将东欧视为苏联国家主义的一个工具，此处援引一位评论家的言论，“它像一个没有实质内容的框架”。在20世纪80年代后半期，苏联和东欧的贸易量陷入了停滞状态。[23]

而向驻东欧部队提供的供给则让情况变得更加糟糕，这些开支榨干了经济。苏联的安全政策使得这一地区完全依赖于苏联的部队，但结果却是苏联独自负担武器系统更新所需要的费用。苏联平均每年花费国内生产总值的12%～15%来发展国防力量，而东欧卫星国只花费6%。（讽刺的是，在北约内部则存在着这种负担分配不合理的状况。区别在于，美军的装备更好，但是作为一个超级大国，它也负担着更多的军费开支。）更糟糕的是，东欧国家在20世纪80年代削减了军费开支。[24]

从策略角度讲，东欧对于苏联安全的重要性从1945年以来发生了巨大的变化。冷战现在不仅在欧洲范围内展开，还扩展到了亚洲。缓和的环境降低了来自德国的威胁，这使得苏联能够将精力更多地集中到与中国的竞争中，它面对的是一个具有无穷力量和无法预测的国家。随后爆发了阿富汗战争，苏军在战场上的表现，加剧了人们对于苏军在东欧作用上的怀疑。与此同时，东欧的精英阶层违背了苏联打破缓和局势的愿望，他们强调需要保持和西方的经济联系。

这个集团已经越来越不稳固。

这些都能够帮助我们解释为什么苏联的精英阶层会产生这种观念，并且为什么会发生 20 世纪 80 年代的一系列事情。与纳粹不同，苏联从未正式宣称主权国家的司法平等。一直以来，苏联都赋予自己“领导角色”的地位，它呼吁“社会主义的国际化”和“联合保卫社会主义成就”的观念，这些观念真正的意义在 1968 年就已经出现了。随着勃列日涅夫的逝世和主张改革的安德罗波夫的崛起，苏联的学者发生了积极的争论，主题是关于社会主义共同体是否真正存在。改革者们并没有讨论“不干涉他国内政的共同民主原则”。[25]

1985 年，戈尔巴乔夫当选为总书记，成为苏联最年轻的执政者。他首要关注的是国内，即苏联面临的经济挑战。他希望以一种更加现代化、利用最新科技用以提高生产力的模式，取代斯大林以重工业为核心的发展模式。列宁的新经济政策成为他的模板，他承诺将这种实验性的、实用的模式在社会主义事业中加以实践。在这种观念中，改革是为了使苏联经济恢复活力，而非摧毁苏联的经济体系。

在很多方面，戈尔巴乔夫的改革和几年之前东欧的改革颇为相似。但是有一点本质上的不同。戈尔巴乔夫比卡达尔更加自由地思考着政治方面的改革。苏联的领导人很快就认识到，一个成功重建的经济体系和社会主义的振兴，基于更加自由化的信息，甚至是基于“社会中各个方面的民主化”。[26]

随后出现的是外交方面的含义。很明显，戈尔巴乔夫并没有预见到苏联的崩溃，至少没有预见到苏联自身的解体。因此他强调，未来苏联和东欧国家之间的合作，将会在一个没有强制性的环境中进行。他在 1987 年写道：“时机已经成熟，我们需要放弃帝国主义立场的观点……镇压、强迫、贿赂、改变和毁灭都是可能的，但是只在特定的时期内。”[27]

在强调合作的新主张之下，我们能够发现东欧国家在效仿苏联进行改革。精英阶层被明确告知“20世纪50年代东欧大多数国家在苏联影响下建立的社会主义模式的行政体系，没有经得起时间的检验”。现在莫斯科命令他们改革，并且希望自己的影响力依旧。戈尔巴乔夫在这一地区赢得了惊人的欢迎度，但是并不被那些强硬路线的领导人欣赏，例如昂纳克、胡萨克和齐奥塞斯库。但是这些强硬路线的领导人比戈尔巴乔夫看得更清楚，他的政策宣告了苏联模式的终结。[28]

1989年危机

苏联帝国的解体是在苏联内部开始的。1987年，巴尔干国家强有力的环保运动让位于纪念1939年莫洛托夫和里宾特洛甫之间协定的非官方活动，这个协定有效地决定了休战期独立国家的命运。进一步的纪念活动吸引了更多的人参加，这造成了政府部门的混乱，并且为转年发生的更加紧张的政治斗争开辟了道路。1988年年底，爱沙尼亚宣示主权，宣称本国是一个自治共和国——这是在苏维埃联盟中第一个这么做的国家——宣称本国的法律高于联邦的法律。大规模自治团体组织的示威活动口号中的“国家”代表着战前的共和国，他们从本国政权手中夺取了非官方的认可。

随后克里姆林宫反对强硬路线的做法，弱化了各国政权的力量，并且困惑于是否需要打击这种大规模的集会。截至1989年年初，人民阵线取得了一次巨大的成功，他们痛斥共产党选举新的苏联代表大会人民代表的行为，从谨慎地要求“自治”转向直接要求独立。[29]

但是在东欧，在 1989 年年初并没有即将发生重大事件的征兆，除了波兰。在波兰，团结工会的平衡政策愈发清晰，出现了要求脱离控制的罢工潮，他们不仅提出脱离政府控制，甚至包括脱离团结工联的领导。此时，威胁不是来自苏联的介入，而是内战——迫使当局邀请团结工会参加圆桌会议，并且授予他们参选权。在 1989 年 7 月的大选上，波兰共产党遭到惨败。在这些反常的事件中，戈尔巴乔夫重申了他不干涉的原则，华约成员国的会议也宣布“不存在普遍的社会主义模式，没有人对真理拥有垄断的权力”。马佐维奇（Mazowiecki）在 1989 年 8 月组建的政府，成为东欧 20 世纪 40 年代以来第一个非共产党领导的政府。[30]

通过回溯历史我们发现，苏联模式早在当年 4 月就已经宣告终结，此时波兰共产党暗示了团结工会的合法地位，并且邀请他们参加圆桌会议。但是在这一阶段，依旧很少有人预测到接下来发生的席卷这一地区的剧变。毕竟 1988 年 10 月，在戈尔巴乔夫击败了保守主义的对手李加契夫（Ligachev）后，他的改革计划还是安全的。在帝国崩溃的过程中，机会和错误都在继续着。如果说波兰的剧变是因为本国共产党的脆弱，那么接下来发生在匈牙利的剧变，则是因为共产党过于强大，在面对零散的反抗中，它傲慢自大，相信一切都在自己的掌握之中。当它意识到，在大众不满的背后是民众对于改变的渴望，为时已晚。大批的民众聚集在一起，庆祝 1848 年起义。他们重新安葬了纳吉 *，并且取消了政府组织的 5 月 1 日集会。

---

* 纳吉（Nagy），匈牙利人民共和国政府总理，1958 年以组织推翻匈牙利人民民主国家制度和叛国罪被判处死刑，1989 年 7 月恢复名誉。——译者注

剧变首先发生在波兰，是因为波兰的经济已经处于崩溃的边缘，而民主德国和捷克斯洛伐克政府则显得信心十足，因为它们有强大的经济作为保障。但是经济混乱并不是触发社会主义政权崩溃的唯一因素。这其中存在着一种多米诺骨牌效应。匈牙利和奥地利达成了边界开放协议，旨在吸引国际的目光来关注在罗马尼亚的匈牙利少数民族的悲惨遭遇，这使得一部分民主德国人通过匈牙利逃走，这也显示了昂纳克在国内不受欢迎的境遇。旧政权的危机在波兰持续了数月，但是在民主德国和捷克斯洛伐克仅持续了数周；这一次没有帝国的征服，因为人们已经对苏联帝国失去了信心。

总体而言，这种变革是在和平环境下完成的，在捷克斯洛伐克和民主德国，剧变仅仅遭到了警察残暴的阻挠；罗马尼亚发生了激烈的巷战，专制的齐奥塞斯库拒绝听取其他团体的建议。这种顺利的过渡部分反映了共产党意识到了自身的弱点、被莫斯科抛弃，以及自己历史性的失败。但是这个过程也反映了反对者的弱点，他们掌握的权力并不牢固。所有人都面临着参与到1989年的政治改革中，因为共产党的失败造成了权力真空的状态，这是极其危险的。群众对其持普遍性的反对态度，这直接反映在接下来两年的大选中。

我们可以理解，为什么很多观察者在苏联模式遭受挫折之时，对于大量出现的反对旧秩序的人群感到惊恐。这些人群不仅肯定了苏联模式的破产，他们也意识到，如果新的、更加法制化的政治秩序不被建立的话，那么就会出现不稳定的状况。

选出新的领导阶层是后共产主义政治的首要任务。这和1919年惊人地相似：70年后，新一代试图在这一地区再造民主。尽管原因不同，但是西欧的政治和宪法范式又一次被引入东欧，而这和东欧的社会政治现实和历史记忆相冲突。之前的政党不得不建立在特殊的环境中，即政党必须接受共产主义的训练。因此拯救阵线、团结工会、民主和公民论坛以及民主力量联盟，一切事物都在避免那个行将就木的称谓。多党制的反对党联盟曾经联合在一起赢得了胜利，但是它们在 1990—1991 年分崩离析，这加剧了人们对于政党的怀疑。团结工会的分裂主要集中在以马佐维奇为代表的自由知识分子和以瓦文萨（Walçsa）为代表的提倡民粹主义的民族主义者之间，这预示了他们之间的关键裂痕——政治精英和文化精英竞相再造与民众的联系。

像 1919 年那样，必须重新制定宪法秩序，但是此时这种趋势明显体现出渐进的特征，而非革命性的特征。在匈牙利和波兰，在新宪法出台之前，由共产主义宪法改造的版本延续了数年，这反映了民众希望一种顺利的过渡，而非突然放弃过去。制定新宪法最初遇到了阻碍，因为苏联的退位造成了各个政党合法性难以确认的情况——在 1990 年到底哪个政党拥有制定新宪法的权力？随后最初的反共产主义共识也崩溃了。只有罗马尼亚和保加利亚迅速制定了新宪法。

同 1919 年一样，报纸上报道的内容要好于现实。令人绝望的经济危机使得新政权对于社会和经济权利的承诺，听起来更像是一句空话，即便是与过去共产主义政权的承诺相比。而民事权利、人权和政治权利经常被任意施行的国家权力和民族主义独裁的冲动限制。例如，言论自由被控制，当言论与“公共道德”和“宪法秩序”相冲突的时候，就需要进行调整；在罗马尼亚，国家法律禁止“诽谤国家”以及“与良好道德相悖的龌龊行为”。而像希腊和意大利这样的国家，在法律上也存在着不自由的法令，这提醒我们残留的独裁倾向不仅仅出现在东欧。[31]

更重要的是，像1919年一样，新宪法并没有强调少数民族的权利。民主又一次涵盖了重建民族共同体的概念，但是与国际联盟时期相比，少数民族问题并未引起足够的国际关注，也未能充足保障他们的利益。巴尔干国家引入国籍法，将俄罗斯和白俄罗斯少数民族视为“外国人”——这些人占拉脱维亚总人口的50%，占爱沙尼亚总人口的40%，来自欧洲委员会的抗议对于他们境遇的改善作用有限。在巴尔干国家，宪法对于国家语言做出的规定，使得地方政府能够仅在学校和大学中教授少数民族语言。新建立的捷克共和国的国籍法将吉卜赛人和斯洛伐克人排除在外。匈牙利成为处理本国少数民族问题较为开明的例子，即便它的宪法令人不安地表述道，“国家有义务保护境外的匈牙利少数民族”。[32]

但是1919年和1945年还是有相似之处的。在结束纳粹的占领之后，国家与旧制度之间连续性的问题是它们必须面对的，无论是从法律上还是行政上。随着社会主义的国家机器被废除，东欧国家已经决定谁该受到惩罚，谁该得到补偿。“清洗”共产主义特权阶层让人想起了20世纪40年代清洗和纳粹合作的精英阶层。关于这种清洗重点和清洗范围的相似讨论也相继开展，然而他们无法重新塑造一个社会。在捷克斯洛伐克和之前的民主德国——这两个最热衷于清洗运动的国家，人们逐渐认识到秘密警察并不是一个可靠的复仇工具。总体上讲，几乎没有发生骇人听闻的政治迫害，也许是人们意识到旧体系下的迫害已经对他们产生了深刻的伤害。像40年代一样，关于是否需要彻底否定旧制度的问题，产生了激烈的争论。过渡而非革命，这就意味着部分行政和经济的专长还保留在精英阶层的手中，即便这会给他们获取国家财富、掌握部分权力提供便利。实际上，1989年之后的过渡比前两次世界大战都要顺利，这种状况也许意味着这一地区日益增长的政治经验，在政治上变得愈发成熟。[33]

也许最好的证据就是新体系在议会选举中击败了共产党。匈牙利一位保守政治家在目睹共产党在大选中失败后抱怨道："人们遗忘得如此迅速吗？是的，这是糟糕的事情，从任何角度讲都是。选民们并没有将 20 世纪 50 年代所取得的成就归功于左翼政党，他们只会避重就轻地评论道'匈牙利共产主义将国家变成了社会主义阵营中的快乐营地'。"对于匈牙利的保守主义者而言，他们的问题是过去一直将罗马尼亚当成自己的比较对象，而现在奥地利成为他们的比较标准。[34]

总而言之，新的东欧国家有一个梦想：它们害怕踽踽独行，它们迫切希望"重新加入欧洲"。但是它们加入的是什么样的欧洲呢？可以肯定的是，那是一个自由的欧洲，但是除此之外，也是一个很少考虑它们、专注于本国福利危机、坚决保护本国工业、并不热衷于帮助它们顺利过渡到民主和资本主义的欧洲。西方盛行的新自由主义，以及极高的政治内向性，使得拒绝向这一地区提供任何类似于马歇尔计划的复杂援助项目。相反，在最初的几年，西方的顾问们暗示，拆除国家社会主义的机构，就能够为市场运转创造一个法制的框架，资本主义就可以在这一框架下生根并且繁荣发展。

撒切尔政府的政策成功地避开了大多数西欧国家在东欧施行的巨大计划。在西欧经济学家、咨询顾问、会计和律师的指引下，这一地区迅速实现了私有化。捷克经济的 80%，其余地区的 40%～60% 都在 5 年之内落入了私人之手。这是国家范围内资源的转移，并且在一定程度上由外国投资者从国家手中获得，这种规模是超乎想象的。[35]其结果是苏联的福利体系被摧毁，但是在废墟上却没有新的替代物建立起来。西欧至多是提供短期的财政援助来实现这一地区的货币稳定，这在20世纪80年代也曾经对共产主义政权施行过。像20世纪20年代一样，西欧国家试图将这一地区排除在外，只在一些私营部门保留一定的临时性的资本投资。但是这远远不够。1990—1993年，外国资本在整个苏联集团地区的总额为125亿美元，但是新加坡在那一年就吸引了相当于这个总量一半的资金。由于财产声明在法律上具有的不确定性，使得德国联邦赔偿办公室在1993年受理了超过100万起诉讼，这也使得西方投资者越发谨慎。与此同时，欧洲重建和发展银行（European Bank of Reconstruction and Development）作为劳合·乔治在“一战”之后流产计划的继承者，花费了大部分启动资金，建设其位于伦敦的由华丽大理石花纹装饰的总部，而不是将资金用在东欧地区。

这直接导致工业产出下跌了20%～40%，失业率迅速上升，这种情况只能通过不断地向其他地区劳动移民来缓解。新的民主国家不得不面对其前辈一再推迟的全球竞争。整个的城镇和工业崩溃，解除管制的租金迅速上涨，收入差距迅速扩大，一个新的资本家阶层开始在社会上炫耀他们的财富，而且他们非常注意共产主义平等主义的修辞。一位匈牙利工人抱怨道：“现在没有社会保障体系。至少曾经有过。工厂大量裁员。如果人们付不起电费，他们就会关掉电灯。”毕竟，曾经的体系在有缺点的同时，也拥有益处，人们同时适应了这些。新的资本主义更加不稳定，出现了新的黑手党，他们利用银行经验不足的特点，通过欺骗滋生犯罪、攫取诚实的人们积累的财富。共产主义的经济道德已经破产，但是除了新的个人主义和怀疑感，没有东西替代已经消失的经济道德。[36]

德国的统一

德国的统一是苏联帝国崩溃后，欧洲力量平衡最根本的改变。德国的统一就像 40 年前德国的分裂一样，来得很突然。最初，大国的计划中都没有分割德国的意图（除了法国以外），但是随着德国的分裂，仍然没有人忙着确立这种状态。无论是民主德国还是联邦德国，统一的重要性都在逐步下降，1987 年，当昂纳克访问波恩的时候，人们甚至已经开始忘记统一。西欧的东方政策是统一的替代品，而不是实现统一的策略。当然，这也反映了国家内外对于统一的观点，他们担心德国的统一将会唤起人们对于德国已经休眠的恐惧。民意调查显示，随着“二战”的远去，东欧人对于德国的恐惧感迅速下降。正是这种下降，削弱了苏联红军继续驻扎欧洲的过时理由，这也导致了苏联的后退——这是一个比现实更加明显的悖论，因此德国最终的统一不仅是明智的，而且是不可避免的。像以科尔为首的对外政策顾问意识到的那样，随着两个德国之间意识形态分歧的消失，没有任何理由阻止德国的统一。

戈尔巴乔夫谈论了克服欧洲分裂的问题，但是很显然，他并没有认真考虑克服德国分裂的问题。与斯大林相反，戈尔巴乔夫主张逐步统一。很多西方人都展望了冷战结束，但是两个德国并存的前景。例如，撒切尔夫人在 1988 年 11 月宣布“我们已经不再处于冷战之中”，同时她对于德国的力量感到怀疑，因此反对统一。只有乔治·布什持不同的观点。与戈尔巴乔夫不同，布什主张在明确的“西方价值”基础上实现欧洲的统一；与科尔不同，布什不打算以东欧为筹码来维持和莫斯科的良好关系。[37]

如果不是 11 月柏林墙倒塌，德国的统一会实现吗？在 1989 年那个混乱、不可预测的夏天，很多评论家忽然发现了冷战产生的价值及其创造的稳定。历史学家休·特维罗珀在6月推测道："如果放弃对社会的控制，那么民主德国的共产主义将会像古老的卷轴一样被尘封。但那不会导致一场革命吗？我们生活了44年平衡的和平环境会变得动荡不安吗？……唯一的问题是，德国人真的希望这样吗？如果是这样的话，那么在不摧毁欧洲微妙的和平基础上，如何实现？"[38]

无论是8月的难民潮，还是10月的示威游行，都无法预示民主德国的结束。12月发生在莱比锡的示威游行中，人们将呼喊"我们是一个国家的人"，而在两个月前，他们呼喊的却是截然不同的——"我们是人"。在柏林墙背后，对于德国统一的呼吁也仅仅出现在柏林墙倒塌一个月之前。

也许冷战的结束仅仅是行政错误的结果。不止一个西欧记者宣称自己在11月9日东柏林召开的新闻发布会上提出这个重要的问题：对于民主德国民众的新的出行条例什么时候可以生效？新闻官君特·沙博夫斯基*并没有对这一点做出明确的说明，只是即席回答道："从这一刻开始。"随后他承认当局并没有预见到"几千名情绪激动的群众冲向查利检查站。困惑的边境守卫不知道如何应付这些人。此时政治家命令他们放行，边境守卫开始执行命令"。

作为始于1917年一系列革命事件的终曲，一种大众的起义席卷了共产主义在德国留下的最后痕迹，并且同时"扫除"了共产主义的政治精英。即便在11月9日之后，很多政治家和知识分子——从

* 君特·沙博夫斯基（Gunter Schwabowski），前民主德国执政党德国统一社会党的官员。1989年11月，他下令拆除柏林墙和两德边界，开启两德统一的序幕。——译者注。

戈尔巴乔夫到君特·格拉斯*，依旧在寻求一个独立的民主德国，和联邦德国一道组成同盟。11 月底，科尔提出了一条长期的、分阶段的统一道路。在柏林墙倒塌后的一年中，德国实现了货币统一和宪法统一。

布尔拉科夫将军（General Matvei Burlakov）是驻民主德国的苏联军队最高指挥官，他在 1994 年撤出德国前夕说道："战后德国的历史写下了最后一笔。"西方的军队已经离开，苏联的战争纪念碑也成了一堆瓦砾。在东部出现了新纳粹主义的复兴和大量的失业潮，人们很自然地对这个欧洲新兴的大国感到恐惧。当然，这些恐惧反映了那些历史性的恐惧——尤其是英法两国，一直以来都对于这个大国的状态感到恐惧，这阻碍了当下的均衡观点。这种恐惧也基于这种统一的速度和突然性，凸显了在新欧洲重大事件的难以预见和不可控的特征。有趣的是，根据 1990 年的民意调查，普通民众并不像政治家和知识分子那样，对于德国统一进程感到不安。

对于历史学家而言，科尔治下的德国并不会像希特勒治下的德国那样，会对欧洲构成威胁。这一方面要归功于战后民主进程的迅速恢复，另一方面则和共产主义和法西斯主义的历史性失败的经历相关联。它摒除了军国主义，证明其铭记了在"二战"中丧生的 500 万德意志人；它同时摒弃了扩张主义，在东欧消失的德意志少数民族成为其对外政策的一个主要关注问题；达尔文主义观念在国际关系中消失了，这个观念在不切实际的民族主义和第三帝国之间盛行了将近百年。

欧洲最为强大的国家，现在不得不将自己投入东部的重建中。

---

* 君特·格拉斯（Gunter Grass），德意志联邦共和国作家，1999 年诺贝尔文学奖获得者。——译者注

它应该批评反省？还是批判它通过经济援助和投资，企图在东欧占据优势地位的行为？应该称赞它将联邦德国国防军的军事力量减半的行为，还是批评它缺乏对外军事行为的主张？人们希望它能够最大限度地接受南斯拉夫的难民，任何收紧庇护法的行为都会激起法西斯主义的呼声。由于德国之前的独裁体制，很多欧洲人有时觉得很难和德国在民主问题上达成一致。但是独裁代表着过去的德国，松散的联邦和蹒跚的市场经济代表了德国的未来。

南斯拉夫战争

1989 年之后，西方的评论家对于民族主义感到震惊。随着民族记忆和旧式仇恨沉渣泛起，他们很容易将民族主义之间的竞争视为历史的重演和欧洲未来问题的根源。现在关于少数民族问题的研究已经成为学术界、安全专家和国际法学家关注的热点。共产主义精英在简单的角色切换之后，变成了民族主义的象征，但是西方的观察者们就在他们身后不远的地方，熟练地调整了自己在冷战时期的分析技能。

苏联社会主义模式的失败从几个方面强调了民族主义的潜在破坏性。首先，从苏联社会主义模式中解放出来，就意味着要求民族独立——这在巴尔干国家很明显，对很多东欧国家而言也是这样。其次，在华约内部解决少数民族问题争端的旧机制已经严重毁坏，在 1989 年之后就失去了效力。再次，西欧人更容易进入东欧，这意味着一束强光照射在这个排外主义和种族主义盛行的地区。一个匈牙利光头乐队唱道："火焰喷射器是我唯一需要获得的武器，我将会消灭所有的吉卜赛儿童和成人，但是我们不能一次性地杀死他们，当这种情况发生时我们就会宣扬：这里是吉卜赛自由区。”反吉卜赛的偏见团结了像斯洛伐克总理梅契尔和匈牙利政治家伊什特万克·苏卡这样的敌人，与此同时兴起了对于战争时期同通敌者和反犹太主义斗争的民主主义者的纪念活动。[39]

另外，许多关于过往仇恨回归的言论是离题的，这只是流行的世纪末观点的一部分，并不基于任何严谨的政治前景展望。实际上，国际形势和半个世纪之前大不相同，民族主义者威胁着欧洲的稳定。战争时期的种族灭绝、大规模驱逐和人口工程使得东欧少数民族的人口迅速下降，和休战期的情况形成了鲜明的反差。犹太人、德国人和乌克兰人被彻底清除、驱逐，他们无论是在现实中，还是在政治上都无法回归原来的状态。德意志人的问题现在集中体现在统一问题上，而非收复领土的问题，在 20 世纪 90 年代没有人认真地展望过德国和奥地利的合并。与西班牙的巴斯克地区和加泰罗尼亚地区、意大利北部的德意志人，以及英国越来越多的不安定人口相比，东欧整体上看上去非常平静。在这一地区唯一能够引起大规模冲突的是巴尔干国家的俄罗斯少数民族，他们面临着被歧视，以及被驱离的压力。在其他地区，少数民族依旧是被歧视和威胁的重点，这些人能够进行自卫，但是很难成为日常政治生活的焦点。从这点来看，东欧和西欧是非常相似的。

当然，南斯拉夫的血腥分裂又一次将民族主义置于人们视线的焦点中——苏联社会主义模式的崩溃造成了灾难性的后果。在和南斯拉夫的残余军队进行了几天时断时续的战争后，斯洛文尼亚在 1991 年背叛了南斯拉夫，这显示了分裂也可能在一种相对和平的环境下进行。但是那时斯洛文尼亚并没有塞尔维亚少数民族。当拥有塞尔维亚族的克罗地亚和波斯尼亚寻求脱离联邦的时候，它们遭到了塞尔维亚的拒绝。

塞尔维亚的共产党领袖米洛舍维奇比他东欧的同志们掌权的时间更加长久，同时作为一个塞尔维亚民族主义者和南斯拉夫社会主义者，他通过战争实现了对于权力的控制。当齐奥塞斯库试图打出民族主义这张牌时，他发现民众和军队已经开始反对他。米洛舍维奇清除了军队中的反对派，并且派坦克到贝尔格莱德的街道上驱散示威游行的人们。从此之后，塞尔维亚鲜有公开的反抗——尽管时而发生一些擅离职守、移民和撤离的事件，直到战争结束才公开了这些不光彩的事情。民族主义、成见和政权对于媒体的控制，将塞尔维亚的战争可能性降到了最低。

在波斯尼亚，塞尔维亚人采用了德国人曾经提倡的方法和价值观来实现区域内种族净化的目标，而上一次这些观念的提出是在希特勒的“生存空间”理论中。在这个过程中，民族清洗是第一步，通过恐怖政策令非塞尔维亚人离开他们的家，而让塞尔维亚人住进去。这个策略非常奏效，在几个月之内就产生了数十万的难民，最终这一数字超过了 200 万。西方试图遏制难民危机，但是却不追问难民问题的根本原因，它在等待塞尔维亚的胜利。如果塞尔维亚失败了，那是由于单纯的民族清洗并不能保证军事的胜利。只要像萨拉热窝这样的城市顶住轰炸，那么塞尔维亚的炮兵优势就不是决定性的，他们不得不进入巷战，这将造成严重的损失，但是为了胜利，他们必须付出这样的代价。他们开始回避这些损失，着手打破僵局。但是随着时间的推移，这种平衡被打破，天平逐渐倾向于他们的敌人：在美国的支持下，波斯尼亚和克罗地亚变得越来越强大，此消彼长，塞尔维亚的士气却在不断下降。1955 年，塞尔维亚人忽然明白了半个世纪前困扰纳粹的事实：不光要赢得土地，还要保有它。

民族清洗带给他们大量的土地，但是却驱赶了能使这些土地更加多产的劳动力。

因此 1995 年塞尔维亚的战败是败给了欧洲盛行的种族隔离观念。同时它败给了西方，塞尔维亚没有实现对冷战之后自由价值的有力挑战。企图以现实政治碾压权利保护和拒绝种族灭绝的方式非常糟糕，更糟糕的是，它的现实政治也是一场彻头彻尾的失败。在宣传了 3 年军事干涉并不奏效之后，1995 年夏天，塞尔维亚人忽然意识到这种干涉一直非常有效。西方带给塞尔维亚的外交压力保护着波斯尼亚政府，尤其是在西方占领了塞尔维亚的重镇班加卢卡之后，这足以保障一个独立的波斯尼亚国家。战争的结果是没有完全的胜利者——这个地区继续动荡不安，在此问题上西方国家显得优柔寡断。

讨论西方也无法掩盖美国才是改变波斯尼亚僵局关键的事实。对于很多中立的观察者而言，波斯尼亚是一个欧洲问题，但是这并不能推断出欧洲的行为。欧洲的政策制定者们完全被边缘化，而欧盟的境遇也非常相似。英国和法国更喜欢通过联合国和北约行使权力，在这些机构中，它们能够分享美国的权力——当然在联合国它们还需要和苏联分享。英法两国通过派遣军队来夸耀它们的承诺，但是在很长一段时间内令人失望。它们都喜欢抱怨美国的傲慢和虚伪，但是却无力独自解决这些问题。因此波斯尼亚的事情向人们展示，没有美国的帮助它们无法处理大陆内部的冲突，即便在冷战之后。

支持塞尔维亚军事干涉波斯尼亚的观点，可能会影响其余东欧地区的稳定。从短期来看，这种观点并没有引起人们的恐惧。由塞尔维亚战争引起的巴尔干国家的多米诺骨牌效应——这种冲突蔓延到科索沃、马其顿和阿尔巴尼亚，这使人们忽视了战争的威慑影响。电视中燃烧的村庄、炮击过后城市的镜头都是在为民族主义者歇斯底里的行为埋单，这些场景能够帮助抑制煽动性的言辞，遏制扩张主义者和民族统一主义者的计划，鼓励妥协和调停。

与此同时，西方无力阻止冲突，国际上也不倾向于介入，因此这个地区的紧张情绪日益增强。在20世纪90年代初期，希腊和土耳其之间展开了一场军备竞赛，在几十年中两国之间都剑拔弩张，战争几近爆发。在科索沃，塞尔维亚人似乎再也无法压制阿尔巴尼亚人，在马其顿，民族紧张和民族冲突的范围已经超出了阿尔巴尼亚，威胁着这个平衡政权的稳定。波斯尼亚战争的威慑力并不会一直持续下去，在欧洲对于巴尔干国家的联合安全政策下，战争也不是一种不可取代的形式。

南斯拉夫战争可以被视为1989年联邦解体的余音，这是唯一一个以战争形式表现出来的解体。而捷克斯洛伐克的案例则展现了另外一种情景——这个按照《凡尔赛和约》而缔造的联邦，选择了用和平的文明方式独立。而最复杂的问题无疑是之前苏联内部的国家，在这个曾经帝国的南部和西部边缘聚居着大量的俄罗斯少数民族。实际上，在欧洲范围内的冲突——除了摩尔多瓦和1991年的巴尔干国家，依旧限定在政治层面，并未升级到其他层面。

从欧洲整体的角度来看，东欧处于这个世纪最不稳定的时期。休战期的边界变更挑战着《凡尔赛和约》中规定的边界划分。在此过程中，人们迁移或者被迁移，甚至被杀害；但是到了20世纪40年代，除了苏联、德国和波兰，其他国家的领土几乎维持《凡尔赛和约》规定的原貌。1989年之后，各国达成共识，维持边界的现状。这种共识在1975年的赫尔辛基就已经达成，这已经成为一种信条，尽管这意味着 1945 年之后不公平的战后安排。德国最终承认和波兰的西部边界，放弃了对于过去德国东部领土的要求。波罗的海国家也接受了在战后划分边界内的独立地位，放弃了恢复到 1939 年之前状态的努力。和平是极其珍贵的，而西方在南斯拉夫内战中看似不道德的、自相矛盾的政策，可以认为是它们为了维持这个原则而做出的最后努力。

这种认同对于所有人而言都是大有裨益的，因为东欧国家似乎都不情愿进行彼此间的合作。相反，传统的相互怀疑还在延续：西欧依旧希望扮演救世主的角色，而苏联继续将它们视为敌人。与西欧的冷漠相对应的是东欧的不负责任。西欧过度崇尚现实政治的做法维持了欧洲的平衡，但是这种平衡将会被东欧民族主义者们短视的野心打破。怎样令多年来的地缘政治现实——例如，对于西方而言，苏联的地位永远高于波兰和罗马尼亚，与 1989 年之后的现实相适应，是东欧和西欧都不愿意思考的问题。

结语

制造欧洲

在最近几年，有很多谈论欧洲、欧洲文明、反欧洲和反对欧洲文明势力的言论——呼吁、报纸和杂志上的文章、研讨会，以及宣言。总之“欧洲”这个词语以异常高的频率出现，无论是因为好的原因，还是坏的原因。但是如果我们停止进一步分析“欧洲”的意义，那么我们就会直接对于那些谈论欧洲的言论感到无比困惑……

——**弗雷德里科·沙博**（Frederico Chabod），

1943—1944 年[1]

兹比格涅夫·布热津斯基（Zbigniew Brzezinski）在 1990 年写道：“民主获得了胜利，自由市场获得了胜利。那么在这场意识形态重大的胜利之后，我们又该信仰些什么呢？”悲观的担忧很快取代了冷战结束的幸福感，弗朗西斯·福山（Francis Fukuyama）认为，苏联社会主义模式的崩溃意味着历史的终结，我们迎来了一个更加平淡时期的曙光，而非一个英雄的时期。其他人并没有预见到恶魔历史的重生——民族主义、法西斯主义、激进主义和宗教斗争。他们谈论着“历史的回归”，寻找 1992 年和“一战”之前的相似之处——就像科索沃又一次成为世界的焦点。

实际上，历史既没有抛弃欧洲，也没有回归欧洲。欧洲又一次统一，但是却无法再像冷战之前那样，居于世界事务的中心。要理解欧洲今天所处的位置，不仅需要回溯现在和过去的相似性，还需要明确这个过程中发生了什么变化。相比于接受并不熟悉的现实，我们更愿意怀揣旧梦——尽管有时是一种噩梦。

两位法国历史学家在 1992 年总结道：“在过去的一个世纪中，欧洲发现尽管它的居民们在语言和习俗上存在着差异，但是他们分享着共同的文化……欧洲人开始意识到欧洲身份的存在。”[2] 而这一年爆发的南斯拉夫内战，使得这个大胆的言论具有了一个体面的背景。1936 年，另一个内战横行的年份，英国历史学家 H. A. L. 费舍尔（H. A. L. Fisher）断言欧洲将会被一种文明所统一，这种文明“拥有独特的普遍性和优势”，这种文明是基于“对于思想的成就和宗教愿望的一种继承”。几年之后，波兰流亡学者欧斯卡·哈雷基（Oskar Halecki）在《欧洲历史的限制和分裂》（*the Limits and Divisions of European History*）一书中希望实现欧洲大陆根本上的统一，而此时波兰刚刚成为共产主义阵营的一部分。[3]

否认欧洲人自相残杀的特点，似乎是对于这个世纪欧洲血腥斗争的一个回应：交战的一方代表了真实的欧洲——像雷诺所描述的那样，而另一方则被描写为篡位者或者野蛮人。在欧洲很多国家，知识的传统可以追溯到自由民主的起源，而自由民主则代表着欧洲。但是如果我们正视自由民主在两次世界大战之间失败的事实，如果我们承认共产主义和法西斯主义也是欧洲政治遗产的一部分，那么我们很难否认改变这个世纪欧洲的不是一种内敛的思想和感觉，而是一系列和新秩序之间的暴力对抗。如果我们不把欧洲视为一个地理概念，而像弗雷德里克所说的那样，欧洲是一个“历史和道德的个体”，那么在这个世纪的大部分时间内，欧洲这个概念是不存在的。[4]

在欧洲历史上存在的新现象并不是冲突的存在，而是冲突的规模。相比于拜占庭、哈布斯堡和奥斯曼这些过去的王朝帝国，20 世纪意识形态乌托邦式的试验以惊人的速度展开：它们之间的冲突将前所未有规模的冲突带到欧洲人的生活中，在现代官僚体制和技术的帮助下，各国实现了社会的军事化，强化了国家机器，并且夺去了数百万人的生命。1870—1871 年的普法战争总计造成 18.4 万人死亡，而“一战”造成了超过 800 万人死亡，“二战”夺去的生命则高达 4 000 万。这种战争创伤的程度和领导者的野心与抱负是成正比的；与以往任何时期相比，这些领导人彻底重塑欧洲的愿望更加强烈——无论欧洲内外。如果说欧洲现在面临着思想枯竭的问题，以及政治成为一种明显的空想行为，我们丝毫不用感到惊讶。正如奥地利前任总理弗朗茨所言：“现在拥有个人观点的人都应该去看医生。”

1989 年之后民主在欧洲取得的奇怪胜利，促使欧洲大陆开始反思。70 年前，“一战”之后民主在欧洲的巩固适应了自由主义建立新秩序的梦想：欧洲似乎注定要成为人类的典范。通过国际联盟，东欧新兴的民族国家能够从西方更加成熟、更加先进的国家学习民主，而通过殖民地和托管地，帝国能够更加广泛地传播民主。1991 年，苏联模式在欧洲的失败并没有这样全球化的意义，也没有这种类似福音派的梦想。民主适应今天的欧洲，一方面是资本主义的胜利，另一方面是因为它并没过多地承诺义务，没有过多地介入人们的生活中。欧洲接受民主是因为其不再相信政治。正是基于这个原因，我们才发现一方面民意调查显示民主拥有着超高的支持率，另一方面政治冷漠的程度也居高不下。在当代欧洲，民主允许右翼的种族主义政党和保护人权的行为共存，这一点和之前的状况大相径庭；它涵盖了从以瑞士为代表的基层政治，到以克罗地亚为代表的近似于独裁的政治形式。

1989 年真正的胜利者不是民主，而是资本主义；整个欧洲面临着和西欧 20 世纪 30 年代相似的任务：建立资本主义和民主之间的有效联系。休战期的经济萧条揭示了民主并不能脱离资本主义而存在，而实际上，我们很难想象脱离了“二战”后重新修订的社会契约，民主能够取得对共产主义的胜利。充分就业的结束和福利的削减，使得这社会契约的种种成就比以往更加难以维系，尤其是老龄化已经成为社会的一个标志性特征。金融市场的国际化加大了各国保持自主行动的难度，而金融市场也衍生了自身的不合理性和社会矛盾。劳动力市场的国际化也挑战着国家公民、文化和传统的定义。欧洲是否能够在美国的个人主义和东亚独裁主义的夹缝中找到一条适合自己发展的道路、保证自身的社会团结和政治自由，仍旧难以回答。但是冷战的结束意味着民主再也不能找到一个对手，通过和这个对手的对抗来实现自己的目标。过时的政治路标已经被根除，留给人们的是一个模糊不清的方向。

20 世纪末的迷失很大程度上是一个欧洲的问题，它反映了欧洲在这个世纪的特殊历史经验，以及紧随狂热的乌托邦信仰而来的屠杀。基督教、资本主义、启蒙运动和先进技术带来的自信，鼓励着欧洲人在很长一段时间内自视为世界文明的典范。他们对于欧洲世界使命的信仰早在 17、18 世纪就已经非常明显，并且在帝国主义时期达到顶点。从很多方面讲，希特勒是他们中的代表人物，纳粹的新政策比其他任何人都接近这一目标。现在冷战已经结束了，欧洲再一次统一，这些经历使得欧洲人相信，他们的文明和价值观不再是领先世界的，这一点非常明显。很多之前从苏联独立出来的国家迫不及待地希望加入“欧洲”。然而“欧洲”是什么，它在世界中代表着什么，这些问题已经变得越来越模糊。

面对这种挑战，唯一有远见的会议是欧洲主义者在布鲁塞尔召集的，他们唯一的观点就是建立一个更加紧密的欧洲联盟。他们依旧用陈旧的方式会谈——好像历史只朝着一个方向发展，这导致了欧洲从自由贸易向货币联盟的无情转变，并且最终形成一个政治联盟。而与这种乌托邦的构想对立的，是一个混乱的大陆，它将重蹈国家间竞争覆辙，德国重新占据主导，大陆再次面临战争的威胁。

在欧洲的思想史中，很早就有人提出了永久和平的梦想；而在20世纪中叶的血腥经历后，这种思想自然而然地再次萌发。这种愿望尤其要求制止德法两国之间的冲突，在一个世纪中两国之间发生了3次大规模的冲突，而这些也成为共同市场形成过程中的一个重要方面。在之前的构想中，永久的和平是通过多样性的国家而实现的。但是随着民族国家的兴起，以及在“二战”前后由民族国家引起的杀戮，使得人们意识到民族国家就是战争的一个起因。然而，过去的记忆并不足以为未来提供一个良好的借鉴：对于另外一场欧陆战争的恐惧、对于民族国家间关系的悲观情绪，需要努力适应欧洲当下的新形势，而且这些主观的情感并不足以当成不言而喻的真理。斯坦利·霍夫曼（Stanley Hoffmann）对于30年前的评价依旧中肯：“反思民族国家在过去和当下的国际意义，同例行公事地抨击民族国家同等重要。”[5]

欧洲 20 世纪的历史很明显地被一分为二。在 1950 年之前，超过 6 000 万人死于战争或者国家支持的冲突；相反，在 20 世纪 50 年代后，即便将南斯拉夫战争考虑在内，以此种方式死亡的人数也不足 100 万。因此如果说民族国家需要为前半个世纪的流血冲突负责的话，那么在后半个世纪，民族国家则需要被赋予一些和平的特征。毕竟，在这个世纪，民族国家在欧洲兴盛起来，在纳粹战争、在冷战中延续下来。美国和苏联都通过不同的方式，持续地依赖它们的欧洲盟友。作为民族国家协商的一部分，共同市场出现了，并且成为这些协商的中心议题：只有在 20 世纪 80 年代中期，欧洲联邦主义者的主张才开始盛行，这是由于法国对于德国持续增长的力量感到不安而产生的后果。

对于德国的恐惧很好地证明了，过去如何投射在未来的生活中。德国和苏联在这个世纪中，对自由民主造成了两次最大的冲击，但是它们也承受了这个世纪欧洲最为严重的人口损失。在欧洲的权力结构中，德国的优势地位依旧是基本特征，在过去一个世纪中就是如此；但是德国人的帝国梦已经消散，这些梦想只存在于战前西里西亚和东普鲁士泛黄的相册中。它的军事制度被摧毁，而作为希特勒开战原因的德意志少数民族也在东欧范围内流离失所，散居各地。相比于希特勒取得的辉煌胜利，更令德意志人铭记的是 500 万同胞在战争中丧生。现在德国的商人在东欧进行投资，并不代表他们是第四帝国的先驱，而是因为他们是资本家，他们的资本对于欧洲经济的良好发展至关重要，一如往常。

苏联似乎也很难恢复自己的历史进程。苏联的疆域比过去两个世纪都要小，它失去了巴尔干国家，以及苏联的南部和西部领土。在内部，这种模式滋生了一种弱肉强食的资本主义，和欧洲其他地区相比，苏联的贫富差距相当悬殊。对于社会重建的迫切需要和苏联军队糟糕的状态，导致了民族主义的复兴和对于共产主义的思念，尽管如此，收复领土主义和重建帝国这样危险的可能性也大大降低。相比于在巴尔干国家中的俄罗斯少数民族，冷战遗留下来的锈蚀的核武器和不安全的军事设施更能威胁欧洲的安全。

危险的是，西方国家并没有重视这个虚弱的苏联，而西方理应重视这个国家。尤其是欧盟，对苏联进行了部分的财政援助——这和美国“二战”之后对于西欧的援助截然不同，这种行为悲观地提醒着我们，欧洲无法以长远的角度去规划自己的事务。一首丹麦的校歌这样唱道，“我们曾经很伟大，但是现在我们很渺小”，然而，很难让一个大国去适应帝国的瓦解，尤其是在没有帝国替代品的情况下，就像这些国家无法在共同市场中行使它们曾经在殖民地的权力。

然而，“二战”之后民族国家发生了巨大的变化：合作取代了竞争。帝国主义国家放弃了它们的殖民地，它们发现自己不用承担殖民地繁荣的义务。核武器代表了一种过时的思维和陈旧的策略，根据国家的政策，核武器越来越不可能出现在未来的假想战争中。军队的规模变得越来越小，征兵制被更加专业的部队代替。现在边界问题更多的是由警察来管理，而非军队；非法移民问题取代了对于邻国军事的关注，成为各国关注的焦点。少数民族依旧存在，但是由于种族灭绝、驱逐和同化，其数量远小于1950年之前。“二战”爆发的主要原因已经有效减少。总之，欧洲进入了一个新时期，在这个时期，国家福利远比战争、帝国和土地重要。作为必然结果，欧洲现在的人口下降并没有引起任何一个国家关于人口繁殖能力下降的疯狂恐慌；20世纪30年代，这种恐慌表现为种族净化和军事行为，而现在则更多地在养老金计划和福利改革的框架下进行讨论。大多数欧洲国家已经加入欧盟和北约，抑或有加入这些组织的强烈意愿，这种情况史无前例。因此从今天的角度来讲，“欧洲经济共同体”计划似乎是基于不真实的恐惧和期望。民族国家像过去一样强大，并且很难被消除。它们也不需要被消除，因为它们不会对大陆的和平产生威胁。

也许欧盟可以被视为欧洲各国对于资本主义妥协的重要成果。换言之，它的存在是基于这样一个事实，即欧盟的各成员国意识到它们已经无法通过国家的经济政策来保证成功，它们将欧盟框架下的合作和联合行动看作本国繁荣的基础。这就是为什么欧盟依旧被视为一个重要的经济整体；这也反映了欧洲各国试图调节欧洲的资本主义，以适应全球化时期的需求。

但是像当下很多人提出的那样，经济并不是全部，资本的全球化也不意味着民族国家的终结。意大利的卢乔利批判纳粹的新秩序，因为这个秩序假定物质产品足以在欧洲不同的国家创造出一种归属感，但是这种批判更加适用于当下面临着“民主赤字”（democratic deficit）的欧盟。资本主义所产生的归属感，并不足以和民众对于国家的拥护相媲美。当代的资本主义摧毁了传统的阶级阵线，它令个人感到更加不安，因此提出一种能够获得欧洲民众认同的身份归属显得尤为重要。所以，资本主义因为经济和非经济的原因而需要民族国家，并且不会进一步削减它的权力。雷蒙·阿隆在 1964 年写道：“国家的观念依旧无限强于欧洲的观念。”因此，用一位比利时外交家的话来说，欧洲依旧是作为“一个经济上的巨人、一个政治上的矮子和一个军事上的懦夫”而存在的。[6]

所有的这些意味着，当下欧洲的事务处于一种复杂的状况，并且将继续如此：欧洲的民族国家数量比以往任何时候都要多，它们在包括欧盟、北约、欧洲委员会、欧洲安全与合作委员会、西欧联盟等国际组织的框架下合作。民族国家高度自治的时代已经过去了，资本的全球化迫使这些国家放弃一些领域政策制定上的专属性；但是这个主权重叠的欧洲，不应该迷惑于民族国家在一个越来越大的整体中逐渐消失自身特征的现象。从马基雅维利时期开始，欧洲各种各样的文化和传统一直受到思想家们的珍视，它们仍旧是理解欧洲的基础。

国家文化、历史和价值观所固有的甲胄，使得欧洲人在面对危机时团结、快速地行动变得更加困难，尽管在冷战时期这种困扰并不明显——铁幕两边的国家主动地将本国事务的处置权交给自己拥护的超级大国。在几十年中，它们习惯了诘责美国或者苏联，希望将它们对于本国事务的处置权力从超级大国的手中剥离开来。但是波黑战争告诉我们，即便在冷战结束后，这种习惯也没有终止。在南斯拉夫内战中，任何欧洲机构都扮演着边缘性的角色。人们认为1992年预示着一个崭新、自信、统一的欧洲时代的来临：但是当年春夏，在德里纳河流域发生的民族清洗使得这种言论听上去更像是一句空话。缺乏统一的愿望和统一的客观环境，使得欧洲在波黑战争问题上不具有决定性的影响；欧洲各民族国家也不会达成一个统一性的政策，除非这个政策是在美国的强制推行下而制定的。

然而，认为欧洲不愿意为内部事务承担义务并不是一个很有启示性的观点，而且其影响范围也越来越小。波黑战争是否可以视为欧洲新时期流血事件的开端？这种对待危机时模棱两可的态度是非常危险的。然而，发生在南斯拉夫的内战并不是新时代种族冲突的序曲——至少在欧洲不是，它是“一战”以来以和平方式和联邦方式解决民族问题的最后阶段。在巴尔干国家和爱琴海国家，冲突依旧是可以想象的，但是却很难威胁大陆的和平。有一个很好的原因能够解释，为什么南斯拉夫内战没有引起一场更加全面的战争，而1912—1913 年的巴尔干战争却引起了全面战争，即当下欧洲各国是合作的关系，而非军事竞争的关系。

从全球来讲，欧洲失去了其在世界上的首要地位，这也是很多欧洲人难以接受的事实。但是相比于其他历史时代，以及当下世界的其他区域，欧洲大陆上的人口正在享受着个人自由、社会团结与和平。随着这个世纪的结束，国际局势的前景比以往任何时候都要祥和。如果欧洲人能够放弃寻求一个仅符合他们自身特点定义的愿望，如果他们能够接受在世界上更加适度的位置，他们将会更好地适应多样性和分歧，这也是欧洲未来的发展方向，这对于欧洲人的意义同欣赏他们过去一样重要。

地图与图表

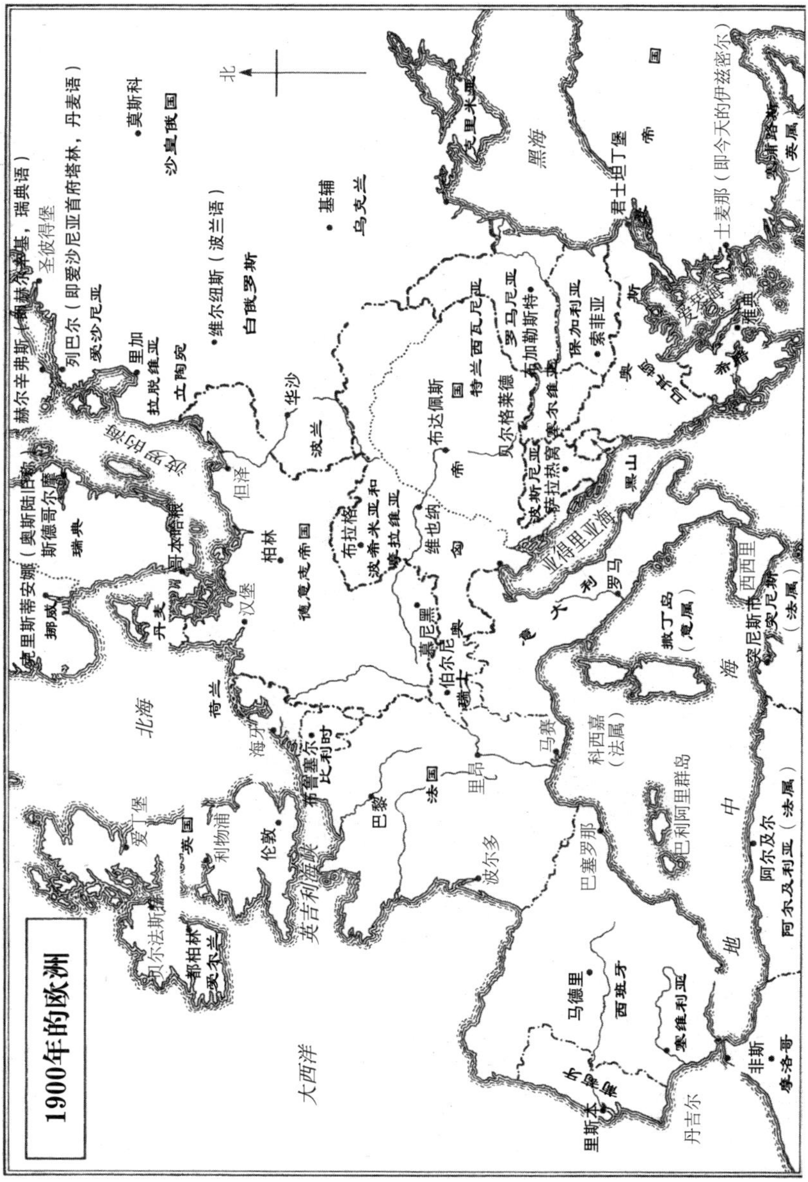
1900年的欧洲
北
大西洋
北海
都柏林
爱尔兰
贝尔法斯特
爱丁堡
英国
利物浦
伦敦
英吉利海峡
海牙
荷兰
布鲁塞尔
比利时
巴黎
法国
波尔多
里昂
马赛
挪威
克里斯蒂安娜（奥斯陆旧称）
斯德哥尔摩
瑞典
哥本哈根
丹麦
汉堡
但泽
柏林
德意志帝国
赫尔辛弗斯（赫尔辛基，瑞典语）
圣彼得堡
列巴尔（即爱沙尼亚首府塔林，丹麦语）
爱沙尼亚
里加
拉脱维亚
立陶宛
维尔纽斯（波兰语）
白俄罗斯
莫斯科
沙皇俄国
华沙
波兰
基辅
乌克兰
布拉格
波希米亚和摩拉维亚
维也纳
布达佩斯
奥匈帝国
特兰西瓦尼亚
罗马尼亚
布加勒斯特
贝尔格莱德
塞尔维亚
波斯尼亚
萨拉热窝
黑山
保加利亚
索菲亚
奥斯曼帝国
君士坦丁堡
黑海
克里米亚
雅典
士麦那（即今天的伊兹密尔）
塞浦路斯
（英属）
慕尼黑
伯尔尼
瑞士
意大利
罗马
亚得里亚海
撒丁岛
（意属）
科西嘉
（法属）
西西里
突尼斯
突尼斯
（法属）
地中海
巴利阿里群岛
巴塞罗那
马德里
西班牙
塞维利亚
葡萄牙
里斯本
丹吉尔
非斯
摩洛哥
阿尔及尔
阿尔及利亚（法属）

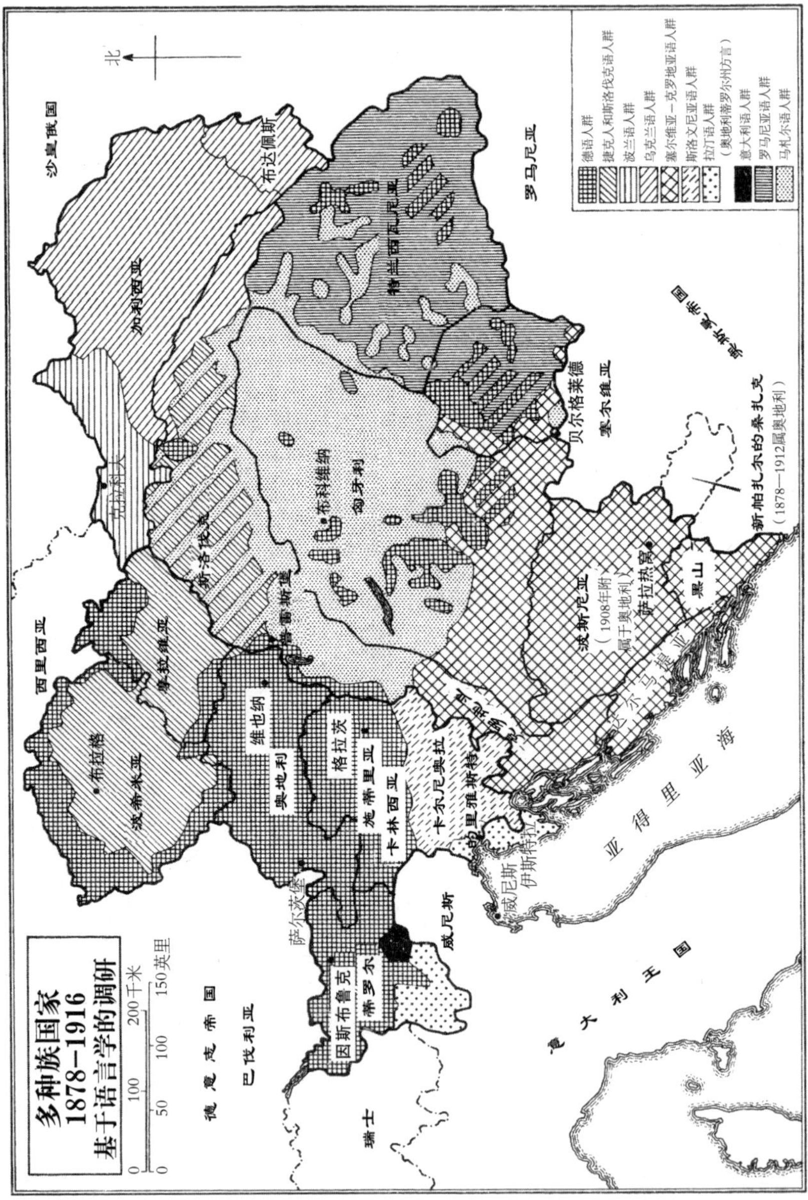
多种族国家
1878–1916
基于语言学的调研
0 50 100 150英里
0 100 200千米
北
沙皇俄国
加利西亚
布达佩斯
特兰西瓦尼亚
罗马尼亚
•布科维纳
匈牙利
斯洛伐克
普雷斯堡
西里西亚
摩拉维亚
•布拉格
波希米亚
维也纳
奥地利
格拉茨
施蒂里亚
卡林西亚
卡尔尼奥拉
的里雅斯特
伊斯特拉
威尼斯
萨尔茨堡
因斯布鲁克
蒂罗尔
威尼斯
德意志帝国
巴伐利亚
瑞士
意大利王国
亚得里亚海
贝尔格莱德
塞尔维亚
奥斯曼帝国
新帕扎尔的桑扎克
（1878—1912属奥地利）
波斯尼亚
（1908年附
属于奥地利）
萨拉热窝
黑山
德语人群
捷克人和斯洛伐克语人群
波兰语人群
乌克兰语人群
塞尔维亚—克罗地亚语人群
斯洛文尼亚语人群
拉汀语人群
（奥地利蒂罗尔州方言）
意大利语人群
罗马尼亚语人群
马札尔语人群

北
罗塞尼亚
奥匈帝国
沙皇俄国
德拉瓦河
多瑙河
普鲁特河
特兰西瓦尼亚
贝尔格莱德
罗马尼亚
1878
布加勒斯特
多瑙河
多布鲁加
比萨拉比亚
1913
波黑
1908
萨拉热窝
新帕扎尔的桑扎克
塞尔维亚
尼什
1878
黑山
科索沃
杜布罗夫尼克
1878
保加利亚
索菲亚
鲁米利亚
黑海
亚得里亚海
瓦尔达尔河
阿德里安堡
1913
奥赫里德
1913
伊斯坦布尔
马其顿
1878
萨洛尼卡
1913
马尔马拉海
土耳其
科孚岛
希腊
凯法利尼亚岛
雅典
士麦那
1830
0
200 千米
0
150 英里
奥斯曼帝国力量在欧洲的萎缩:
土耳其帝国 1880
国际疆界 1880
国际疆界 1914
1885 1885 土耳其领土
1913 1913 独立时期土耳其领土
地中海
克里特岛

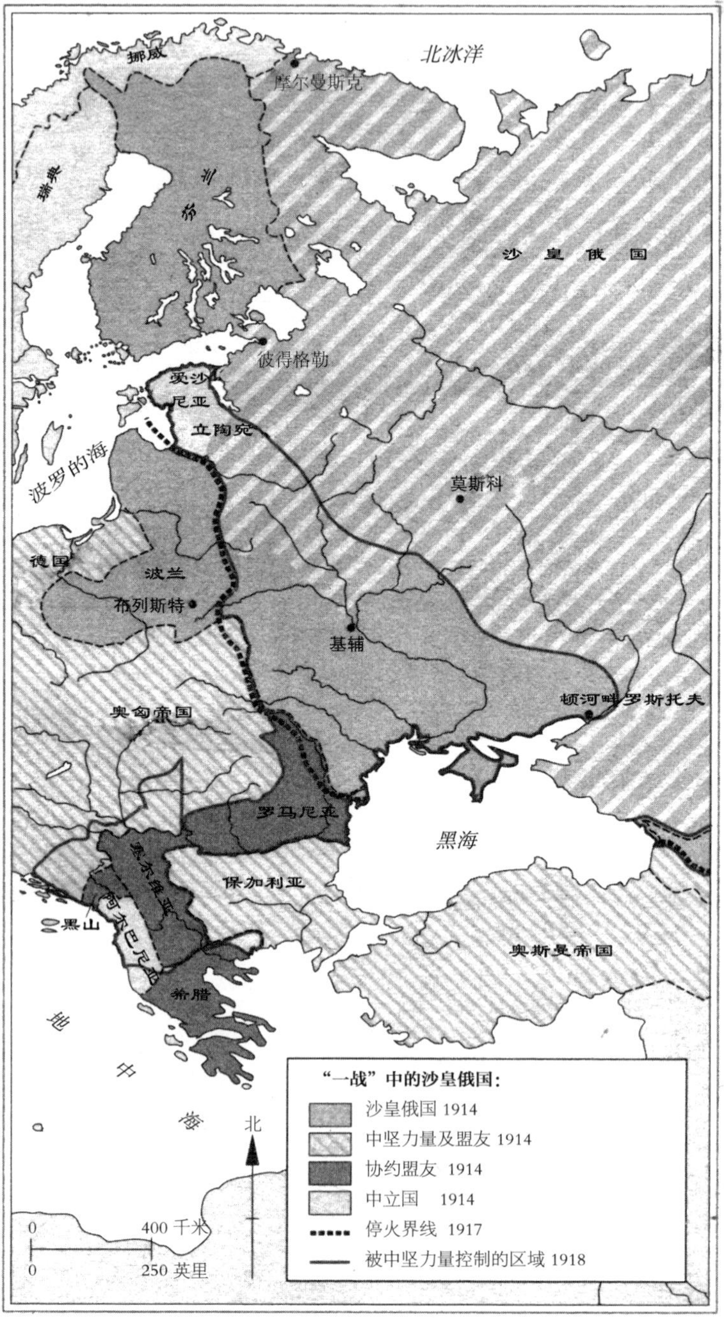
挪威
摩尔曼斯克
北冰洋
瑞典
芬兰
沙皇俄国
彼得格勒
爱沙尼亚
立陶宛
波罗的海
莫斯科
德国
波兰
布列斯特
基辅
顿河畔罗斯托夫
奥匈帝国
罗马尼亚
黑海
塞尔维亚
保加利亚
黑山
阿尔巴尼亚
奥斯曼帝国
希腊
地中海
北
0
400 千米
0
250 英里
“一战”中的沙皇俄国：
沙皇俄国 1914
中坚力量及盟友 1914
协约盟友 1914
中立国 1914
停火界线 1917
被中坚力量控制的区域 1918

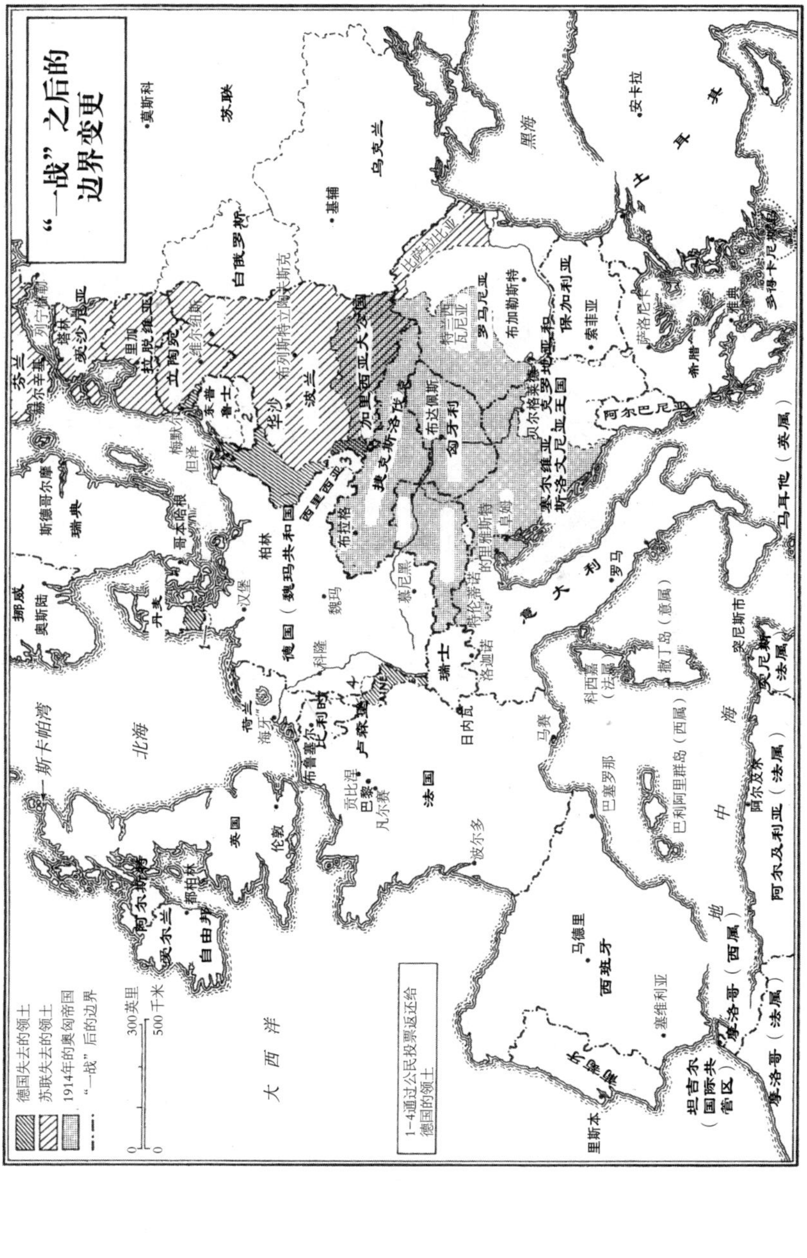

"一战"之后的边界变更
德国失去的领土
苏联失去的领土
1914年的奥匈帝国
"一战"后的边界
0 300英里
0 500千米
1-4通过公民投票返还给德国的领土
大西洋
北海
斯卡帕湾
爱尔兰自由邦
阿尔斯特
都柏林
英国
伦敦
法国
巴黎
凡尔赛
贡比涅
波尔多
马赛
日内瓦
瑞士
比利时
布鲁塞尔
卢森堡
荷兰
海牙
德国（魏玛共和国）
科隆
魏玛
柏林
汉堡
丹麦
哥本哈根
挪威
奥斯陆
瑞典
斯德哥尔摩
芬兰
赫尔辛基
列宁格勒
爱沙尼亚
塔林
拉脱维亚
里加
立陶宛
维尔纽斯
东普鲁士
但泽
梅默尔
波兰
华沙
布列斯特立陶夫斯克
白俄罗斯
苏联
莫斯科
乌克兰
基辅
比萨拉比亚
捷克斯洛伐克
布拉格
西里西亚
加里西亚
奥地利
维也纳
匈牙利
布达佩斯
罗马尼亚
特兰西瓦尼亚
布加勒斯特
南斯拉夫
塞尔维亚
保加利亚
索菲亚
阿尔巴尼亚
希腊
雅典
萨洛尼卡
君士坦丁堡
土耳其
安卡拉
黑海
意大利
罗马
的里雅斯特
阜姆
特伦蒂诺
洛迦诺
慕尼黑
科西嘉（法属）
撒丁岛
巴利阿里群岛（西属）
巴塞罗那
西班牙
马德里
塞维利亚
葡萄牙
里斯本
摩洛哥（西属）
摩洛哥（法属）
坦吉尔（国际共管区）
阿尔及利亚（法属）
阿尔及尔
突尼斯（法属）
突尼斯市
马耳他（英属）
地中海

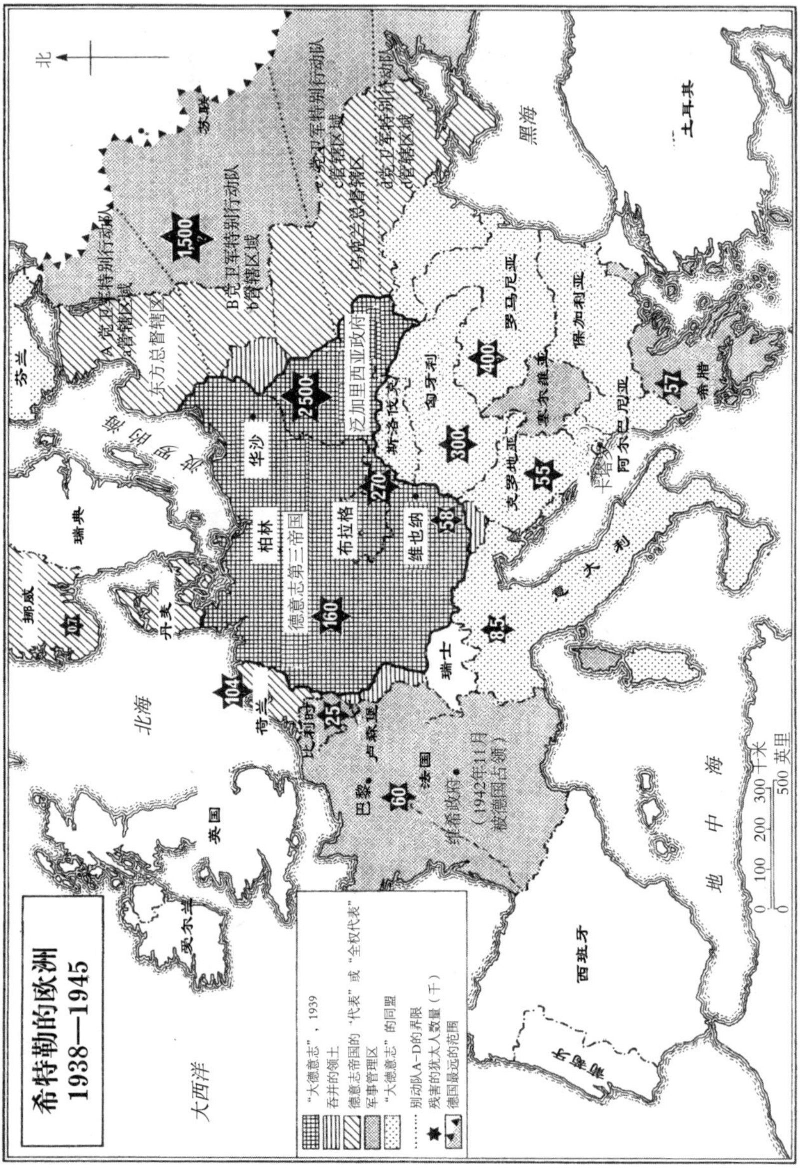
希特勒的欧洲
1938—1945
"大德意志"，1939
吞并的领土
德意志帝国的"代表"或"全权代表"
军事管理区
"大德意志"的同盟
别动队A–D的界限
残害的犹太人数量（千）
德国最远的范围
北
大西洋
爱尔兰
英国
北海
挪威
瑞典
丹麦
芬兰
波罗的海
苏联
荷兰
比利时
卢森堡
巴黎
法国
维希政府
（1942年11月被德国占领）
瑞士
西班牙
意大利
地中海
德意志第三帝国
柏林
布拉格
维也纳
华沙
东方总督辖区
泛加里西亚政府
A党卫军特别行动队管辖区域
B党卫军特别行动队管辖区域
C党卫军特别行动队管辖区域
D党卫军特别行动队管辖区域
乌克兰总督辖区
斯洛伐克
匈牙利
罗马尼亚
克罗地亚
塞尔维亚
保加利亚
阿尔巴尼亚
希腊
黑海
土耳其
1500
2500
160
104
25
60
85
58
270
300
400
55
57
0 100 200 300 千米
0 500 英里

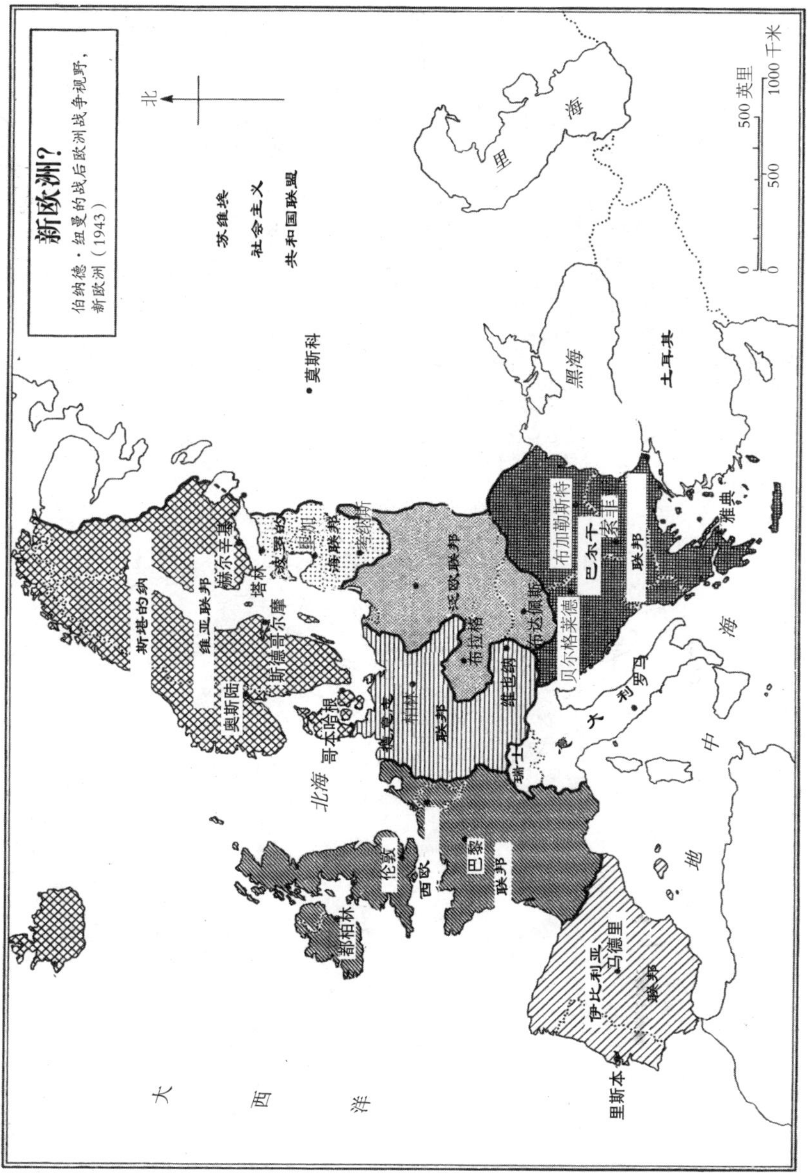

新欧洲?
伯纳德·纽曼的战后欧洲战争视野，新欧洲（1943）
北
苏维埃社会主义共和国联盟
莫斯科
里海
黑海
土耳其
0 500 1000 千米
0 500 英里
斯堪的纳维亚联邦
赫尔辛基
塔林
斯德哥尔摩
奥斯陆
波罗的海联邦
里加
考纳斯
东欧联邦
布拉格
维也纳
布达佩斯
布加勒斯特
巴尔干联邦
索非亚
贝尔格莱德
雅典
哥本哈根
德意志联邦
柏林
北海
伦敦
都柏林
西欧联邦
巴黎
瑞士
罗马
意大利
地中海
伊比利亚联邦
马德里
里斯本
大西洋

北
挪威
瑞典
芬兰
（部分领土被苏联租用，直至1955年）
拉多加湖
爱沙尼亚
拉脱维亚
立陶宛
丹麦
波罗的海
划给苏联
划给波兰
苏联
苏占区
划给波兰
荷兰
英占区
柏林（联合占领）
华沙
波兰
划给苏联
比利时
德国
西里西亚
布拉格
法占区
美占区
利沃夫
捷克斯洛伐克
苏占区
北布科维纳
法国
瑞士
法占区
奥地利
布拉迪斯拉发桥头
喀尔巴阡山罗塞尼亚
比萨拉比亚
划给波兰
匈牙利
罗马尼亚
威尼斯—朱利亚
（被划分给南斯拉夫，随后又回归意大利）
的里雅斯特
划给法国
南多布罗加
（划分给保加利亚）
贝尔格莱德
布加勒斯特
南斯拉夫
黑海
意大利
亚得里亚海
保加利亚
索非亚
罗马
伊斯坦布尔
阿尔巴尼亚
希腊
雅典
多得卡尼斯岛
（从希腊划分到意大利）
“二战”后领土的调整，1945
1938年的国际边界
“二战”后转手的领土
0 100 200 300 英里
0 100 200 300 400 500千米

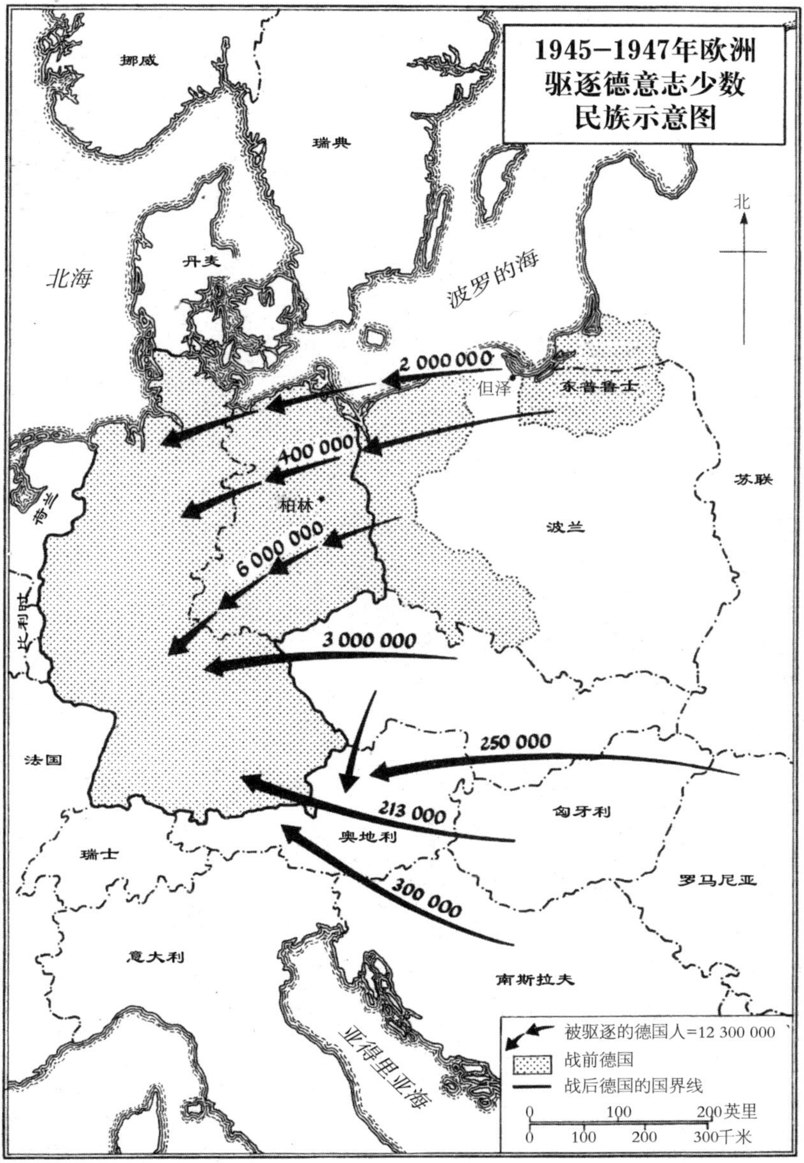
1945–1947年欧洲驱逐德意志少数民族示意图
挪威
瑞典
丹麦
北海
波罗的海
北
2 000 000
但泽
东普鲁士
400 000
柏林
苏联
荷兰
波兰
6 000 000
比利时
3 000 000
250 000
法国
213 000
匈牙利
奥地利
瑞士
罗马尼亚
300 000
意大利
南斯拉夫
亚得里亚海
被驱逐的德国人=12 300 000
战前德国
战后德国的国界线
0 100 200英里
0 100 200 300千米

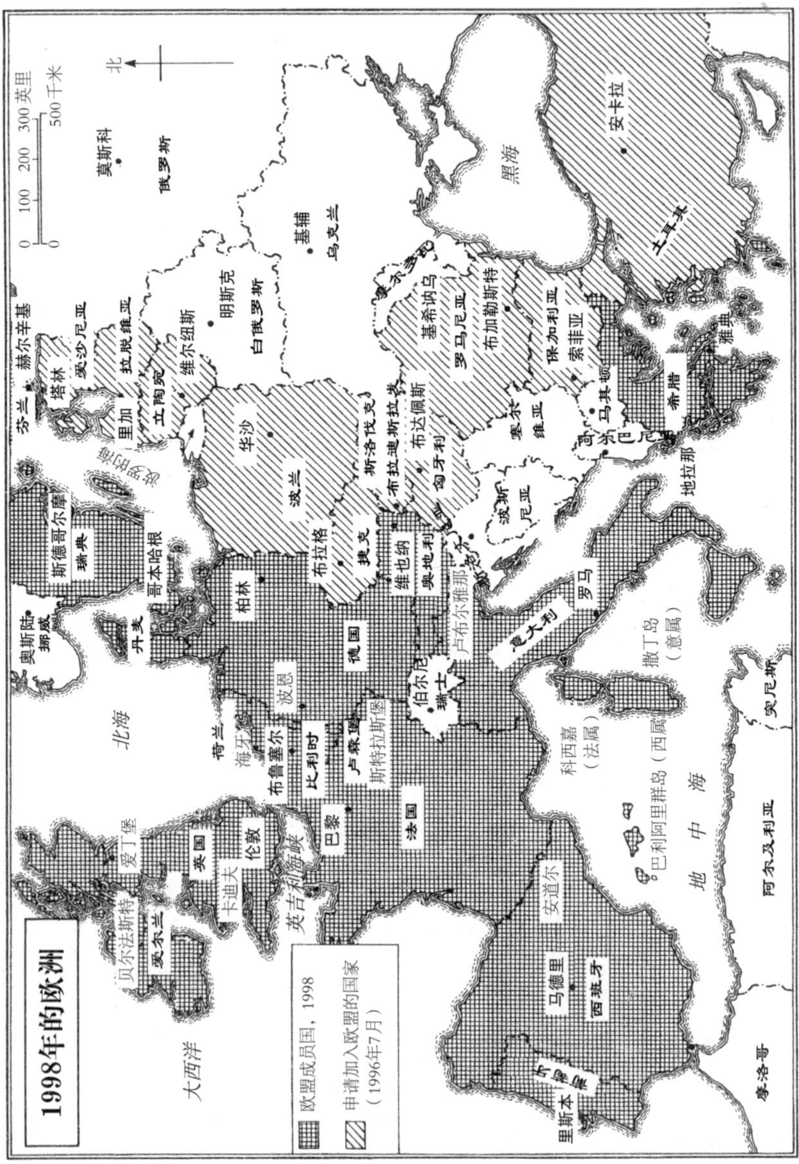
1998年的欧洲
欧盟成员国，1998
申请加入欧盟的国家（1996年7月）
0 100 200 300 英里
0 500 千米
北
大西洋
北海
波罗的海
黑海
地中海
英吉利海峡
贝尔法斯特
爱尔兰
爱丁堡
英国
卡迪夫
伦敦
巴黎
法国
里斯本
马德里
西班牙
安道尔
布鲁塞尔
比利时
卢森堡
斯特拉斯堡
荷兰
海牙
波恩
德国
伯尔尼
瑞士
卢布尔雅那
意大利
罗马
科西嘉（法属）
撒丁岛（意属）
巴利阿里群岛（西属）
摩洛哥
阿尔及利亚
突尼斯
奥斯陆
挪威
丹麦
哥本哈根
斯德哥尔摩
瑞典
芬兰
赫尔辛基
塔林
爱沙尼亚
里加
拉脱维亚
立陶宛
维尔纽斯
柏林
布拉格
捷克
维也纳
奥地利
华沙
波兰
斯洛伐克
布拉迪斯拉发
布达佩斯
匈牙利
明斯克
白俄罗斯
莫斯科
俄罗斯
基辅
乌克兰
基希讷乌
罗马尼亚
布加勒斯特
保加利亚
索菲亚
塞尔维亚
波斯尼亚
马其顿
阿尔巴尼亚
地拉那
希腊
雅典
安卡拉
土耳其

表 1　1931—1991年东欧少数民族的消失

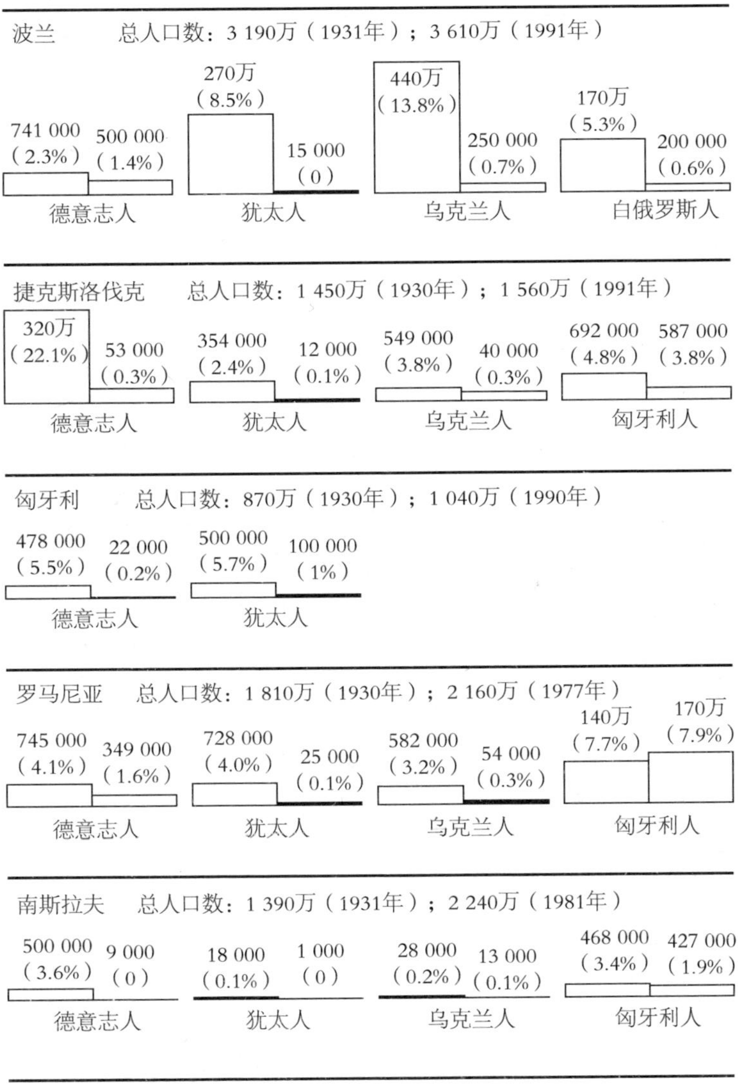

资料来源：引自保罗·罗伯特，《中东欧的历史地图》（*Historical Atlas of East Central Europe*），1993。

表 2 特定欧洲国家的外国人口，1960，1976，1990

国家	1960		1976		1990	
奥地利	102	1.4	271	3.6	413	5.3
比利时	453	4.9	835	8.5	905	9.1
丹麦	17	0.4	91	1.8	161	3.1
法国	—	4.7	3 442	6.6	3 608	6.4
德国 *	686	1.2	3 948	6.4	5 242	8.2
荷兰	118	1.0	351	2.6	692	4.6
瑞典	191	—	418	5.1	484	5.6
瑞士	495	9.2	1 039	16.4	1 100	16.3
英国	—	—	1 542	2.9	1 875	3.3

资料来源：Y. 萨伊索尔（Y. Soysal），《公民权利的限制》（*Limits of Citizenship*），1994。

* 1960，1976：联邦德国；1990：德国。

表 3 农业人口的流失，1930，1980
（农业从业人员在适龄工作人群中约占比重）

国家	1930	1980
丹麦	30	7
芬兰	71	11
挪威	36	7
瑞典	39	5
奥地利	32	9
比利时	17	3
法国	36	8
德国	29	—
联邦德国	—	4
民主德国	—	10
爱尔兰	34	18
荷兰	21	6
瑞士	21	5
英国	6	3
保加利亚	80	37
捷克斯洛伐克	37	11
匈牙利	55	20
波兰	66	31
罗马尼亚	77	29
南斯拉夫	78	29
希腊	54	37
意大利	47	11
葡萄牙	55	28
西班牙	20	17

资料来源：引自 G. 安布罗休斯 (G. Ambrosius) 和 W. 哈伯德（W. Hubbard）《20世纪欧洲的经济社会史》（*A social and Econimic History of Twentieth Century Europe*），1989。

注释

前言

1 J. Roth, *Juden auf Wanderschaft* (Cologne, 1985 edn), p. 84
2 Figures for the First World War from *Encyclopaedia Britannica*, vol. 23 (Chicago, 1949), p. 775; Masaryk cited in E. Goldstein, *Winning the Peace: British Diplomatic Strategy, Peace Planning, and the Paris Peace Conference, 1916–1920* (Oxford, 1991), p. 4; El Lissitsky in M. Rowell and A. Z. Rudenstine (eds.), *Russische Avantgarde aus der Sammlung Costakis* (Hannover, 1984), p. 52
3 Ignazio Silone (1955) from 'The choice of comrades' in N. Mills (ed.), *Legacy of Dissent: Forty Years of Writing from Dissent Magazine* (New York, 1994), p. 58
4 H. Arendt, *The Origins of Totalitarianism* (New York, 1958), p. ix
5 J. Keegan, 'A primitive tribal conflict only anthropologists can understand', *Daily Telegraph*, 15 April 1993. See also the same author's *A History of Warfare* (London, 1993), pp. 6, 55–6
6 R. Aron, *The Century of Total War* (London, 1954), p. 325

第一章　荒芜的天堂：民主的兴衰

1 H. Kelsen, *La Démocratie: sa nature, sa valeur* (Paris, 1932), p. viii
2 F. Nitti, *Bolshevism, Fascism and Democracy* (New York, 1927), p. 15
3 'Kings in exile', in A. Wat, *Lucifer Unemployed* (Evanston, Ill., 1990), pp. 17–35
4 B. de Jouvenel, *Après la défaite* (Paris, 1941), p. 7

5 James Bryce, *Modern Democracies*, i (New York, 1921), p. 4
6 F. Cambo, *Les Dictatures* (Paris, 1929), p. 98
7 V. M. Dean, 'The attack on democracy', in Dean *et al.*, *New Governments in Europe: The Trend towards Dictatorship* (New York, 1934), p. 15; M. J. Bonn, *The Crisis of European Democracy* (New Haven, Conn., 1925); Eustace Percy, *Democracy on Trial* (London, 1931); H. G. Wells, *After Democracy: Addresses and Papers on the Present World Situation* (London, 1932); S. de Madariaga, *Anarchy or Hierarchy* (New York, 1937), p. 14; W. E. Rappard, *The Crisis of Democracy* (Chicago, 1938), pp. 2–3.
8 De Jouvenel, op. cit., pp. 7–8, 229
9 M. W. Graham, *New Governments of Central Europe* (London, 1924), pp. 604ff
10 B. Mirkine-Guetzevitch, *Les Constitutions de l'Europe nouvelle* (Paris, 1929), 25
11 A. J. Zurcher, *The Experiment with Democracy* (New York, 1933), p. viii
12 Mirkine-Guetzevitch, op. cit., pp. 16–21
13 ibid., pp. 9, 34–5; B. W. Diffie, 'Spain under the Republic', in V. M. Dean *et al.*, *New Governments in Europe*, op. cit., pp. 404–5
14 Hugo Preuss cited by E. Kennedy, 'Introduction', p. xxi, in her translation of C. Schmitt, *The Crisis of Parliamentary Democracy* (Cambridge, Mass., 1987)
15 Lvov cited in O. Figes, *A People's Tragedy: The Russian Revolution, 1891–1924* (London, 1996), p. 355
16 J. Burbank, 'Lenin and the Law', *Slavic Review* (1995), pp. 23–44
17 On voting, see O. Radkey, *Russia Goes to the Polls* (Ithaca, NY, 1990 edn), ch. 2; E. H. Carr, *The Bolshevik Revolution, 1917–1923*, vol. 1 (London, 1986 edn), pp. 116, 191f; I. Getzler, 'Lenin's conception of revolution as civil war', *Slavonic and East European Review*, 74: 3 (July 1996), pp. 469–72; Z. Zik (ed.), *Ideas and Forces in Soviet Legal History* (New York, 1992), no. 78
18 H. Shukman (ed.), *The Blackwell Encyclopaedia of the Russian Revolution* (Oxford, 1988), pp. 192–3; Carr, op. cit., p. 182
19 G. Serventi, *Ascesa della democrazia europea e prime reazioni storiche* (Rome, 1925), 358; F. Cambo, *Autour du fascisme italien* (Paris, 1925), p. 196; see also F. Lyttelton, 'Fascism in Italy: the second wave', in G. Mosse and W. Laqueur (eds.), *International Fascism, 1920–1945* (New York, 1966), pp. 75–101
20 B. Mussolini, *Le Fascisme* (Paris, 1933), pp. 19f
21 G. Gentile, *Che cos'è il fascismo* (Florence, 1925), p. 38
22 H. Rogger and E. Weber (eds.), *The European Right: A Historical Profile*

(Berkeley, Calif., 1966), p. 8
23 Cambo, *Les Dictatures*, op. cit., p. 51; cf. Bonn, op. cit., p. 80
24 Kelsen, op. cit., p. 22
25 S. Neumann, *Die deutschen Parteien: Wesen und Wandel nach dem Kriege* (Berlin, 1932), pp. 110–12; Bonn, op. cit., p. 82; Kelsen, 'Die Krise des parlamentarischen Systems', cited in J. Bendersky, *Carl Schmitt: Theorist for the Reich* (Princeton, NJ, 1983), p. 110 n. 8
26 E. Giraud, *La Crise de la démocratie et le renforcement du pouvoir exécutif* (Paris, 1938), pp. 73–4, 166
27 J. Stengers, 'Belgium', in Rogger and Weber, op. cit., pp. 136–7; Giraud, op. cit., p. 35; E. Beneš, *Democracy: Today and Tomorrow*: (London, 1940), p. 215
28 Cited by Giraud, op. cit., p. 150; on Poland, see J. Holzer, 'The political right in Poland, 1918–1939', *Journal of Contemporary History*, 12 (1977), pp. 395–412
29 Bendersky, op. cit., pp. 130–31
30 M. S. Wertheimer, 'The Nazi revolution in Germany', in Dean *et al.*, op. cit., pp. 206–7; Bendersky, op. cit., pp. 132–5, 169
31 Bonn, op. cit., p. 84
32 R. Wohl, *The Generation of 1914* (Cambridge, Mass., 1979); Drieu cited by Weber, 'The right: an introduction', in Rogger and Weber, op. cit., p. 18
33 Montherlant cited in de Jouvenel, op. cit., pp. 36–7; Eliade and Cioran in L. Volovici, *Nationalist Ideology and Antisemitism: The Case of Romanian Intellectuals in the 1930s* (Oxford, 1991)
34 Musil in D. Luft, *Robert Musil and the Crisis of European Culture* (Berkeley/Los Angeles, Calif., 1980), p. 279; H. G. Wells, 'Liberalism', in his *After Democracy* op cit., p. 24
35 E. di Nuoscio, 'La democrazia dei partiti nel pensiero politico di Guglielmo Ferrero', in L. Cedroni (ed.), *Guglielmo Ferrero: itinerari del pensiero* (Milan, 1994), p. 670; see also A. Lyttelton, 'The "crisis of bourgeois society" and the origins of Fascism', in R. Bessel (ed.), *Fascist Italy and Nazi Germany: Comparisons and Contrasts* (Cambridge, 1996), pp. 12–23; Keynes, 'Am I a Liberal?', cited in P. Mandler and S. Pedersen (eds.), *After the Victorians: Private Conscience and Public Duty in Modern Britain* (London, 1994), p. 10
36 D. Sassoon, *One Hundred Years of Socialism: The West European Left in the Twentieth Century* (London, 1996), pp. 36–41; Cited by Kennedy, op. cit., p. xxxviii
37 de Madariaga, op. cit., R. Paxton, 'France: the Church, the Republic and the Fascist temptation', in R. J. Wolff and J. K. Hoensch (eds.), *Catholics,*

the State and the European Radical Right, 1919–1945 (New York, 1987), p. 83
38 F. Morstein Marx, *Government in the Third Reich* (New York, 1937), p. 33; Graham, op. cit., p. 292; Hitler cited in A. Bullock, *Hitler and Stalin: Parallel Lives* (London, 1991), p. 271
39 *The Times*, 10 August 1936
40 K. Loewenstein, 'Autocracy versus democracy in contemporary Europe', *American Political Science Review*, 29: 4 (August 1935), pp. 571–93, ibid., 29: 5 (October 1935), pp. 755–84
41 M. Oakeshott, *The Social and Political Doctrines of Contemporary Europe* (London, 1940), pp. xvii, 4
42 Oakeshott, op. cit., p. xiii; H. Arthur Steiner, *Government in Fascist Italy* (London, 1938), p. 141; Kennan in M. Weil, *A Pretty Good Club: The Founding Fathers of the US Foreign Service* (New York, 1978), p. 171
43 F. C. Egerton, *Salazar, Rebuilder of Portugal* (London, 1943), pp. 224–7
44 For the idea that the NSDAP realized the 'basic lessons of democracy', see the review article of P. Fritzsche, 'Did Weimar fail?', *Journal of Modern History*, 68 (September 1996), pp. 629–56; also Bullock, op. cit., p. 271
45 J. P. Diggins, *Mussolini and Fascism: The View from America* (Princeton, NJ, 1972), pp. 164–5
46 T. Gallagher, *Portugal: A Twentieth Century Interpretation* (Manchester, 1983), pp. 64–74
47 U. Kluge, *Der österreichische Ständestaat, 1934–1938* (Vienna, 1984), chs. 1–3; F. Stadler and P. Weibel (eds.), *Vertriebung der Vernunft: The Cultural Exodus from Austria* (Vienna/New York, 1995)
48 Cited in ibid., p. 15
49 ibid., p. 86
50 See P. Diehl-Thiele, *Partei und Staat im Dritten Reich* (Munich, 1971)
51 K. Loewenstein, 'Law in the Third Reich', *Yale Law Journal*, 45 (1936), p. 811; H. W. Koch, *In the Name of the Volk: Political Justice in Hitler's Germany* (London, 1989), chs. 3–4
52 I. Müller, *Hitler's Justice: the Courts of the Third Reich* (tr. D. Schneider) (Cambridge, Mass., 1991), pp. 6–27
53 E. Fraenkel, *The Dual State A Contribution to the Theory of Dictatorship* (New York, 1941), p. 13; Loewenstein, 'Law in the Third Reich', op. cit., p. 803; cited by M. Burleigh and W. Wippermann, *The Racial State* (Cambridge, 1991), p. 177; cf. Dickinson, *Politics of Child Welfare*, p. 218
54 Fraenkel, op. cit.

55 Müller, op. cit., pp. 91–2
56 Fraenkel, op. cit., pp. 52, 94
57 R. C. van Caenegem, *An Historical Introduction to Western Constitutional Law* (Cambridge, 1995), p. 284
58 C. Beradt, *The Third Reich of Dreams: The Nightmares of a Nation, 1933–1939* (Wellingborough, Northants, 1985), p. 21
59 Fraenkel, op. cit., pp. 43–4, 54, 56, 58
60 ibid., pp. 40, 48–9
61 E. Gentile, *The Sacralization of Politics in Fascist Italy* (Cambridge, Mass., 1996)
62 Müller, op. cit., p. 197; M. Broszat, 'The concentration camps, 1933–1945', in H. Krausnick and M. Broszat, *Anatomy of the SS State* (London, 1970)
63 See Bullock, op. cit., ch. 10
64 D. Bankier, *The Germans and the Final Solution: Public Opinion under Nazism* (Oxford, 1992), ch. 3
65 G. L. Weinberg, 'Germany's war for world conquest and the extermination of the Jews', *Holocaust and Genocide Studies*, 10: 2 (fall 1996), pp. 119–33; M. Knox, 'Conquest, foreign and domestic, in Fascist Italy and Nazi Germany', *Journal of Modern History*, 56 (1984), pp. 1–57; Bankier, op. cit., p. 55

第二章　帝国，国家，少数民族

1 Acton cited by C. A. Macartney, *National States and National Minorities* (New York, 1968), p. 17
2 D. G. Kambouroglou, *Toponymika Paradoxa* (Athens, 1920), p. 5
3 Von Horvath cited in J. Rupnik, *The Other Europe* (London, 1988), p. 41
4 Cited in R. R. Wisse, *I. L. Peretz and the Making of Modern Jewish Culture* (Seattle, 1991), p. 96
5 On the borderlands, see now A. Applebaum, *Between East and West: Across the Borderlands of Europe* (London, 1995); O. Jaszi, *The Dissolution of the Habsburg Monarchy* (Chicago, 1929), p. 3; on Renner, T. Bottomore and P. Goode (eds.), *Austro-Marxism* (Oxford, 1978), p. 31 (by an irony of history, this staunch advocate of a supranational state was to become the first chancellor of the Austrian Republic)
6 V. H. Rothwell, *British War Aims and Peace Diplomacy, 1914–1918* (Oxford, 1971), p. 159
7 ibid., pp. 193f; R. L. Koehl, 'A prelude to Hitler's Greater Germany', *American Historical Review*, 59: 1 (October 1953), pp. 43–65

8 P. Stirk (ed.), *Mitteleuropa: History and Prospects* (Edinburgh, 1994), pp. 14–15; Rosenberg cited in G. Stoakes, *Hitler and the Quest for World Dominion: Nazi Ideology and Foreign Policy in the 1920s* (New York, 1986), p. 125

9 The question is asked by Henryk Szlaiffer in R. L. Rudolph and D. F. Good (eds.), *Nationalism and Empire: The Habsburg Empire and the Soviet Union* (New York, 1992), p. 152

10 E. Traverso, *The Marxists and the Jewish Question: The History of a Debate (1843–1943)* (New Jersey, 1994), chs. 4–5; J. Frankel, *Prophecy and Politics: Socialism, Nationalism and the Russian Jews, 1862–1917* (Cambridge, 1981), p. 235

11 Traverso, op. cit., p. 132; J. Jacobs, *On Socialists and 'the Jewish Question' after Marx* (New York, 1992), ch. 5; H. Carrère d'Encausse, *The Great Challenge: Nationalities and the Bolshevik State, 1917–1930* (New York, 1992), ch. 4

12 A. J. Motyl, *Sovietology, Rationality, Nationality* (New York, 1990), p. 88

13 ibid., p. 85; O. Subtelny, *Ukraine: A History* (Toronto, 1988), p. 389; A. J. Motyl, 'Ukrainian nationalist political violence in inter-war Poland, 1921–1939', *East European Quarterly*, 19: 1 (March 1985), pp. 45–56

14 J. A. Armstrong, *Ukrainian Nationalism* (New York, 1990 edn), pp. 10–12; J. T. Gross, *Revolution from Abroad: The Soviet Conquest of Poland's Western Ukraine and Western Belorussia* (Princeton, NJ, 1988), pp. 31–2. Needless to say, such celebrations were short-lived

15 R. Conquest, *Soviet Nationalities Policy in Practice* (London, 1967), pp. 26–9; R. Szporluk, *Communism and Nationalism: Karl Marx versus Friedrich List* (New York, 1985), p. 218

16 L. E. Gelfand, *The Inquiry: American Preparations for Peace, 1917–1919* (New Haven, Conn., 1963), p. 148; Rothwell, op. cit., p. 221

17 Dmowski in P. Latawski, 'Roman Dmowski, the Polish question and Western opinion, 1915–1918: the case of Britain', in P. Latawski (ed.), *The Reconstruction of Poland, 1914–1923* (London, 1992), p. 9; two visions of Poland, O. Halecki, *The Limits and Divisions of European History* (London, 1950), p. 136

18 P. Wandycz, 'Dmowski's policy at the Paris Peace Conference: success or failure?', in Latawski, op. cit., p. 120

19 M. Levene, *Wars, Jews and the New Europe: The Diplomacy of Lucien Wolf, 1914–1919* (Oxford, 1992)

20 ibid., p. 266; Wandycz in Latawski, op. cit.; see also A. Polonsky and M. Riff, 'Poles, Czechs and the "Jewish Question", 1914–1921: A Comparative

Study', in V. Berghahn and M. Kitchen (eds.), *Germany in the Age of Total War* (London, 1981), pp. 63–101; F. M. Leventhal, *The Last Dissenter: H. N. Brailsford and His World* (Oxford, 1985), p. 159

21 Goldstein, op. cit., p. 139

22 J. Headlam-Morley, *A Memoir of the Paris Peace Conference, 1919* (London, 1972), pp. 112f; Macartney, (London, 1968 edn), pp. 282–3

23 Cited by P. B. Finney, '"An evil for all concerned": Great Britain and minority protection after 1919', *Journal of Contemporary History*, 30 (1995), pp. 536–7

24 C. Fink, '"Defender of Minorities": Germany in the League of Nations, 1926–1933', *Central European History*, 5: 4 (1972), pp. 330–57; R. Brubaker, *Nationalism Reframed: Nationhood and the National Question in the New Europe* (Cambridge, 1996), ch. 5

25 Figures from O. Junghann, *National Minorities in Europe* (New York, 1932), pp. 116, 119

26 Headlam-Morley, op. cit., pp. 112–13

27 Mill cited in A. Ryan, *J. S. Mill* (London, 1974), p. 207; S. Sierpowski, 'Minorities in the system of the League of Nations', in P. Smith (ed.), *Ethnic Groups in International Relations* (New York, 1991), p. 27; Schmitt, op. cit., pp. 9–10

28 Schmitt, op. cit., pp. 9–10; A. Sarraut, *Grandeur et servitude coloniale* (Paris, 1931), p. 102

29 H. Solus, *Traité de la condition des indigènes en droit privé* (Paris, 1927), pp. 117, 126; Algerians deported in A. Bockel, *L'Immigration au pays des Droits de l'homme* (Paris, 1991), p. 27

30 I. Livezeanu, *Cultural Politics in Greater Romania: Regionalism, Nation Building and Ethnic Struggle, 1918–1930* (Ithaca, NY, 1995), p. 47

31 E. Mendelsohn, *The Jews of East Central Europe between the World Wars* (Bloomington, Ind., 1983), p. 105; R. Weisberg, *Vichy Law and the Holocaust in France* (New York, 1996), p. 13

32 Cited by I. Claude, *National Minorities: An International Problem* (Cambridge, Mass., 1955), p. 30; numbers of petitions in Macartney, op. cit., p. 504 and J. Robinson *et al.*, *Were the Minorities Treaties a Failure?* (New York, 1943), p. 252

33 M. J. Somakian, *Empires in Conflict: Armenia and the Great Powers, 1895–1920* (London, 1995), pp. 86, 137; A. J. Toynbee, *The Western Question in Greece and Turkey* (London, 1923, 2nd edn), pp. 16–17

34 The whole idea of transfers is powerfully criticized by O. Janowsky, *Nationalities and National Minorities* (New York, 1945), pp. 136–45

35 F. Carsten, *The First Austrian Republic, 1918–1938* (London, 1986), p. 30; C. Skran, *Refugees in Inter-War Europe: The Emergence of a Regime* (Oxford, 1995), p. 104
36 See M. Matsushita, *Japan in the League of Nations* (New York, 1929)
37 Headlam-Morley, op. cit., p. 132
38 S. A. Schuker, *The End of French Predominance in Europe: The Financial Crisis of 1924 and the Adoption of the Dawes Plan* (Chapel Hill, NC, 1976)
39 A. Ramm, *Europe in the Twentieth Century, 1905–1970* (London, 1984), p. 186; G. Riou, 'A French view of the League of Nations', *The League and the Future of the Collective System* (London, 1937), pp. 28–40; E. H. Carr, 'Public opinion as a safeguard of peace', *International Affairs* (November 1936), pp. 846–62
40 F. Berber, 'The Third Reich and the future of the collective system', *The League and the Future of the Collective System* (London, 1937), pp. 64–83
41 Stoakes, op. cit., p. 186; E. Jäckel, *Hitler's World View: A Blueprint for Power* (Cambridge, Mass., 1981)
42 Stoakes, op. cit., p. 160
43 Quoted in US Department of State, *National Socialism: Basic Principles, Their Application by the Nazi Party's Foreign Organization, and the Use of Germans abroad for Nazi Aims* (Washington, DC, 1943), p. 70
44 P. Stirk, 'Authoritarian and national socialist conceptions of nation, state and Europe', in Stirk (ed.), *European Unity in Context: The Inter-War Period* (London, 1989), pp. 125–48
45 J. Herz, 'The National Socialist doctrine of international law and the problems of international organization', *Political Science Quarterly*, 44: 4 (December 1939), pp. 536–54; also D. Diner, 'Rassistisches Völkerrecht. Elemente einer nationalsozialistischen Weltordnung' in his *Weltordnungen: Über Geschichte und Wirkung von Recht und Macht* (Frankfurt, 1993), pp. 77–124
46 Macartney, op. cit., foreword to 2nd (1934) edn; W. Friedmann, 'The disintegration of European civilisation and the future of international law', *Modern Law Review* (December 1938), pp. 194–214
47 Adenauer in H. Stoecker (ed.), *German Imperialism in Africa* (London, 1986), p. 323; D. Glass, *Population Policies and Movements* (London, 1940), p. 220
48 G. Rochat, *Guerre italiane in Libia e in Ethiopia: Studi militari, 1921–1939* (Padua, 1991)

49 G. W. Baer, *Test Case: Italy, Ethiopia and the League of Nations* (Stanford, Calif., 1967), pp. 296–7

50 G. Bernardini, 'The origins and development of racial anti-semitism in Fascist Italy', *Journal of Modern History*, 49 (September 1977), pp. 431–53

51 Baer, op. cit., p. 56; J. Delarue, 'La guerra d'Abissinia vista dalla Francia: le sue ripercussioni nella politica interna', in A. del Boca (ed.), *Le guerre coloniali del fascismo* (Bari, 1991), pp. 317–39; E. Weber, 'France', in Rogger and Weber, op. cit., p. 97

52 Cited in R. Schlesinger, *Federalism in Central and Eastern Europe* (New York, 1945), pp. 457–8

53 'Politics and right', tr. from *Europäische Revue*, January 1941, in US Department of State, *National Socialism*, op. cit., pp. 471–7

54 A. J. P. Taylor, *The Origins of the Second World War* (London, 1961), *passim*

55 W. Schmokel, *Dreams of Empire: German Colonialism, 1919–1945* (New Haven, Conn., 1964); Stoecker, op. cit.; G. L. Weinberg, 'German colonial plans and policies, 1938–42', in his *World in the Balance* (London, 1981), pp. 96–136

56 J. S. Huxley and A. C. Haddon, *We Europeans: A Survey of 'Racial' Problems* (London/New York, 1936), pp. 13, 132, 236; more generally, E. Barkan, *The Retreat from Scientific Racism: Changing Concepts of Race in Britain and the United States between the World Wars* (Cambridge, 1992)

57 Cited by P. Kluke, 'Nationalsozialistische Europaideologie', *Vierteljahreshefte für Zeitgeschichte*, 3: 3 (1955), pp. 240–69

第三章　健康的躯体，生病的躯体

1 P. Corsi, *The Protection of Mothers and Children in Italy* (Rome, 1938), p. 3; M. Hirschfeld, *Sittengeschichte des Weltkrieges*, ii (Leipzig, 1930), p. 437

2 A. Pfoser, 'Verstörte Männer und emanzipierte Frauen', in F. Kadrnoska (ed.), *Aufbruch und Untergang: Österreichische Kultur zwischen 1918 und 1938* (Vienna, 1981); R. J. Sieder, 'Behind the lines: working-class family life in wartime Vienna', in R. Wall and J. Winter (eds.), *The Upheaval of War: Family, Work and Welfare in Europe, 1914–1918* (Cambridge, 1988), pp. 109–38

3 S. Pedersen, *Family, Dependence and the Origins of the Welfare State: Britain and France, 1914–1945* (Cambridge, 1993), p. 129

4 M. L. Roberts, *Civilization without Sexes: Reconstructing Gender in Postwar France* (Chicago, 1994), pp. 70, 125
5 W. Z. Goldman, *Women, the State and Revolution: Soviet Family Policy and Social Life, 1917–1936* (Cambridge, 1993), chs. 1, 3
6 Cited in T. Verveniotis, 'I thesmothetisi tou dikaiomatos tis psifou ton gynaikon apo ton elliniko antistasiako kinima (1941–1944)', *Dini: Feministiko periodiko*, 6 (1993), pp. 180–95 (p. 181)
7 The Irish constitution cited by D. Keogh and F. O'Driscoll, 'Ireland', in T. Buchanan and M. Conway (eds.), *Political Catholicism in Europe, 1918–1965* (Oxford, 1996), p. 292
8 Hanna Hacker, 'Staatsbürgerinnen' in Kadrnoska, op. cit., pp. 225–66; V. de Grazia, *How Fascism Ruled women: Italy, 19221945* (Berkeley/Los Angeles, Calif., 1992), p. 25; Goldman, op. cit., chs. 5–6
9 J. M. Winter, 'The fear of population decline in western Europe, 1870–1940', in R. W. Hiorns (ed.), *Demographic Patterns in Developed Societies* (London, 1980), 178–81; P. Ogden and M.-M. Huss, 'Demography and pro-natalism in France in the nineteenth and twentieth centuries', *Journal of Historical Geography*, 8:3 (1982), pp. 283–98; S. Weiss, 'Wilhelm Schallmeyer and the logic of German eugenics', *Isis*, 77 (March 1986), p. 45; C. Pagliano, 'Scienza e stirpe: eugenica in Italia (1912–1939)', *Passato e presente* (1984), pp. 61–97
10 M.-M. Huss, 'Pronatalism and the popular ideology of the child in wartime France: the evidence of the picture postcard', in Wall and Winter, op. cit., pp. 329–69; C. Usborne, 'Pregnancy is the woman's active service', in ibid., pp. 389–416
11 D. Glass, *Population Policies and Movements in Europe* (Oxford, 1940), pp. 84, 152, 274; Corsi, op. cit., p. 4
12 Mussolini cited in de Grazia, op. cit., p. 41; W. Schneider, *Quantity and Quality: The Quest for Biological Regeneration in 20th Century France* (Cambridge, 1990), p. 139; Pedersen, op. cit.
13 R. Bridenthal, '"Professional housewives": stepsisters of the women's movement', in R. Bridenthal, A. Grossmann and M. Kaplan (eds.), *When Biology Became Destiny: Women in Weimar and Nazi Germany* (New York, 1984), pp. 153–74
14 Goldman, op. cit., pp. 288–9
15 de Grazia, op. cit., p. 55; Schneider, op. cit., p. 120; G. McCleary, 'Prewar European population policies', *The Millbank Memorial Fund Quarterly*, pp. 104–20; Glass, op. cit., pp. 282–4
16 M. Nash, 'Pronatalism and motherhood in Franco's Spain', in G. Bock and P. Thane (eds.) *Maternity and Gender Policies: Women and the Rise of*

European Welfare States, 1880s–1950s (London/New York, 1991), p. 169
17 Glass, op. cit., pp. 45–50
18 A. Hackett, 'Helene Stocker: leftwing intellectual and sex reformer', in Bridenthal, Grossmann and Kaplan op. cit., pp. 153–74
19 Glass, op. cit., conclusion; L. Thompson, '*Lebensborn* and the eugenics policy of the *Reichsfuhrer-SS*', *Central European History*, 4 (1971), pp. 54–77
20 A. Gramsci, *Selections from the Prison Notebooks* (London, 1971), p. 242
21 J. Lewis, *The Politics of Motherhood: Child and Maternal Welfare in England, 1900–1939* (London, 1980), pp. 30–33; de Grazia, op. cit., pp. 63–5
22 J. Lewis, 'Red Vienna, socialism in one city, 1918–1927', *European Studies Review*, 13: 3 (July 1983), pp. 335–54; B. Schwan, *Städtebau und Wohnungswesen der Welt: Town Planning and Housing throughout the World* (Berlin, 1935), pp. 303–4; A. Lees, *Cities Perceived: Urban Society in European and American Thought, 1820–1940* (Manchester, 1985), p. 272
23 F. Smejkal *et al.*, *Devetsil: the Czech Avant-Garde of the 1920s and 1930s* (Oxford, 1990), p. 46
24 Lees, op. cit., 272; Schwan, op. cit.
25 G. Jones, *Social Hygiene in Twentieth Century Britain* (London/Sydney, 1986)
26 *Eugenics, Genetics and the Family*, i (Scientific Papers of the Second International Congress of Eugenics) (Baltimore, Md, 1923), p. 1
27 D. Kirk, *Europe's Population in the Interwar Years* (Princeton, NJ, 1946), pp. 10–33; A. Keith, *An Autobiography* (London, 1950), pp. 552–3; T. Kalikow, 'Konrad Lorenz's ethological theory: explanation and ideology, 1938–1943', *Journal of the History of Biology*, 16 (1983), pp. 39–73; A. Funk, *Film und Jugend: Eine Untersuchung über die Psychischen Wirkungen des Films im Leben der Jugendlichen* (Munich, 1934)
28 Lees, op. cit., p. 275
29 D. Horn, *Social Bodies: Science, Reproduction and Italian Modernity* (Princeton, NJ, 1994), p. 103
30 Churchill cited in D. Kevles, *In the Name of Eugenics: Genetics and the Uses of Human Heredity* (New York, 1985), p. 99
31 H. Laughlin, 'The present status of eugenical sterilization in the United States', in *Eugenics in Race and State* (Baltimore, Md, 1923), p. 290; J. Noakes, 'Nazism and eugenics: the background to the Nazi sterilization law of 14 July 1933', in R. J. Bullen *et al.* (eds.), *Ideas into Politics: Aspects of European History, 1880–1950* (London, 1983), p. 80
32 M. E. Kopp, 'Eugenic sterilization laws in Europe', *American Journal of*

Obstetrics and Gynaecology, 34 (September 1937), pp. 499–504; Jones, op. cit., pp. 88–97; B. Mallet, 'The reduction of the fecundity of the socially inadequate', in *A Decade of Progress in Eugenics* (Baltimore, Md, 1934), pp. 364–8

33 See esp. Burleigh and Wippermann, op. cit.

34 Cited by Burleigh and Wippermann, op. cit., p. 177

35 Sir Harry Johnston, 'Empire and anthropology', *The Nineteenth Century and After* (August 1908); B. Müller-Hill, *Murderous Science: Elimination by Scientific Selection of Jews, Gypsies and Others: Germany, 1933–1945* (Oxford, 1988)

36 Schneider, op. cit., pp. 228, 242–54

37 Barkan, op. cit.

38 J. S. Huxley and A. C. Haddon, *We Europeans: A Survey of 'Racial' Problems* (London/New York, 1936), p. 13

39 ibid., pp. 132, 136; see also G. M. Morant, *The Races of Central Europe* (London, 1939), pp. 9, 15

40 M. Kohn, *The Race Gallery: The Revival of Scientific Racism* (London, 1995)

第四章　资本主义的危机

1 Cited in D. Peukert, 'The lost generation: youth unemployment at the end of the Weimar Republic', in R. J. Evans and D. Geary (eds.), *The German Unemployed* (London, 1987), p. 180

2. S. Asch, *The Calf of Paper* (London, 1936), p. 24

3 Cited in A. Orde, *British Policy and European Reconstruction after the First World War* (Cambridge, 1990), p. 178

4 ibid., p. 310

5 ibid., p. 143

6 Priestley cited in C. Waters, 'J. B. Priestley' in Mandler and Pedersen (eds.), op. cit., p. 211

7 Cited in R. Boyce, *British Capitalism at the Crossroads, 1919–1932: A Study in Politics, Economics and International Relations* (Cambridge, 1987), pp. 115–16

8 Cited by Orde, op. cit., p. 317; Boyce, op. cit., p. 108; also Boyce, 'British capitalism and the idea of European unity between the wars', in Stirk, *European Unity in Context...*, op. cit., pp. 65–84

9 O. Spengler, *Man and Technics* (New York, 1932), pp. 101–2

10 Cited in R. Skidelsky, *Politicians and the Slump: The Labour Government of 1929–31* (London, 1967), p. 244
11 Cited in Boyce, *British Capitalism. . .*, op. cit., pp. 172–3
12 D. Kazamias, *Sta ftocha chronia tis dekaetias tou '30* (Athens, 1997), p. 71; M. Jahoda, P. Lazarsfeld and H. Zeisel, *Marienthal: The Sociography of an Unemployed Community*, cited by R. Overy, *The Interwar Crisis, 1919–1939* (London, 1994), p. 113
13 C. Webster, 'Hungry or Healthy Thirties?', *History Workshop Journal*, 13 (spring 1982), pp. 110–29; M. Mitchell, 'The effects of unemployment on the social condition of women and children in the 1930s', *History Workshop Journal*, 19 (spring 1985), pp. 105–23
14 The most reliable figures are in S. G. Wheatcroft and R. W. Davies, 'Population', in R. W. Davies, M. Harrison and S. G. Wheatcroft (eds.), *The Economic Transformation of the Soviet Union, 1913–1945* (Cambridge, 1994), pp. 57–80; see also F. M. Wilson, *In the Margins of Chaos: Recollections of Relief Work in and between Three Wars* (London, 1944), p. 145
15 Cited in R. Pethybridge, *One Step Backwards, Two Steps Forwards: Soviet Society and Politics in the New Economic Policy* (Oxford, 1990), p. 143
16 ibid., op. cit., p. 415
17 See M. Lewin, 'The immediate background of Soviet collectivisation' in his *The Making of the Soviet System* (London, 1985), pp. 91–121; on numbers shot, see R. W. Davies, 'Forced labour under Stalin: the archive revelations', *New Left Review*, 214 (November/December 1995), pp. 62–80; see generally, R. Conquest, *Harvest of Sorrow: Soviet Collectivization and the Terror-Famine* (New York, 1986), esp. pp. 120–28
18 Cited in M. Fainsod, *Smolensk under Soviet Rule* (London, 1989 edn), p. 240
19 Cited by M. Lewin, '"Taking grain": Soviet policies of agricultural procurements before the war', in his *Making of the Soviet System*, op. cit., p. 166
20 ibid., pp. 142–77; V. Kravchenko, *I Chose Freedom: The Personal and Political Life of a Soviet Official* (London, 1947), pp. 111, 130
21 Fainsod, op. cit., p. 248
22 Cited by G. Hosking, *A History of the Soviet Union* (London, 1985), p. 150
23 Cited by Bullock, op. cit., p. 311
24 L. Siegelbaum, 'Masters of the shop floor: foremen and Soviet industrialisation', N. Lampert and G. T. Rittersporn (eds.), *Stalinism: Its Nature and Aftermath* (London, 1992), pp. 127–56

25 L. R. Graham, *The Ghost of the Executed Engineer: Technology and the Fall of the Soviet Union* (Cambridge, Mass., 1993), pp. 54–8

26 Davies, op. cit., p. 67

27 ibid.; J.-P. Depretto, 'Construction workers in the 1930s', in Lampert and Rittersporn, op. cit., p. 197

28 H.-H. Schröder, 'Upward social mobility and mass repression: the Communist Party and Soviet society in the Thirties', in Lampert and Rittersporn, op. cit., pp. 157–84

29 F. Furet, *Le Passé d'une illusion* (Paris, 1995), p. 474

30 See T. von Laue, *Why Lenin? Why Stalin?* (New York, 1971), p. 181; Leventhal, op. cit., p. 248

31 Cited in Boyce, *British Capitalism*, op. cit., p. 314

32 ibid., p. 307

33 M. Mazower, *Greece and the Inter-War Economic Crisis* (Oxford, 1991), p. 315

34 But see S. Reich, *The Fruits of Fascism: Postwar Prosperity in Historical Perspective* (Ithaca, NY, 1990)

35 W. Murray, *The Change in the European Balance of Power, 1938–39* (Princeton, NJ, 1984)

36 Cited in Steiner, op. cit., p. 91

37 M. Kele, *Nazis and Workers: National Socialist Appeals to German Labor, 1919–1933* (Chapel Hill, NC, 1972), p. 178; D. Schoenbaum, *Hitler's Social Revolution: Class and Status in Nazi Germany, 1933–1939* (New York, 1966), p. 53

38 Kele, op. cit., p. 205; B. F. Reilly, 'Emblems of production: workers in German, Italian and American art during the 1930s', in W. Kaplan (ed.), *Designing Modernity: The Arts of Reform and Persuasion, 1885–1945* (London, 1995), pp. 287–315

39 A. Lyttelton, *The Seizure of Power: Fascism in Italy, 1919–1929* (Princeton, NJ, 1987), pp. 348–9

40 Cited in J. Noakes and G. Pridham (eds.), *Nazism, 1919–1945*, vol. 2: *State, Economy and Society, 1933–1939* (Exeter, 1988 edn), pp. 373–4; see also: A. Lüdtke, 'The "Honor of Labor": industrial workers and the power of symbols under National Socialism', in D. Crew (ed.), *Nazism and German Society* (London, 1994), pp. 67–110; F. L. Carsten, *The German Workers and the Nazis* (Aldershot, 1995); on Italian workers see T. Abse, 'Italian workers and Italian Fascism', in R. Bessel (ed.), *Fascist Italy and Nazi Germany: Comparisons and Contrasts* (Cambridge, 1996), pp. 40–61; comparative unemployment figures in B. Eichengreen and T. J. Hatton

(eds.), *Unemployment in International Perspective* (Dordrecht, 1988), p. 7
41 P. Hayes, *Industry and Ideology: IG Farben in the Nazi Era* (Cambridge, 1987), p. 172; G. Toniolo, *L'economia dell'Italia fascista* (Rome, 1980), 266; Bullock, op. cit., pp. 181–2
42 R. Overy, *Why the Allies Won* (London, 1995), ch. 6
43 D. S. White, *Socialists of the Front Generation, 1918–1945* (Cambridge, Mass., 1992), p. 81
44 ibid., p. 128
45 ibid., p. 109
46 N. Mosley, *Rules of the Game* (London, 1982), p. 150
47 H. W. Arndt, *The Economic Lessons of the 1930s* (London, 1963 edn), p. 210
48 E. Hansen, 'Hendrik de Man and the theoretical foundations of economic planning: the Belgian experience, 1933–1940', *European Studies Review*, 8 (1978), pp. 235–57
49 Arndt, op. cit. (London, 1944 edn), p. 152
50 Cited by C. Kindleberger, *The World in Depression, 1929–1939* (London, 1973), p. 261
51 Kalecki cited in J. Jackson, *The Popular Front in France: Defending Democracy, 1934–38* (Cambridge, 1990), p. 174; see also, G. Ranki and J. Tomaszewski, 'The role of the state in industry, banking and trade', in M. C. Kaser and E. A. Radice (eds.), *The Economic History of Eastern Europe, 1919–1975*, vol. 2: *Interwar Policy, the War and Reconstruction* (Oxford, 1986), pp. 44–6

第五章　希特勒的新秩序，1938—1945

1 Cited by G. Therborn, 'The autobiography of the twentieth century', *New Left Review*, 214 (November/December 1995), p. 87
2 Cited by O. Bartov, *Hitler's Army: Soldiers, Nazis and War in the Third Reich* (Oxford, 1992), pp. 130–31
3 Ministero degli Affari Esteri, *I documenti diplomatici italiani*, 9th series (1939–43), vol. 8 (Rome, 1986), p. 410: Luciolli to D'Ajeta, 14 March 1942; Mussolini's reaction is noted in M. Muggeridge (ed.), *Ciano's Diary: 1939–1943* (London, 1947), pp. 448–9
4 R. G. Waldeck, *Athene Palace* (New York, 1942), p. 13
5 ibid., p. 14
6 P. Struye, *L'Évolution du sentiment public en Belgique sous l'occupation*

allemande (Brussels, 1945), pp. 20, 30; M. Conway, *Collaboration in Belgium: Léon Degrelle and the Rexist Movement, 1940–1944* (New Haven, Conn./London, 1993), p. 30; W. Warmbrunn, *The Dutch under German Occupation, 1940–1945* (Stanford, Calif., 1963), pp. 130–35

7 M. Bloch, *Strange Defeat* (New York, 1968), pp. 149, 156–68; F. Bédarida, 'Vichy et la crise de la conscience française', in J.-P. Azéma and F. Bédarida, *Vichy et les Français* (Paris, 1992), pp. 77–96; de Chardin cited in J. Lukacs, *The Last European War* (New York, 1976), p. 515; Berlitz enrolments in R. Cobb, *French and Germans, Germans and French* (Hanover/London, 1983), p. 125

8 Z. Klukowski, *Diary from the Years of Occupation, 1939–1944* (Urbana, Ill./Chicago, 1993), p. 90; Waldeck, op. cit., p. 124

9 R. E. Herzstein, *When Nazi Dreams Come True* (London, 1982), p. 38; C. Moret, *L'Allemagne et la réorganisation de l'Europe (1940–1943)* (Neuchâtel, 1944), p. 43; H. Trevor-Roper (ed.), *Hitler's Table Talk: 1941–1944* (London, 1973), pp. 4–5

10 R. G. Reuth, *Goebbels* (New York, 1993), pp. 268–70

11 Muggeridge, op. cit., p. 390; Trevor-Roper, op. cit., p. 6 (entry for 11–12 July 1941)

12 Noakes and Pridham, op. cit. (New York, 1990 edn), p. 615; N. Rich, *Hitler's War Aims*, vol. 2: *The Establishment of the New Order* (New York, 1974), p. 330; I. Kamenetsky, *Secret Nazi Plans for Eastern Europe* (New Haven, Conn., 1961), p. 38

13 E. L. Homze, *Foreign Labor in Nazi Germany* (Princeton, NJ, 1967), pp. 26–30

14 N. Rich, *Hitler's War Aims*, vol. 1: *Ideology, the Nazi State and the Course of Expansion* (New York, 1973), pp. 134–42; K. Hildebrand, *The Foreign Policy of the Third Reich* (London, 1973), p. 114

15 C. Child, 'The concept of the New Order', in A. and V. Toynbee (eds.), *Survey of International Affairs, 1939–1946: Hitler's Europe* (London, 1954), p. 61

16 W. A. Boelcke (ed.) *The Secret Conferences of Dr. Goebbels* (New York, 1970), pp. 38, 65; Warmbrunn, op. cit., pp. 24–7; Child, op. cit., p. 57

17 P. M. Hayes, *The Career and Political Ideas of Vidkun Quisling, 1887–1945* (Bloomington, Ind./London, 1972), pp. 247, 283–6

18 Boelcke, op. cit., p. 66; Toynbee and Toynbee, op. cit., p. 511

19 Trevor-Roper, op. cit., pp. 92, 621

20 Boelcke, op. cit., pp. 185–6

21 See Schmitt's *Völkerrechtliche Grossraumordnung mit Interventionsver-*

bot für raumfremde Mächte: Ein Beitrag zum Reichsbegriff im Völkerrecht (Berlin, 1939), and 'Reich und Raum: Elemente eines neuen Völkerrechts', *Zeitschrift der Akademie für Deutsches Recht*, 7: 13 (1 July 1940), cited in Bendersky, op. cit., pp. 253–5; Seyss-Inquart and Frank cited in Moret, op. cit., pp. 55–7

22 Cited in Child, op. cit., p. 53

23 Boelcke, op. cit., pp. 17–18; Homze, op. cit., p. 62; Hitler described the Italians as 'the only people on earth with whom we can see eye to eye'. Rich, *Hitler's War Aims*, vol. 2, p. 317; cf. also F. Taylor (ed.), *The Goebbels Diaries: 1939–1941* (London, 1982), p. 328

24 W. Tucker, *The Fascist Ego: A Political Biography of Robert Brasillach* (Berkeley/Los Angeles, Calif., 1975), p. 253

25 Y. Durand, *Le Nouvel Ordre européen nazi* (Paris, 1990), p. 34; J. A. Armstrong, *Ukrainian Nationalism* (New York/London, 1963), p. 79; A. Dallin, *German Rule in Russia, 1941–1945: A Study of Occupation Policies* (Boulder, Colo., 1981, 2nd edn), p. 164

26 Child, op. cit., pp. 50–51

27 A. S. Milward, *War, Economy and Society, 1939–1945* (London, 1977), pp. 162–3; Waldeck, op. cit., pp. 65–72

28 League of Nations, *Food Rationing and Supply 1943/44* (Geneva, 1944), pp. 34–5; on the debate about Hitler's *Blitzkrieg* strategy and its economic implications see R. J. Overy, *Goering: the 'Iron Man'* (London, 1984), ch. 4

29 Milward, op. cit., pp. 132–69; Overy, *Goering: the 'Iron Man'*, op. cit., p. 136

30 Overy, ibid., pp. 120–21

31 Cited in C. Browning, 'The decision concerning the Final Solution', in his *Fateful Months: Essays on the Emergence of the Final Solution* (New York/London, 1985), p. 28; Homze, op. cit., p. 71

32 ibid., 376; Rich, op. cit., vol. 2, p. 381; Dallin, op. cit., pp. 159, 204, 244

33 A. S. Milward, *The New Order and the French Economy* (Oxford, 1970), p. 110; cf. Overy, *Goering: the 'Iron Man'*, op. cit., chs. 6, 8, and Overy, *Why the Allies Won*, op. cit., pp. 198–205

34 Cf. the memo of Otto Brautigam (Head of the Main Political Department, OMi), 25 October 1941, in J. Noakes and G. Pridham (eds.), *Documents on Nazism: 1919–1945* (London, 1974), pp. 626–30; cf. Overy, *Goering: the 'Iron Man'*, op. cit., ch. 8; U. Herbert, *A History of Foreign Labor in Germany, 1880–1980* (Ann Arbor, 1990), p. 145

35 Cited in Herbert, op. cit., p. 149

36 Overy, *Goering: the 'Iron Man'*, op. cit., p. 128; E. M. Kulischer, *Europe on the Move: War and Population Changes, 1917–1947* (New York, 1948), pp. 263–4; Herbert, op. cit., p. 133
37 Cited by Milward, *The New Order and the French Economy*, op. cit., p. 119
38 ibid., pp. 142–51, 165
39 V. Klemperer, *'LTI': Die unbewältigte Sprache* (Munich, 1969), pp. 105–6
40 Trevor-Roper, op. cit., p. 24
41 J. Billig, *Les Camps de concentration dans l'économie du Reich hitlérien* (Paris, 1973), p. 72; R. Koehl, *RKFDV: German Resettlement and Population Policy, 1939–1945* (Cambridge, Mass., 1957), pp. 210–11
42 Waldeck, op. cit., pp. 306–8
43 T-81/307/2435373, 'Abschlussbericht über die Durchschleusung von 95 Griechenlanddeutschen in Passau/Gau Bayr. Ostmark durch die Einwanderzentralstelle des Chefs der Sicherheitspolizei und des SD' (Washington DC, US National Archives)
44 On 'political house-cleaning' see R. Breitman, *The Architect of Genocide: Himmler and the Final Solution* (London, 1991), pp. 70–71; Klukowski, op. cit., pp. 100–101; T. Cyprian and J. Sawicki, *Nazi Rule in Poland, 1939–1945* (Warsaw, 1961), pp. 116–24
45 Gross, op. cit., pp. 226–30; Klukowski, op. cit., pp. 117, 124–5
46 I. Kamenetsky, *Secret Nazi Plans for Eastern Europe* (New Haven, Conn., 1961), p. 106
47 ibid., pp. 93f
48 American Jewish Conference, *Nazi Germany's War against the Jews* (New York, 1947), I-24–5
49 C. Browning, 'Nazi resettlement policy and the search for a solution to the Jewish Question, 1939–1941', in his *The Path to Genocide: Essays on Launching the Final Solution* (Cambridge, 1992), pp. 16–17
50 ibid., p. 24; M. Marrus, *The Holocaust in History* (London, 1988), p. 55
51 Klukowski, op. cit., p. 173
52 G. Robel, 'Sowjetunion', in W. Benz (ed.), *Dimension des Völkermords: Die Zahl der jüdischen Opfer des Nationalsozialismus* (Munich, 1991), pp. 499–560; see also, H. Krausnick, *Hitlers Einsatzgruppen: Die Truppen des Weltanschauungskrieges, 1938–1942* (Frankfurt am Main, 1985)
53 Cited in E. Klee, W. Dressen and V. Riess (eds.), *'Those were the Days': The Holocaust through the Eyes of the Perpetrators and Bystanders* (tr. D. Burnstone) (London, 1991), pp. 138–53
54 E. Kogon, H. Langbein and A. Rückerl (eds.), *Nazi Mass Murder: A*

Documentary History of the Use of Poison Gas (New Haven, Conn., 1993), ch. 4
55 Y. Arad, *Belzec, Sobibor, Treblinka: The Operation Reinhard Death Camps* (Bloomington, Ind., 1987)
56 R. van der Pelt and D. Dwork, *Auschwitz: 1270 to the Present* (New Haven, Conn., 1996)
57 Browning, 'The decision concerning the Final Solution', in *Fateful Months: Essays on the Emergence of the Final Solution*, op. cit., p. 33
58 van der Pelt and Dwork, op. cit., pp. 326, 336, 343
59 ibid., p. 327
60 S. Della Pergola, 'Between science and fiction: notes on the demography of the Holocaust', *Holocaust and Genocide Studies*, 10: 1 (spring 1996), pp. 354–51; on the Ustaše genocide, see A. Djilas, *The Contested Country: Yugoslav Unity and Communist Revolution, 1919–1953* (Cambridge, Mass., 1991), pp. 125–7
61 Goebbels and Kohl of the Railway Dept. cited in Kogon, Langbein and Rückerl, op. cit., pp. 10–11
62 W. Laqueur, *The Terrible Secret: An Investigation into the Suppression of Information about Hitler's Final Solution* (London, 1980); T. Kushner, *The Holocaust and the Liberal Imagination* (Oxford, 1994)
63 Klee, Dressen and Riess, op. cit., pp. 196–207
64 G. J. Horwitz, *In the Shadow of Death: Living outside the Gates of Mauthausen* (New York, 1990), ch. 6
65 G. Schwarz, *Die nationalsozialistischen Lager* (Frankfurt, 1990), pp. 221–2
66 J. Billig, op. cit., pp. 57, 99, 241
67 Herbert, op. cit., p. 174; for an earlier criticism of the economic harm caused by the murder of 150,000–200,000 Jews in the Ukraine, see 3257-PS, cited in *Nazi Germany's War against the Jews*, op. cit., I-50–51
68 Kamenetsky, op. cit., p. 74; Kulischer, op. cit., p. 261
69 See SS/Police chief O. Globocnik in the *Krakauer Zeitung*, 15 June 1941, tr. in US Department of State, *National Socialism*: op. cit., pp. 485–6
70 On reports that mismanagement had led to the need for 'an overpowering police machine' see Dallin, op. cit., p. 219; Trevor-Roper, op. cit., pp. 468–76
71 Y. Bauer, 'The death-marches, January–May, 1945', *Modern Judaism*, 3 (1983), pp. 1–21, esp. 11
72 See Horwitz, op. cit., chs. 7–8
73 Klukowski, op. cit., p. 345; see also R. H. Abzug, *Inside the Vicious Heart: Americans and the Liberation of Nazi Concentration Camps* (New York/Oxford, 1985)

74 Horwitz, op. cit., p. 165
75 V. Lumans, *Himmler's Auxiliaries: The Volksdeutsche Mittelstelle and the German National Minorities of Europe, 1933–1945* (Chapel Hill, NC, 1993), p. 203
76 Trevor-Roper, op. cit., pp. 33, 69, 92, 316, 354–5
77 C. Child, 'Administration', in Toynbee and Toynbee, op. cit., p. 125; E. K. Bramsted, *Goebbels and National Socialist Propaganda, 1925–1945* (Ann Arbor, Mich., 1965), p. 303

第六章　黄金时代的蓝图

1 H. G. Wells, *The New World Order* (New York, 1940), p. 45
2. I. McLaine, *Ministry of Morale: Home Front Morale and the Ministry of Information in World War II* (London, 1979), pp. 30–31, 101; P. Addison, *The Road to 1945: British Politics and the War* (London, 1975), p. 121
3 R. Acland, *The Forward March* (London, 1941), p. 9; E. H. Carr, *Conditions of Peace* (New York, 1942), p. 9
4 W. Lipgens (ed.), *Documents on the History of European Integration*, vol. 1: *Continental Plans for European Union, 1939–1945* (Berlin/New York, 1985), p. 39; Kennedy in *The Times*, 18 November 1940; on de Gaulle, A. Shennan, *Rethinking France: Plans for Renewal, 1940–1946* (Oxford, 1989), pp. 53–6; R. W. G. MacKay, *Peace Aims and the New Order* (London, 1941 edn), p. 7
5 E. Ranshofen-Wertheimer, *Victory is not Enough: The Strategy for a Lasting Peace* (New York, 1942), pp. 122–3; 'Metropoliticus', 'The Ministry of Information', *Political Quarterly*, 13 (1942), p. 300
6 cf. R. M. Titmuss, 'War and social policy', in his *Essays on the 'Welfare' State* (Boston, Mass., 1969), esp. pp. 84–6; and the comments of J. Harris, 'Some aspects of social policy in Britain during the Second World War', in W. J. Mommsen (ed.), *The Emergence of the Welfare State in Britain and Germany, 1850–1950* (London, 1981), pp. 247–63; *The Journey Home* (a report prepared by Mass Observation for the Advertising Service Guild) (London, 1944), p. 104; on the exodus, see J. Vidalenc, *L'Exode de Mai–Juin 1940* (Paris, 1957) and N. Ollier, *L'Exode: sur les routes de l'an 40* (Paris, 1970)
7 Cited by Addison, op. cit., p. 118; Blum cited by Lipgens, op. cit., pp. 278–9
8 Cited by McLaine, op. cit., p. 149
9 Addison, op. cit., pp. 170–71

10 J. Harris, *William Beveridge: A Biography* (Oxford, 1977), p. 366
11 Harris, op. cit., p. 387; W. Beveridge, *Social Insurances and Allied Services* (London, 1942), p. 172
12 Harris, op. cit., p. 420; for parallel thinking in the Nazi labour organization, see R. Smelser, 'Die Sozialplanung der deutschen Arbeitsfront', in M. Prinz and R. Zitelmann (eds.), *Nationalsozialismus und Modernisierung* (Darmstadt, 1991), pp. 71–92
13 A. Myrdal, *Nation and Family: The Swedish Experiment in Democratic Family and Population Policy* (London, 1940), p. vi
14 M. Sadoun, *Les Socialistes sous l'occupation: résistance et collaboration* (Paris, 1982), p. 136; C. Andrieu, *Le Program commun de la Résistance: des idées dans la guerre* (Paris, 1984), pp. 114f
15 Lipgens, op. cit., p. 569; M. Mazower, *Inside Hitler's Greece: The Experience of Occupation, 1941–1944* (New Haven, Conn., 1993), p. 267
16 Shennan, op. cit., p. 36
17 Andrieu, op. cit., p. 38
18 L. W. Lorwin, *Postwar Plans of the United Nations* (New York, 1943), pp. 128, 135–40, 144–5
19 *New World Order*, Wells, See, e.g., op. cit., p. 58
20 E. Vittorini, *Men and not Men* (tr. Sarah Henry) (Marlboro, Vt, 1985), p. 157
21 J. D. Wilkinson, *The Intellectual Resistance in Europe* (Cambridge, Mass., 1981), p. 47; Camus in G. Brée and G. Bernauer (eds.), *Defeat and Beyond: An Anthology of French Wartime Writing (1940–1945)* (New York, 1970), pp. 347–9
22 A. Vistel, *Héritage spirituel de la Résistance*, in Lipgens, op. cit., p. 268; Shennan, op. cit., p. 82
23 J. Hellman, *Emmanuel Mounier and the New Catholic Left, 1930–1950* (Toronto, 1981), p. 180; J. Maritain, *Christianity and Democracy* (San Francisco, Calif., 1986), p. 22
24 J. Maritain, *The Rights of Man and Natural Law* (San Francisco, Calif., 1986), pp. 91, 165; W. Temple, *Christianity and Social Order* (Harmondsworth, Middx, 1942), p. 80
25 L. Holborn (ed.), *War and Peace Aims of the United Nations* (Boston, Mass., 1943), p. 158; H. Lauterpacht, *An International Bill of the Rights of Man* (New York, 1945), pp. v–vi; E. Hamburger *et al.*, *Le Droit raciste à l'assaut de la civilisation* (New York, 1943)
26 *The World's Destiny and the United States* (A Conference of Experts in International Relations) (Chicago, 1943), pp. 101–37

27 J. Maritain, 'Le droit raciste et la vraie signification du racisme', in Hamburger, op. cit., pp. 97–137
28 G. Myrdal, *An American Dilemma: The Negro Problem and Modern Democracy*, vol. 2 (New York, 1944), pp. 1004, 1007–9
29 D. Thompson, *From Kingston to Kenya: The Making of a Pan-Africanist Lawyer* (Dover, Mass., 1993), pp. 23–33, 45–7 (thanks to Rupert Lewis for drawing my attention to this remarkable book); McLaine, op. cit., pp. 223–4
30 C. Pavone, *Una guerra civile: saggio storico sulla moralità nella Resistenza* (Turin, 1991), pp. 202–3; Shennan, op. cit., pp. 142–3; E. Rice-Maximin, *Accommodation and Resistance: The French Left, Indochina and the Cold War, 1944–1954* (New York, 1986), pp. 14–15; Holborn, op. cit., pp. 522–3
31 R. Redfield, 'The ethnological problem', in G. de Huszar (ed.), *New Perspectives on Peace* (Chicago, 1944), pp. 80–82
32 R. Lemkin, *Axis Rule in Occupied Europe* (Washington, DC, 1944), p. xiv; W. Friedman, 'The disintegration of European civilisation and the future of international law', *Modern Law Review* (December 1938), pp. 194–214; J. Herz, 'The National Socialist doctrine of international law', *Political Science Quarterly* (December 1939), pp. 536–54
33 *The World's Destiny and the United States*, op. cit., pp. 102–5
34 ibid., p. 113; Lauterpacht, op. cit., p. vi; H. Kelsen, *Peace through Law* (Chapel Hill, NC, 1944), esp. pp. 41–2
35 W. Lipgens, 'European federation in the political thought of resistance movements', *Central European History*, 1 (1968), p. 10; W. I. Jennings, *A Federation for Western Europe* (New York/Cambridge, 1940), p. 10
36 'Statement of Aims' cited in W. Lipgens, *A History of European Integration*, vol. 1: *1945–1947* (Oxford, 1982), p. 143; MacKay, op. cit., p. 23; see the special issue, 'Anglo-French Union?' in *The New Commonwealth Quarterly*, v: 4 (April 1940)
37 G. T. Renner, 'Maps for a new world', *Collier's* (6 June 1942), pp. 14–15; B. Newman, *The New Europe* (New York, 1943), frontispiece; for an important survey of earlier moves towards federalism, see R. Schlesinger, *Federalism in Central and Eastern Europe* (New York, 1945)
38 Representative of the time is A. Kolnai, 'Danubia: a survey of plans of solution', *Journal of Central European Affairs* (January 1944), pp. 441–62
39 H. Notter, *Postwar Foreign Policy Preparation, 1939–1945* (Westport, Conn., 1975), pp. 458–60
40 Pavone, op. cit., pp. 305–6; Lipgens, *Documents*, op. ct., pp. 319, 339
41 ibid., p. 563; Lipgens, 'European federation . . .', op. cit., p. 12
42 F. A. von Hayek, *The Road to Serfdom* (Chicago, 1944), pp. 4, 67, 84

43 K. Mannheim, *Man and Society in an Age of Reconstruction* (London, 1950 edn), pp. 6, 380
44 Carr, *Conditions of Peace*, op. cit., pp. 256–61
45 Hayek, op. cit., p. 203
46 ibid., p. 231; see also, F. A. von Hayek, 'Economic conditions of interstate federalism', *The New Commonwealth Quarterly*, v: 2 (September 1939), pp. 131–50
47 L. von Mises, *Omnipotent Government: The Rise of the Total State and Total War* (New Haven, Conn., 1944), p. 286
48 C. Becker, *How New Will the Better World be?* (New York, 1944), pp. v, 243
49 *The Journey Home*, op. cit., pp. 43–52
50 Pavone, op. cit., p. 570
51 M. Higonnet (ed.), *Behind the Lines: Gender and the Two World Wars* (New Haven, Conn., 1987)
52 Cf. B. Jancar-Webster, *Women and Revolution in Yugoslavia, 1941–1945* (Denver, Colo., 1990), p. 163; *The Journey Home*, op. cit., pp. 55–6
53 I. Szabo, 'Historical foundations of human rights and subsequent developments', in K. Vasak (ed.) *The International Dimensions of Human Rights*, i (Paris, 1982), pp. 11–42; H. Lauterpacht, *International Law and Human Rights* (New York, 1950), p. 353; H. Lauterpacht, *Report: Human Rights, the Charter of the United Nations and the International Bill of the Rights of Man* (Brussels, 1948), p. 22
54 N. Robinson, *The Genocide Convention: A Commentary* (New York, 1960), p. 52; see also H. Kelsen, 'Collective and individual responsibility in international law with particular regard to the punishment of war criminals', *California Law Review*, XXXI (December 1943), pp. 530–71; H. Lauterpacht, 'The subjects of the Law of Nations', *Law Quarterly Review*, LXIII (October 1947), pp. 438–60; LXIV (January 1948), pp. 97–116

第七章　残酷的和平，1943—1949

1 In his *Memoirs of a Revolutionist: Essays in Political Criticism* (New York, 1957), p. 119
2 On the war as a civil war, see Pavone, op. cit., and A. J. Mayer, *Why Did the Heavens Not Darken?* (London, 1990)
3 Kulischer, op. cit., pp. 274–81; P. R. Magosci, *Historical Atlas of East*

Central Europe (Seattle, 1993), p. 164; R. Overy (ed.), *The Times Atlas of the Twentieth Century* (London, 1996)

4 See J. T. Gross, 'Social consequences of war: preliminaries to the study of imposition of communist regimes in east central Europe', *East European Politics and Society*, 3: 2 (spring 1989), pp. 198–214

5 M. Djilas, *Conversations with Stalin* (New York, 1962), p. 114; on 'Red Fascism', see L. Adler and T. Paterson, 'Red Fascism: the merger of Nazi Germany and Soviet Russia in the American image of totalitarianism, 1930s to 1950s', *American Historical Review*, 75 (1970), pp. 1046–64

6 Magosci, op. cit., cf. J. Vernant, *The Refugee in the Post-War World* (London, 1953), p. 30; M. J. Proudfoot, *European Refugees, 1939–1952: A Study in Forced Population Movement* (London, 1957), p. 34

7 On German POWs, see G. Bischof and S. E. Ambrose (eds.), *Eisenhower and the German POWs: Facts against Falsehood* (Baton Rouge, La/London, 1992); E. Skrjabina, *The Allies on the Rhine, 1945–1950* (Carbondale, Ill., 1980), p. 29

8 Vernant, op. cit.

9 ibid., op. cit., pp. 60–63; Proudfoot, op. cit., p. 361; A. Königseder and J. Wetzel, *Lebensmut im Wartesaal: Die jüdischen DPs im Nachkriegsdeutschland* (Frankfurt am Main, 1994)

10 Skrjabina, op. cit., p. 109; W. Benz (ed.), *Die Vertriebung der Deutschen aus dem Osten* (Frankfurt am Main, 1995)

11 Danzig report cited in C. Tighe, *Gdansk: National Identity in the Polish–German Borderlands* (London, 1990), p. 197; T. Schieder (ed.), *The Expulsion of the German Population from the Territories East of the Oder–Neisse Line* (Bonn, n.d.), p. 269

12 A. M. de Zayas, *Nemesis at Potsdam: The Expulsion of the Germans from the East* (Lincoln, Nebr./London, 1988 edn), pp. 104–6; J. B. Schechtman, *Postwar Population Transfers in Europe, 1945–1955* (Philadelphia, Pa, 1962), pp. 56–67; Gomułka cited in N. Naimark, *The Russians in Germany: A History of the Soviet Zone of Occupation, 1945–1949* (Cambridge, Mass., 1995), p. 147

13 Schechtman, op. cit., p. 363

14 Kirk, op. cit., p. 69, n. 24 for civil and military casualties; Proudfoot, op. cit., p. 34 for forced movements of civilians during the war. Total population estimates from B. R. Mitchell, *European Historical Statistics, 1750–1975* (New York, 1980 edn); on western Poland, J. Ziolkowski, 'The sociological aspects of demographic changes in Polish Western Territories', *Polish Western Affairs*, 3: 1 (1962), pp. 3–37; quote from J. Wiatr, 'Polish

society', cited in C. M. Hann, *A Village without Solidarity: Polish Peasants in Years of Crisis* (New Haven, Conn./London, 1985), p. 157
15 T. Schieder (ed.), *Documents on the Expulsion of the Germans from Eastern-Central Europe* (Bonn, 1961), pp. 146–7, 152
16 A. Scholz, *Silesia: Yesterday and Today* (The Hague, 1964), p. 69
17 Hann, op. cit., p. 179; Scholz, op. cit., p. 50
18 See Gross, 'Social consequences of war', op cit., *passim*
19 D. Sington, *Belsen Uncovered* (London, 1946), p. 187
20 D. Macardle, *Children of Europe* (Boston, Mass., 1951), pp. 58, 107, 154, 200, 231
21 ibid., pp. 231–5, 294–6
22 ibid., p. 64
23 ibid., p. 242
24 A. Mando Dalianis-Karambatzakis, *Children in Turmoil during the Greek Civil War 1946–49: Today's Adults* (Stockholm, 1994); cf. A. Karpf, *The War After* (London, 1996), and A. Hass, *Aftermath: Living with the Holocaust* (New York, 1995)
25 Z. Zaluski, *Final 1945* (Warsaw, 1968), p. 17, cited in P. Wandycz, *The Price of Freedom: A History of East Central Europe from the Middle Ages to the Present* (London, 1992), p. 240; J. R. Fiszman, *Revolution and Tradition in People's Poland: Education and Socialization* (Princeton, NJ, 1972), p. 25
26 F. Neumann, 'Re-educating the Germans: the dilemma of reconstruction', *Commentary* (June 1947), pp. 517–25; post-war Cioran cited in S. Guilbaut, 'Postwar painting games: the rough and the slick', in Guilbaut (ed.), *Reconstructing Modernism: Art in New York, Paris and Montreal, 1945–1964* (Cambridge, Mass., 1990), p. 53; pre-war Cioran in L. Volovici, *Nationalist Ideology and Antisemitism: The Case of Romanian Intellectuals in the 1930s* (Oxford, 1991), pp. 78–9
27 V. St Erlich, *Family in Transition: A Study of 300 Yugoslav Villages* (Princeton, NJ, 1966), pp. 452–3; D. Pines, 'Working with women survivors of the Holocaust', *Journal of Psychoanalysis* (1986), pp. 67, 295–307
28 G. Theotokas, *Tetradia imerologiou* (Athens, n.d.), p. 486
29 G. Warner, 'Italy and the Powers, 1943–49' in S. J. Woolf (ed.), *The Rebirth of Italy, 1943–50* (New York, 1972), p. 30
30 D. Ellwood, *Italy, 1943–1945* (New York, 1985), pp. 22–30
31 L. Kettenacker, 'The Anglo-Soviet alliance and the problem of Germany, 1941–1945', *Journal of Contemporary History*, 17 (1982), pp. 435–58 (cited on p. 449)

32 V. Zubok and C. Pleshakov, *Inside the Kremlin's Cold War: From Stalin to Khrushchev* (Cambridge, Mass., 1996), pp. 28–30
33 See the excellent discussion in C. Gati, *Hungary and the Soviet Bloc* (Durham, NC, 1986), pp. 28–33; on Romania, G. Ionescu, *Communism in Rumania, 1944–1962* (London, 1964), p. 90
34 K. Kersten, *The Establishment of Communist Rule in Poland, 1943–1948* (Berkeley/Los Angeles, Calif., 1991), p. 122
35 R. Palmer Domenico, *Italian Fascists on Trial, 1943–1948* (Chapel Hill, NC, 1991), pp. 92–4
36 Cited in M. Dondi, 'Azioni di guerra e potere partigiano nel dopoliberazione', *Italia contemporanea*, 188 (September 1992), pp. 457–77 (citations pp. 465–6)
37 ibid., p. 467
38 H. R. Kedward, *In Search of the Maquis: Rural Resistance in Southern France, 1942–1944* (Oxford, 1993), p. 279
39 H. Lottman, *The People's Anger: Justice and Revenge in Post-Liberation France* (London, 1986), pp. 50–56
40 K.-D. Henke and H. Woller (eds.), *Politische Säuberung in Europa: Die Abrechnung mit Faschismus und Kollaboration nach dem Zweiten Weltkrieg* (Munich, 1991), pp. 184, 215–39, 272, 292–9
41 ibid., p. 128; J.-P. Rioux, *The Fourth Republic, 1944–1958* (Cambridge, 1987) p. 36
42 Domenico, op. cit., p. 157; Rioux, op. cit., p. 40
43 M. Szöllösi-Janze, '"Pfeilkreuzler, Landesverräter und andere Volksfeinde": Generalabrechnung in Ungarn', in Henke, op. cit., pp. 317–18
44 P. Zinner, *Revolution in Hungary* (New York/London, 1962), p. 25
45 E. Völkl, 'Abrechnungfuror in Kroatien', in Henke and Woller, op. cit., pp. 366–74
46 On German measures behind Soviet lines, see P. Biddiscombe, 'Prodding the Russian Bear: pro-German resistance in Romania, 1944–5', *European History Quarterly*, 23 (April 1993), pp. 193–232; J. Schechtman, 'Elimination of German minorities in southeastern Europe', *Journal of Central European Affairs* (July 1946), pp. 151–66; Ionescu, pp. 110–11
47 Hungary, in Henke, op. cit.; Zinner, op. cit., pp. 51–2
48 Kersten, op. cit., pp. 390–92; see also Hann, op. cit., pp. 33–5
49 B. Davidson, *Germany: What Now? Potsdam–Partition, 1945–1949* (London, 1950), p. 2; L. Krieger, 'The inter-regnum in Germany: March August 1945', *Political Science Quarterly*, 64: 4 (December 1949), pp. 507–32

50 D. Botting, *From the Ruins of the Reich: Germany 1945–49* (New York, 1985), pp. 109–11; A. Grosser, *Germany in Our Time: A Political History of the Postwar Years* (New York, 1971), pp. 26–7
51 J. P. Nettl, *The Eastern Zone and Soviet Policy in Germany, 1945–1950* (London, 1951), ch. 3
52 W. Ulbricht, *Der faschistische deutsche Imperialismus (1933–1945)* (Berlin, 1945)
53 H. Zink, *American Military Government in Germany* (New York, 1947), p. 143; J. Gimbel, *A German Community under American Occupation: Marburg, 1945–1952* (Stanford, Calif., 1961), pp. 109, 140–42, 163;. A. J. Merritt and R. L. Merritt (eds.), *Public Opinion in Occupied Germany: The OMGUS Surveys, 1945–1949* (Urbana, Ill., 1970), pp. 79–80, 304–5
54 D. Culbert, 'American film policy in the re-education of Germany after 1945', in N. Pronay and K. Wilson (eds.) *The Political Re-Education of Germany and Her Allies after World War Two* (Totowa, NJ, 1985), p. 179; also B. S. Chamberlain, 'Todesmühlen: ein früher Versuch zur Massen-"Umerziehung" im besetzten Deutschland 1945–1946', *Vierteljahreshefte für Zeitgeschichte*, 29 (July 1981), pp. 420–36
55 S. Padover, *Experiment in Germany: The Story of an American Intelligence Officer* (New York, 1946), pp. 135, 339
56 K. Jürgensen, 'The concept and practice of "re-education" in Germany, 1945–50', in Pronay and Wilson, op. cit., p. 93; F. Roy Willis, *The French in Germany, 1945–1949* (Stanford, Calif., 1962), pp. 163–77; J. F. Tent, *Mission on the Rhine: Re-education and De-Nazification in American-Occupied Germany* (Chicago/London, 1982), pp. 313–14
57 V. Rudolph, 'The execution of policy, 1945–47', in R. Slusser (ed.), *Soviet Economic Policy in Postwar Germany* (New York, 1953), p. 40; Nettl, op. cit., pp. 167–81
58 Zink, op. cit., pp. 180–83
59 H. Krisch, *German Politics under Soviet Occupation* (New York/London, 1974), p. 40
60 Grosser, op. cit., p. 66
61 C. Schorske, 'The dilemma in Germany', *Virginia Quarterly Review*, 24: 1 (winter 1948), pp. 29–42; Krieger, op. cit., pp. 507–32
62 Lottman, op. cit., p. 68

第八章 建立人民民主

1 Cited in F. J. Kase, *People's Democracy: A Contribution to the Study of the Communist Theory of State and Revolution* (Leyden, 1968), p. 21
2 J. Pelikan (ed.), *The Czechoslovak Political Trials, 1950–1954: The Suppressed Report of the Dubček Government's Commission of Inquiry, 1968* (London, 1971), p. 38
3 See now, A. Gleason, *Totalitarianism: The Inner History of the Cold War* (Oxford, 1995)
4 See D. J. Dallin, *The New Soviet Empire* (London, 1951)
5 H. Seton-Watson, *Eastern Europe between the Wars, 1918–1941* 1962 edn, first pub. 1945), pp. 262–3; R. R. Betts (ed.), *Central and South East Europe, 1945–1948* (London, 1949), p. 212
6 Soviet military strengths are cited from W. Park, *Defending the West: A History of NATO* (Brighton, 1986), pp. 23–5; Naimark, op. cit., p. 17; see also M. Evangelista, 'Stalin's postwar army reappraised', *International Security*, 7: 3 (winter 1982–3), pp. 110–38; op. cit., Gati, p. 37; Myant, *Socialism and Democracy in Czechoslovakia, 1945–1948* (Cambridge, 1981), p. 58.
7 See J. Adelman, *Communist Armies in Politics* (Boulder, Colo., 1982); D. Deletant, *Ceauşescu and the Securitate: Coercion and Dissent in Romania, 1965–1989* (London, 1995)
8 A. Korbonski, 'The Polish Army', in Adelman, op. cit., p. 111
9 Zubok and Pleshakov, op. cit., p. 32
10 See N. Naimark, 'Nationalism and the East European Revolution, 1944–1947', paper prepared for Conference on 'Remembering, Adapting, Overcoming: The Legacy of World War Two in Europe' (New York University, 24–27 April 1997)
11 Naimark, *Russians in Germany*, op. cit., pp. 260–75; G. Sandford, *From Hitler to Ulbricht: The Communist Reconstruction of East Germany, 1945–1946* (Princeton, NJ, 1983), pp. 49–51
12 F. J. Kase, *People's Democracy: A Contribution to the Study of the Communist Theory of State and Revolution* (Leyden, 1968), p. 103; Zubok and Pleshakov, op. cit., p. 106
13 Z. Mlynar, *Night Frost in Prague: The End of Humane Socialism* (London, 1980), pp. 1–2
14 ibid., p. 2
15 J. Kurczewski, *The Resurrection of Rights in Poland* (Oxford, 1993), p. 10; Zinner, op. cit., pp. 52, 62

16 Gati, op. cit., p. 89
17 Zubok and Pleshakov, op. cit., pp. 116–19
18 Gati, op. cit., pp. 86–8
19 Barker, *Truce in the Balkans*, p. 148; T. Remeikis, *Opposition to Soviet Rule in Lithuania, 1945–1980* (Chicago, 1980), pp. 210–11
20 On judges, op. cit., Kurczewski, p. 70
21 J. Connelly, 'Foundations for reconstructing elites: Communist higher educational policies in the Czech lands, East Germany and Poland, 1945–48', *East European Politics and Societies*, 10: 3 (fall 1996), pp. 367–92
22 S. Kopacsi, *In the Name of Working Class* (London, 1989), p. 42; Myant, op. cit., p. 59, states that *after* the purge of the Czech police, there were still 25,000 from the old force as against 12,000 new ones.
23 See the excellent analysis in Gati, op. cit.; A. Mastny, 'Pax Sovietica', in R. Ahmann, A. M. Birke and M. Howard (eds.), *The Quest for Stability: Problems of European Security, 1918–1957* (Oxford, 1993), 379–89; Djilas, op. cit., p. 140
24 Cited in B. Jelavich, *History of the Balkans*, vol. 2: *Twentieth Century* (Cambridge, 1983), pp. 326–7
25 Cf. B. Szasz, *Volunteers for the Gallows: Anatomy of a Show-Trial* (London, 1971), pp. 146–7
26 Estimates from Dallin, op. cit., p. 157; Zinner, op. cit., p. 115; F. Fejtö, *A History of the People's Democracies* (Harmondsworth, Middx, 1974 edn), p. 18; Ionescu, op. cit., pp. 131, 199; *News from Behind the Iron Curtain*, 1: 5 (May 1952)
27 See S. Kotkin, *Magnetic Mountain: Stalinism as a Civilisation* (Berkeley/Los Angeles, Calif., 1995), pp. 198–203
28 T. P. Alton, *Polish Postwar Economy* (New York, 1955), pp. 108–14
29 UN Economic Commission for Europe, *Economic Survey of Europe since the War* (Geneva, 1953), pp. 21, 31 n. 1
30 ibid., pp. 33, 35; G. Ambrosius and W. Hubbard, *A Social and Ecnomic History of 20th Century Europe* (London, 1989) p. 200
31 On the Baltic states, see R. Misiunas and R. Taagepera, *The Baltic States: Years of Dependence, 1940–1990* (Berkeley, Calif., 1993), pp. 94–107; it was the communist theorist Evgenii Preobrazhenskii who once termed the peasantry an 'internal colony'.
32 Deletant, op. cit., p. 26; *News from Behind the Iron Curtain* 1: 1 (January 1952), p. 10; ibid., 1: 9 (September 1952)
33 Ionescu, op. cit., p. 200; Kopacsi, op. cit., pp. 58–9
34 *News from Behind the Iron Curtain*, 1: 1, p. 16

35 Mlynar, op. cit., p. 37; Zinner, op. cit.; *News from Behind the Iron Curtain*, 1: 4 (April 1952), p. 13; A. Aman, *Architecture and Ideology in Eastern Europe during the Stalin Era* (New York, 1922), p. 82, for rates of housing construction
36 *News from Behind the Iron Curtain*, 1:4 p. 18
37 Szasz, op. cit., p. 231; P. Kecskemeti, *The Unexpected Revolution: Social Forces in the Hungarian Uprising* (Stanford, Calif., 1961), p. 71
38 Kecskemeti, op. cit., p. 31; Fejtö, op. cit., p. 81
39 See Kurczewski, op. cit., chs. 2–3
40 Szasz, op. cit., p. 237
41 Z. Brzezinski, *The Grand Failure: The Birth and Death of Communism in the 20th Century* (London, 1990), p. 53; P. Mosely, 'Can Moscow match us industrially?' reprinted in his *The Kremlin and World Politics: Studies in Soviet Policy and Action* (New York, 1960)
42 Ambrosius and Hubbard, op. cit., p. 40; J. Kosinski, 'Urbanization in East-Central Europe after World War 2', *East European Quarterly*, 8: 2 (June 1974), p. 135
43 See Aman, op. cit., p. 141
44 L. A. Dellin (ed.), *Bulgaria* (New York, 1957), p. 253; V. Srb, 'Population development and population policy in Czechoslovakia', *Population Studies*, 16 (November 1962), pp. 147–60; M. Fulbrook, 'On Germany's double transformation', *European History Quarterly*, 20: 3 (1990), pp. 402–15, on G. Helwig, *Frau und Familie: Bundesrepublik Deutschland–DDR* (Cologne, 1987)
45 G. W. Hoffman and F. W. Neal, *Yugoslavia and the New Communism* (New York, 1962), p. 373; Fejtö, op. cit., pp. 424–5
46 Mlynar, op. cit., p. 49; Ambrosius and Hubbard, op. cit., p. 70
47 Hoffman and Neal, op. cit., p. 361
48 W. Vucinich (ed.), *Contemporary Yugoslavia: Twenty Years of Socialist Experiment* (Berkeley/Los Angeles, Calif., 1969), p. 341
49 Jelavich, op. cit., pp. ii, 344
50 A. S. Deaton, 'The structure of demand, 1920–1970', in C. Cipolla (ed.), *The Fontana Economic History of Europe*, vol. 5: *The Twentieth Century*: 1 (London, 1982), pp. 124–5
51 M. Pundeff, 'Education for communism', in S. Fischer-Galati (ed.), *Eastern Europe in the Sixties* (New York, 1963)
52 Ionescu, op. cit., p. 267; P. Neuburg, *The Hero's Children: The Postwar Generation in Eastern Europe* (London, 1972), p. 273
53 Fejtö, op. cit., p. 306

54 Neuburg, op. cit., p. 265
55 G. Ionescu, *The Break-Up of the Soviet Empire in Eastern Europe* (Harmondsworth, Middx, 1965), p. 26
56 ibid., p. 41; Fejtö, op. cit., p. 158
57 A. Gyorgy, 'The internal political order', in Fischer-Galati, op. cit., p. 190; Fejtö, op. cit., p. 463

第九章　民主的转变：西欧，1950—1975

1 Cited in J. Diefendorf, *In the Wake of War: The Reconstruction of German Cities after World War II* (Oxford, 1993), p. 132
2 M. Kidron, *Western Capitalism since the War* (London, 1968), p. ix
3 G. Perec (tr. D. Bellos), *Things: A Story of the Sixties* (London, 1991), p. 31
4 W. F. Murphy, 'Constitutions, constitutionalism and democracy', in D. Greenberg (ed.), *Constitutionalism and Democracy* (New York, 1993), pp. 3–25
5 See the discussion in J. F. Golay, *The Founding of the Federal Republic of Germany* (Chicago, 1958), pp. 175–81
6 E. Wiskemann, *Germany's Eastern Neighbours* (Oxford, 1956), p. 191; I. D. Connor, 'The Bavarian government and the refugee problem, 1945–1950', *European History Quarterly*, 16: 2 (1986), pp. 131–53; D. Childs, 'The far Right in Germany since 1945', in L. Cheles *et al.* (eds.), *Neo-Fascism in Europe* (London, 1991), p. 70
7 T. Barnes, 'The secret cold war: the CIA and American foreign policy in Europe, 1946–1956', *Historical Journal*, 24: 2 (1981), pp. 399–415, and 25: 3 (1982), pp. 649–70
8 P. Coleman, *The Liberal Conspiracy: The Congress for Cultural Freedom and the Struggle for the Mind of Postwar Europe* (New York, 1989); I. Wall, *The United States and the Making of Postwar France, 1945–1954* (Cambridge, 1991), pp. 213–16
9 P. Hennessy and G. Brownfield, 'Britain's cold war security purge: the origins of positive vetting', *Historical Journal*, 25: 4 (1982), pp. 965–73
10 C. Friedrich, 'The political theory of the new constitutions', in A. Zurcher (ed.), *Constitutions and Constitutional Trends since World War II* (New York, 1955)
11 S. Padgett and W. Paterson, *A History of Social Democracy in Postwar Europe* (London, 1991), pp. 13, 110

12 Gaitskell in B. Moore-Gilbert and J. Seed (eds.), *Cultural Revolution? The Challenge of the Arts in the 1960s* (London, 1992), p. 22; Crossman cited in M. Pinto-Duschinsky, 'Bread and circuses? The Conservatives in office, 1951–1964', in V. Bogdanor and R. Skidelsky (eds.), *The Age of Affluence, 1951–1964* (London, 1970), p. 93

13 A. J. Nicholls, *Freedom with Responsibility: The Social Market Economy in Germany, 1918–1963* (Oxford 1994), p. 11; also M. Mitchell, 'Materialism and secularism: CDU politicians and National Socialism, 1945–1949', *Journal of Modern History*, 67 (June 1995), pp. 278–308

14 Lane and Ersson, *Politics and Society in Western Europe*, pp. 304–6

15 P. Armstrong, A. Glyn and J. Harrison, *Capitalism since World War II: The Making and Breakup of the Great Boom* (London, 1984), pp. 156, 161–2; Dutch emigration policy, L. Kosinski, *The Population of Europe* (London, 1970), p. 71; L. Wylie, *Village in the Vaucluse* (Cambridge, Mass., 1974 edn), p. 33

16 UN, *Economic Survey of Europe since the War: A Reappraisal of Problems and Prospects* (Geneva, 1953), pp. 81–3, 234

17 R. Carr, *Modern Spain, 1875–1980* (Oxford, 1980), pp. 156–8; Gallagher, op. cit., p. 138; A. Cochrane and J. Clarke (eds.), *Comparing Welfare States: Britain in International Context* (London, 1993), pp. 211–14

18 Figures from A. Maddison, 'Economic policy and performance in Europe, 1913–1970', in Cipolla, op. cit., vol. 5: *The Twentieth Century*: 2 (London, 1981), pp. 442–509; J. Holloway, 'The Dickensian environment', *The Listener*, 12 January 1967

19 J. Tomlinson, *Public Policy and the Economy since 1900* (Oxford, 1990), p. 238

20 A. Boltho (ed.) *The European Economy: Growth and Crisis* (Oxford, 1982), pp. 11–16; E. Denison, *Why Growth Rates Differ* (Washington, DC, 1967)

21 The debate is chiefly between A. Milward, *The Reconstruction of Western Europe, 1945–1951* (London, 1984) and M. Hogan, *The Marshall Plan: America, Britain and the Reconstruction of Western Europe, 1947–1952* (Cambridge, 1987). For US aid, M. Postan, *An Economic History of Western Europe, 1945–1964* (London, 1967), p. 106

22 A. Maddison, *Phases of Capitalist Development* (Oxford, 1982), pp. 96–9; C. Maier, 'Politics of productivity', in P. J. Katzenstein (ed.), *Between Power and Plenty: Foreign Economic Policies of Advanced Industrial States* (Madison, Wis., 1978); from a growing literature on productivity, D. W. Ellwood, *Rebuilding Europe: Western Europe, America and Postwar Reconstruction* (London, 1992); R. Kuisel, *Seducing the French: The Dilemma of*

Americanization (Berkeley, Calif., 1993); for TU suspicions, see A. Carew, 'The Anglo-American Council on Productivity (1948–1952): the ideological roots of the post-war debate on productivity in Britain', *Journal of Contemporary History*, 26 (1991), pp. 49–69

23 Wiskemann, op. cit., p. 176

24 G. Lundestad, *The American 'Empire' and Other Studies of US Foreign Policy in a Comparative Perspective* (Oslo, 1990); Postan, op. cit., p. 25

25 Ellwood, op. cit., pp. 218–19

26 A. Shonfield, *Modern Capitalism: The Changing Balance of Public and Private Power* (Oxford, 1965), p. 3

27 ibid., p. 62; N. F. R. Crafts, 'The golden age of economic growth in Western Europe, 1950–1973', *Economic History Review*, 48: 3 (1995), pp. 429–47

28 Nicholls, op. cit., p. 321

29 The argument is made for Britain by C. Barnett, *The Audit of War* (London, 1986), and refuted by J. Harris, 'Enterprise and welfare states: a comparative perspective', *Transactions of the Royal Historical Society* (1990), pp. 175–95

30 Attlee in R. Lowe, *The Welfare State in Britain since 1945* (London, 1993), p. 10; T. H. Marshall, *Class, Citizenship, and Social Development* (New York, 1965)

31 G. Esping-Andersen, *The Three Worlds of Welfare Capitalism* (Cambridge, 1990); Titmuss in Lowe, op. cit., p. 12

32 Cited in K. D. Bracher, *The Age of Ideologies: A History of Political Thought in the 20th Century* (London, 1985), p. 200

33 Cochrane and Clarke, op. cit., p. 32

34 T. H. Marshall, 'The welfare state – a comparative study', in his *Class, Citizenship and Social Development*, op. cit., p. 313; Ambrosius and Hubbard, op. cit., p. 128; Titmuss, *Essays on the Welfare State*, op. cit., p. 241

35 Baldwin denies any necessary link between specific classes and redistributive social policy: P. Baldwin, *The Politics of Social Solidarity: Class Bases of the European Welfare State, 1875–1975* (Cambridge, 1990), p. 290

36 Marshall, *Class, Citizenship and Social Development*, op. cit., pp. 297–300, 330

37 Shonfield, op. cit., p. xv; on the resilience of French conservatism, see R. Vinen, *Bourgeois Politics in France, 1945–1951* (Cambridge, 1995); A. Pizzorno, 'The individualistic mobilisation of Europe', *Daedalus*, 93: 1 (winter 1964)

38 Cited in W. Sachs, *For Love of the Automobile: Looking Back into the History of Our Desires* (Berkeley/Los Angeles, Calif., 1992), pp. 55–6

39 On women, see S. Weiner, 'The *consommatrice* of the 1950s in Elsa Triolet's *Roses à crédit*', *French Cultural Studies*, vi (1995), pp. 123–44; C. Duchen, *Women's Rights and Women's Lives in France, 1944–1968* (London, 1994); *Bikini: Die Fünfziger Jahre* (Berlin, 1983), p. 200; M. Boneschi, *La grande illusione: i nostri anni sessanta* (Milan, 1996), p. 93

40 F. Mort and P. Thompson, 'Retailing, commercial culture and masculinity in 1950s Britain: the case of Montague Burton, the "Tailor of Taste"', *History Workshop Journal*, 38 (1994), pp. 106–29; J. Pearson and G. Turner, *The Persuasion Industry* (London, 1965), pp. 30–31

41 T. R. Nevitt, *Advertising in Britain: A History* (London, 1982)

42 Wylie, op. cit., pp. 181, 347; R. Harris and A. Seldon, *Advertising in Action* (London, 1962), pp. 23–4

43 A. Sampson, *Anatomy of Europe* (New York, 1968), p. 116; R. Wagnleiter, *Coca-Colonization and the Cold War: The Cultural Mission of the United States in Austria after the Second World War* (Chapel Hill, NC/London, 1994), p. 294; S. Gundle, 'L'americanizzazione del quotidiano: televisione e consumismo nell'Italia degli anni cinquanta', *Quaderni storici*, 62 (August 1986), pp. 561–94; Hiscocks, *Germany Revived*, p. 55; K. Ross, *Fast Cars, Clean Bodies: Decolonization and the Reordering of French Culture* (Cambridge, Mass./London, 1995), p. 53; Gundle, op. cit., p. 588

44 C. Dyer, *Population and Society in 20th Century France* (London, 1978), p. 222

45 N. Stacey and A. Wilson, *The Changing Pattern of Distribution* (Oxford, 1965 edn), p. 390; J. Benson, *The Rise of Consumer Society in Britain, 1880–1980* (London, 1994), p. 88; Sampson, op. cit., p. 232

46 P. Fussell, *Abroad*, Hans Magnus Enzensberger, *Eine Theorie des Tourismus* (Frankfurt, 1963)

47 Stacey and Wilson, op. cit., p. 334; Joe Curry cited in Ellwood, op. cit., p. 208

48 Cited in Marshall, 'The affluent society in perspective', in Class, p. 341; on the convergence in reproduction patterns, D. V. Glass, 'Fertility trends in Europe since the Second World War', *Population Studies*, 22:1 (March 1968), pp. 103–47

49 K. D. Bracher, 'Problems of parliamentary democracy in Europe', *Daedalus*, 93: 1 (winter 1964), p. 185f; Habermas cited in R. Kearney, *Modern Movements in European Philosophy*, p. 230

50 Cited in P. Ginsborg, *A History of Contemporary Italy: Society and Politics, 1943–1988* (London, 1990), p. 248; Duhamel in Kuisel, op. cit., p. 11

51 Jean-Marie Domenach, 'Le modèle américain', *Esprit* (July–August 1960), p. 1221 cited in Kuisel, op. cit., p. 109

52 Pizzorno, op. cit., p. 199
53 Cited in Kuisel, op. cit., p. 65
54 Pizzorno, op. cit.; R. Willett, *The Americanisation of Germany, 1945–1949* (London, 1989), pp. 49–51
55 See D. Strinati, 'The taste of America: Americanisation and popular culture in Britain', in Strinati and S. Wagg (eds.), *Come on Down? Popular Music and Culture in Postwar Britain* (London, 1992), pp. 46f
56 On European role in the world economy, see D. Aldcroft, *The European Economy, 1914–1990* (London, 1993 edn), ch. 5
57 P. Calamandrei, *Questa nostra costituzione* (Milan, 1995 edn), p. v
58 Boneschi, op. cit., pp. 119–21
59 Gundle, op. cit., p. 589
60 G. Kaplan, *Contemporary Western European Feminism* (New York, 1992)
61 F. Thebaud (ed.), *A History of Women: Toward a Cultural Identity in the 20th Century* (Cambridge, Mass., 1994)
62 Austrian law in K. Schmidlechner, 'Youth culture in the 1950s', in G. Bischof, A. Pelinka and R. Steininger (eds.), *Austria in the 1950s: Contemporary Austrian Studies*, vol. 3 (New Brunswick, 1995), pp. 116–37; Elvis quotes from U. Poiger, 'Rock 'n' roll, female sexuality and the Cold War battle over German identities', *Journal of Modern History*, 68: 3 (September 1996), pp. 577–617
63 R. Dorner, 'Halbstark', in *Bikini: Die Fünfziger Jahre*, op. cit., p. 164; S. Piccone Stella, ' "Rebels without a cause": Male youth in Italy around 1960', *History Workshop Journal*, 38 (1994), pp. 157–74
64 Bogdanor and Skidelsky, op. cit., pp. 300–314
65 Boneschi, op. cit., p. 319
66 G. Statera, *Death of a Utopia: The Development and Decline of Student Movements in Europe* (New York, 1975), pp. 78–89
67 S. Khilnani, *Arguing Revolution: The Intellectual Left in Postwar France* (New Haven, Conn., 1993), p. 122
68 Figures from G. Therborn, *European Modernity and Beyond: The Trajectory of European Societies, 1945–2000* (London, 1995), p. 259; Red Army Faction in Linke Liste (eds.), *Die Mythen knacken: Materialen wider ein Tabu* (Frankfurt, 1987), *passim*
69 Cited in H. Fassmann and R. Münz (eds.), *European Migration in the Late 20th Century: Historical Patterns, Actual Trends and Social Implications* (Aldershot, Hants., 1994), p. 3
70 J. F. Hollifield, *Immigrants, Markets and States: The Political Economy of Postwar Europe* (Cambridge, Mass., 1992)

71 R. King (ed.), *Mass Migrations in Europe: The Legacy and the Future* (London, 1993)
72 Cesarani, *Justice Delayed*, p. 70
73 J. Salt and H. Clout (eds.), *Migration in Postwar Europe: Geographical Essays* (Oxford, 1976), 34; Ginsborg, op. cit., p. 219
74 D. Hiro, *Black British, White British: A History of Race Relations in Britain* (London, 1991 edn), p. 51
75 See generally, P. Rich, *Race and Empire in British Politics* (Cambridge, 1990 edn)
76 King, op. cit., p. 96; Rogers Brubaker, *Citizenship and Nationhood in France and Germany* (Cambridge, Mass., 1992), pp. 171–4
77 S. Collinson, *Beyond Borders: West European Migration Policy and the Twenty First Century* (London, 1993), pp. 92–6; A. Nocon, 'A reluctant welcome? Poles in Britain in the 1940s', *Oral History* (spring 1996), p. 81
78 Figures from Fassmann and Münz, op. cit., p. 7; Minority Rights Group, *Race and Law in Britain and the United States* (London, 1983 edn), pp. 11–13; Nocon, op. cit., p. 85

第十章　社会契约的危机

1 R. Musil (tr. E. Wilkins and E. Kaiser), *The Man without Qualities*, vol. 1 (London, 1982), p. 8
2 C. Maier, 'The politics of inflation in the 20th century', in his *In Search of Stability: Explorations in Historical Political Economy* (Cambridge, 1987), p. 223
3 On the factors behind the crisis of the early 1970s, see N. Kaldor, *The Scourge of Monetarism* (Oxford, 1985, 2nd edn), pp. xi–xii; Maddison, op. cit., pp. 133–42; C. Allsopp, 'Inflation', in Boltho op. cit., pp. 72–104
4 Allsopp, op. cit., p. 79
5 R. Mishra, *The Welfare State in Capitalist Society* (Toronto, 1990), ch. 3
6 Kaldor, op. cit., p. xx; Vaizey cited in R. Cockett, *Thinking the Unthinkable: Think-Tanks and the Economic Counter-Revolution, 1931–1983* (London, 1995), p. 229
7 Kalecki, 'Political consequences of full employment', op. cit.; Kaldor, op. cit., p. xii
8 I. Gilmour, *Dancing with Dogma: Britain under Thatcherism* (London, 1992), p. 60

9 ibid., p. 131
10 R. Levitas, 'Competition and compliance: the utopias of the New Right', in Levitas (ed.), *The Ideology of the New Right* (Oxford, 1986); S. Jenkins, *Accountable to None: The Tory Nationalization of Britain* (London, 1995)
11 P. Pierson, *Dismantling the Welfare State? Reagan, Thatcher and the Politics of Retrenchment* (Cambridge, 1994), pp. 147–9; N. Barr *et al.*, *The State of Welfare: The Welfare State in Britain since 1974* (Oxford, 1991), pp. 339–40
12 K. van Kersbergen, *Social Capitalism: A Study of Christian Democracy and the Welfare State* (London, 1995)
13 H. Döring, 'Public perceptions of the proper role of the state', *West European Politics*, 17: 1 (January 1994), pp. 1–11
14 G. Baglioni and C. Crouch (eds.), *European Industrial Relations: The Challenge of Flexibility* (London, 1990)
15 J. Vickers and V. Wright, 'The politics of industrial privatisation in Western Europe: an overview', *West European Politics*, 11 (1988), pp. 1–30
16 V. Wright, 'Reshaping the state: implications for public administration', *West European Politics*, 17: 1 (January 1994), pp. 102–33
17 W. Merkel, 'After the golden age: is social democracy doomed to decline?' in C. Lemke and G. Marks (eds.), *The Crisis of Socialism in Europe* (Durham, NC, 1992), pp. 136–70
18 M. Sharp, 'Changing industrial structures in Western Europe', in D. Dyker (ed.), *The European Economy* (London, 1992), pp. 233–55
19 Ginsborg, op. cit., p. 405
20 T. Blackwell and J. Seabrook, *Talking Work: An Oral History* (London, 1996), p. 201; May Day badges in Therborn, *European Modernity*, op. cit., p. 237
21 Therborn, *European Modernity*, op. cit., p. 57
22 A. B. Atkinson, *Incomes and the Welfare State: Essays on Britain and Europe* (Cambridge, 1995), p. 28
23 J. Ardagh, *Germany and the Germans* (London, 1995), pp. 114–15
24 Gilmour, op. cit., p. 134; Thatcher cited in the *Guardian*, 21 July 1996; Atkinson, op. cit., p. 39
25 N. Christie, *Crime Control as Industry: Towards GULAGS, Western Style* (London, 1994 edn)
26 Cited in V. Ruggiero. M. Ryan and J. Sim (eds.), *West European Penal Systems: A Critical Anatomy* (London, 1995), pp. 40, 169
27 B. A. Hudson, *Penal Policy and Social Justice* (London, 1993), p. 68
28 P. O'Brien, 'Migration and its risks', *International Migration Review*, 30: 4 (1996), pp. 1067–77

29 Blackwell and Seabrook, op. cit., p. 123; 'Ethnic minority children "still suffer racism daily" ', *Guardian*, 23 July 1996
30 'Publishers bow to colour bar on children's books', *Observer*, 27 October 1996
31 M. Kohn, *The Race Gallery: The Return of Racial Science* (London, 1995); N. Abadan-Unat, 'Turkish migration to Europe', in R. Cohen (ed.), *The Cambridge Survey of World Migration* (Cambridge, 1995), p. 281
32 Cited in Joly, *Refugees: Asylum in Europe*, pp. 118–19
33 Y. Soysal, *Limits of Citizenship: Migrants and Postnational Membership in Europe* (Chicago, 1994)
34 Cited in Ginsborg, op. cit., p. 424; D. Harvey, *The Condition of Postmodernity* (Oxford, 1989), p. 40
35 Therborn, *European Modernity*, op. cit., p. 268
36 Ardagh, op. cit., pp. 95–6
37 Cited in Sachs, op. cit., pp. 97, 200–202, *Guardian*, 21 August 1996, citing the National Travel Survey
38 A. Giddens, *Modernity and Self-Identity: Self and Society in the Late Modern Age* (Cambridge, 1991), ch. 7: 'The emergence of life politics', quote from p. 225
39 Ardagh, op. cit., p. 165
40 C. Haste, *Rules of Desire: Sex in Britain, World War 1 to the Present* (London, 1994), p. 235
41 F. Mort, *Cultures of Consumption: Masculinities and Social Space in Late 20th Century Britain* (London, 1996), pp. 16, 25
42 Cited in Strinati and Wagg, op. cit.
43 The *Guardian*, 19 August 1996
44 Musil, op. cit., p. 8
45 Council of Europe, *Disillusionment with Democracy: Political Parties, Participation and Non-Participation in Democratic Institutions in Europe* (Colchester, 1993)
46 Cited in the *Independent on Sunday*, 21 July 1996

第十一章　鲨鱼和海豚：社会主义国家的剧变

1 Cited by B. Geremek, 'Between hope and despair', in S. Graubard (ed.), *Eastern Europe . . . Central Europe . . . Europe* (Boulder, Colo., 1991), pp. 95–113, cited on p. 103
2 Cited by Misiunas and Taagepera, op. cit., p. 202

3 J. Rothschild, *Return to Diversity: A Political History of East Central Europe since World War 2* (Oxford, 1989), p. 221
4 Cited by T. Garton Ash, *The Uses of Adversity* (Cambridge, 1989), pp. 180–81
5 B. Kaminski, *The Collapse of State Socialism: The Case of Poland* (Princeton, NJ, 1991), p. 3
6 Growth rates from K. Dawisha, *Eastern Europe, Gorbachev and Reform: The Great Challenge* (Cambridge, 1990 edn), p. 169
7 M. Bernstam, 'Trends in the Soviet population', pp. 185–214, and N. Eberstadt, 'Health of an empire: poverty and social progress in the CMEA bloc', pp. 221–55 in H. Rowen and C. Wolf (eds.), *The Future of the Soviet Empire* (New York, 1987)
8 A. Shub, *An Empire Loses Hope* (London, 1971), p. 109; D. N. Nelson (ed.), *Communism and the Politics of Inequality* (Toronto, 1983); R. Laba, *The Roots of Solidarity: A Political Sociology of Poland's Working-Class Democratization* (Princeton, NJ, 1991), pp. 118–19; P. Hauslohner, 'Gorbachev's social contract', *Soviet Economy*, 3 (1987), pp. 54–89, and J. McAdams, 'Crisis in the Soviet empire: three ambiguities in search of a prediction', *Comparative Politics*, 20: 1 (October 1987), pp. 107–18; S. Miskiewicz, 'Social and economic rights in Eastern Europe', in G. R. Urban (ed.), *Social and Economic Rights in the Soviet Bloc* (New Brunswick, NJ, 1988), p. 98
9 J. Rupnik, 'Central Europe or Mitteleuropa?' in Graubard op. cit., pp. 247–8
10 Cited in Dawisha, op. cit., p. 192
11 Gati, op. cit.
12 Fulbrook, op. cit., pp. 38–9
13 Cited by E. Behr, *'Kiss the Hand You Cannot Bite': The Rise and Fall of the Ceauşescus* (London, 1991), pp. 180–81
14 On systemization, see D. Giurescu, *The Razing of Romania's Past* (New York, 1989)
15 L. Labedz (ed.), *Poland under Jaruzelski* (New York, 1984), p. 102
16 Kaminski, op. cit., p. 193; Labedz, op. cit., p. 3
17 Behr, op. cit., pp. 165–6
18 A. Uci, 'The place of folk art in Socialist artistic culture', in anon., *Questions of the Albanian Folklore* (Tirana, 1984), p. 6
19 See N. Naimark, '"Ich will hierraus": emigration and the collapse of the German Democratic Republic', in I. Banac (ed.), *Eastern Europe in Revolution* (Ithaca, NY, 1992), pp. 72–95
20 Garton Ash, op. cit., p. 48
21 Cited by ibid., p. 264

22 For some interesting reflections, see A. Nove, 'The fall of empires – Russia and the Soviet Union', in G. Lundestad (ed.), *The Fall of Great Powers: Peace, Stability and Legitimacy* (Oxford, 1994), pp. 125–46
23 Cited by C. Gati, *The Bloc that Failed: Soviet–East European Relations in Transition* (London, 1990), p. 127
24 Dawisha, op. cit., pp. 104–5
25 J. Valdez, *Internationalism and the Ideology of Soviet Influence in Eastern Europe* (Cambridge, 1993), p. 98
26 M. Gorbachev, *Perestroika: New Thinking for Our Country and the World* (London, 1988), p. 107
27 ibid., p. 138
28 From 'The place and role of Eastern Europe in the relaxation of tensions between the USA and the USSR' (1988), cited in Gati, *The Bloc that Failed*, op. cit., p. 206
29 Misiunas and Taagepera, op. cit., pp. 303–12
30 ibid., p. 120
31 See A. E. Dick Howard (ed.), *Constitution Making in Eastern Europe* (Washington, 1993)
32 'Getting better, getting worse: minorities in East Central Europe', *Dissent* (summer 1996)
33 On purges, see T. Rosenbaum, *The Haunted Land* (London, 1993)
34 *Financial Times*, 4 May 1994
35 A. Robinson, 'Painful rebirth from the ashes', *Financial Times*, 11 November 1994
36 *Financial Times*, 4 May 1994
37 P. Zelikow and C. Rice, *Germany Reunified and Europe Transformed: A Study in Statecraft* (Cambridge, Mass., 1995)
38 'On the unification of Germany', *Independent*, 17 June 1989 cited by G.-J. Glaessner, 'German unification and the West', in Glaessner and I. Wallace (eds.), *The German Revolution of 1989: Causes and Consequences* (Oxford, 1992), pp. 208–9
39 L. Kürti, 'Rocking the state: youth and rock music culture in Hungary, 1976–1990', *EEPS*, 5: 3 (fall 1991), pp. 483–513

结语　制造欧洲

1 F. Chabod, *Storia dell'idea d'Europa* (Bari, 1961), p. 8
2 S. Berstein and P. Milza, *Histoire de l'Europe*, vol. 3 (Paris, 1992), conclusion
3 A. Fisher, *A History of Europe*, vol. 1 (London, 1960 edn), pp. 13–18; Halecki, (Notre Dame, Ind., 1962 edn)
4 Chabod, op. cit., p. 20
5 S. Hoffmann, 'Obstinate or obsolete: the fate of the nation-state and the case of western Europe', *Daedalus* (summer 1966), pp. 862–915
6 R. Aron, 'Old nations, new Europe', *Daedalus* (winter 1964), pp. 43–67. See too M. Mann, 'Nation-states in Europe and other continents: diversifying, developing, not dying', in G. Balakrishnan (ed.), *Mapping the Nation* (London, 1996), pp. 295–317

延伸阅读

For general approaches to twentieth-century European history, George Lichtheim, *Europe in the Twentieth Century* (1972), is the most thought-provoking, James Joll, *Europe Since 1870* (1990), the clearest. Robert Paxton, *Twentieth Century Europe* (New York, 1985), is an excellent textbook. Eric Hobsbawm, *Age of Extremes: The Short Twentieth Century* (1994), is more ambitious than this book in aiming to cover the entire globe. About the only serious overview of twentieth-century value-systems is K. D. Bracher, *The Age of Ideologies: A History of Political Thought in the 20th Century* (1985). For the Left, there is now Donald Sassoon's monumental *One Hundred Years of Socialism: The West European Left in the Twentieth Century*. Michael Oakeshott, *The Social and Political Doctrines of Contemporary Europe* (1940), remains well worth reading.

On the idea of Europe, there is F. Chabod, *Storia dell'idea d'Europa* (Bari, 1961), O. Halecki, *The Limits and Divisions of European History* (1950), and D. Hay, *Europe: The Emergence of an Idea* (Edinburgh, 1968). K. Wilson and J. van der Dussen (eds.), *The History of the Idea of Europe* (1993), is a good recent survey. I have found Norman Cohn, *Cosmos, Chaos and the World to Come* (1995) and A. Pagden, *Lords of All the World: Ideologies of Empire in Spain, Britain and France, c. 1500–c. 1800* (1995) valuable in offering perspectives on the utopian and universalistic traditions in European thought which underpinned the emergence of twentieth-century political ideologies.

General surveys of social and economic history include G. Ambrosius and W. Hubbard's brilliant *A Social and Economic History of 20th Century Europe* (1989) and the excellent Fontana *Economic History of Europe* series edited by Carlo Cipolla. G. Therborn, *European Modernity and Beyond*

* 除特别证明外，出版地均为伦敦。

(1995), contains much fascinating information, especially on the post-war period. Statistics are easily consulted in the publications of the League of Nations, the UN's Economic Commission for Europe, Eurostat and B. R. Mitchell, *European Historical Statistics, 1750–1975* (1980 edn). L. Kosinski, *The Population of Europe*(1970), is a concise introduction. E. M. Kulischer, *Europe on the Move: War and Population Changes, 1917–1947* (New York, 1948), is a classic, to be supplemented with Joseph Schechtman's two volumes on population transfers between 1939 and 1955, by M. Marrus, *The Unwanted: European Refugees in the 20th Century* (1985), and also by R. Cohen (ed.), *Cambridge Survey of World Migration* (Cambridge, 1995). Excellent historical atlases include *The Penguin Atlas of World History*, vol. 2 (1974), P. R. Magocsi, *Historical Atlas of East Central Europe* (1993), and R. Overy (ed.), *The Times Atlas of the Twentieth Century* (1996).

Post-war historians usually discuss inter-war politics in terms of the rise of fascism. There is a vast literature on this, to which good guides are W. Laqueur (ed.), *Fascism: A Reader's Guide* (1976), H. Rogger and E. Weber (eds.), *The European Right: A Historical Profile* (Berkeley, Calif., 1965), and R. Bessel (ed.), *Fascist Italy and Nazi Germany: Comparisons and Contrasts* (Cambridge, 1996). Much of this literature tries to define fascism and then works out which regimes were and were not fascist. This approach forms the basis for Stanley Payne's wonderfully comprehensive *A History of Fascism, 1914–1945* (1995). The approach adopted here is rather different, taking as its starting point not fascism's rise but the crisis and weakness of inter-war democracy. One of the few post-war interpretations to formulate the problem in this way is K. Newman's unjustly neglected *European Democracy between the Wars* (1970). Inter-war scholars confronted democracy's failings more directly. See A. J. Zurcher, *The Experiment with Democracy in Central Europe* (New York, 1933), and V. Dean *et al.*, *New Governments of Europe* (New York, 1934), as well as W. E. Rappard, *The Crisis of Democracy* (Chicago, 1938). C. Schmitt (ed. E. Kennedy), *The Crisis of Parliamentary Democracy* (Cambridge, Mass., 1985) is a seminal critique by one of Weimar's foremost opponents.

On the Russian Revolution, H. Shukman (ed.), *The Blackwell Encyclopaedia of the Russian Revolution* (Oxford, 1988), is handy. O. Figes, *A People's Tragedy: The Russian Revolution, 1891–1924* (1996), is a vivid and panoramic account whose pessimism contrasts strikingly with both E. H. Carr, *The Bolshevik Revolution, 1917–1923* (1950), and with S. Fitzpatrick, *The Russian Revolution, 1917–1932* (Oxford, 1982). O. Radkey, *The Election to the Russian Constituent Assembly of 1917* (Cambridge, Mass., 1950), is an incisive study of Russian popular political opinion at the start of the revolution. V. Shklovsky, *A Sentimental Journey: Memoirs, 1917–1922* (Ithaca, NY, 1984), is a brilliant memoir. For polemical interpretations of the long-run significance of the Russian Revolution, see Z. Brzezinski, *The Grand Failure: The Birth and Death of Communism in the 20th Century* (New York, 1990), M. Malia, *The Soviet Tragedy: A History of Socialism in Russia, 1917–1991* (1994), and F. Furet, *Le Passé d'une illusion: essai sur l'idée communiste* (Paris, 1995). G. Hosking, *A History of the Soviet Union* (1992 edn), is no less useful for being less polemical.

For Weimar Germany, see P. Gay, *Weimar Culture* (1968), F. L. Carsten, *The Reichswehr and Politics* (1966), K. Sontheimer, *Antidemokratisches Denken in der Weimarer Republik* (Munich, 1974), C. Maier, 'The vulnerabilities of interwar Germany', *Journal of Modern History*, 56 (March 1984), pp. 89–99, and P. Fritzsche's thought-provoking, 'Did Weimar fail?', *Journal of Modern History*, 68 (September 1996), pp. 629–66. I. Kershaw, *The Nazi Dictatorship: Problems and Perspectives* (1985), and P. Aycoberry, *The Nazi Question: An Essay on the Interpretation of National Socialism (1922–1975)* (New York, 1981), survey the historical debates surrounding the Third Reich. See also K. D. Bracher, *The German Dictatorship* (1969), and D. Crew (ed.), *Nazism and German Society* (1994). W. S. Allen, *The Nazi Seizure of Power* (1965), remains unsurpassed as a vivid portrayal of the collapse of German democracy in a small town. The best collection of documents is the three volumes edited by J. Noakes and G. Pridham.

Law and legal theory – largely neglected by historians – are discussed by J. Bendersky, *Carl Schmitt: Theorist for the Third Reich* (Princeton, NJ, 1983), and by Ellen Kennedy in her introduction to Schmitt's *Crisis of Parliamentary Democracy*. See also Karl Loewenstein, 'Law in the Third Reich', *Yale Law Journal*, 45 (1936), I. Muller, *Hitler's Justice: The Courts of the Third Reich* (Cambridge, Mass., 1991), and E. Fraenkel's classic *The Dual State* (New York, 1941). F. Morstein Marx, *Government in the Third Reich* (New York, 1937), and H. Arthur Steiner, *Government in Fascist Italy* (1938), both have the advantage of taking their subjects seriously as functioning forms of modern administration, avoiding some silly post-war scholarly debates about whether inter-war dictators controlled what was going on inside their administrations or not. C. Beradt, *The Third Reich of Dreams: The Nightmares of a Nation, 1933–1939* (Wellingborough, Northants, 1985), shows how totalitarianism pervaded the unconscious. H. Krausnick and M. Broszat, *Anatomy of the SS State* (1970), and R. Gellatelly, *The Gestapo and German Society* (Oxford, 1990), lay bare the mechanics of the Nazi terror system, while A. Bullock, *Hitler and Stalin: Parallel Lives* (1991), and I. Kershaw and M. Lewin (eds.), *Stalinism and Nazism: Dictatorships in Comparison* (Cambridge, 1997), compare the repressiveness of the two major totalitarian regimes. Despite all the discussion of totalitarianism, however, we still lack searching comparative analysis of Nazism and communism.

Fascist Italy is best approached through A. Lyttelton, *The Seizure of Power* (1972), and P. Corner, *Fascism in Ferrara, 1915–1925* (Oxford, 1975). E. Gentile, *The Sacralization of Politics in Fascist Italy* (Cambridge, Mass., 1996) may be compared with I. Kershaw, *The Hitler Myth* (Oxford, 1987). E. R. Tannenbaum, *The Fascist Experiment* (1972), is comprehensive but dated. A lot of the most interesting recent work focuses on relations between regime and society: see V. de Grazia, *The Culture of Consent: Leisure in Fascist Italy* (1981), T. H. Koon, *Believe, Obey, Fight* (1985), D. Thompson, *State Control in Fascist Italy* (1991), and A. de Grand, 'Cracks in the facade: the failure of Fascist totalitarianism', *European History Quarterly*, 21: 4 (October 1991), pp. 515–37. C. Delzell (ed.), *Mediterranean Fascism* (1971), and A. Lyttelton (ed.), *Italian Fascisms from Pareto to Gentile* (1973), are useful collections. A. Stille, *Benevolence and Betrayal: Five Italian Jewish Families under Fascism* (1992), is a brilliantly readable study of the complex relationship between Fascism and Italy's Jews. Fascist anti-Semitism is covered by G. Bernardini, 'The origins and development of racial anti-semitism in Fascist Italy', *Journal of Modern History*, 49 (September 1977), pp. 431–53, and by F. Levi, *L'ebreo in oggetto* (Turin, 1991). Italian imperialism has been largely neglected by historians, but see G. W. Baer, *Test Case: Italy, Ethiopia and the League of Nations* (Stanford, Calif., 1967), and E. M. Robertson, 'Race as a factor in Mussolini's policy in Africa and Europe', *Journal of Contemporary History*, 23 (January 1988), pp. 37–59. Luisa Passerini, *Fascism in Popular Memory: The Cultural Experience of the Turin Working Class* (Cambridge, 1987), reconstructs popular attitudes through memories and oral testimonies.

The rise of the nationalist Right in eastern Europe and much more is covered by H. Seton-Watson, *Eastern Europe between the Wars, 1918–1941* (1962 edn), A. Polonsky, *The Little Dictators* (1975), P. Sugar (ed.), *Native Fascism in the Successor States, 1918–1945* (Oxford, 1971), and J. Rothschild, *East Central Europe between the Two World Wars* (1984). More detailed analysis is provided by N. Nagy-Talavera, *The Green Shirts and Others: A History of Fascism in Hungary and Rumania* (1970), and by B. Vago, *The Shadow of the Swastika: The Rise of Fascism and Anti-Semitism in the*

Danube Basin, 1936–1939 (1975). C. Codreanu's collected speeches in *For My Legionaries* (Madrid, n.d.) convey the crazed flavour of Romanian fascism. A self-serving intellectual reminiscence is offered by M. Eliade, *Autobiography*, vol. 1 (Chicago, 1981) which is best read alongside L. Volovici, *Nationalist Ideology and Antisemitism: The Case of Romanian Intellectuals in the 1930s* (Oxford, 1991). For Poland see A. Polonsky, 'Roman Dmowski and Italian Fascism', in R. J. Bullen (ed.), *Ideas into Politics* (1984), pp. 130–47, and J. Holzer, 'The political right in Poland, 1918–1939', *Journal of Contemporary History*, 12: 3 (1977).

C. A. Macartney, *National States and National Minorities* (1968) is a good introduction to the national aspects of the Versailles settlement. T. Bottomore and P. Goode (eds.), *Austro-Marxism* (1978), and E. Traverso, *The Marxists and the Jewish Question* (New Jersey, 1994), discuss Marxist approaches to nationalism. G. Liber, *Soviet Nationality Policy, Urban Growth and Identity Change in the Ukrainian SSR, 1923–1934* (Cambridge, 1992), can be read alongside R. Pipes, *The Formation of the Soviet Union: Communism and Nationalism, 1917–1923* (Cambridge, Mass., 1964), or H. Carrère d'Encausse, *The Great Challenge: Nationalities and the Bolshevik State, 1917–1930* (New York, 1992). League of Nations policies are examined in I. Claude, *National Minorities: An International Problem* (Cambridge, Mass., 1955), and J. Robinson *et al.*, *Were the Minorities Treaties a Failure?* (New York, 1943). Recent studies include C. Fink, 'Defender of Minorities': Germany in the League of Nations, 1926–1933', *Central European History* (1972), pp. 330–57; P. B. Finney, ' "An evil for all concerned": Great Britain and minority protection after 1919', *Journal of Contemporary History* (1995), pp. 533–51, A. J. Motyl, 'Ukrainian nationalist violence in interwar Poland, 1921–1939', *East European Quarterly* (1985), and I. Livezeanu, *Cultural Politics in Greater Romania* (Ithaca, NY, 1995). As yet we have no study comparing the nationalities policies adopted by Geneva and Moscow between the wars. For Asia Minor, the classic contemporary account is A. J. Toynbee, *The Western Question in Greece and Turkey* (1923). Y. Ternon, *Les Arméniens: Histoire d'un génocide* (Paris, 1996 edn), is better than anything in English, though M. J. Somakian, *Empires in Conflict: Armenia and the Great Powers, 1895–1920* (1995), is a balanced, recent account. L. Stavrianos, *The Balkans since 1453* (1958), is a classic textbook; R. J. Wolff, *The Balkans in Our Time* (1956), is as good for the modern period. P. Kitromilides, 'Imagined communities and the origins of the national question in the Balkans', *European History Quarterly*, 19: 2 (1989), pp. 149–92, discusses the rise of nationalism in the Ottoman empire. On refugees, see J. Hope Simpson, *The*

Refugee Problem (1939), and C. Skran, *Refugees in Interwar Europe* (Oxford, 1995). Nazi attitudes towards international law are discussed in J. Herz, 'The National Socialist doctrine of international law and the problems of international organisation', *Political Science Quarterly* (December 1939), pp. 536–54. See too P. Stirk, 'Authoritarian and national socialist conceptions of nation, state and Europe', in Stirk (ed.), *European Unity in Context: the Interwar Period* (1989).

Capitalism's crisis is reviewed in R. Overy, *The Interwar Crisis, 1919–1939* (1994), P. Fearon, *The Origin and Nature of the Great Slump* (1979), H. W. Arndt, *The Economic Lessons of the 1930s* (1963 edn), and C. Kindleberger, *The World in Depression, 1929–1939* (1973). B. Eichengreen, *Golden Fetters: The Gold Standard and the Great Depression, 1919–1939* (1992), and S. Pollard, *The Gold Standard and Employment Policies between the Wars* (1970), show what was wrong with the gold standard. Capitalism's chief sponsors are discussed by D. Silverman, *Reconstructing Europe after the Great War* (Cambridge, Mass., 1982), C. Maier, *Recasting Bourgeois Europe* (Princeton, NJ, 1975), R. Boyce, *British Capitalism at the Crossroads, 1919–1932* (Cambridge, 1987), R. Skidelsky, *Politicians and the Slump: The Labour Government of 1929–31* (1967), S. Schuker, *The End of French Predominance in Europe* (Chapel Hill, NC, 1988), and J. Jackson, *The Politics of Depression in France* (Cambridge, 1985) and *The Popular Front in France: Defending Democracy, 1934–38* (Cambridge, 1988). D. S. White, *Socialists of the Front Generation, 1918–1945* (Cambridge, Mass., 1992), shows why capitalism's crisis pushed several brilliant young socialists to the Right. R. Kuisel, *Capitalism and the State in Modern France* (Cambridge, 1981), charts capitalism's adaption before, during and after the depression.

On communism as an economic system, see R. W. Davies, M. Harrison and S. G. Wheatcroft (eds.), *The Economic Transformation of the Soviet Union, 1913–1945* (Cambridge, 1994). For communism as modernization see M. Lewin, *The Making of the Soviet System* (1985). R. W. Davies, 'Forced labour under Stalin: the archive revelations', *New Left Review*, 214 (November/December 1995), pp. 62–80, judiciously reviews new evidence. M. Fainsod's classic, *Smolensk under Soviet Rule* (1989 edn), brings the world of Stalin's Russia to life. Forced industrialization as lived experience is the subject of S. Kotkin, *Magnetic Mountain: Stalinism as Civilization* (Berkeley, Calif., 1995). V. Kravchenko, *I Chose Freedom: The Personal and Political Life of a Soviet Official* (1947), is a gripping memoir. L. Lih *et al.* (eds.), *Stalin's Letters to Molotov, 1925–1936* (New Haven, Yale, 1995), though offering few revelations, do give an insight into the tone and rhythm of high-level policy-making.

For the relationship between fascism and capitalism, the best place to start is H. James, *The German Slump: Politics and Economics, 1924–1936* (Oxford, 1988), and G. Toniolo, *L'economia dell'Italia fascista* (Rome, 1980). For the big corporations see P. Hayes, *Industry and Ideology: IG Farben in the Nazi Era* (Cambridge, 1987) and the collected essays in R. Overy, *War and Economy in the Third Reich* (1994). M. Kele, *Nazis and Workers: National Socialist Appeals to German Labor, 1918–1933* (Chapel Hill, NC, 1972), covers the period before Hitler came to power. Tim Mason, *Social Policy in the Third Reich* (Oxford, 1993), covers the period after. For capitalism's evolution in eastern Europe, see M. C. Kaser and E. Radice (eds.) *The Economic History of Eastern Europe, 1919–1975*, vol. 2 (Oxford, 1986), and G. Berend and I. Ranki, 'L'évolution économique de l'Europe orientale entre les deux guerres mondiales', *Annales*, 33 (1978). M. Jackson and J. Lampe, *Balkan Economic History, 1550–1950* (Bloomington, Ind., 1982), has much good data. L. Neal, 'The economics and financing of bilateral clearing agreements: Germany, 1934–38', *Economic History Review* (1979), demystifies Nazi trade policy. M. Mazower, *Greece and the Interwar Economic Crisis* (Oxford, 1991), tries to show there were advantages as well as disadvantages to backwardness.

The spectre of population decline hung over inter-war Europe: see M. S. Quine, *Population Policies in Twentieth Century Europe* (1996), J. M. Winter, 'The fear of population decline in western Europe, 1870–1940', in R. W. Hiorns (ed.), *Demographic Patterns in Developed Societies* (1980), D. V. Glass, *Population Policies and Movements in Europe* (1940), D. Kirk, *Europe's Population in the Interwar Years* (1940), and P. Weindling, 'Fascism and population in comparative European perspective', in M. S. Teitelbaum and J. Winter (eds.), *Population and Resources in Western Intellectual Traditions* (1988). G. Mosse, *Nationalism and Sexuality* (1984), is a pioneering study. M. E. Kopp, 'Eugenic sterilization laws in Europe', *American Journal of Obstetrics and Gynaecology*, 34 (September 1937), casts an approving eye over what now seem rather sinister practices.

On racism in Germany, see M. Burleigh and W. Wippermann, *The Racial State: Germany, 1933–1945* (Cambridge, 1991), D. Peukert, *Inside Nazi Germany: Conformity, Opposition and Racism in Everyday Life* (1987) and P. Weindling, *Health, Race and German Politics between National Unification and Nazism, 1870–1945* (1989). B. Müller-Hill, *Murderous Science: Elimination by Scientific Selection of Jews, Gypsies and Others, 1933–1945* (1988), and R. R. Proctor, *Racial Hygiene: Medicine under the Nazis* (1988), focus on the race professionals. G. Mosse, *Towards the Final Solution* (1978), sets German anti-Semitism in a European context. For France, see W. Schneider, *Quality and Quantity: The Quest for Biological Regeneration in 20th Century France* (1990); for Britain, see the debate between M. Freeden, 'Eugenics and progressive thought', *Historical Journal*, 22 (1979), pp. 645–71 and G. Jones, 'Eugenics and social policy between the wars', *Historical Journal*, 25 (1982), pp. 717–28. The impact of Nazism on Western thinking about race is described by E. Barkan, *The Retreat of Scientific Racism* (1992), and manifested in J. S. Huxley and A. C. Haddon, *We Europeans: A Survey of 'Racial' Problems* (1935). The link between racial fears, eugenics and social policy generally is explored in a fine survey, G. Bock and P. Thane (eds.), *Maternity and Gender Policies: Women and the Rise of the European Welfare States, 1880s–1950s* (1991), and for the UK in J. Lewis, *The Politics of Motherhood* (1980). On gender policies under Fascism, see R. Bridenthal *et al.*, *When Biology Became Destiny* (1984), and J. Stephenson, *Women in Nazi Society* (1975). For Italy we have V. de Grazia, *How Fascism Ruled Women: Italy, 1922–1945* (California, 1992), and A de Grand, 'Women under Fascism', *Historical Journal*, 19: 4 (1976).

Hitler discusses his dreams for Europe in H. Trevor-Roper (ed.), *Hitler's Table-Talk* (Oxford, 1988). The best survey remains A. and V. Toynbee (eds.), *Hitler's Europe* (1954), which also prompted the meditation of a great historian, P. Geyl, 'Hitler's Europe', reprinted in his *Encounters in History* (1963). A. S. Milward, *War, Economy and Society, 1939–1945* (1977), is essential on the economics, while J. Noakes and G. Pridham (eds.), *Nazism*, vol. 3 (New York, 1990), is a superb collection of documents. N. Rich, *Hitler's War Aims*, vol. 2 (1974), is reliable; G. Wright, *The Ordeal of Total War, 1939–1945* (1968), excellent, though more general. U. Herbert, *A History of Foreign Labor in Germany, 1880–1980* (Ann Arbor, Mich., 1990) and J. Schechtman, *European Population Transfers, 1939–1945* (Philadelphia, Pa, 1946), cover population movements. Recent research into the Wehrmacht is encapsulated in O. Bartov, *Hitler's Army* (Oxford, 1991).

Out of a vast literature on the Final Solution, E. Klee, W. Dressen and V. Riess (eds.) (translated by D. Burnstone), *'Those were the Days': The Holocaust through the Eyes of the Perpetrators and Bystanders* (1993), is the best collection of documents. M. Marrus, *The Holocaust in History* (1988), is a good survey of the debates, to be supplemented by his excellent extended reviews in *Journal of Modern History*. *Fateful Months* (1985) and *The Path to Genocide* (1992) contain important essays by the most measured and scrupulous of Holocaust historians, Christopher Browning, whose *Ordinary Men* (1993) is a contrast in argument, tone and style with D. Goldhagen, *Hitler's Willing Executioners* (1996). On Nazi demographic engineering, see R. Koehl, *RKFDV: German Resettlement and Population Policy, 1939–1945* (1957), and I. Kamenetsky, *Secret Nazi Plans for Eastern Europe* (1961). On occupation policies in specific countries, see A. Dallin, *German Rule in Russia, 1941–1945* (1981 edn), and A. S. Milward, *The New Order and the French Economy* (1970). Charles Cruikshank's *The German Occupation of the Channel Islands* (Oxford, 1979) is a comprehensive, if mandarin account of an occupation experience of special interest for the British. It may now be contrasted with M. Bunting, *The Model Occupation: The Channel Islands under German Rule, 1940–1945* (1995). M. Mazower, *Inside Hitler's Greece* (1993), tries to show what occupation felt like for those involved, but this is more forcefully conveyed in diaries such as Z. Klukowski, *Diary from the Years of Occupation, 1939–1944* (Chicago, 1994), or in memoirs such as the nightmarish O. Pinkus, *The House of Ashes* (1991). J. Gross, *Polish Society under German Occupation* (Princeton, 1979), is a searching sociological analysis of the impact of occupation upon Polish society. It may be read alongside the same author's *Revolution from Abroad: The Soviet Conquest of Poland's Western Ukraine and Western Belorussia* (Princeton, NJ, 1988) to compare the experience under Stalin's occupation forces.

The failure of collaboration is the subject of M. Conway, *Collaboration in Belgium: Leon Degrelle and the Rexist Movement, 1940–1944* (1993). R. Paxton, *Vichy France, Old Guard, New Order* (1972), broke a taboo which forms the subject of H. Rousso's *Le Syndrome de Vichy* (Paris, 1987). P. M. Hayes, *The Career and Political Ideas of Vidkun Quisling, 1887–1945* (1972), probably contains everything most people will want to know on the subject, while J. Armstrong, 'Collaborationism in World War II: the integral nationalist variant in eastern Europe', *Journal of Modern History*, 40 (1968), pp. 396–410, surveys eastern Europe. Two vivid journalistic accounts of the moral ambiguities of occupation are R. G. Waldeck, *Athene Palace* (New York, 1942), and C. Malaparte, *Kaputt!* (1948).

On resistance, see J. D. Wilkinson, *The Intellectual Resistance in Europe* (1981), for ideas, S. Hawes and R. White (eds.), *Resistance in Europe, 1939–1945* (1975), M. R. D. Foot, *Resistance* (1976), and T. Judt (ed.), *Resistance and Revolution in Mediterranean Europe, 1939–1948* (1989), for achievements. C. Delzell, *Mussolini's Enemies* (1961), discusses the anti-Fascists, a subject which also forms the focus of C. Pavone, *Una guerra civile: saggio sulla moralità nella resistenza* (Turin, 1991), which ignited a debate across

Italy about the meaning of the resistance. On France, there are two fine studies by H. R. Kedward, *Resistance in Vichy France* (Oxford, 1978), and *In Search of the Maquis* (Oxford, 1993). On Yugoslavia, there is M. Milazzo, *The Chetnik Movement and the Yugoslav Resistance* (1975), and W. Roberts, *Tito, Mihailovic and the Allies, 1941/45* (New Brunswick, NJ, 1973), as well as two classic memoirs, F. W. Deakin, *The Embattled Mountain* (Oxford, 1971), and M. Djilas, *Wartime: With Tito and the Partisans* (1977). On Poland, see R. Lukas, *Forgotten Holocaust: The Poles under German Occupation, 1939–1944* (New York, 1986); for Albania, J. Amery, *Sons of the Eagle: A Study in Guerilla War* (1948).

Working out why Britain was at war is the subject of I. McLaine, *Ministry of Morale: Home Front Morale and the Ministry of Information in World War Two* (1979), in the general political context discussed by P. Addison, *The Road to 1945: British Politics and the War* (1975). A. Shennan, *Rethinking France* (Oxford, 1989), discusses French visions of the post-war order, as does C. Andrieu, *Le Program commun de la Résistance: des idées dans la guerre* (Paris, 1984). W. Lipgens (ed.), *Documents on the History of European Integration*, vol. 1 (New York, 1985), and his 'European federation in the political thought of resistance movements', *Central European History*, 1 (1968), tries valiantly to turn the wartime resistance to Hitler into the seedbed of the post-war drive to European cooperation; this view may be corrected by reading R. E. Herzstein, *When Nazi Dreams Come True* (1982), and in a drier vein, J. R. Gillingham, *Coal, Steel and the Rebirth of Europe, 1945–1955* (Cambridge, 1991), which trace other kinds of continuities back into the war. L. W. Lorwin, *Postwar Plans of the United Nations* (New York, 1943), and L. Holborn, *War and Peace Aims of the United Nations* (Boston, Mass., 1943) are useful.

The chaos and human misery in the aftermath of the war emerge from J. B. Schechtman, *Postwar Population Transfers in Europe, 1945–1955* (Philadelphia, Pa, 1962), D. Macardle, *Children of Europe* (1951), J. Vernant, *The Refugee in the Postwar World* (Geneva, 1953), and M. J. Proudfoot, *European Refugees, 1939–1952* (1957). A. de Zayas, *Nemesis at Potsdam* (1977) covers the expulsion of the Germans, as do the official volumes of documents, T. Scheider *et al.* (eds.), *Documents on the Expulsion of the Germans from East-Central Europe*, 4 vols. (Bonn, n.d.). E. Wiskemann, *Germany's Eastern Neighbours* (Oxford, 1956), is a masterly survey. Revenge, purges and trials are surveyed in K.-D. Henke and H. Woller (eds.), *Politische Sauberung in Europa* (Munich, 1991), and for individual countries, in R. Palmer Domenico, *Italian Fascists on Trial, 1943–48* (Chapel Hill, NC, 1991), and H. Lottman, *The People's Anger: Justice and Revenge in Post-Liberation France* (1986). The de-Nazification and redemocratization of Germany are covered by J. Gimbel, *A German Community under American Occupation: Marburg, 1945–1952* (Stanford, 1961), N. Pronay and K. Wilson (eds.), *The Political Re-education of Germany and Her Allies after World War Two* (Totowa, NJ, 1985), and J. Tent, *Mission on the Rhine* (1982). S. Padover, *Experiment in Germany: The Story of an American Intelligence Officer* (New York, 1946) gives the flavour of the times, as does E. Wilson, *Europe Without Baedeker* (1967). J. F. Golay, *The Founding of the Federal Republic of Germany* (Chicago, 1958), describes the establishment of new political institutions; I. D. Connor, 'The Bavarian government and the refugee problem, 1945–1950', *European History Quarterly*, 16: 2 (1986), pp. 131–53 gives insights into a dog that failed to bark.

A pioneering historical treatment of the Soviet occupation of Germany is N. Naimark, *The Russians in Germany: A History of the Soviet Zone of Occupation* (Cambridge, Mass., 1995). J. T. Gross, 'Social consequences of war: preliminaries to the study of imposition of communist regimes in east central Europe', *East European Politics and Society*, 3: 2 (spring 1989), pp. 198–214 argues that wartime social change influenced the imposition of Soviet rule in the region. See too, K. Kersten, *The Establishment of Communist Rule in Poland, 1943–1948* (Berkeley, Calif., 1991). H. Seton-Watson, *The East European Revolution* (1951), R. R. Betts (ed.), *Central and South-East Europe, 1945–1948* (1950), and R. J. Wolff, *The Balkans in Our Time* all remain useful, as does R. V. Burks, *The Dynamics of Communism in Eastern Europe* (Princeton, NJ, 1961). M. McCauley (ed.), *Communist Power in Europe, 1944–1949* (1977), remains a useful survey. V. Mastny, *Russia's Road to the Cold War* (1979), is a fine example of Western scholarship on Soviet foreign policy before the Russian archives were opened up; V. Zubok, *Inside the Kremlin's Cold War* (1995), gives a taste of the rethinking to come. Case studies include C. Gati, *Hungary and the Soviet Bloc* (Durham, 1986), and P. Zinner, *Revolution in Hungary* (1962); J. Korbel, *The Communist Subversion of Czechoslovakia, 1938–1948* (Princeton, NJ, 1959), and M. Myant, *Socialism and Democracy in Czechoslovakia, 1945–1948* (Cambridge, 1981).

C. Milosz, *The Captive Mind* (1953), is unsurpassed as an analysis of the ethical dilemmas posed by communism. F. Fejtö, *A History of the People's Democracies* (1974), is the best introduction. Among the many insider accounts which blend personal experience and political reflection one should mention Z. Mlynar, *Night Frost in Prague* (1980), on the difficulties of reform, A. Oras, *Baltic Eclipse* (1948), on the plight of the Baltic states, B. Szasz, *Volunteers for the Gallows* (1971), on the frenzy of the purges, and M. Djilas, *The New Class: An Analysis of the Communist System* (1958), for the corruption of the new regime. F. J. Kase, *People's Democracy* (Leyden, 1968), shows how the ambiguities of communist constitutional theory shed light on the uncertainties of Stalin's foreign policy for the region. For social change, there is S. Fischer-Galati (ed.), *Eastern Europe in the Sixties* (New York, 1963), W. Vucinich (ed.), *Contemporary Yugoslavia* (Berkeley, Calif., 1969), and P. Neuburg, *The Hero's Children: the Postwar Generation in Eastern Europe* (1972). A. Aman, *Architecture and Ideology in Eastern Europe during the Stalin Era* (New York, 1992), is a well-illustrated study. D. Deletant, *Ceauşescu and the Securitate: Coercion and Dissent in Romania, 1965–1989* (1995), demonstrates how much more comprehensive post-war communist surveillance systems were than pre-war fascist and authoritarian ones. The Baltic states under communism are surveyed in R. Misiunas and R. Taagepera, *The Baltic States: Years of Dependence, 1940–1990* (Berkeley, Calif., 1993); opposition there is covered in T. Remeikis, *Opposition to Soviet Rule in Lithuania, 1945–1980* (Chicago, 1980). P. Kecskemeti, *The Unexpected Revolution: Social Forces in the Hungarian Uprising* (Stanford, Calif., 1961), is a masterly study of the most serious revolt against Soviet rule.

Until very recently historians have mostly left the subject of post-war western Europe to social scientists. It is still hard to see this as a period of history rather than as a series of contemporary social, political and economic issues. The readings cited below necessarily reflect this problem. General treatments include W. Laqueur, *Europe in Our Time, 1945–1992* (New York, 1992), and M. Crouzet's still excellent *The European Renaissance since 1945* (1970). P. Ginsborg, *A History of Contemporary Italy: Society and Politics, 1943–1988* (1990), is a model country study. It is difficult to think of anything quite as comprehensive for another west European country, though Stanley Hoffmann's writings on France and Ralf Dahrendorf's on West Germany are indispensable. G. Therborn, *European Modernity and Beyond: The Trajectory of European Societies, 1945–2000* (1995), is a sweeping survey and interpretation of social trends. P. Flora, *State, Economy and Society in Western Europe, 1815–1975*, 2 vols. (Frankfurt, 1983–7), is also valuable.

Historians *have* started to write on post-war reconstruction and the USA's contribution to it: see D. Ellwood, *Rebuilding Europe: Western Europe, America and Postwar Reconstruction* (1992), a vigorous survey which spans the debate between A. Milward, *The Reconstruction of Western Europe,*

1945–1951 (1984), and M. J. Hogan, *The Marshall Plan: America, Britain and the Reconstruction of Western Europe, 1947–1952* (Cambridge, 1987). C. Maier, 'The two postwar eras and conditions for stability in twentieth century western Europe', *American Historical Review*, 86: 2 (April 1981), makes an important comparison. R. Kuisel, *Seducing the French: the Dilemma of Americanization* (Berkeley, Calif., 1993) and I. Wall, *The United States and the Making of Postwar France, 1945–1954* (Cambridge, 1991), cover the USA's impact on the country which tried hardest to resist it. R. Wagnleiter, *Coca-colonisation and the Cold War: The Cultural Mission of the United States in Austria* (1994), is a rollicking account of the country which arguably resisted it least. For Italy, we have J. Harper, *America and the Reconstruction of Italy, 1945–1948* (Cambridge, 1986); on Greece, there is L. Wittner, *American Intervention in Greece, 1943–1949* (New York, 1982), and H. Jones, *'A New Kind of War': America's Global Strategy and the Truman Doctrine in Greece* (New York, 1989). T. Barnes, '"The secret Cold War": the CIA and American foreign policy in Europe', *Historical Journal*, 24/25 (1981/2), covers a different kind of influence. Essays in M. Mazower (ed.), *The Policing of Politics in the Twentieth Century* (1997), suggest that Europeans did not need the CIA to teach them about anti-communism. P. Hennessy and G. Brownfield, 'Britain's Cold War security purge: the origins of positive vetting', *Historical Journal*, 25 (1982), pp. 965–73, makes fascinating reading.

On the boom, the classic account is M. Postan, *An Economic History of Western Europe, 1945–1964* (1967). To this should be added P. Armstrong, A. Glyn and J. Harrison, *Capitalism since World War II* (1984), A. Boltho (ed.), *The European Economy: Growth and Crisis* (Oxford, 1982), A. Maddison, *Phases of Capitalist Development* (Oxford, 1982), and A. Shonfield, *Modern Capitalism* (Oxford, 1965). The winter 1964 issue of *Daedalus* ('A New Europe?'), contains brilliant analyses of the post-war socio-economic changes in western Europe. A. Sampson, *Anatomy of Europe* (1968), is a misnamed but highly readable view of the same region. J.-E. Lane, *Politics and Society in Western Europe* (1994 edn) has a lot of useful information conveyed very accessibly. The origins of European union are covered by E. Haas, *The Uniting of Europe* (Stanford, Calif., 1958), and more historically – and controversially – by A. Milward *et al.*, *The European Rescue of the Nation State* (1992).

For consumerism, no historical study beats the novel by G. Perec (tr. by D. Bellos), *Things: A Story of the Sixties* (1991), though V. Bogdanor and R. Skidelsky (eds.), *The Age of Affluence, 1951–1964* (1970), has some very readable essays. A. Pizzorno, 'The individualistic mobilization of Europe', in *Daedalus*, 93: 1 (winter 1964) is a remarkable analysis. S. Gundle, 'L'americanizzazione del quotidiano: televisione e consumismo nell'Italia degli anni cinquanta', *Quaderni storici*, 62 (August 1986), pp. 561–94 opens up the Italian case. S. Weiner, 'The *consommatrice* in Elsa Triolet's *Roses à crédit*', *French Cultural Studies*, 6 (1995), pp. 123–44, does something similar for France. F. Mort and P. Thompson, 'Retailing, commercial culture and masculinity in 1950s Britain', *History Workshop Journal*, 38 (1994), is good fun. Post-war advertising has still not found its historian. T. R. Nevitt, *Advertising in Britain: A History* (1982), is a good basic guide. Historians have also left the rise of tourism to anthropologists and social theorists, though P. Mandler, *The Fall and Rise of the Stately Home* (1997), shows what can be done.

T. Marshall, *Class, Citizenship and Social Development* (Chicago, 1963), and R. Titmuss, *Essays on the 'Welfare' State* (1963 edn) show the thinking of two major British social theorists. A French view is F. Ewald, *L'État de providence* (Paris, 1986). The best treatment of the German social market is A. J. Nicholls, *Freedom with Responsibility: The Social Market Economy in Germany, 1918–1963* (Oxford, 1994). More comparative treatments are to be found in P. Flora and A. Heidenheimer (eds.), *The Development of Welfare States in Europe and America* (1987), G. Esping-Andersen, *The Three Worlds of Welfare Capitalism* (Cambridge, 1990), P. Baldwin, *The Politics of Social Solidarity* (Cambridge, 1990), A. de Swaan, *In Care of the State: Health Care, Education and Welfare in Europe in the Modern Era* (Oxford, 1988), A. Cochrane and J. Clarke (eds.), *Comparing Welfare States: Britain in International Context* (1993), and P. Thane, *The Foundations of the Welfare State* (1982). J. Harris, 'Enterprise and welfare states: a comparative perspective', *Transactions of the Royal Historical Society* (1990), pp. 175–95, scrutinizes the Thatcherite critique of welfare spending. On politics, the Left is covered in S. Padgett and W. Patterson, *A History of Social Democracy in Postwar Europe* (1991); there is nothing comparable for the Right. C. Lemke and G. Marks (eds.), *The Crisis of Socialism in Europe* (Durham, NC, 1992), is very useful: we must await a similar account of the crisis of contemporary conservatism. Christian Democracy is well treated in several excellent works, M. P. Fogarty, *Christian Democracy in Western Europe, 1820–1953* (1957), D. L. Hanley (ed.), *Christian Democracy in Europe* (1996), and the excellent K. van Kersbergen, *Social Capitalism: A Study of Christian Democracy and the Welfare State* (1995). There is a good essay by M. Mitchell, 'Materialism and secularism: CDU politicians and National Socialism, 1945–1949', *Journal of Modern History*, 67 (June 1995), pp. 278–308, and the whole question of post-war political Catholicism is put in historical perspective in T. Buchanan and M. Conway (eds.), *Political Catholicism in Europe, 1918–1965* (Oxford, 1996). The extreme Right is the subject of L. Cheles *et al.* (eds.), *Neo-Fascism in Europe* (1991).

Demographic trends are surveyed in D. V. Glass, 'Population trends in Europe since the Second World War', *Population Studies*, 22: 1 (March 1968), pp. 103–47, M. Kirk, *Demographic and Social Change in Europe, 1975–2000* (Liverpool, 1981), and D. Noin and R. Woods (eds.), *The Changing Population of Europe* (Oxford, 1993). C. Dyer, *Population and Society in 20th Century France* (1978), covers the post-war period. On women, and official policies towards them, see D. Dahlerup (ed.), *The New Women's Movement* (1986), C. Duchen, *Women's Rights and Women's Lives in France, 1944–1968* (1994). C. Haste, *Rules of Desire: Sex in Britain, World War 1 to the Present* (1992), is good on British sexual politics. On the rise of the teenager, see J. G. Gillis, *Youth and History* (New York, 1974), T. R. Fyvel, *The Insecure Offenders* (1961), and S. Piccone Stella, '"Rebels without a cause": Male youth in Italy around 1960', *History Workshop Journal*, 38 (1994), pp. 157–74. On the revolting student, G. Statera, *Death of a Utopia: The Development and Decline of Student Movements in Europe* (New York, 1975), is admirably clear-sighted. There are also fine essays in *Daedalus* in the 1968–9 issues. On crime, we have N. Christie's polemic, *Crime Control as Industry* (1993), and on penal policy, V. Ruggiero, M. Ryan and J. Sim (eds.), *West European Penal Systems* (1995). Still, there is little comparative research in this area, and virtually none with any kind of historical perspective.

Immigration is discussed in R. King (ed.), *Mass Migrations in Europe* (1993), and J. Salt and H. Clout (eds.), *Migration in Postwar Europe: Geographical Essays* (Oxford, 1976). S. Collinson, *Beyond Borders: West European Migration Policy and the 21st Century* (1993), is clear. Rogers Brubaker, *Citizenship and Nationhood in France and Germany* (Cambridge, Mass., 1992), is an important treatment of forms of citizenship. Racial attitudes and their influence on policy are dealt with by P. Rich, *Race and Empire in British Politics* (Cambridge, 1990), Z. Layton-Henry, *The Politics of Immigration* (1992), G. Freeman, *Immigrant Labor and Racial Conflict: The French and British Experiences, 1945–1975* (1979), and T. Hammar (ed.), *European Immigration Policy* (1985). M. Wievorka (ed.), *Racisme et xénophobie en Europe* (1994), is a good survey.

Inflation as a political phenomenon is analysed by C. Maier, 'The politics of inflation in the 20th century', in his *In Search of Stability* (Cambridge, 1987). N. Kaldor, *The Scourge of Monetarism* (Oxford, 1985) is a vigorous polemic against the kind of neo-liberalism whose revival is wittily recounted in R. Cockett, *Thinking the Unthinkable: Think-Tanks and the Economic Counter-Revolution, 1931–1983* (1995). S. Graubard (ed.), 'The European predicament', *Daedalus* (spring 1979) gives the gloomy flavour of the time. D. Dyker (ed.), *The European Economy* (1992) is comprehensive and clear. G. Baglioni and C. Crouch (eds.), *European Industrial Relations: The Challenge of Flexibility* (1990) covers the reality of 'flexibilization'. On the rise of mass unemployment, changing attitudes to work and the crisis of the post-war consensus, see B. Showler and A. Sinfield (eds.), *The Workless State* (Oxford, 1981). The politics of the welfare state in the 1980s is dissected in P. Pierson, *Dismantling the Welfare State? Reagan, Thatcher and the Politics of Retrenchment* (Cambridge, 1994); see also N. Barr *et al.*, *The State of Welfare: The Welfare State in Britain since 1974* (Oxford, 1991), and, for poverty, A. B. Atkinson, *Incomes and the Welfare State: Essays on Britain and Europe* (Cambridge, 1995). J. Vickers and V. Wright, 'The politics of privatisation in Western Europe: an overview', *West European Politics*, 11 (1988), pp. 1–30, is excellent, as too V. Wright, 'Reshaping the state: implications for public administration', *West European Politics*, 17 (1994), pp. 102–33. Some of the more thoughtful and historically nuanced accounts of 'modernity' and its aftermath include D. Harvey, *The Condition of Postmodernity* (1989), A. Giddens, *Modernity and Self-Identity* (1991).

J. Rothschild, *Return to Diversity: A Political History of East Central Europe since World War Two* (1989 edn), is good on the final phase of Soviet rule. The rumblings of discontent with communism are best described by T. Garton Ash, *The Uses of Adversity* (Cambridge, 1989): brilliant political reportage. On Solidarity there is B. Kaminski, *The Collapse of State Socialism: the Case of Poland* (Princeton, NJ, 1991), R. Laba, *The Roots of Solidarity* (Princeton, NJ, 1991), a good collection of documents and testimonies in L. Labedz (ed.), *Poland under Jaruzelski* (New York, 1984) and T. Garton Ash, *The Polish Revolution* (1991). D. N. Nelson (ed.), *Communism and the Politics of Inequality* (Toronto, 1983) analyses communism's social crisis. Gorbachev's reforms are discussed by K. Dawisha, *Eastern Europe, Gorbachev and Reform* (Cambridge, 1990 edn) and by M. Gorbachev, *Perestroika* (1988). J. Valdez, *Internationalism and the Ideology of Soviet influence in Eastern Europe* (Cambridge, 1993), is a thoughtful study. S. Graubard (ed.), *Eastern Europe . . . Central Europe . . . Europe* (1991) is an incisive collection of essays on communism's collapse. A. J. McAdams, 'Crisis in the Soviet empire: three ambiguities in search of a prediction', *Comparative Politics*, 20: 1 (October 1987), pp. 107–18 asks what kind of crisis there really was.

G. Hosking and J. Aves (eds.), *The Road to Post-Communism* (1992), looks at the rise of opposition inside the Soviet Union. The revolutions are analysed in I. Banac (ed.), *Eastern Europe in Revolution* (Ithaca, NY, 1992); a vivid eyewitness account is T. Garton Ash, *The Magic Lantern* (1990). G. Lundestad (ed.), *The Fall of Great Powers: Peace, Stability and Legitimacy* (Oxford, 1994), sets the Soviet withdrawal in historical context. On eastern Europe after communism, I found A. E. Dick Howard (ed.), *Constitution Making in Eastern Europe* (Washington, 1993), full of echoes of the past. *Dissent* (summer 1996) has some good articles on minorities. T. Rosenbaum, *The Haunted Land* (1993) is one of the most evocative of many accounts of the region's efforts to settle past scores. A. Applebaum, *Between East and West: Across the Borderlands of Europe* (1995) is a highly readable travelogue informed by a fine historical sensibility.

见识丛书

更新知识地图，拓展认知边界

01《时间地图：大历史，130亿年前至今》　［美］大卫·克里斯蒂安

02《太阳底下的新鲜事：20世纪人与环境的全球互动》　［美］约翰·R. 麦克尼尔

03《革命的年代：1789—1848》　［英］艾瑞克·霍布斯鲍姆

04《资本的年代：1848—1875》　［英］艾瑞克·霍布斯鲍姆

05《帝国的年代：1875—1914》　［英］艾瑞克·霍布斯鲍姆

06《极端的年代：1914—1991》　［英］艾瑞克·霍布斯鲍姆

07《守夜人的钟声：我们时代的危机和出路》　［美］丽贝卡·D. 科斯塔

08《1913，一战前的世界》　［英］查尔斯·埃默森

09《文明史：人类五千年文明的传承与交流》　［法］费尔南·布罗代尔

10《基因传：众生之源》（平装+精装）　［美］悉达多·穆克吉

11《一万年的爆发：文明如何加速人类进化》　［美］格雷戈里·柯克伦　［美］亨利·哈本丁

12《审问欧洲：二战时期的合作、抵抗与报复》　［美］伊斯特万·迪克

13《哥伦布大交换：1492年以后的生物影响和文化冲击》　［美］艾尔弗雷德·W. 克罗斯比

14《从黎明到衰落：西方文化生活五百年，1500年至今》（平装+精装）　［美］雅克·巴尔赞

15《瘟疫与人》　　[美]威廉·麦克尼尔

16《西方的兴起：人类共同体史》　　[美]威廉·麦克尼尔

17《奥斯曼帝国的终结：战争、革命以及现代中东的诞生，1908—1923》　　[美]西恩·麦克米金

18《科学的诞生：科学革命新史》（平装）　　[美]戴维·伍顿

19《内战：观念中的历史》　　[美]大卫·阿米蒂奇

20《第五次开始》　　[美]罗伯特·L. 凯利

21《人类简史：从动物到上帝》（平装+精装）　　[以色列]尤瓦尔·赫拉利

22《黑暗大陆：20 世纪的欧洲》　　[英]马克·马佐尔

23《现实主义者的乌托邦：如何建构一个理想世界》　　[荷]鲁特格尔·布雷格曼

24《民粹主义大爆炸：经济大衰退如何改变美国和欧洲政治》　　[美]约翰·朱迪斯

25《自私的基因（40 周年增订版）》（平装 + 精装）　　[英]理查德·道金斯

26《权力与文化：日美战争 1941—1945》　　[美]入江昭

27《犹太文明：比较视野下的犹太历史》　　[美]S. N. 艾森斯塔特

28《技术垄断：文化向技术投降》　　[美]尼尔·波兹曼

29《从丹药到枪炮：世界史上的中国军事格局》　　[美]欧阳泰

30《为什么不平等至关重要》　　[美]托马斯·斯坎伦

31《起源：万物大历史》　　[美]大卫·克里斯蒂安

32《认知工具：文化进化心理学》　　[美]塞西莉亚·海斯

33《简明大历史》　　[美]大卫·克里斯蒂安　[美]威廉·麦克尼尔 主编

34《专家之死》　　[美]托马斯·尼克尔斯

35《大历史与人类的未来》　　[荷]弗雷德·斯皮尔

……后续新品，敬请关注……